제2판

사회복지실천기술론

김준환 · 김녹현 · 승금희 · 이은영
임원선 · 전영록 · 허정철

창지사

머리말

과학기술의 발전과 경제성장은 현대사회의 사람들에게 편리성을 가져다 주었지만 많은 과제와 문제를 동시에 안겨다 주었다. 물질적 풍요와 빈곤, 박탈, 시간과 공간의 절약과 복잡성, 효율성과 낭비, 민주적인 인권의 신장과 전제적 횡포의 이면화로 인한 예속화, 기회균등과 현실 생활세계의 불평등 등은 현대사회가 가진 동전의 양면과 같은 현상으로 지적할 수 있다. 사회복지학도 이러한 맥락에서 이해되고 연구, 실천되어야 할 것이다.

본서는 「사회복지실천론」에서 배운 사회복지 실천윤리, 가치, 철학 등을 기반으로 개인, 집단, 가족의 사회적 기능을 향상시키는 기술과 기법, 실천지침의 제공을 위한 목적으로 집필되었다. 사회복지실천에 대한 이론적 지식과 실천기술을 갖춘 사회복지사의 양성을 위해 필수적으로 배우고 익혀야 할 내용들을 보다 구체적인 사례를 제시하여 현장실무 중심의 교재가 되도록 노력하였다.

이를 위해 사회복지사로서 갖추어야 할 전문가의 자질 및 특성, 태도 등을 점검해보고 다양한 사회복지실천의 장에서의 사회복지사의 역할을 이해하며, 주요 모델에서 제시하는 실천기법을 적용해본다. 또한 개입과정의 기록 및 효과성 평가 방법을 통해 사회복지실천의 전반 과정에 대한 이해를 향상시키는 것이다. 이 과목을 이수하였을 때 학생들은 다양한 사회복지실천 현장과 사회복지사의 역할을 이해하고, 주요 사회복지 개입모델 및 실천기술을 익히고 적용할 수 있으며, 사회복지 전문가로서 자신의 태도, 가치, 윤리 등을 이해하고, 사회복지실천과정을 기록, 평가할 수 있는 능력을 갖추어야 한다.

이를 위해 사회복지실천기술의 단순 제시에 그치는 것이 아니라 독자들이 실천기술을 직접 실천현장에 적용해 보는 연습을 할 수 있도록 많은 예시와 사례를 제시하였다. 또한 개인과의 실천에서뿐만 아니라 사회복지실천 전반에서 활용될 수 있는 기술 및 공통기술을 소개하는 데 많은 지면을 할애하였다. 그리고 사회복지실천기술의 이해와 적용에 대해서 개념적 설명과 더불어 상세한 사정기술 및 개입기술과 함께 많은 예시와 연습을 제시하려고 노력하였다.

본서의 1부는 사회복지실천기술의 개념과 사회복지학을 기반으로 사회복지실천의 전문성과 관계형성의 기술, 사회복지실천 과정과 주요 개입기술을 다루고 있다. 2부는 사회복지 실천 모델을 정신분석모델, 심리사회모델, 인지행동모델, 위기개입모델, 해결중심모델, 사례관리모델로 구분하여 각 이론의 기본가정과 개념, 개입과정과 주요 기법, 사례를 다루었다. 3부에서는 실천대상에 따른 사회복지실천기술로서 개인대상, 가족대상, 집단대상의 사회복지실천기술을 다루었다. 그리고 4부에서는 사회복지실천현장에서의 기록기술과 평가를 위한 방법과 유형을 서술하였다.

사실 처음 본서의 집필을 시작할 때만해도 기존 저서들을 능가할 수 있을 것으로 자신했는데 출간을 앞두고 보니 부끄럽기 그지없다. 본서는 7명의 사회복지 연구자가 공동으로 집필한 것이다. 그러나 전체로서의 통일성을 기하였고, 최신 자료를 이용하여 사회복지실천기술을 조명하였다. 바쁜 와중에도 본서를 집필하느라 휴가도 못 가고 애쓴 동역자들에게 고마움을 전한다. 수 차례의 집필회의에 성실하게 참여하고 토론한 모습은 서로에게 유익한 자극이 되었을 것으로 믿어진다. 제2판에서는 연습문제를 추가 수록하였다.

끝으로 이 책의 출판에 아낌없는 성원과 정성을 쏟아주신 창지사 임직원들에게 지면을 빌어 감사의 인사를 전한다.

2020년 7월

저자일동

차례

II. 사회복지 실천 모델

III. 대상별 사회복지실천기술

IV. 사회복지실천의 기록과 평가

I

사회복지실천기술의 이해

최근 들어 사회복지사는 다양한 현장에서 활동하고 있다. 향후 실천 영역이 확대될 것이라 생각된다. 따라서 다양한 현장에서 여러 가지 문제를 가지고 있는 클라이언트를 만나 그들의 문제에 개입할 때 사용하는 사회복지실천기술에 대한 이해가 선행되어야 한다.

전문가를 기술자와 구별하는 것은 실천을 결정하는 데 이론을 활용하는 점이고 전문직이 비전문직과 구별되는 것은 일반인에게 활용할 수 있는 지식과 기술을 가지고 있다는 점이다. 그러나 비전문직도 전문직 못지 않게 많은 기술을 가지고 있다. 주요한 차이점은 이론적 체계라 할 수 있는 하나의 체계로 조직된 지식체계를 가지고 있는가의 여부이다.

사회복지실천기술의 이해에 앞서 기술에 대한 용어를 정의해볼까 한다. 일반적으로 기술이란 사전에는 다음과 같이 정의하고 있다. 학습을 통해서 신체적 언어적 행동의 복합적 조직이고 특별한 목표를 지향하거나 특별한 활동에 집중하는 것이다. 기술은 사회복지사가 실제상황에서 사용하는 지식, 기술적 전문성, 판단 및 경험의 정도를 의미하며 행동과 중재의 과정을 의미한다. 사회복지실천은 여러 상황에 다양하게 사용할 수 있는 폭넓은 기술이 요구된다.

Chapter 01

사회복지실천기술의 기초

1. 사회복지실천기술의 개념
2. 사회복지 전문직의 자기 성찰
3. 사회복지 전문직의 가치와 윤리
4. 사회복지사의 역할 및 기능

1. 사회복지실천기술의 개념

사회복지사는 다양한 이론적 이해를 바탕으로 사회복지실천의 목표달성과정을 촉진하기 위한 실천기술을 활용한다. 또한 사회복지실천은 각기 다른 상황에 적용하는 다양한 기술이 필요하기 때문에 특정상황에 적절한 기술을 선택하고 활용하는 능력이 요구되며 이로 인해 실천기술은 사회복지실천의 예술적 측면으로 이해하기도 한다.

모랄레스(Morales)와 세포(Sheafor)는 사회복지실천기술을 특수한 상황에 적절한 기법의 선택과 효과적인 활용으로 보았다. 그들은 이러한 선택이 지식의 활용에 기초를 두고 있는가를 설명하고 사회복지실천가치가 서비스를 제공하기 위해 사용하는 적절한 기술을 결정하는 데 이러한 지식이 어떻게 적용되는가를 설명하고 있다. 그들은 사회복지실천기술을 클라이언트와 관련된 구체적인 상황에서, 사회복지실천 가치에 기초를 둔 변화가 일어나도록 심리사회적 과정을 안내하는 데 어떤 행동을 취하는 사회복지사의 능력으로 정의하였다. 이러한 숙련된 중재의 결과로서 일어나기 시작하는 변화는 클라이언트의 강점과 능력에 기초를 두고 있다(전재일 외, 2010).

사회복지실천은 한 가지 기술만 필요한 것이 아니라 많은 상이한 상황에 적용할 수 있는 폭넓은 다양한 기술이 필요하다.

모든 사회복지사들이 핵심적, 기초적 또는 기본적인 기술을 명백히 하려는 여러 가지 시도를 해왔다. 배어(Baer)와 페드리코(Federico, 1987)는 실천기술 요소를 ㉠ 정보수집과 사정 ㉡ 전문적 자기 개발과 활용 ㉢ 개인, 가족 및 지역사회의 실천활동 그리고 ㉣ 평가의 4가지 영역으로 구분하였다. 또한 미국사회복지교육협의회의 교육과정 설명서는 기술을 완전히 구분하기 어렵지만 두 가지 유형으로 구분하고 있는데 먼저 인지적 기술과 상호작용기술 그리고 관계적 기술로 분류하고 있다(전재일 외, 2011).

이와 같이 사회복지실천기술은 지식에 근거하고 있으므로 학습될 수 있다. 사회복지실천의 성공률은 사회복지사의 능력과 전문적으로 개발한 기술이 결합될 때 높아진다. 따라서 사회복지사는 기법을 폭넓게 활용할 수 있도록 능력을 갖추어야 한다(전재일 외, 2013 재인용). 사회복지실천에서 특수한 기법의 선택은 가장 유용한 지식을 이용하되 그것이 사회복지실천의 가치와 양립할 수 있는지 주의 깊게 관찰하는 의식적인 노력에 근거해야 한다. 사회복지사는 유용한 지식과 가치를 충분히 고려한 후에 기술을 사용해야 한다.

이상에서 살펴본 바와 같이 사회복지실천기술이란 클라이언트와의 관계에서 사회복지실천의 가치와 지식에 기초하여 클라이언트와 관계된 특별한 상황의 변화를 위하여 심리사회적 개입을 할 수 있는 사회복지사의 능력을 의미한다.

2. 사회복지 전문직의 자기 성찰

사람들은 세상을 살다 보면 서로 도움을 주고받는다. 도움을 받을 때보다 도움을 줄 때가 더 행복하다는 느낌을 받은 경험이 누구나 한번쯤은 있을 것이다. 남을 돕는다는 것은 가치 있는 일이 아닐 수 없다. 어떤 사람은 누군가의 도움을 받고 시기적절했던 도움에 감사하는 가치가 크게 작용하여 사회복지를 전공했을지도 모른다. 또는 자신이 겪었던 비극이나 위기를 극복해 나가며 배운 지혜와 도움을 받아 느꼈던 편안함을 비슷한 상황의 사람들과 나누고 싶었는지도 모른다. 어쩌면 타인을 돌보는 일에 대한 가치를 존중하는 가족, 문화, 종교, 지역사회 속에서 영향을 받아왔을 수도 있다. 또 다른 이유로 주위 사람들이 자신에게 자주 도움을 청하며 찾아온 경험이 많아 보람을 느껴 사회복지사가 되기로 결정했을 수도 있다.

나는 왜 사회복지사의 길을 택했는지에 대해 한번 자문해 볼 필요가 있다. 사람들은 누구나 아름답고 즐겁고 행복하며 건강한 상태를 좋아하고 반대로 어렵고 우울하고 힘들고 어려운 상항을 멀리하고 싶어 한다. 사회복지사는 전자보다도 후자의 경우에 개입하게 된다. 사회복지사의 원조 대상인 클라이언트는 각기 처한 상황에서 사회적 기능의 한계를 가지고 있으며 사회적 도움이 필요하다는 공통점을 가지고 있기 때문이다.

남을 돕기 위해 일하는 사회복지사를 직업으로 선택한 이유는 무엇인가? 무엇이 어려운 사람을 위해 봉사하겠다는 결심을 하게 만들었는가? 크리그와 아돌프(Guggenbubl-Craig & Adolf: 1982)는 '사회사업과 탐문'이라는 논문의 〈사회복지사의 길을 선택한 동기〉에서 '이웃에 대한 사랑과 권력에 대한 욕망'에 대해서 논하고 있다(신성자 외, 2012 재인용).

사회복지실천 현장에 근무하고 있는 사회복지사에 대한 사람들의 편견 중의 하나는 사회복지사는 어려운 사람에게 사랑과 봉사를 실천하고 있는 사람들이라고 여기는 점이다. 물론 한편으로 그렇긴 하지만, 크리그와 아돌프가 지적한 절대적인 이타성을 주장하기란 쉽지가 않다.

사회복지실천에서 사회복지사는 자신을 무엇보다도 중요한 도구로 활용한다. 사회복지사는 원조과정에서 바람직한 변화를 가능케 하는 가장 중요한 변화매개체이다. 자기성찰이 사회복지사에게 사회복지직을 수행하는 동안 자신과 클라이언트를 위해 끊임없이 수행해야 할 과제인 이유도 바로 여기에 있다. 원조의 과정은 사회복지사의 일방적인 관계가 아니라 클라이언트와 협력관계를 통한 상호작용을 전제로 한다. 대부분 도움이 필요해서 찾아온 클라이언트의 자아는 많이 손상되어 있기 때문에 사회복지사는 특히 더 건강한 자아감을 가져야 하며 그것을 지켜 나가기 위해 노력해야 한다.

사회복지사의 자기성찰은 사회복지실천의 교육 및 훈련과정에 중요한 부분을 차지한다. 이는 사회복지사의 선입견, 편견, 자신의 경험 등을 이해하고 클라이언트에게 서비스를 제공하는 데 있어서 사회복지사의 업무능력을 향상시킬 뿐 아니라 필요 이상으로 클라이언트에게 개입하는 것을 예방하며 전문적인 관계를 형성할 수 있다. 사회복지사의 주변상황 파악, 타인의 수용, 비차별적·비심판적 행동과 태도, 자기주장, 자기통제, 직관력, 자기노출, 전문적인 경계선 유지하기 등은 사회복지사의 자기성찰을 위해 필요한 요소들이다(Brill, 1997; 황철수 외, 2010 재인용).

1) 사회복지사의 주변상황 파악

가족은 개인의 믿음, 가치, 행동에 가장 직접적인 영향을 미친다. 생태도(ecomap)[1]는 개인의 주변 생활환경이 어떠한가를 파악할 수 있는 도구이다.

다음은 생태도 작성을 위한 질문이다.

- 무엇이 현재 자신의 생각, 가치관, 행동 등에 영향을 주었는가?
- 주변 환경 중에서 사회복지사가 되고자 하는 생각에 영향을 준 요인은 무엇인가? 어떤 경험이 자신으로 하여금 사회복지사가 되는 데 영향을 주었는가?
- 주변체계와의 상호작용 양상은 어떠했는가? 상호작용의 빈도는 활발했는가 아니면 소원했는가? 상호관계의 내용은 자신에게 도움이 되는 것이었는가 아니면 갈등, 충돌, 투쟁적이었는가?
- 자신의 삶을 힘겹게 만든 주변 환경체계는 무엇이었는가? 자신의 삶을 수월하게 만든 주변 환경체계는 무엇이었는가?
- 주변 환경체계와의 경험에서 고마웠던 부분, 원망스러웠던 부분, 바뀌었으면 하고 바랐던 부분은 무었이었는가?
- 주변 환경체계 중 자신의 도움, 지지, 에너지를 필요로 했던 체계는 무엇이었나? 그러한 주변체계에 어떤 도움을 제공했는가?

2) 타인의 수용

사회복지사는 클라이언트를 상대함에 있어 자신의 성격 속에 내재되어 있는 성향 중에서 장점이 될 만한 자신의 특성과 단점이 될 만한 자신의 특성을 살펴볼 필요가 있다. 사회복지사 자신의 경험이 어떻게 전이될 수 있을 것인가에 대해 생각해 보아야 한다.

- 상대하기 편한 클라이언트의 성격이나 행동양식은 무엇인지? 상대하기 거북한 클

1) 생태도(ecomap)는 클라이언트 및 클라이언트와 관련된 사람, 직접적으로 관련된 사회체계와의 상호작용 상태를 그림으로 나타내는 도구이며, 클라이언트를 둘러싼 각 체계와 가족구성원 간의 관계 역동을 파악할 수 있다.

라이언트의 유형은 어떤 것인지 생각해보고 그 이유를 살펴보자.

- 다양한 성격 및 행동양식을 가진 클라이언트에게 자신의 행동양식이 어떤 식으로 영향을 줄 수 있을지 생각해 보자.
- 클라이언트와의 상호교류에 있어 선호하는 것이나 거북함으로부터 자유로워지기 위해 자신이 노력할 수 있는 부분을 생각해 보자.

3) 비차별적 · 비심판적 행동과 태도

비차별적·비심판적 행동과 태도는 인간에 대한 기본적인 존엄성의 가치를 인정하고 인격체로서 클라이언트를 존중하는 것에서 시작된다. 평등한 한 인간으로 클라이언트를 대함으로써 클라이언트가 자신의 존재를 인정받고 수용된다는 느낌을 가질 때 사회복지사와 클라이언트 간에 문제해결을 위한 진정한 원조관계를 형성할 수 있다.

편견이란 근거 없이 어떤 현상에 대해 어느 한쪽으로 치우친 생각을 갖는 것이다. 차별은 개인의 어떤 특성에 근거해서 개인을 부당하게 취급하는 것을 의미한다. 대부분의 사람들이 편견과 차별의 희생자이자 가해자의 경험을 갖고 있을 것이다. '사회복지사 자신은 어느 정도의 편견을 갖고 있는가?', '편견의 내용은 주로 무엇이었나?'와 같은 자문을 통해 어떤 특성을 갖고 있는 사람을 어떤 방법으로 차별하는지 세심히 살펴보고 이를 수정해야 한다.

사회복지사는 편견과 차별에 대한 자신의 태도나 행동에 대해 다음과 같은 내용을 검토해 볼 필요가 있다.

- 현재 자신이 갖고 있는 편견과 차별적 행동을 찾아본다.
- 자신의 성장 배경과 사회화과정을 뒤돌아보며 현재 자신이 갖고 있는 편견이나, 차별적인 행동의 뿌리를 찾아본다.
- 차별 행동과 편견이 극심하게 발동하는 상황이나 대상을 확인해 보고 그 이유를 생각해 본다. 이러한 차별 행동과 편견이 자신이 받아들일 만한 수준인지 아닌지를 판단해 본다.
- 자신이 갖고 있는 편견이나 차별이 자신의 일상생활에 어떻게 영향을 주고 있는지

생각해 본다. 또한 확인된 편견이나 차별적 태도가 사회복지사로서 일하게 될 때 자신의 일에 어떤 영향을 줄 수 있을지를 생각해 본다.

- 누군가에 의해 자신이 진정으로 온전히 수용된 적이 있는가? 있다면 그때의 느낌은 어떠했는가? 또한 수용된 적이 한 번도 없다면 현재의 느낌은 어떠하며 그 이유는 무엇이라고 생각하는가? 온전히 수용된 경험 또는 수용되지 못한 경험 등이 자신의 행동에 어떤 영향을 주고 있다고 생각하는가?
- 누군가를 조건 없이 온전히 수용한 적이 있는가? 어떻게 그렇게 할 수 있었는가? 그런 적이 없다면 그 이유는 무엇인가?
- 참을성이 없는 사람을 보면 당신은 어떤 느낌이 들며 그 사람에 대해 어떻게 행동하는가?

4) 자기주장

사회복지사는 클라이언트 복지를 위협하는 사회제도나 규범 등에 대해 클라이언트를 대신하는 옹호, 원조, 지도, 격려 등을 수행하기 위해서 분명하고 단호하게 자신의 주장을 펼 수 있어야 한다. 자기주장은 사회복지사 자신이 갖고 있는 지식, 의견, 감정 등을 자신의 권리와 타인의 권리를 모두 존중하면서 표현하는 것을 말한다. 타인의 권리를 침해하지 않으면서 자신의 권리를 당당히 직접적으로 주장할 수 있는 훈련은 사회복지사에게 있어 중요한 자질이다. 자기주장 훈련의 요점은 남과 다를 수 있는 권리, 상대방과 다른 생각 및 관점을 표현하고 방어할 수 있는 권리, 자신의 이야기가 경청될 권리 등에 관한 인식이다.

5) 자기통제

자기통제는 자신의 말, 행동, 감정 등을 적절하게 조절하는 것을 의미하며 적절한 언어, 목소리, 행동, 제스처, 표정 등을 신중하게 선택할 필요가 있다. 자기통제는 사람을 대상으로 일하는 전문인이 갖추어야 할 가장 중요한 자질 중 하나다. 자기통제와 관련된 질문은 다음과 같다.

- 화가 날 경우 보통 어떤 식으로 대응하는가? 화를 즉각적으로 표출하는 편인가 아니면 화를 가라앉히고 달래려고 노력하는 편인가? 논쟁 중에 자신이 사용하는 어휘, 목소리 크기, 높이, 떨림 등을 관찰해 보자.
- 자기통제를 비교적 잘 하는 경우와 그렇지 못한 경우를 생각하여 확인해 보자. 잘 못하는 경우, 무엇이 자기통제를 방해하는지 방해요인을 확인해 보자.
- 과거 자기통제에 실패했던 경험을 돌이켜 봄으로써 평소 자신을 통제할 수 없게 만드는 자신만의 특성, 기질, 습관 등이 있는지 살펴 보자. 이러한 특성, 자질, 습관 등이 사회복지사로서 활동하는 데 어떤 방식으로 영향을 줄 수 있는지에 대해서도 생각해보자.
- 위에서 확인된 자신의 특성과 견주어 사회복지실천에 있어 자기통제가 절실히 필요한 부분은 어디이고 때는 언제인지 생각해 보자.
- 자신이 충동적이거나 제어하지 못하는 잘못된 습관을 갖고 있다면 이러한 것을 어떻게 조절하거나 고쳐 나갈지 생각해 보자.

6) 직관력

직관력은 사회복지사의 자기인식과 깊이 관련되어 있으며 의사소통 과정에 있어서 비언어적 표현을 정확하게 파악하는 것과 관련된다. 직관력은 사회복지사가 생각, 본능적인 반응이나 느낌, 인상, 통찰력, 충동 혹은 추측으로부터 오는 여러 가지 막연한 의사소통의 형태를 이해하는 것이다.

7) 자기노출

자기노출은 사회복지사 자신에 대한 고찰과 경험, 역사를 활용하여 특정 상황에 효과적인 행동을 취하고자 할 때 활용하는 기술이다. 클라이언트와 친밀한 대화를 촉진하면서 대화를 방해하는 장애물을 제거하기 위한 방법으로 활용된다. 자신의 전문적 활용은 사회복지사 자신의 현재와 과거에 대한 개인적인 정보를 노출시키는 것이다. 사회복지사가 자신의 개인적인 생각과 감정노출을 할 때는 클라이언트로 하여금 사회복지사를 평범한 사람뿐만 아니라 전문가로도 인식할 수 있게 해야 한다. 따라서 자기노출은 매우 조심해서 사용하는 기술이다.

8) 전문적인 경계선 유지하기

전문적인 경계선을 유지하는 것은 특정 역할과 과업을 수행하는 데 있어 책임 있는 활동을 하는 것과 그렇지 않은 것을 구분하는 것이다. 경계선은 전문 역할과 그렇지 않은 것을 구분하는 것이지만 한계선을 긋는 것은 수용할 수 있는 것과 그렇지 못한 것을 구분하는 것이다.

분명한 경계선을 긋는 데는 몇 가지 유용한 점이 있다. 첫째, 경계선을 분명히 함으로써 사회복지사는 자신의 역할, 업무, 책임을 분명하게 규정하게 되어 그 이외의 영역에 관여하지 않게 된다. 둘째, 경계선을 분명히 함으로써 사회복지사는 시간과 자원을 효율적으로 활용할 수 있게 된다. 셋째, 실질적인 배려를 공식화함으로써 업무의 목적과 계약을 분명히 할 수 있다.

3. 사회복지 전문직의 가치와 윤리

1) 사회복지사의 가치

사회복지실천에서 가치는 종종 윤리나 규범 혹은 도덕 등과 혼용되지만 가치와 윤리는 서로 구별되는 특징이 있다. 고든(Gordon, W. E.)은 어떤 것을 가치있게 보는 것은 그것을 선호하는 것이라고 하였다. 선호의 측정은 원하는 것을 얻기 위해 어떤 값을 치르고 얼마나 노력을 하며 어떤 희생을 하였는가로 측정되며, 가치를 선호한다는 의미와 동일시하여 정의했다(이효선, 2004).

가치는 또한 감정적으로 무엇을 바랄 것인가에 대한 개념으로 역사 속에서 경험적으로 얻어져 대중이나 집단에 의하여 구성되는 행동패턴의 조직화와 구조화에 대한 의미를 제공하기도 한다. 따라서 가치는 다수의 사회구성원에 의해서 좋거나 바람직하다고 여겨지는 것 혹은 개인의 선호도를 나타내는 것으로 사회복지사가 가져야 하는 믿음이나 신념을 의미한다(이영분 외, 2001).

사회복지실천의 본질적 4대 요소에는 사회복지 전문직의 가치, 전문적 활동에 필요한 지식, 가치와 지식을 현장에 옮기는 과정에서 필요한 기술 또는 기법 등이 있다. 또한 사회복지 전문직의 가치, 클라이언트의 가치, 사회복지사의 가치 등이 조화를 이루어야 한다. 사회복지 실천과정을 위한 훈련 중에서 가장 먼저 점검해 보아야 할 것이 사회복지사 개인의 가치이다.

(1) 전반적인 가치

① 자립/의존에 대한 가치

스스로 자립할 수 있는 능력을 갖추어야 하고 그것을 위해 노력해야 한다고 생각하는가? 아니면 사회구성원 모두는 생존을 위해 사회에 의존할 권리를 갖고 있다고 생각하는가? 보편적 사회복지정책을 추구하는 사회주의적 복지제도를 선호하는가? 잔여적 사회복지제도를 선호하는가?

② 책임/권리에 대한 가치

권리를 주장하기 위해서는 책임이나 의무를 다해야 한다고 생각하는가? 책임, 의무를 수행하지 못하는 사람이라도 누려야 할 권리는 다 누려야 한다고 생각하는가?

③ 도움을 주고받는 것에 대한 가치

클라이언트 중에 도움을 받을 만한 가치가 있는 사람과 도움을 받을 만한 가치가 없는 사람이 있다고 보는가? 도움을 받을 만한 가치가 있는 사람은 누구이며 도움을 받을 만한 가치가 없는 사람은 누구인가?

④ 융통성과 준법성에 대한 가치

사회구성원 모두의 생존을 위해 사회의 법과 윤리를 유연하게 적용하는 것이 바람직하다고 생각하는가? 사회가 정한 법규나 윤리적 규범, 약속은 철저히 지켜야 한다고 생각하는가?

⑤ 님비즘(nimbyism)에 대한 가치

님비즘은 정당한 요구인가? 님비즘은 집단이기주의의 한 형태인가?

- 님비(NIMBY) 현상 : 공익을 위해 반드시 필요한 시설이라고 하더라도 내가 사는 인근에 오는 것은 반대하는 것을 말하며 님비의 대상은 쓰레기매립장, 분뇨처리장, 하수처리장, 화장장, 교도소, 장애인시설 등이 있다.
- 바나나(BANANA) 현상 : 환경오염시설 등은 어디에든 아무것도 짓지 말라는 것으로 바나나의 대상은 원자력 발전소, 댐 등이 있다.
- 핌피(PIMFY) 현상 : 유익한 시설은 자기 지역에 적극 유치하려는 움직임으로 핌피의 대상은 도서관, 공연장, 경기장, 공원 등이 있다.

(2) 사회복지 전문직의 가치

전문가로서 사회복지사가 클라이언트를 원조함에 있어서 어떠한 생각을 갖는 것이 바람직하며 문제를 해결함에 있어 어떻게 처리를 하는 것이 바람직한 것인가 판단을 하는 것은 매우 중요하다. 이러한 판단은 여러 가지 가치관을 전제로 하기 때문에 사회복지사는 판단을 하기에 앞서 다양한 가치체계에 대한 이해가 필요하고 이를 토대로 바람직한 가치를 선택할 수 있어야 한다. 또한 이들이 개인의 가치체계와 얼마나 조화를 이루는지를 확인하여 2가지 체계 사이에 큰 차이가 나타나는 경우, 개인의 가치체계 변화를 위해 노력해야 한다.

사회복지실천에 있어 전문직의 가치는 다양한 형태로 설명되고 있다. 이중 가장 많이 거론되는 가치는 개인의 가치와 존엄성, 개인에 대한 존경, 개인의 변화 가능성에 대한 가치, 클라이언트의 자기 결정권, 비밀 보장과 사생활 보장, 적절한 자원과 서비스 제공, 클라이언트에게 권한 부여, 동등한 기회의 보장, 비차별성, 다양성의 존중 등(양옥경 외, 2002)이며 이를 다음과 같이 4가지로 정리(엄명용 외, 2005)하여 제시하기도 한다.

① 개인의 존엄성과 독특성에 대한 존중

인간은 어떤 조건과 위치에서 태어났든지 상관없이 인간 그 자체로서 존엄한 존재이다. 어떤 독특한 특성을 갖고 있고 독특한 행동을 하더라도 타인이나 전체 사회에 해를 끼치지 않는다면 있는 그대로 인정하고 받아들여져야 한다. 사회복지사는 개인과 개인이 처한 환경의 폭넓은 다양성을 인정하면서 인간적이고 개인적이며 개성적인 클라이언트의 삶의 방식을 수용, 격려, 고무해야 한다.

② 자기결정의 원리

인간은 누구나 자신의 인생을 살아갈 방법을 선택할 권리가 있다. 자기결정의 원리는 클라이언트가 자신과 관계된 일에 대한 결정을 자신이 스스로 내려야 한다는 것을 의미한다. 클라이언트가 선택한 결정에 사회복지사가 무조건 동의하라는 것은 아니다. 사회복지사는 클라이언트의 선택에 앞서서 모든 가능한 자원과 기회 등 대안을 설명하고 그에 대한 결과를 설명하여 현명한 선택을 할 수 있도록 지지해야 한다.

③ 사회적 평등성의 원리

모든 개인은 자신의 신분, 지위, 계층, 배경에 관계없이 개인의 잠재력을 최대한 실현하기 위해 필요하다고 생각되는 모든 기회와 자원에 접근할 수 있는 기회를 동등하게 가질 수 있어야 한다. 사회복지사는 개인의 잠재력을 최대한 실현하기 위해 필요한 자원과 기회에 동등한 접근을 보장해야 한다.

④ 개인의 복지에 대한 사회와 개인 공동의 책임

각 개인은 전체 사회의 요구와 개인의 욕구와의 균형 속에서 자신의 복지 향상을 위해 최대한 노력할 책임을 갖고 있다. 그러나 개인이 아무리 노력을 하더라도 사회구조의 문제 때문에 어쩔 수 없는 경우에는 사회가 복지를 책임져야 하지만 이 경우라도 개인은 자신의 이익과 복지 향상을 위해 적극적으로 행동해야 한다는 것이다.

(3) 사회복지 전문직의 가치 범위

레비(Levy)는 가치란 사람을 다루는 적절한 방법에 대해 전문직이 갖고 있는 신념이라 했다. 가치는 인간의 본질에 관하여 전문직이 갖고 있는 증명되지 않은 신념으로 이러한 신념은 실무자의 일상적 활동에 반영되어 전문직의 실천방향을 제시해 주게 된다. 레비는 실천 가치에 우선하는 사회복지 전문직의 가치를 3가지로 구분하여 설명하고 있다(양옥경 외, 2002).

① 사람우선 가치

클라이언트를 한 개인이나 인간으로 보고 능력을 인정해 주며 그에 따라 권한을 인정해 주는 가치관이다. 이는 사회복지실천의 기본 철학과 같은 것이다.

② 결과우선 가치

서비스를 제공했을 때 초래하는 결과에 대한 가치관이다. 이는 사회가 개인의 발전을 위해 사회참여에 대한 기회를 동등하게 제공해야 한다는 사회적 책임에 대한 믿음이다. 그뿐만 아니라 빈곤, 질병, 차별대우, 부적절한 주거환경 및 불공평한 교육기회 등에 대한 문제를 해결하거나 미연에 방지해야 할 사회적 책임에 대한 가치이며 이와 동시에 이 같은 욕구를 충족시킬 수 있는 자원을 제공해야 하는 사회적 책임에 대한 믿음이다.

③ 수단 우선 가치

서비스를 수행하는 방법 및 수단과 도구에 대한 가치관이다. 사람은 존경과 존엄의 대상으로 다루어져야 하며 자기결정의 권리를 가져야 하고, 사회변화에 참여하도록 복돋워져야 하며 독특한 개인으로 인정되어야 한다는 믿음과 같은 것이다. 인간의 자율성으로 요약될 수 있는 수단우선 가치는 사회복지 실천과정에서 매우 중요한 가치체계이다.

(4) 사회복지실천에서의 가치 갈등 문제

사회복지실천가는 사회복지 현장에서 클라이언트의 문제해결 및 삶의 질을 향상시키는 데 있어서 다양한 가치갈등을 겪게 된다. 이와 같은 가치갈등이나 모순에서 벗어나기 위하여 사회복지실천가는 자기훈련과 자기경험을 쌓아나가야 한다. 또한 사회적 기능수행에 있어서 바람직한 가치는 무엇이며 자신의 개인적 가치는 무엇인지에 대한 이해가 있어야 한다. 이를 위해 사회복지사는 다양한 가치관과 개인으로서 또한 전문가로서 자기자신의 가치관을 명료하게 인식, 자신의 가치관이 형성된 배경, 자신의 가치관에서 비롯된 행동과 결정, 자신의 가치관이 타인에게 미치는 영향 등을 지속적으로 검토하고 확인해야 한다.

2) 사회복지사의 윤리

가치가 믿음이라면 윤리는 판단이다. 윤리란 어떤 행동의 옳고 그름에 대한 판단이다. 인간을 대상으로 하는 전문직은 인간의 존엄성이라는 가치를 실현할 수 있는 어떤 원칙과 기준이 있어야 하므로 모든 전문직은 윤리강령을 발달시켜 왔다. 특히 사회복지실천은 사회적으로 취약한 사람을 대상으로 하는 전문직이므로 클라이언트의 인격과 인권을 존중하는 윤리성이 강하게 요청된다. 따라서 사회복지실천의 모든 측면, 즉 모든 선별, 진단, 사정, 개입, 평가 안에서 사회복지사로서 행하는 행동은 사회복지사의 전문직 윤리와 의무라는 시각에서 재고되어야 한다(임은희, 2005).

또한 사회복지사는 책임과 의무를 수행하는 과정에서 계속해서 복잡한 윤리적 이슈에 직면하게 되므로 전문적 책임을 다하기 위해 사회복지사가 취하는 행동과 관련된 윤리적 이슈들을 다루고 분석하며 해결하는 수단을 필요로 하게 된다. 이를 위해 사회복지사협회에서는 사회복지윤리강령을 채택함으로써 사회복지사의 윤리적 판단 기준을 마련하였다. 따라서 전문 사회복지사가 갖추어야 할 윤리적 결정의 출발은 사회복지실천을 규정하는 윤리강령과 법을 주지하고 준수하는 것에서부터 시작된다.

(1) 사회복지실천에서의 윤리적 문제

윤리적 문제를 만났을 때 초보 사회복지사는 전문적이고 윤리적인 방식으로 어떻게 대응해야 할지 모르는 경우가 종종 있다. 여기서는 윤리적 딜레마를 다루어 다양한 문제를 해결하기 위한 책임있는 결정을 내리도록 돕고자 한다.

① 윤리의 개관

- 윤리적이라는 것은 무엇을 의미하는가?: 윤리라는 것은 전문가가 질적인 서비스를 제공하고 함께 작업하는 사람의 권리를 존중하는 규범이다. 또 윤리적 방식으로 행동한다는 것은 직업을 다스리는 법과 규칙에 따르는 것을 포함한다.
- 행동의 윤리적 규준: 전문가가 도전적이고 혼란스럽고 새로운 종류의 상황에서 취해야 할 가장 좋은 행동에 관하여 도움을 제공한다. 이러한 규준은 그 구성원에게 책임감 있는 방식으로 행동하고 클라이언트를 배려하도록 하며 그들의 활동을 통하여 사회에 공헌하도록 하는 소망의 설명으로 시작한다.

② 일반적인 윤리적 원칙

- 자율성: 타인에게 불리한 영향을 미치지 않는 선택을 하고 행동을 취하는 권리를 말한다.
- 선행: 타인을 돕고 성장을 촉진함으로써 좋은 일을 의도하는 것이다. 많은 사회복지사는 타인을 돕고 타인의 삶에 긍정적인 변화를 주기 위해 사회복지 전문직을 선택하고 있다.
- 무해성: 무엇보다도 해를 끼치지 말자는 표현으로 설명할 수 있다. 전문가는 자신의 개입과 행동이 클라이언트에게 부주의하게 해를 끼치지 않도록 확실히 할 것을 요구한다.
- 공정성: 모든 사람을 위한 기호와 수단의 균등함에 대한 보장이나 공평으로 정의될 수 있다. 어떤 사람은 이를 서비스에 대한 댓가나 혜택을 받지 않고 타인을 도와주기 위하여 자신의 시간 일부분을 할애하는 윤리적 책임감이라고 한다.
- 엄수: 약속을 지키는 것과 타인과의 관계에서 신뢰할 만하다는 것을 의미한다. 사회복지사가 상담과정에서 동의할 만한 믿음을 줄 수 없다면 좋은 결과를 기대하기가 어렵다.
- 정직: 정직은 진실을 말하는 것을 의미한다. 상담과 연구 상황 모두에서 마주 칠 수 있는 딜레마에서 강력하고 필요한 원칙이다.

(2) 사회복지사 윤리강령

사회복지사의 윤리강령은 약 50여 년의 역사를 갖고 있다. 첫 번째 윤리강령은 1960년 미국사회복지협회(NASW: National Association of Social Workers)가 마련한 것으로 사회복지사 자신의 이익보다 클라이언트의 이익을 우선시하고, 클라이언트의 사생활을 보장하며, 지식과 기술을 후배에게 이양한다는 사회복지사의 의무에 대해 나열하고 있다(양옥경 외, 2002:). 이는 1990년대에 여러 차례의 수정을 거쳐 윤리강령의 목적을 구체화시켜 밝히고 서비스, 사회정의, 인간 존엄성 및 가치, 인간관계의 중요성, 성실성, 능력의 6대 핵심 가치를 중심으로 윤리의 원칙과 기준을 나눈 현재의 형태를 이루고 있다.

우리나라의 경우 1973년 윤리강령 초안을 결의하고 1982년 한국사회사업과 윤리강령을 제정하였다. 1988년 1차 개정을 하고 1992년 2차 개정을 하였으며 1991년 3차 개정을 하고 3년간 작업을 거처 2001년에 공포하여 현재까지 활용하고 있는 한국사회복지사 윤리강령의 구성은 윤리강령 전문을 필두로 윤리기준 6장과 46개 조항과 마지막에는 사회복지사 선서로 되어 있다. 특정 사례와 관련하여 윤리적, 법적 책임 간에 갈등이 없을 경우 사회복지사는 이 윤리강령에 명시된 적절한 윤리적 의무를 따라야 한다.

그러나 다양한 문제 상황에서 다양한 클라이언트를 대하다 보면 적용하여야 할 사회복지실천의 윤리원칙이 배타적인 경우가 발생하는데 이때는 사회복지의 가치 자체와 다양한 윤리적 측면을 고려하여 사회복지사 개인이 가장 적합한 결정을 내려야 한다.

(3) 원조관계에서 윤리적 지침

① 비밀보장

도움을 필요로 하는 사람은 자신의 개인적인 사항을 이야기하면서 사회복지사에게 모든 비밀을 털어놓는다. 그들은 이러한 정보를 믿고 말할 수 있고 신뢰할 수 있는 사회복지사를 필요로 한다. 사회복지사는 클라이언트를 돕는 데 있어서 이러한 사적인 면을 항상 존중해야 하고 모든 정보에 대한 비밀을 지켜야 한다. 그러나 사회복지기관이나 다른 조직에서 클라이언트에게 도움을 줄 경우 다른 사람과 비밀을 공유하는 것이 적절할 수도 있다. 예를 들어, 어떻게 하면 더 적절한 도움을 줄 수 있는가를 궁리해야 하거나 다른 조언이 필요하다고 느낀다면 슈퍼바이저나 다른 사회복지사나 팀 리더와 정보를 나눌 필요가 있다. 비밀보장을 유지하는 원칙에 대해 몇 가지 예외가 있다. 아동학대, 노인의 학대, 살인이나 자살이 발생할 것 같은 위기 상황의 경우 사회복지사는 법률에 의거하여 비밀을 공유할 것을 요구받는다. 공공의 위험이 발생한다면 개인의 보호특권은 끝나게 된다.

② 다양성에 대한 존중

성별, 인종, 능력 등 사회경제적인 지위에 따라 개개인 간의 차이가 발생하기 마련이다. 또한 성장 배경, 가치신념 등에 따라 개인 간에 차이가 발생한다. 그러므로 사회복지사는 클라이언트가 우리와 다른 결정을 하거나 법을 어겼다 해도 그들이 가치 있는 인간이기에 클라이언트를 존중해야 한다.

③ 자기인식

자신의 강점과 한계를 알아가는 것은 훌륭한 사회복지사가 되어 가는 데 있어 매우 중요하다. 개인의 성숙한 부분과 부족한 부분을 깨닫고 있으면 클라이언트에 대한 접근이 더욱 효과적이게 된다. 또한 자신의 감정을 인식하고 자신의 욕구 충족을 위해 노력하며 자신을 돌보는 것도 중요하다. 사회복지사가 설교하기, 가르치기, 처방하기, 구해주기, 충고하기와 같은 방식으로 클라이언트를 다루고 있다면 이는 원조관계에 방해가 된다. 이와 같은 방법으로 클라이언트에게 반응한다면 개인적인 갈등이 야기될 수 있다. 예를 들어, 사회복지사 자신의 가치가 어떤 상황에서든지 낙태에 대해서 반대의 입장에 있을 때 겪게 되는 갈등을 들 수 있다. 사회복지사는 자신의 가치관이나 과거의 경험, 관심사 등을 잘 인식하여 자신의 이러한 특성이 클라이언트의 잠재력을 방해하지 않도록 해야 하고 성공적인 원조관계를 유지할 수 있도록 해야 한다.

④ 이해상충

사회복지사가 클라이언트와 일하면서 어떠한 형태로든 이익을 취한다면 이는 비윤리적이다. 사회복지사의 이익이 도움을 찾는 사람의 이익과 상충될 때 이를 이해상충이라고 한다. 위기 혹은 문제가 있는 사람을 이용하는 것은 취약한 사람을 부당하게 착취하는 것이고 신뢰를 버리는 것이다. 이해 상충의 예로는 클라이언트와 애정관계로 발전하는 것과 기관에서 정한 비용 이외의 돈을 요구하거나 대가를 받는 것 등을 들 수 있다.

⑤ 경계를 유지하기

경계를 유지하기란 공과 사를 구별해야 한다는 것을 말한다. 사회복지사가 문제해결을 위해 객관적인 입장에 서지 못할 정도로 개인의 사적인 상황에 깊게 관여하는 것은 유용하지도 적절하지도 않다. 사회복지사가 클라이언트와 적절한 경계를 유지하기 위해서는 자기인식이 필요하다.

⑥ 객관성

객관성은 편견이나 왜곡 없이 상황과 사람을 이해하는 능력으로 정의된다. 사회복지사가 객관적일 때 그들은 자신의 개인적인 가치, 신념, 그들의 이해력을 오염시키는 편견 없이 클라이언트의 감정, 생각, 행동을 이해한다. 그들이 객관적일 때 자신의 우선적인 해석을 클라이언트에게 직접적으로 또는 친밀하게 강요하려 애쓰지 않는다. 사회복지사가 객관적으로 되지 못하는 경우를 보면 첫째, 가정을 하는 것이다. 가정은 단순한 추론, 불충분한 정보, 또는 편견에 기초하여 왜곡되거나 잘못된 결론을 내리는 것을 말한다. 둘째, 클라이언트와 지나치게 동일시하는 것이다. 셋째, 클라이언트와 지나치게 연관되었을 경우이다.

(4) 사회복지사의 윤리적 의사결정실천

윤리적 의사결정은 다양한 차원을 포함한다. 여러 개의 상충적인 의무가 적용될 때 사회복지사는 어떤 것을 우선할 것인지를 결정할 수 있어야 한다. 특정 사례와 관련된 윤리원칙과 법적 의무가 무엇인지 확인하는 것은 윤리적 의사결정과

정의 첫 단계이다. 그러나 여러 개의 윤리원칙과 법적 의무가 적용될 수 있고 때로는 갈등을 일으킨다는 것을 확인하는 것만으로는 불충분하다. 이처럼 윤리적 의무가 서로 갈등적인 상황에서 사회복지사는 어떤 원칙이나 법적 의무를 우선해야 되는지를 스스로 결정하여야 한다.

① 대표적인 가치갈등

매티슨(Mathieson)은 그의 윤리적 의사결정 준거틀에서 가치갈등에 대한 확인을 세 번째 단계로 제시하고 있다. 서로 상충되는 책임 가운데 하나를 선택해야 하는 경우에는 의사결정자가 무엇에 우선 순위를 두어야 하는지를 결정해야 된다. 사회복지사가 직면할 수 있는 대표적인 가치갈등으로는 ㉠ 자기 결정권과 전문가 온정주의, ㉡ 비밀보장과 전문가의 의무상 이유로 인한 비밀누설, ㉢ 법적의무와 이성적으로 판단되는 더 큰 선행, ㉣ 기관정책에 대한 책임과 자유재량에 의한 판단, ㉤ 클라이언트의 자기 결정권과 사회복지사의 개인적 가치에 의해 이루어진 판단, ㉥ 개인의 권리와 가족체계의 복지 등 6가지를 들 수 있다.

이러한 윤리적 딜레마를 극복하기 위한 로웬버그(Loewenberg)와 돌고프(Dolgoff)의 윤리적 원칙은 다음과 같다.

② 로웬버그와 돌고프의 윤리적 원칙

윤리적 의무가 서로 갈등적인 상황에서 어떤 원칙이나 법적 의무를 우선해야 되는지의 결정을 돕기 위해 로웬버그와 돌고프(1996)는 그들의 윤리원칙 스크린(ethical principes screen)에서 전문적 사회복지실천의 기본적인 윤리원칙을 위계서열 형태로 제시하고 있다. 어떤 실천 상황에서든지 사회복지사는 관련되는 윤리원칙과 적용되는 법적 의무를 먼저 확인해야 한다. 그런 다음 만일 갈등이 생기면 윤리원칙에서 제시된 범주에 따라 그들을 분류한다. 최종적으로 상위 원칙에 우선권을 부여하고 그에 따라 행동하면 된다(Cournoyer, 2002:).

〈표 1-1〉 로웬버그와 돌고프의 윤리원칙 준거틀

윤리원칙1	생명보호의 원칙	인간의 생명보호가 모든 다른 것에 우선한다.
윤리원칙2	평등과 불평등의 원칙	능력이나 권력이 같은 사람들은 '똑같이 취급받을 권리'가 있고, 능력이나 권력이 다른 사람들은 '다르게 취급받을 권리'가 있다.
윤리원칙3	자율성과 자유의 원칙	클라이언트의 자율성과 독립성 그리고 자유는 중시되나 무제한적인 것은 아니라는 것으로서 자신이나 타인의 생명을 위협하거나 학대할 권리 등은 없다.
윤리원칙4	최소 해악의 원칙 (최소 손실의 원칙)	선택 가능한 대안이 다 유해할 때 가장 최소한으로 유해한 것을 선택해야 한다.
윤리원칙5	삶의 질의 원칙	지역사회는 물론이고 개인과 모든 사람의 삶의 질을 좀 더 증진시킬 수 있는 것을 선택해야 한다.
윤리원칙6	사생활 보호와 비밀보장의 원칙	사회복지사가 클라이언트에 대해서 알게 된 사실을 다른 사람에게 공개해서는 안 된다.
윤리원칙7	성실의 원칙 (진실성과 정보 개방의 원칙)	클라이언트와 여타의 관련된 당사자에게 오직 진실만을 이야기하며 모든 관련 정보를 완전히 공개해야 한다.

• 생명보호의 원칙

인간의 생명에 대한 보호가 모든 다른 것에 우선하는 최고의 의무임을 말해준다. 그러므로 클라이언트가 과거의 애인을 살해하려는 사실을 안 사회복지사는 다른 윤리적, 법적 의무를 수행하지 못하더라도 잠재적 희생자를 보호하는 조치를 취해야 한다.

• 평등과 불평등의 원칙

능력이나 권력이 같은 사람은 똑같이 취급받을 권리가 있고, 능력이나 권력이 다른 사람은 다르게 취급받을 권리가 있음을 나타낸다. 예를 들어, 능력이 같은 성인은 서로 합의하에 성관계를 가질 권리가 있다. 그러나 아동의 분명한 동의가 있었다 해도 어른이 아동과 성관계를 가질 권리는 없다. 이는 어른과 아동은 능력이나 권력이 서로 다르기 때문이다. 마찬가지로 전문적 지위와 기능이 다르기 때문에 사회복지사는 성인 클라이언트와 성관계를 가져서는 안 되며 심지어 클라이언트가 성관계를 먼저 요구할 경우에도 관계를 가져서는 안 된다.

- 자율성과 자유의 원칙

  사회복지사로 하여금 그 자신의 자율성, 독립성, 자유를 촉진하는 결정을 내리도록 안내한다. 물론 독립적으로 행동하려는 클라이언트의 권리가 무제한적인 것은 아니다. 어느 누구도 자신이나 타인을 살해하는 것이나 아동을 학대하거나 착취하는 것 그리고 사람 많은 극장에서 "불이야!" 하고 소리 지를 권리는 없다.

- 최소해악의 원칙

  사회복지사는 항상 해를 가장 최소화할 수 있고 가장 쉽게 역전시킬 수 있는 것을 선택해야 한다.

- 삶의 질의 원칙

  사회복지사는 클라이언트의 열악한 삶의 질을 무시해서는 안 되며 나아가 적정한 수준으로 삶의 질을 향상시키도록 클라이언트와 함께 활동해야 한다.

- 사생활 보호와 비밀보장의 원칙

  사회복지사는 실천과정에서 모든 사람이 사생활을 보호받을 권리가 있음을 강조하는 결정을 해야 한다. 그러므로 사회복지사는 클라이언트에게 서비스를 제공하는 과정에서 비밀을 지켜야 한다.

- 진실성과 정보 개방의 원칙

  사회복지사는 클라이언트를 비롯한 다른 사람에게 정직하고 진실해야 하며, 모든 관련 정보를 온전히 개방해야 한다.

4. 사회복지사의 역할 및 기능

사회복지사의 직무기능들은 구체적 역할 내에서 수행하는 과제나 활동으로 가장 잘 설명할 수 있다. 사회복지사는 아래에 열거한 역할 중에서 한 가지 역할을 수행하기도 하지만, 여러 가지 역할을 수행할 가능성이 많다(Sheafor 외, 1997).

어떤 실천적 역할이든 여러 가지 특징적 기능을 수행하도록 요구된다. 비슷하게 구체적인 하나의 직무기능이 한 가지 이상의 역할을 수행할 때 적용되기도 한다. 예를 들면, 인간서비스의 중개자로서 클라이언트의 상황을 사정하는 데 참여하기도 하고 상담가, 임상가, 사례관리자가 되기도 한다(Sheafor 외, 1997; 김혜란 감수, 1998 재인용). 다음은 사회복지사의 주요 역할 및 기능에 관한 소개이다.

1) 중개자로서의 사회복지사

클라이언트를 적절한 인간서비스와 자원에 연결한다.

사회복지실천에서 강조하는 것은 환경과 관련해서 사람들은 돕는 것이다. 사회복지사는 대개 클라이언트와 지역사회 자원의 연결을 촉진한다. 중개자 역할을 하기 위해서 사회복지사는 클라이언트의 상황 사정, 자원 사정, 의뢰, 서비스체계 연결, 정보 제공 등의 기능을 수행한다.

2) 옹호자로서 사회복지사

클라이언트가 자원과 서비스를 받을 권리를 유지하도록 돕거나 클라이언트나 클라이언트 집단에게 부정적 영향을 주는 프로그램과 정책을 변화시키는 운동을 적극적으로 지지한다.

미첼슨(Michelson, 1995; 김혜란 감수, 199 재인용)은 사회복지의 옹호를 사회정의를 확보하거나 유지하는 목적에 따라 하나 또는 그 이상의 개인, 집단, 지역사회 편에서 운동과정을 직접적으로 대표하고, 방어하고, 개입하고, 지지하거나 권고하는 활동이라고 정의했다. 사회복지사는 그들의 옹호 방법과 클라이언트의 자기결정과 변화과정에서의 참여를 최대화하는 원칙 사이에 균형을 이루어야 한다. 옹호 역할은 크게 클라이언트나 사례옹호기능과 계층옹호 기능으로 구별할 수 있다.

3) 교사로서 사회복지사

클라이언트가 문제를 예방하거나 사회적 기능을 향상시키는 데 필요한 지식과 기술을 갖추도록 준비한다.

교육과 경험을 통해 획득한 사회복지사 지식의 일부는 클라이언트와 공유된다.

이것은 클라이언트의 능력을 고취시키는 것이다. 교사로서의 역할을 수행하는 데 있어서 주요기능은 사회생활과 일상생활기술 가르치기, 행동 변화 촉진하기, 1차 예방 등을 들 수 있다.

4) 상담가 혹은 임상가로서 사회복지사

클라이언트가 자신의 감정을 잘 이해하고, 행동을 수정하며 문제 상황에 대처하기 위해 학습하도록 도움으로써 그들의 사회적 기능 수행 능력을 향상하도록 돕는다.

가상적, 가시적이고 흔하게 수행되는 사회복지의 역할은 상담가나 임상가로서의 역할이다. 임상사회복지사는 모든 사회복지실천에서 강조하는 개인, 가족 그리고 소집단의 심리사회적 기능을 향상시키고 유지하는 목적을 공유한다. 임상사회복지실천은 사회복지이론과 심리사회적 역기능, 정서적 또는 정신적 장애를 포함하는 장애나 손상에 대한 치료와 예방적 방법을 전문적으로 적용한 것이다.

이러한 역할 수행을 위해 사회복지사는 인간행동에 관한 지식, 사회 환경이 개인에게 미치는 영향, 클라이언트의 욕구와 기능을 사정하는 능력 그리고 이런 스트레스를 클라이언트가 다룰 수 있도록 돕는 개입 내용에 관한 판단, 개입 전략을 적용하는 기술과 변화과정을 통해 클라이언트를 지도하는 능력이 필요하다. 이러한 역할은 심리사회적 사정과 진단, 지속적이고 안정적인 보호, 사회치료, 실천연구 등의 기능을 포함한다.

5) 사례관리자로서 사회복지사

클라이언트를 적합한 서비스에 연결하고 그런 서비스를 활용하도록 조정하는 과정에서 개인과 가족에게 서비스를 지속적으로 제공한다.

사례관리자로서 사회복지사의 역할은 다양한 프로그램이나 기관에 의해 제공되는 다중적 서비스를 활용해야만 하는 클라이언트에게 아주 중요하다. 사례관리의 두 가지 기본적인 모델이 있다. 하나는 조정 이외의 다른 활동을 배제시켜 사례관리자의 활동을 제한하는 것이다.

조정에 초점을 둔 다른 하나는 조정기능뿐만 아니라 사례관리자가 클라이언트의 주요 상담가나 치료자가 되는 것이다. 조정에 초점을 둔 모델은 아동보호 분야에 그리고 조정자-상담자 모델은 정신건강 확인에서 공통적으로 나타나는 경향이 있다. 사례관리자의 핵심기능은 클라이언트 확인과 방향, 클라이언트 사정, 서비스 치료계획, 연결과 서비스 조정, 사후 조치와 서비스 전달 점검, 클라이언트 지지 등이다.

6) 업무량 관리자로서 사회복지사

클라이언트에게 가장 효율적으로 서비스를 제공하고 고용된 조직에 책임을 지기 위해 업무량을 관리한다.

사회복지사는 클라이언트에게 필요한 서비스를 제공하는 동시에 고용된 사회기관의 요구사항인 업무량 관리를 충실히 지켜야 한다. 즉, 클라이언트와 기관 모두에 관련된 업무의 균형을 이루어야 한다. 이를 위해서 업무 계획 정보처리과정을 위한 활동에 참여하여야 한다.

7) 직원 개발자로서 사회복지사

훈련, 슈퍼비전과 인사 관리를 통해 기관 직원의 전문적 개발을 촉진한다. 사회복지사는 직원의 업무수행을 유지하고 향상시키기 위하여 헌신할 수 있어야 한다. 직원 역할은 교사 역할에서 활용되는 많은 기술을 필요로 한다. 직원 개발은 훈련 욕구에 관한 정확한 사정에 기반을 두고 업무 코칭, 슈퍼비전, 자문 그리고 훈련회의나 워크숍을 실행하거나 참여하는 것과 같은 개별화된 교육의 형태를 취한다.

8) 행정가로서 사회복지사

인간서비스 조직에서 정책, 서비스, 프로그램을 계획하고 개발하며 수행한다.

행정가 역할에서 사회복지사는 기관 정책을 수행하고 그 프로그램을 유지하기 위한 책임을 질 것을 가정한다. 행정가의 역할에서 사회복지사는 다른 사람에 의해 만들어진 정책, 프로그램 혹은 법을 실행하기 위한 책임이 있다. 기관의 이사회나 행정가는 전형적으로 기관의 목적을 규정하고 행정적 지침을 만들며 기관을 운영하는 데 필요한 자금을 할당한다.

조직의 규모와 복잡성에 따라 행정가나 조직 내 다른 지위에 있는 사회복지사는 관리기능, 내부적 그리고 외부적 조정, 정책과 프로그램 개발, 프로그램 평가와 같은 기능을 수행한다.

9) 사회변화 대행자로서 사회복지사

지역사회 프로그램과 삶의 질을 향상시키는 영역을 확인하고, 변화나 새로운 자원 획득 등을 옹호하기 위해 이익집단을 동원하는 데 참여한다.

사회복지실천의 개인과 환경 모두를 강조하는 이중적 초점은 사회복지사가 이웃, 지역사회 혹은 보다 큰 사회체계에 필요한 변화를 촉진시키도록 요구한다. 사회복지 전문직에 있어서 사회변화 대행자 역할의 중요성은 크게 강조되어 왔으며 타 원조 전문직과 구별되는 측면이기도 하다. 사회변화 대행자로서 역할의 수행은 사회 프로그램이나 정책 분석기능, 지역사회의 관심 고취 그리고 필요한 프로그램과 서비스를 개발하기 위한 사회자원 개발 등의 기능을 포함한다.

10) 전문가로서 사회복지사

유능하고 윤리적인 사회복지실천에 참여하고 사회복지 전문직의 발전에 기여한다.

전문가의 지위로 인해 혜택을 받기 때문에 사회복지사는 전문직의 향상과 강화를 위한 활동에 능동적으로 참여해야 한다. 지역, 지방 그리고 전국적 수준에서 전문가협회에 능동적으로 참여하는 것은 전문가 역할의 중요한 요소이다. 이를 위해서 사회복지사는 자기 사정, 개인적·전문적 개발 그리고 사회복지 전문직의 성장과 발전과 지식 기반 확장 등을 위해 기여할 수 있는 기능을 하여야 한다.

이상 사회복지사가 수행하는 다양한 역할과 기능을 살펴보았다. 자신이 속한 실천현장에서 자신에게 맡겨진 업무를 효과적으로 처리하기 위해서는 대부분 이런 역할과 관련 있는 기본적인 직무상의 기능을 수행하는 데 능숙해야 한다.

연습문제

1. 사회복지 전문직의 가치체계를 모두 고른 것은? 〈16회 기출〉

ㄱ. 사회적 형평성의 원리
ㄴ. 개인의 복지에 대한 사회와 개인 공동의 책임
ㄷ. 개인의 존엄성과 독특성에 대한 존중
ㄹ. 자기결정의 원리

① ㄱ, ㄴ
② ㄷ, ㄹ
③ ㄱ, ㄷ, ㄹ
④ ㄴ, ㄷ, ㄹ
⑤ ㄱ, ㄴ, ㄷ, ㄹ

[해설] 모두 사회복지 전문직의 가치체계에 해당한다.

2. 다음 사례에서 사례관리자가 수행한 역할로 옳지 않은 것은? 〈10회 기출〉

사례관리자는 중도장애를 가진 A가 재활의 동기를 갖도록 면담을 지속하면서 생활기술 훈련 프로그램에 참여하도록 지지하였다. 또한 사례회의를 통해 인근 직업재활기관과 일자리지원센터의 취업 관련 서비스를 받도록 협의하고 장애인 일자리를 확대하기 위한 지역사회인식개선 캠페인을 기획하였다.

① 중재자
② 상담가
③ 조력가
④ 조정자
⑤ 옹호자

[해설] 사례관리자(사회복지사)는 중재자, 상담가, 조력가, 조정자, 옹호자 등 다양한 역할을 수행하는데 중도장애를 가진 A가 재활의 동기를 갖도록 면담을 지속하는 것은 상담가의 역할이다. 생활기술 훈련 프로그램에 참여하도록 지지하는 것은 조력가 역할에 해당한다. 사례회의를 통해 인근 직업재활기관과 일자리지원센터의 취업 관련 서비스를 받도록 협의하는 것은 조정자의 역할이다. 장애인 일자리를 확대하기 위한 지역사회 인식개선 캠페인을 기획하는 것은 옹호자 역할에 해당한다. 중재자는 개인이나 조직 등 양자 간의 논쟁에 개입하여 타협, 차이점을 조정 혹은 상호 만족스러운 합의점을 도출해내는 역할인데 보기에는 제시되어 있지 않다.

3. 사회복지실천의 목적과 기능으로 옳지 않은 것은? 〈17회 기출〉

① 사회정의의 증진
② 클라이언트의 삶의 질 증진
③ 클라이언트의 가능성과 잠재력 개발
④ 개인과 사회 간 상호유익한 관계 증진
⑤ 개인이 조직에게 효과적으로 순응하도록 원조

[해설] 개인과 조직 혹은 환경 사이의 상호작용과 균형 있는 관계에 초점을 두고 문제해결을 위해 원조를 하는 것이지 개인이 조직에 순응하는 데에 초점을 두지 않는다.

4. 사회복지사의 역할에 대한 설명으로 옳지 않은 것은? 〈17회 기출〉

① 옹호자 : 클라이언트의 권익 변호
② 계획자 : 변화과정 기획
③ 연구자 : 개입효과 평가
④ 교육자 : 지시과 기술 전수
⑤ 중개자 : 조직이나 집단 갈등 해결

[해설] 중개자의 역할은 도움을 필요로 하는 클라이언트에게 적절한 자원 및 서비스를 연결하는 역할을 말한다. 조직이나 집단 간에 일어나는 논쟁, 갈등 상황에 개입하여 합의점을 도출해 내는 데 초점을 두는 역할은 중재자의 역할에 해당한다.

5. 로웬버그와 돌고프(Lowenberg & Doigoff)가 제시한 윤리적 의사결정의 우선순위를 순서대로 바르게 나열한 것은? 〈14회 기출〉

> ㄱ. 생명보호의 원칙
> ㄴ. 자기결정의 원칙
> ㄷ. 삶의 질 향상의 원칙
> ㄹ. 정보개방의 원칙

① ㄱ – ㄴ – ㄷ – ㄹ
② ㄱ – ㄷ – ㄹ – ㄴ
③ ㄴ – ㄱ – ㄹ – ㄷ
④ ㄷ – ㄴ – ㄱ – ㄹ
⑤ ㄹ – ㄱ – ㄷ – ㄴ

[해설] 로웬버그와 돌고프의 윤리적 의사결정 우선순위는 윤리적 원칙 준거틀이라고도 한다. 이는 윤리적 갈등 상황에서 어떤 원칙이나 의무를 우선적으로 적용해야 하는지 결정하는 데 도움을 주는 우선순위를 제시한 것이다. 여러 원칙이 충돌하는 경우 상위의 원칙을 가장 먼저 적용한다.

- 윤리원칙 1 생명보호의 원칙
- 윤리원칙 2 평등과 불평등의 원칙
- 윤리원칙 3 자율성과 자유의 원칙
- 윤리원칙 4 최소해악(=손실)의 원칙
- 윤리원칙 5 삶의 질의 원칙
- 윤리원칙 6 사생활 보호와 비밀보장의 원칙
- 윤리원칙 7 진실성과 정보 개방의 원칙(혹은 성실의 원칙)

[정 답]
01. ⑤ 02. ① 03. ⑤ 04. ⑤ 05. ①

Chapter 02

사회복지실천의 기초 기술

1. 관계 형성 기술
2. 의사소통기술
3. 상담면접기술

1. 관계 형성 기술

1) 관계 형성의 특성

클라이언트를 원조하는 과정에 효과적으로 참여시키기 위한 사회복지사와 클라이언트의 관계를 관계 형성(engagement relationship)이라고 한다. 좋은 관계 형성을 위하여 사회복지사는 개방적이며, 정직하고, 비심판적이며, 신뢰감이 있어야 한다. 왜냐하면 원조관계 형성은 긍정적이며, 진솔한 상호작용 속에서 발생하기 때문이다. 좋은 원조관계는 문제해결과정을 촉진시켜 목표를 빨리 달성하게 한다(이윤로, 2007).

관계 형성은 사회복지사들이 원하는 결과를 성취하기 위해 활용하는 다양한 기술 중의 하나이다. 밀러(Miller, 1976)는 성공적으로 전문적인 관계가 형성되면 다음과 같은 좋은 점이 발생한다고 하였다.

- 잘 형성된 관계는 문제해결과정에 생기와 활력을 불어넣어 준다.
- 임파워먼트(empowerment)된 느낌과 행동을 취할 수 있는 느낌을 갖게 한다.
- 클라이언트와 사회복지사 모두 자신과 타인에 대한 이해의 폭이 넓어진다.
- 클라이언트가 자신의 가치에 대해 높이 평가하게 되어 자신감과 능력을 향상시킬 수 있다.
- 타인과 접촉하고 관계를 형성하려는 욕구가 이전보다 강해진다.

이러한 점에서 미루어 볼 때 잘 형성된 원조관계는 문제해결과 변화의 윤활유와 같은 촉진제의 역할을 할 뿐만 아니라 사회복지사와 클라이언트의 자아성장을 도모할 수 있는 기회를 제공해 준다.

(1) 원조관계의 기반(김기태 외, 2007)

① 사회복지사 능력에 관한 신념

사회복지사와 클라이언트 모두 사회복지사가 원조에 있어 유능하다고 믿을 필요가 있다. 사회복지사는 자신이 업무를 수행해 나갈 수 있다는 신념 혹은 확신을 가질 필요가 있으며, 클라이언트는 이러한 확신을 공유할 필요가 있다. 사회복지사는 강한 자긍심을 가지고 자신의 전문성과 지식에 대한 존중을 기대해야 할 것이다.

② 변화에 합일하는 클라이언트의 능력에 대한 신념

사회복지사는 클라이언트가 변화할 수 있는 능력을 가지고 있다는 것을 믿어야 한다.

③ 클라이언트의 존엄성에 관한 신념

사회복지사는 클라이언트에게 존중받는다는 느낌을 갖도록 해 주어야 한다.

2) 원조관계의 특성

원조관계의 특성은 다음과 같다(Johnson and Yanca, 2001).

① 타인에 대한 관심

클라이언트에 대한 온정, 진심으로 좋아함, 우정, 지지, 관심 등을 나타내는 태도를 말한다.

② 소명의식과 책무

사회복지사는 마음의 고통과 즐거움, 좌절과 소명의식을 가지고 흔쾌히 타인의 세계로 들어가야 한다.

③ 수용

클라이언트의 있는 모습 그대로를 따뜻하게 받아 주는 것으로, 사회복지사 입장에서의 비심판적·무비판적인 태도이다.

④ 감정이입

클라이언트를 위한 관심을 가지고, 클라이언트가 무엇을 지각하는가를 들으며, 경청과 이해를 하면서 클라이언트와 커뮤니케이션하는 능력이다. 한마디로, 공감하는 능력이다.

⑤ 명백한 커뮤니케이션

클라이언트가 받은 메시지를 충분히 이해할 수 있도록 클라이언트와 커뮤니케이션을 하는 능력이다.

⑥ 권위와 힘

사회복지사의 지식과 기술이 권위와 힘의 기초가 된다.

⑦ 목적

원조관계는 사회복지사와 클라이언트 양자에 의해 수용되고 알고 있는 목적을 가지고 있다.

⑧ 신뢰

클라이언트 자신의 상황을 개선할 클라이언트의 능력에 신임을 나타내 보이는 것이다.

⑨ 정직

클라이언트에게 개방적이며 공명정대하게 대하고 알려줄 만한 사항을 정확하게 알려주는 것이다.

⑩ 일치

언어적·비언어적 행동이 일치하게 되는 것이다.

3) 관계 형성 기술의 전제조건 : 자기인식

사회복지실천에서 사회복지사는 자신(self)을 무엇보다도 중요한 도구로 활용한다. 사회복지사는 원조과정에서 바람직한 변화를 가능케 하는 가장 중요한 변화매개체(change agent)이다. 사회복지사의 '자기인식(self-awareness)'과정이 사회복지사에게 사회복지직을 수행하는 동안 자신과 클라이언트를 위해서 끊임없이 수행해야 할 과제인 이유도 바로 여기에 있다. 따라서 사회복지사의 자기인식은 사회복지실천의 교육 및 실습과 훈련과정에 있어 중요한 부분을 차지하고 있다.

다양한 클라이언트들을 대하는 사회복지사는 각각의 클라이언트가 보이는 성격과 특성, 문제에 대해 민감성, 유연성, 적결성, 직관력을 가지고 반응해야 한다. 자기인식은 사회복지사의 선입견이나 편견, 자신의 경험 등을 이해하고, 이것이 클라이언트에게 서비스를 제공하는 데 있어 어떤 방해가 되는지 이해하는 것이다. 따라서 자기인식은 자신에 대한 이해와 함께 사회복지 관련 기술, 지식, 가치 및 개인적 경험을 의도적으로 활용하여 자신의 업무를 효과적으로 진행, 향상시키는 원동력이 됨을 의미한다(Trevithick, 2000). 결국 충분한 자기인식을 통해 사회복지사는 필요 이상으로 클라이언트에게 개입하는 것을 예방할 수 있으며, 클라이언트와 전문적인 관계를 형성할 수 있다. 다음의 간략한 예들은 실천과정에서 사회복지사의 '자기인식'이 얼마나 중요한지를 보여 준다(이영호, 2010).

예) K사회복지사는 자신이 담당하고 있는 조손가정의 아동 클라이언트가 학교에서 친구들로부터 심한 욕을 듣고 구타를 당했음을 알게 되었다. 이때 K사회복지사는 이를 방관한 담임교사나 학교당국에 대해 분노를 느낄 수 있으며, 이는 자연스러운 것이다. 그러나 사회복지사가 자신의 어린 시절에 따돌림당한 경험으로 인해 이 아동 클라이언트가 너무 불쌍하게 느껴져 담임교사에게 분노를 과하게 표출하며 몰아 세웠다. 이러한 경우 K사회복지사의 행동은 클라이언트의 경험과 자신의 정서적 경험의 결합적 반응으로 인해 클라이언트를 돕는 데 지나치게 흥분해서 과도한 행동을 취한 것이고 자신의 정서적 반응이 미치는 영향을 충분히 인식하지 못한 결과로 일어난 것으로 볼 수 있다.

예) P정신보건 사회복지사는 어릴 적 아버지의 심한 술중독과 주정으로 자신과 가족이 매우 힘든 경험을 하였고 결국 부모가 이혼하여 정서적으로 아픈 상처를 가지고 있었다. P정신보건 사회복지사는 정신병원에서 남자 알코올중독자들에게만 유독 신뢰관계가 형성이 잘되지 않는다. 그들에게 퉁명스럽게 대하고 은연중에 이들을 심판하고 비난하는 언행을 한다.

예) 사회복지사라는 직업 선택의 동기에 대한 인식이다. '이웃에 대한 사랑'이라는 동기 이면에는 '권력에 대한 욕망'이 잠재되어 영향을 미친다고 하였다. 이는 사회복지사가 사회적 약자인 무력하고 왜소한 클라이언트를 원조하면서, 자신은 클라이언트와 같이 취약하고 왜소하지 않다는 사실에 안도감과 상대적 우월감을 가질 수 있다는 것이다. 사회복지사는 클라이언트와 일하면서 클라이언트에게 직접적으로 혹은 간접적으로 영향을 줄 수 있다. 이러한 원조과정에서 사회복지사는 권력감(a sense of powerfulness)을 경험하지는 않는지, 그것이 자신의 내면의 권력에 대한 욕망(drive)을 충족시켜 주는 측면은 없는지에 대해 반문하면서, 사회복지사 내면에 대한 분석적 성찰(insight)이 요청된다(신성자 외, 2007). 이는 사회복지사가 되어, 힘든 상황에 있는 클라이언트를 원조하는 바로 그 일에 자신이 끌리는 것이 자신의 내면에서 추구하고 있는 바로 그 권력(힘)에 대한 욕구에서 기인된 측면이 있다면, 이 문제에 대해서 깊이 인식하고 직면해 볼 필요가 있다는 것이다. 왜냐하면 이것은 원조과정에서 의식적이든지 무의식적이든지 클라이언트를 조종하고, 클라이언트의 자기결정권을 훼손할 수 있는 위험(risk)이 그만큼 더 커질 수 있기 때문이다.

예) 아동기 시절에 부모나 친구에게서 거부당한 경험을 가진 사회복지사는 클라이언트가 사회복지사를 거부하는 듯한 언행에 매우 민감하여 이들에게 무조건 잘해 주려고 한다. 이는 자신의 아동기 경험과 클라이언트의 거부적 반응의 연계점을 느끼지 못하고 있음을 반증하는 것이다. 슈퍼비전이나 자신의 개입과정을 검토하는 과정에서 사회복지사가 이를 이해할 때 사회복지사는 다소 힘든 충격을 경험할 수도 있다. 그렇다 하더라도 사회복지사는 자신의 취약성을 인식하여야 클라이언트에 대한 자신의 반응과 클라이언트가 나타내는 대인관계의 취약성을 이해하고 도울 수 있는 역량을 가질 수 있다. 따라서 사회복지사의 자기인식은 바로 이러한 상황에서 적절한 전문적인 경계선을 유지하도록 도우며 사적인 반응과 전문적인 역할의 구분을 명확히 해 준다.

4) 사회복지실천 관계의 기본 원리

바이스텍(Biestek, 1973)은 「개별사회사업의 관계」(Casework Relationship)라는 저서에서 사회복지사와 클라이언트 간의 원조관계의 기본 원칙을 개별화, 의도적인 감정표현, 통제된 정서적 관여, 수용, 비심판적 태도, 클라이언트의 자기결정, 비밀보장 등의 7가지로 제시하였다.

(1) 개별화

모든 클라이언트는 다른 사람과 다르며 각 클라이언트의 감정, 사고, 행동, 독특한 생활양식, 경험 등은 각각 존중되어야 한다. 인간은 개별적이고 개인차를 가진 인간으로 취급되어야 한다는 인간의 권리에 기초를 두고 있다.

개별화를 위한 역할을 수행하는 데는 다음과 같은 선행조건이 필요하다.

- 편견과 선입관이 없어야 한다.
- 인간행동에 관한 지식이 있어야 한다.
- 경청하고 관찰하는 능력이 있어야 한다.

- 클라이언트의 보조에 맞추어서 움직이는 능력이 있어야 한다.
- 사람들의 감정을 헤아릴 수 있는 능력이 있어야 한다.
- 개개의 관련성을 인식한 다음에 사물을 전체적으로 파악하는 능력이 있어야 한다.

개별화하는 수단으로는 다음과 같은 것들이 있다.

- 세심한 배려
- 면접에서의 비밀 보장
- 약속 시간을 지키는 것에 유의하는 것
- 면접을 위한 준비
- 클라이언트의 참여 : 클라이언트의 능력에 따라 조사, 사정, 개입에 관여하게 하는 것 (가령, 기관의 서식에 클라이언트가 직접 기입하도록 함)

(2) 의도적인 감정표현

의도적인 감정표현(purposive expression of feeling)은 클라이언트가 자신의 감정, 특히 부정적인 감정을 자유롭게 표현하려는 그의 욕구에 대한 인식이다. 사회복지사는 의도적으로 경청하고 이러한 감정표현을 저해하거나 비난하지 말아야 하며, 때로는 사회복지실천서비스의 일부로서 치료상 유용할 경우에는 적극적으로 자극을 주고 격려한다. 클라이언트가 자신의 감정을 잘 표현하도록 분위기를 조성하는 것이 중요하다. 그러기 위해 사회복지사는 역할 수행하는 데 있어 다음과 같은 사항에 주의해야 한다(김기태 외, 2007).

- 사회복지사는 클라이언트가 편안함을 느끼도록 사회복지사 자신의 긴장을 풀어야 한다.
- 훌륭한 사회복지실천은 각 면접에서 어느 정도의 준비가 요구되지만, 사회복지사는 작은 일로도 평정심을 잃어서는 안 된다.
- 허용적 태도를 조성함에 있어 가장 중요한 요소는 사회복지사가 주의 깊게 그리고 의도적으로 경청하는 능력이다.
- 사회복지사는 클라이언트가 자신의 감정을 표현하도록 격려할 필요가 있다.

- 각 면접에서 사회복지실천 목표를 향하여 움직이는 클라이언트의 속도에 대한 민감한 인식이 필요하다.
- 비현실적인 재보증, 너무 빠르거나 많은 해석은 클라이언트의 감정표현을 방해할 수 있다.

(3) 통제된 정서적 관여

통제된 정서적 관여(controlled emotional response)란 클라이언트의 감정에 대한 사회복지사의 민감성과 그 감정들이 의미하는 것에 대한 이해, 클라이언트의 감정에 대한 의도적이고 적절한 반응을 말한다.

면접은 주로 정서적인 면에 관계되고 있기 때문에 사회복지사는 클라이언트에게 자기감정을 말로써 표명하도록 권고해야 한다. 사회복지사는 관계를 통해 클라이언트의 감정에 반응을 보임으로써 정서적으로 관여(involvement)하게 된다. 클라이언트의 감정에 대한 사회복지사의 반응은 사회복지실천의 관계에서 가장 중요한 심리적인 요소이며, 고도의 기술이 필요한 부분이다. 사회복지사의 통제된 정서적 관여의 구성요소로는 민감성, 이해, 반응 등 세 가지가 있다.

첫째, 민감성(sensitivity)이란 클라이언트의 말이나 행동, 감정에 사회복지사가 적절하면서도 기민하게 대처해 가는 것을 말한다. 사회복지사의 민감성은 클라이언트의 감정을 잘 관찰하는 것과 경청하는 것에 초점을 두고 있다. 클라이언트가 감정을 언어적인 방법 외에 비언어적인 방법으로 표현할 수 있다. 이때 표현의 강도, 주저함, 억양, 얼굴 표정, 자세, 복장, 손놀림과 같은 전체적인 행동을 민감하게 관찰하고 경청해야 한다.

둘째, 이해(understanding)는 사회복지사가 클라이언트가 겉으로 드러내 보이는 언행의 의미를 탐색하는 과정을 말한다. 특히 클라이언트의 감정의 의미를 이해한다는 것은 대단히 중요하다. 왜냐하면 감정적인 부분이 문제의 본질이거나 문제를 해결해 가는 중요한 단서가 될 수 있기 때문이다. 사회복지사는 클라이언트와 의사소통을 할 때 그 순간 표면적 내용에 반응할 뿐 아니라 잠재적 내용에도 반응을 나타낼 수 있어야 한다. 사회복지사는 클라이언트가 경험한 내용들의 성격을 파악하여, 클라이언트의 경험이 클라이언트 자신에게 어떠한 영향을 미치고 있는지의 의미를 민감하고 정확하게 이해하고, 그의 세계를 클라이언트의 입장에서 감정이입적으로 이해하여야 한다.

셋째, 반응(response)은 클라이언트의 행동과 표현에 대하여 사회복지사가 적절하게 자신을 드러내 보이는 것을 말한다. 그래서 이 반응은 사회복지실천에 있어서 대단히 중요하고 어려운 부분이다. 사회복지사의 반응은 반드시 구체적인 말이나 행동으로 표현되는 것은 아니다. 때로는 묵시적인 동의가 반응으로 이해되기도 하며 표정이나 미소까지도 유의미한 반응으로 받아들여지게 된다. 특히 클라이언트의 감정적 표현에 대한 적절한 반응은 매우 중요하다.

(4) 수용

수용(acceptance)이란 사회복지사가 클라이언트의 감정과 약점, 바람직한 성격과 바람직하지 못한 성격, 긍정적인 감정과 부정적인 감정, 건설적이거나 파괴적인 태도 및 행동 등을 있는 그대로 인정하고 존중해 주는 것을 말한다. 수용한다는 것이 클라이언트의 일탈적인 태도나 행동을 허용하고 부도덕하고 반사회적인 행동을 받아들인다는 의미는 아니다. 수용이란 여러 가지 약점을 가진 개인을 존재하는 그대로 편견 없이 받아들이는 것을 뜻한다(전남련 외, 2010).

수용을 하는 데 장애가 되는 몇 가지 요소를 보면 다음과 같다.

- 인간의 행동유형에 관한 불충분한 지식
- 자신 속의 어떤 요소를 수용하지 못하는 것
- 자기 자신의 감정을 클라이언트에게 전가하는 것
- 편견과 선입관
- 수용과 시인의 혼동
- 클라이언트에 대한 존경의 상실

(5) 비심판적 태도

비심판적 태도(nonjudgemental attitude)는 문제의 원인이 클라이언트의 잘못 때문인지 아닌지, 어느 정도 클라이언트에게 책임이 있는 것인지 등을 심판하지 않으며 클라이언트의 특성 및 가치관을 비난하지 않는다는 원칙이다.

사회복지실천에서 '심판하다'는 것은 클라이언트 문제의 원인이 그의 환경에 의한 것이든 혹은 클라이언트의 인성에 의한 것이든 간에 클라이언트에게 책임이 있다는 것을 언어적 또는 비언어적으로 비판하려고 하는 태도를 말한다.

비심판적 태도를 전달하는 데 있어 장애요인은 다음과 같다.

- 편견은 사회복지사가 비심판적 태도를 가지며 이를 전달하는 데 장애가 될 수 있다.
- 시간적으로 지나치게 빨리 결론에 이르려고 하는 것은 장애가 된다.
- 유사한 문제를 가진 다른 사람을 비교하거나 예시의 목적으로 참고하는 것은 사회복지사가 클라이언트를 하나의 범주에 넣으려고 하는 인상을 준다.
- 사회복지사에 대한 적의 등과 같은 클라이언트의 부정적 감정의 표현이다.

(6) 클라이언트의 자기결정

클라이언트의 자기결정(Client self-determination)이란 사회복지실천과정에 있어서 사회복지사가 클라이언트의 선택과 결정의 자유에 대한 권리와 욕구를 실제로 인정하는 것이다. 이러한 자기결정권을 최대화하기 위해서는 클라이언트의 실수나 한계보다 장점과 능력을 강조해야 한다. 클라이언트의 자기결정은 사회복지사가 클라이언트를 위해 무엇을 해 주는 것이 아니라 클라이언트와 함께 해결해 나가는 것을 의미하므로 전문적 관계의 파트너십을 강조하게 된다. 이 원칙에 부합하는 사회복지사의 임무는 클라이언트가 지역사회와 자신의 성격에서 이용 가능한 적절한 자원을 발견하고 활용하도록 클라이언트를 원조하는 것이다. 그렇게 함으로써, 자기 스스로 나아갈 방향을 결정하는 클라이언트의 권리를 존중하며, 그 욕구를 인정하고, 잠재력을 발휘하도록 자극하고 도울 수 있다.

사회복지사는 자기결정의 원리를 실천함에 있어 긍정적 역할과 부정적 역할을 명심해야 한다(김기태 외, 2007).

① 긍정적 역할

- 클라이언트가 전망을 가지고 분명하게 자신의 문제나 욕구를 알도록 돕는 것
- 클라이언트로 하여금 지역사회 내에서 적절한 자원을 알도록 하는 것
- 클라이언트 자신의 내면에 숨어 있는 자원을 활용하도록 자극을 주는 것
- 클라이언트가 성장할 수 있고 자신의 문제를 해결할 수 있는 관계의 분위기를 만들어 주는 것

② 부정적 역할

- 사회복지사가 문제해결을 위한 주된 책임을 지고 클라이언트에게는 단지 종속적인 역할만 하게 하는 것
- 클라이언트가 요구하는 서비스는 개의치 않고 클라이언트의 사회적·정서적 생활에 자세한 조사까지 하는 것
- 직·간접적으로 조정하는 것
- 통제하는 방식으로 설득하는 것

사회복지실천에서 클라이언트 주도의 자기결정권 행사는 매우 중요하지만 다음과 같은 한계를 지니고 있기도 하다. 사회복지사는 클라이언트의 신체적인 능력, 정신적 능력을 넘어서 자기결정을 클라이언트에게 요구하거나 기대할 수 없다. 클라이언트의 자기결정은 도덕률의 제한을 받는다. 클라이언트에게 자기결정의 권리가 있다고 하더라도 도덕률에 위반해서는 허용될 수 없다. 클라이언트 자기결정의 한계는 법률에서 오는 한계이다. 법률을 어겨가면서까지 자기결정이 허용될 수는 없다. 클라이언트의 자기결정은 사회기관의 기능의 범위 내에서 이루어진다. 클라이언트가 어떤 기관의 원조를 받을 경우, 그 기관의 규정에 따라야 할 것이다.

(7) 비밀보장

비밀보장(confidentiality)은 클라이언트가 전문적 관계에서 노출한 비밀스런 정보를 사회복지사가 전문적 치료 목적 외에 타인에게 알려서는 안된다는 원리에 바

탕을 두고 있다. 이는 또한 사회복지실천의 가장 기본적인 원칙이기도 한다. 문제해결과정에서 자신에 관한 정보가 타인에게 알려질 수 있다고 생각했다면 클라이언트는 아마 사회복지사와의 관계에서 자신의 비밀, 개인적 관심, 부정적인 사고와 행동에 대해 절대로 이야기하지 않았을 것이다. 이런 측면에서 비밀보장은 상당히 중요한 전문적 관계의 원칙이라 할 수 있다.

비밀보장은 사회복지사의 윤리적 의무이며 효과적인 사회복지실천서비스를 위하여 필요한 것이다. 그러나 클라이언트의 권리는 절대적인 것은 아니다. 다음과 같은 경우에는 비밀보장에 한계가 있다.

- 클라이언트 자신의 내부적 갈등
- 타인의 권리와의 충돌
- 사회복지사의 권리와의 충돌
- 사회복지기관의 권리와의 충돌
- 사회 전체의 권리와의 충돌

2. 의사소통기술

의사소통은 자신이 전하고자 하는 어떤 정보를 상대방에게 전달하는 과정이며, 의사소통기술은 그러한 과정을 보다 원활하게 만드는 수단이다. 뿐만 아니라 사회복지실천에서 가장 기본적인 기술로서 단순한 대화가 아닌 전문적인 기술이며 사회복지사가 클라이언트와 관계를 맺는 데 사용되는 가장 중요한 수단이다. 여기에서는 다양한 실천현장에서 다양한 문제를 갖고 있는 클라이언트들을 만나 그들의 문제에 개입하게 될 때 사용되는 사회복지실천의 기본이자 필수적인 기술이라 할 수 있는 의사소통기술에 대해 구체적인 실례를 통해 알아보고 예시를 통해 연습에 활용할 수 있도록 하여 충분한 이해를 제공하고자 한다.

1) 기본적 의사소통기술

(1) 언어적 의사소통

사회복지실천에서 의사소통, 특히 언어적 의사소통은 핵심적인 것으로 훌륭한 의사소통을 하기 위해서는 다음과 같은 태도를 가져야 한다(이영호, 2010).

- 모든 인간은 독특하고, 그 결과 누구나 독특한 방법으로 사건을 인식하고, 경험하고, 상호교환한다는 것을 이해한다. 그러므로 어느 정도의 오해가 있을 수 있음을 예상하고 이러한 문제를 최소화하려는 자세를 갖는다.
- 다른 사람이 이해하기 쉽도록 자신의 생각을 가다듬어 효율적으로 표현하고자 하는 의지를 갖는다.
- 다른 사람이 하고자 하는 말을 있는 그대로 들을 수 있도록 자신의 방어를 줄이고자 하는 의지를 갖는다.
- 자신에게 말하고 있는 사람의 말을 주의 깊게 들으려 하는 의지를 갖는다.
- 자신의 생각, 느낌, 행동에 대해 책임지고자 하는 의지를 갖는다.
- 상대방을 이해하고 이해시키기 위해 의사소통에 필요한 충분한 시간을 가지려는 의지를 갖는다.

의사소통에서 메시지 전달자는 자신의 메시지가 쉽게 수신되고 오해받지 않는 방법으로 전달할 책임이 있으며, 수신자는 전달자가 의도한 대로 정확하게 메시지를 수신하고 왜곡하지 않을 책임이 있다.

듣는 입장에서 메시지 수신(receiving a message)을 할 때 다음과 같은 규칙들이 필요하다.

- 말하는 것을 멈추고 듣는다. 말하는 동안에는 들을 수가 없다.
- 메시지 전달자를 편안하게 해주고 전달자의 불안을 줄이기 위해 할 수 있는 노력을 기울인다. 예를 들어, 전화를 받거나, 문을 닫는 등 산만하게 만드는 요인을 없앤다.
- 주의를 집중하여 말이나 행동으로 당신이 듣고 싶어 한다는 것을 보여야 한다.
- 말하는 사람을 참을성 있게 대하고 말을 끊지 않는다.

- 당신이 더 잘 이해하기 위해서 혹은 전달자가 자신의 메시지를 명확히 하도록 돕기 위해서라면 질문을 한다.
- 슬픔, 짜증, 화 같은 감정을 통제한다. 예를 들어, 어떠한 내용의 말이라도 감정적으로 동요하거나 당신의 가치나 윤리에 어긋난다 하더라도 의사소통을 가로막는 비판이나 논쟁을 하지 않는다.

또한 메시지 전달(sending a message)을 할 때는 다음의 규칙이 필요하다.

- 명확하고 단순한 말을 사용한다. 분명하고 너무 빠르지 않게 말한다.
- 당신의 몸짓에 주의한다. 몸짓은 당신의 메시지 내용과 일치해야 한다. 적절한 시선 접촉과 몸짓을 사용한다.
- 너무 많은 정보로 수신자를 압도하지 않는다. 길고 복잡한 메시지는 몇 개의 부분으로 나누어 보다 쉽게 이해될 수 있게 한다.
- 수신자가 잘 이해했는가를 확인하기 위해 질문이나 코멘트 등 피드백을 요구한다.

(2) 비언어적 의사소통

언어적 의사소통이 대화자의 의식 차원에서 이루어진다면, 비언어적 의사소통은 의식적인 통제가 덜한 상태에서 이루어지기 때문에 대화자 간의 좀 더 솔직한 의사소통은 비언어적 의사소통에서 이루어진다. 또한 비언어적 행동은 언어로 전하는 것보다 훨씬 더 많은 메시지를 전하게 된다. 비언어적 의사소통기술의 구체적인 기법은 다음과 같다.

① 눈맞춤

눈맞춤(eye-contact)은 중요한 의사소통 수단이다. 클라이언트를 정면으로 직시하면 사회복지사가 클라이언트에게 관심을 갖고 경청하고 있으며 대화에 적극적으로 임한다는 메시지를 전달함으로써 클라이언트의 관계 수립에 도움이 된다. 눈맞춤은 의사소통에 참여 여부를 알리는 표시를 나타내 줄 뿐만 아니라, 민감성과 이해를 나타내는 지표이다. 눈맞춤이 없는 것은 진실성이나 흥미가 없는 것으로 해석되곤 한다. 그러나 지나치게 상대방을 응시하거나 노려보는 듯한 느낌을 주지 않도록 주의해야 한다.

② 얼굴 표정

눈썹을 치켜 올린다든지 미소를 짓는 등의 표정은 말로써 전달하고자 하는 의미를 더욱 분명하게 하는 효과적인 의사소통 수단이다. 그러나 말과 표정의 두 가지 의사소통 수단이 서로 다른 메시지를 전달하는 일이 없도록 해야 한다.

③ 목소리의 어조

목소리의 어조(tone of voice)는 감정을 나타낸다. 크고 강한 어조는 적극성, 통제력, 강함을 드러내며 온순하고 겨우 들릴 듯한 목소리는 위축감, 두려움, 약함을 표현한다. 단조로운 어조는 무관심과 흥미 없음을 의미하기도 한다. 이와 같은 어조 하나가 전달하는 의미는 매우 다양하므로 사회복지사는 자신의 어조를 잘 활용할 줄 알아야 한다.

④ 손과 팔 등의 몸동작

손과 팔의 움직임도 중요한 의사소통 수단이다. 대화할 때 팔짱을 낀다거나 손이나 발을 떤다거나 하는 행동은 숨겨진 불안감이나 분노의 표현일 수 있기 때문에 상대방을 불쾌하게 만들거나 원활한 대화를 막는다. 허리에 손을 얹는다거나 손으로 턱을 받치고 다리를 꼬고 앉는 자세는 방어적으로 보일 수 있다. 손가락으로 탁자를 두드린다거나 머리나 신체 부위를 계속해서 만지는 것 또한 딴 생각을 한다거나 대화에 집중하지 못하는 듯한 인상을 준다.

⑤ 몸의 자세

사회복지사는 클라이언트를 만날 때 몸의 자세(body positioning)가 정중하게 대하는 것처럼 느껴지게 하여야 한다. 이것은 클라이언트에게 안전성과 개방성을 나타낸다. 사회복지사가 클라이언트와 신체적으로 가까이 있는 것은 신뢰와 몰두를 나타내지만 너무 가까이 다가가면 위협적일 수 있다. 모든 클라이언트는 자신만의 개인적 공간을 가지고 있다. 사회복지사는 클라이언트의 몸동작을 잘 파악하고 이 공간을 침범하는 일이 없어야 한다. 그리고 클라이언트의 선호에 맞추어 의자의 위치를 잘 조정해야 한다.

⑥ 옷차림과 외모

옷차림과 외모(dress and appearance)도 비언어적 의사소통의 중요한 형태이다. 옷차림은 대화를 처음 시작할 때 특히 중요한 매개체가 되기도 한다. 대부분의 경우 옷이나 머리모양이 단정한 것이 긍정적으로 작용한다. 그러나 상대방에 따라서 적절한 옷차림을 하는 것이 효과적인 의사소통을 하는 데 중요하다. 예를 들어, 비행청소년과 대화 시에 사회복지사가 너무 단정한 정장차림이라면 학교 선생님과 같은 인상을 주어 편안한 대화를 가로막을 수 있다. 반면에 기관의 후원자나 지역사회 유지와 만날 때는 사회복지사가 지나치게 편안한 옷차림을 하는 것이 신뢰감 형성에 방해가 될 수 있다.

(3) 효과적인 의사소통기술

사회복지실천 현장에서 사회복지사가 클라이언트와 대화할 때 보다 효과적인 의사소통기술들이 있다. 이러한 기술들을 사용하여 대화를 하는 것은 클라이언트와의 긍정적인 관계를 만들어 본래 의도했던 변화를 촉진하기 위한 것이다. 효과적인 의사소통기술들을 살펴보자.

① 메시지를 계획(planning a massage)하는 기술

사회복지사는 의사소통할 이야기에 대해 다음과 같은 몇 가지 질문을 통해 메시지에 대한 계획을 세워야 한다.

- 어느 정도의 시간을 메시지 전달에 사용하겠는가?
- 내가 전달하고자 하는 메시지의 핵심적인 내용은 무엇인가?
- 나의 메시지를 상대방이 잘 이해하고 받아들일 수 있도록 어떻게 조직할 것인가?
- 나의 메시지를 받는 사람은 언제 어디서 관심을 가장 잘 기울일 것인가?
- 나는 이 메시지를 전달할 신뢰성과 지위를 가지고 있는가? 혹은 다른 사람이 이것을 전달하는 것이 더욱 효과적일 것인가?

② 자신을 소개(identifying self)하는 기술

사회복지사가 자신이 누구이고, 역할이 무엇인가를 간단하게 소개하는 것이다.

예) 지난번에 만났지만, 제 소개부터 할게요. 나는 이00입니다. 나는 이 종합사회복지관의 사회복지사입니다. 지난번에 오셨을 때 이런 것을 알아봐 달라고 부탁하셨지요? 라고 말하면서 자신을 소개한다.

예) 안녕하세요, 철이 어머니시죠? 저는 박00입니다. 이 센터 가족상담팀의 사회복지사입니다.

③ 의사소통의 목적을 설명(explaining the purpose of the communication)하는 기술

이 기술은 전달자가 메시지를 전달하는 이유를 설명·언급하는 것이다. 이를 통해 수신자가 메시지를 적절한 맥락에서 파악할 수 있다.

예) 청소년교육을 담당하는 사회복지사가 청소년들에게 다음과 같이 말을 하였다. "여러분, 자기 인생의 꿈을 찾으세요!" 이 메시지를 전달하는 이유는, 청소년들이 올바른 자아정체감을 확립하고, 자신의 장점, 소질을 발견하여, 자신이 잘하고 꼭 하고 싶은 일을 찾도록 하는 데 있다.

④ 비언어적 의사소통을 따라가는(following up on nonverbal communication) 기술

사회복지사가 메시지를 전달할 때, 클라이언트가 그 내용을 잘 이해하지 못해서 혼란스러워 하거나, 메시지 내용에 동의하지 않음으로 곤란한 표정을 나타낼 때 사회복지사가 이를 놓치지 않고 따라가는 기술을 말한다.

예) 김00 씨, 기관에서 도움을 받을 수 있는 절차에 대해 설명을 해 드릴 때 당신이 좀 혼란스러워 보였어요. 궁금한 점이 있으면 지금 편안하게 질문하세요.

예) 박00 씨에게 자활수급자 급여혜택에 대해 설명을 할 때, 뭔가를 고민스러워하는 것 같았어요. 자활수급자 급여혜택을 받는 것에 대해 어떻게 느끼는지 알고 싶어요.

⑤ 메시지 수신을 확인(checking for message reception)하는 기술

이 기술은 클라이언트가 사회복지사의 메시지를 정확하게 받아들였는지를 확인하는 것이다.

예) 김00 양, 오늘 진로교육을 마치고 부여할 과제에 대해 설명할 때 조금 혼란스러워 하는 것 같았어요. 부여할 과제에 대해 어떻게 이해했는지 알고 싶어요. 구체적으로 자아정체감이 무엇인지 정확하게 이해하고 있는지 말해 주시겠어요?

⑥ 자신의 메시지 수신을 확인(checking one's receipt of a message)하는 기술

이 기술은 사회복지사가 클라이언트의 메시지를 정확히 잘 이해하고 있는지를

입증하기 위해 사회복지사가 클라이언트에게 반복해서 질문을 사용하는 것이다.

예) "이야기를 끝내기 전에 제가 당신이 말한 것을 완전히 이해했는지 확인하고 싶어요. 잠깐 시간을 주시면 오늘 들은 내용을 제가 다시 얘기해 볼게요. 제가 오해하고 있는 부분이 있으면 바로 잡아 주세요."라고 질문하여 메시지 수신을 확인한다.

⑦ 질문에 응답(answering a question)하는 기술

이 기술은 사회복지사가 클라이언트의 질문에 부합하는 답을 분명히 할 수 있는 것을 말한다. 사회복지사가 클라이언트 질문의 내용을 정확히 잘 듣는 것이 중요하다.

예) 클라이언트(학생) : 어떻게 하면 사회복지사가 될 수 있나요?
사회복지사 : 먼저, 사회복지가 본인의 적성과 맞는지 확인해 보세요.
클라이언트 : 네. 저는 어려운 사람들을 도와주는 것을 좋아하고요, 꾸준히 봉사활동을 하고 있어요.
사회복지사 : 어려운 사람들을 돕고자 하는 따뜻한 마음을 갖고 있군요. 앞으로 훌륭한 사회복지사가 될 수 있을 것 같아요. 그럼, 본인이 진학할 수 있는 대학의 사회복지학과에 대한 정보를 수집해 보세요. 그리고 대학의 사회복지학과에 입학하면 졸업할 때 사회복지사 자격증을 취득하여 사회복지사가 될 수 있어요.

⑧ 단어의 의미를 확인하는 기술

이 기술은 의사소통하는 사람들이 주요 단어들을 같은 의미로 생각하고 있는지 확인하기 위한 질문을 말한다.

예) 기획단장 : 우리 예산의 20%를 아동학대 예방 프로그램에 투입할 필요가 있다고 생각해요.
위원 : (단어의 의미 확인) 글쎄요. 당신이 말한 예방의 의미에 따라 동의할 수도 그렇지 않을 수도 있습니다. 단장님이 말씀하시는 예방은 어떤 수준의 예방을 의미하는 겁니까? 일차적 예방입니까? 아니면 이차적 예방입니까?

(4) 나 전달법

"나 전달법(I-Message)은 의사소통의 효과성을 증진하는 메시지 구조의 한 유형이다. 이 구조는 분명하고 직접적인 메시지를 보낼 수 있도록 하고 메시지를 받는

사람이 방어적이게 되지 않도록 하는 방법이다. 특히 갈등이나 논쟁이 벌어지는 상황에서 토론이 무익한 말싸움이 되지 않게 하고, 실망이나 분노, 좌절 등의 감정을 적절히 표현할 수 있게 할 수 있는 매우 유익한 방법이다.

① You-Message

우리는 의외로 대화할 때 You-Message를 많이 사용하고 있다. 엄마가 자녀에게 "또 어린 동생하고 싸우니, 너는 형편 없구나!", "나이 값을 좀 해라."라고 말하는 것은 듣는 사람의 기분을 상하게 하며 말한 사람이 본래 의도하고자 했던 상대방의 변화를 가져오기 힘들게 할 뿐이다. You-Message는 다른 사람의 필요한 행동변화를 요구하는 것을 목적으로 하지만 대개는 변화에 대한 부가적인 저항으로 끝나곤 한다.

You-Message의 가장 혼란스러운 부분은 '만약 ~한다면' 식의 겁을 주는 말투이다. 예를 들어, 엄마가 자녀에게 "만약 숙제를 다 해놓지 않으면 저녁에 네가 좋아하는 TV를 못 보게 할 거야." 하는 식으로 말하는 것은 상대방이 위협을 느껴서 행동의 변화를 가져오게 만든다. 즉, 자발적으로 "내가 숙제를 먼저 다 하는 게 정말 옳은 일이야."라고 느끼기보다는 TV를 못 보게 할지도 모른다른 사실에 겁을 먹고 숙제를 마지못해 하게 되는 것이다. 이것은 진정한 변화라기보다는 부정적인 변화라고 할 수 있다.

② I-Message

I-Message는 의사소통을 가로막는 You-Message와는 대조적으로 다른 사람의 행동에 의해 당황한 사람이 비난적이지 않은 방법으로 그 행동의 영향을 표현할 수 있게 한다. 이때 그 문제행동을 수정할 책임은 당사자에게 남겨 둔채로 행동의 영향을 표현하는 것이다. 사실상 I-Message는 "이것이 나의 관심사다. 이게 내가 느끼는 것이다. 그 일로 난 이렇게 당황하게 되었다"는 식으로 표현한다. I-Message는 비난하거나 책임을 묻는 대신에 "난 당신이 당신 행동에서 변화가 필요하다는 결심을 할 것으로 믿는다"는 것을 암묵적으로 전달한다. I-Message는 세 부분으로 구성된다.

첫째, 특정 행동에 대한 간결하지만 분명한 묘사.

둘째, 그 특정 행동으로 인해 경험된 감정.

셋째, 그 행동으로 인한 명백한 영향의 묘사.

예를 들어, 나 전달법(I-Message)을 사용하는 사회복지사는 클라이언트에게 다음과 같이 말한다.

예) 당신이 지난 월요일에 약속했던 상담 시간에 아무런 연락도 없이 오지 않아서(특정행동에 대한 구체적인 설명), 얼마나 당황스럽고 난감했는지 모릅니다(클라이언트의 행동으로 인한 사회복지사의 감정상태를 설명). 왜냐하면 무작정 기다리는 것도 힘들었고 그 시간에 다른 일도 못했을 뿐 아니라 상담시간을 다시 정하기 위해 다른 스케줄을 조정하는 것이 너무 힘들었습니다(클라이언트의 행동이 사회복지사에게 끼친 영향에 대해 설명).

I-Message는 매우 널리 적용할 수 있는 효과적인 의사소통기술이다. 유능한 사회복지사는 이것을 클라이언트나 다른 전문직과의 대화에 많이 사용한다. 또한 이것은 부모와 자식 간 혹은 부부 간과 같은 일반적인 대인관계의 문제를 스스로 해결할 수 있도록 원조하는 기술로서 클라이언트에게 가르칠 수도 있는 것이다.

2) 표현적 의사소통기술

사회복지사는 표현적 의사소통기술에서 클라이언트의 준거틀에서보다는 자신의 준거틀에서 의사소통을 하는 것이다. 사회복지사는 새로운 주제를 소개하거나 클라이언트가 시작한 주제를 확장하게 될 때 표현적 의사소통기술을 사용한다.

일반적으로 사용되는 표현적 의사소통기술로는 목적, 역할 및 기대의 명료화, 부분화, 세분화, 정보 공유, 그리고 직면이 있다.

(1) 목적, 역할 및 기대의 명료화

클라이언트는 사회복지사와의 첫 만남에서 양가감정과 자신이 처해 있는 상황에 대해서 이야기하는 것을 불편해 한다. 이럴 경우 사회복지사가 클라이언트에게 면접의 일반적인 목적에 대한 자신의 관점을 명확하게 언급함으로써, 사회복지사의 역할을 명백하게 설명하고, 사회복지사가 클라이언트에게 가지는 기대감을 분명하게 말함으로써, 여러 가지 관련된 부분들에 대한 염려를 줄이도록 도와줄 수 있다. 집단인 경우, 사회복지사는 집단과정에서 지켜야 할 어느 정도의 규범을 먼저 말해 줄 수 있다. 그리고 첫 번째 집단모임이 이루어지기 전에 각 성원들과의 개별적인 만남이나 예비 집단모임을 통해 집단의 목적과 역할에 대해 충분한 설명을 해야 할 것이다. 개별적인 만남 동안 구축한 기반 위에 이후 집단의 첫 세션에서 보다 나은 탐색과 명료화가 이루어질 수 있다. 물론 사회복지사는 각 클라이언트나 집단의 경험 내용에 따라서 목적과 역할을 명확하게 할 방법을 다양하게 이용할 수 있어야 한다. 예를 들어, 남편으로부터 학대받은 여성들을 위한 집단을 시작한다고 가정해 보자. 다음과 같은 방법으로 역할, 목적 및 기대감에 대한 탐색과 명료화를 시작할 수 있다(이영호, 2010).

예) 사회복지사 : "네, 지금 모두 앉으셨지요. 먼저 저를 소개한 뒤에, 우리들이 함께 이 시간을 어떻게 보낼지에 대해 말씀드리도록 하겠습니다. 제 이름은 박00이고 저는 이곳 상담센터에서 사회복지사로 일하고 있습니다. 우리들이 개별적으로 만나서 의논했던 것처럼, 이번 집단의 일반적 목표는 가정에서 폭력과 학대를 경험하는 여러 사람들과 함께 여러분들의 문제, 관심사, 희망을 나눌 수 있는 기회를 가지는 것입니다. 저는 여러분들의 문제를 들어주고 여러분들이 어떻게 해야 할지를 말해주는 전문가로 저 자신을 보지 않습니다. 오히려 저의 역할은 여러분들이 서로 도울 수 있도록 돕는 것입니다. 여러분들은 모두 엄청난 지혜를 가지고 있으며, 서로 도울 수 있는 능력이 있습니다. 저는 우리들이 만나는 시간마다 이렇게 진행할 것이며 모든 사람들이 서로 들을 수 있는 기회를 갖도록 노력할 것입니다. 또한 저는 어떤 주제를 정하여 여러분들에게 도움이 될 수 있는 가정폭력에 대한 정보를 나눌 것입니다. 저는 이 집단에서 여러분들 각자가 원하는 것과 여러분 자신들의 관심사, 경험과 생각을 서로 이야기하면서, 다른 사람들이 자신에 대해 표현하는 것을 듣고, 나타난 문제를 해결하기 위해 함께 협력할 것입니다. 여러분들은 이러한 접근방식을 어떻게 생각하십니까?"

전형적으로 목적, 역할 및 기대감의 명료화기술은 개인수준의 실천에서보다 집단수준의 실천에서 더 강조할 필요가 있다. 집단은 더욱 복잡하고, 시작 단계에서 상대적으로 성원들 간의 양가감정과 불안이 높을 수 있다. 또한 비자발적으로 참여한 클라이언트에게 집단의 목적, 역할 및 기대의 명료화과정은 매우 세부적으로 진행되어야 한다. 그리고 초기에는 집단성원들 간의 차이(성, 경력, 나이 등에서)로 인해 자유롭게 충분히 표현하지 못하기 때문에 사회복지사는 상호작용을 위한 집단지침을 명확히 함으로써 신뢰적이고 안정적인 분위기를 발달시킬 수 있다. 초기 과정에서 성원 간의 규칙을 결정하므로 집단에서 성원 간의 차이를 존중할 수 있도록 한다.

예) (학교에서 처분을 받은 청소년 집단과의 첫 모임에서 사회복지사는 다음과 같이 집단성원으로서의 역할을 설명해 줄 수 있을 것이다.)

사회복지사 : 우리 모두는 삶의 과정에서 어려운 문제에 부딪힐 때가 있기 마련입니다. 그것은 인간 삶의 한 부분이라고 봅니다. 이러한 문제들에 대해 비슷한 처지의 다른 사람들과 함께 얘기를 나누는 것은 문제해결에 도움이 됩니다. 오늘의 집단은 여러분에게 여러분의 문제와 관심사는 물론 여러분의 꿈과 희망을 다른 사람과 나눌 수 있는 기회를 제공하려는 것입니다. 물론 여러분이 간직하고자 하는 것들을 얘기하라는 것은 아니고, 집단성원들이 서로에 대해 자신들을 표현하고 다른 사람이 얘기하는 것을 주의 깊게 경청하고 어떻게 하는 것이 더 나은지에 대해 제안을 제시해 주길 바라는 것입니다. 그리고 모든 집단성원들은 비밀보장의 원칙을 따라야 합니다. 이는 집단 안에서 얘기된 모든 것에 해당합니다. 따라서 집단에서 논의한 것을 밖에서 얘기해서는 안 됩니다.

(2) 초점화

초점화는 사회복지사가 사회복지실천에서 중요한 어떤 부분을 강조하거나 집중시킬 때 사용하는 표현적 의사소통기술이다. 초기 단계에서 초점을 두어야 할 내용을 파악하는 데는 다음과 같은 세 가지 지침이 도움이 된다.

- 클라이언트 자신이 가장 중요하다고 느끼는 문제나 문제의 일부를 선택할 것이다.
- 기관의 기능에 해당하는 문제의 부분을 선택할 것이다.
- 사회복지사의 판단에서 도움이 가장 필요하다고 생각하는 문제를 선택할 것이다.

클라이언트는 때때로 사회복지사와 함께 합의한 목적과 목표에서 벗어난 주제를 이야기할 수가 있다. 그때 사회복지사는 그들이 목표를 향해 나아가도록 새롭게 방향을 되돌릴 필요가 있다. 또한 그들을 위해 강조해야 할 대인관계의 역동이나 과정을 다룰 수도 있다.

예1) (우울증을 겪고 있는 사람들의 집단을 지도하는 사회복지사는 다음과 같이 초점화할 수 있다.)

사회복지사 : 저는 신미씨가 때때로 자살하고 싶다는 생각을 한다고 말했을 때, 나머지 사람들은 갑자기 조용해졌고 어떤 다른 주제로 이야기하게 된다는 것을 깨달았습니다. 저는 잠시 되돌아가서, 여러분들이 신미씨가 이야기하려는 것에 진정으로 응하기를 바랍니다.

예2) (만일 한 집단성원에 대인관계를 향상시키고 싶다고 표현한다면 다음과 같이 초점화할 수 있다.)

사회복지사 : 현숙씨, 당신은 살아오면서 만났던 남자가 무책임하고 믿을 수 없었다고 말했습니다. 저도 남자이고 이 집단에는 다른 남자들도 있는데, 당신이 우리들에게는 어떤 생각을 가지는지에 대해 이야기를 해주셨으면 합니다.

(3) 부분화

문제가 복잡하거나 클 경우에는 문제 전체를 동시에 다룬다는 것은 어렵기 때문에 문제를 해결해 나가는 데 집중적으로, 또는 먼저 다루어야 할 어떤 명백한 문제의 부분을 가려내는 것이 요구되는데, 문제를 이러한 여러 개의 작은 부분으로 나누어 초점을 모으는 것을 부분화(partialization)라고 한다.

부분화는 클라이언트가 문제, 관심, 다른 복잡한 현상을 문제해결에 다루기 쉬운 부분으로 분류하도록 돕는 기술을 말하는 것이다. 문제가 개별적으로 보이거나 작은 부분으로 보여질 때, 혼란스럽지 않고, 논리적이고 우선순위를 생각하면 쉽게 문제를 받아들일 수 있을 것이다.

예) 사회복지사 : 당신은 지금 당장 계속 진행해야 할 많은 문제를 가지고 있습니다. 우선적으로 초점을 맞출 수 있는 한 가지 관심사를 정한다면 더 수월할 것 같아요. 오늘 함께 생각해 볼 수 있는 한 가지만 선택하시겠습니까?

(4) 정보공유

정보를 공유하기나 교육하기는 사회복지실천에서 특히 중요한 기술이 된다. 효과적 의사소통을 위해서는 개인 혹은 집단의 목적 및 현재 상황과 관련 있는 정보를 적절하게 제공하는 기술이 필요하다. 다양한 지역사회 프로그램이나 서비스에 관한 정보를 제공하는 것을 예로 들 수 있다. 때로는 집단훈련이나 교육을 통해 많은 양의 정보를 제공할 수도 있다.

사회복지사는 클라이언트들이 미처 인식하지 못한 자신의 강점과 능력을 인정하도록 돕는 데 있어서 강점 관점을 활용할 수 있다.

사회복지사로서 현재의 목적과 상황과 관련된 정보를 적절하게 제공하는 것은 전문적인 책임이다. 그러나 사회복지사가 정보를 공유하는 데 있어서 사실과 의견을 분명하게 구분해야 하며, 클라이언트가 자유롭게 받아들이거나 거절할 수 있는 여건에서 자료나 정보를 전달해야 한다. 의견을 나눌 때 "내 생각으로는~", "내 생각은 ~입니다."라고 제안해야 한다.

예) 사회복지사 : 저는 당신이 알고 싶어하는 것에 대해 이 정도로 알고 있습니다. 만 12세 이하 아동을 둔 맞벌이 가정 등을 위해 아이돌보미가 가정을 직접 방문하여 아동을 안전하게 돌봐주는 서비스가 있는데요, 서비스 종류 및 이용요금, 서비스 우선순위 등 자세한 내용은 지역의 건강가정지원센터 아이돌봄사업팀에 문의해 보시는 것이 좋을 것 같습니다.

예2) 사회복지사 : 제 생각으로는 아이들이 성장함에 따라 부모들도 점차적으로 규칙을 완화하고 훈계의 방법을 바꾸는 것이 현명하다고 봅니다. 저는 아동과 청소년은 매우 다른 방식으로 대해야 한다고 생각합니다. 당신의 생각은 어떻습니까?

(5) 직면

직면기술은 사회복지사가 클라이언트에게 말과 행동 사이에 불일치나 모순을 직접적으로 지적하는 것을 의미한다. 그러나 직면기술은 다른 사람들을 공격하거나 비평할 때 쓰는 기술이 아니라 그들의 행동이 역기능적으로 되거나 언어적 메시지와 비언어적 메시지가 일치하지 않을 때 이용된다. 이처럼 직면은 클라이언트의 자기인식을 증진시키고 변화를 촉진시키기 위한 기술이다. 직면은 문제를 지속시키는 클라이언트의 감정, 행동, 사고를 직접 지적하여 주는 것으로 조심스럽게 사용되어야 한다. 직면은 클라이언트의 감정, 행동, 사고의 모순적인 면을 지적하는 것이므로 이것을 받아들이기 어려운 클라이언트는 방어적인 반응을 일으킬 수 있기 때문에 직면에 앞서 깊은 이해를 바탕으로 하는 공감적인 대화가 전제되어야 한다.

전형적으로 집단에서 직면이 사용될 때는 집단성원들에게 온정, 이해, 관심을 가지고 의사소통을 해야 한다. 직면 전과 후에 공감적 의사소통을 충분히 사용하는 것이 좋다. 사회복지사는 공감적 의사소통기술로 클라이언트들의 경험을 이해하는 의사소통을 해야 하며, 그들의 언어적, 비언어적 메시지를 정확하게 반영함으로써 응집력을 형성하도록 돕고, 집단이 쉽게 발달하도록 도와주어야 한다. 사회복지사가 공감적인 이해를 제대로 전달할 때 집단은 클라이언트의 생각, 감정, 경험을 자유롭게 말할 수 있는 활기차고 서로에게 영향을 주는 활동을 하게 되는 것이다.

다음은 사회복지실천에서 사회복지사가 개인을 대상으로 사용한 직면의 몇 가지 예들이다.

예1) "철수야, 네가 좋은 성적을 받기 원한다고 하면서도 공부를 많이 하고 있지 않다고 말하는구나. 공부를 하는 데 시간을 보내기는 싫어하면서 좋은 성적을 받으려고 하는 것은 이해하기 어렵구나."

예2) "당신은 졸업 후 원하는 곳에 취업하고 싶다고 말은 하면서도 취업을 위해서 준비는 하지 않는 것 같군요."

이렇듯 사회복지사가 클라이언트의 불일치에 직면하여 도전하도록 하는 것은 지지하는 만큼이나 중요하다. 적절한 시기에 직면하여 회피해 온 자신의 모습을 바라볼 수 있도록 격려할 수 있기 때문이다. 그러나 만일 직면이 적의적인 공격이나 '치고 달리는' 방식으로 구성된다면, 개인이나 집단의 신뢰수준은 감소할 수 있다. 그러한 점에서 직면은 기본적인 신뢰감이 형성된 후에 지지하는 기술과 함께 사용되어야 할 것이다.

3. 상담면접기술

면접(interview)은 사회복지실천에서 대단히 중요한 역할을 한다. 사회복지사는 면접을 통하여 의사소통을 촉진하고, 의사소통을 가능케 하고, 문제를 사정하고,

계획을 세우고, 개입하고 서비스를 제공하게 된다. 사회복지사의 면접기술은 의사소통기술과 함께 클라이언트를 직접 만나 서비스를 제공할 때 이용될 뿐만 아니라, 다른 전문가, 가족성원, 이웃과 일반 대중들과 의사소통을 잘 할 수 있게 한다(Kadushin, 1990). 여기에서는 개인, 집단, 가족 대상의 사회복지실천에서 공통적으로 활용되는 면접기술들을 기본기술과 일반기술로 나누어 구체적으로 살펴본다.

1) 상담면접의 기본기술

(1) 면접을 위한 준비

사회복지사는 면접을 시작하기 전에 면접의 목적과 할당된 시간 안에 얻고자 하는 것이 무엇인지에 대하여 주의 깊게 생각하는 것이 중요하다. 상담면접을 하는 방법은 목적을 가지고 대화하는 것이며, 구체적이고 의도적인 목적을 충족시키기 위해 계획된다. 이러한 이유로 훌륭한 계획과 준비는 성공적인 면접을 보증한다.

그럼에도 불구하고 상담면접 전의 준비 단계는 사회복지실천과정 가운데 중요한 과정이면서 관심을 받지 못한 부분이다. 사회복지사가 클라이언트를 만나기 전 준비 단계에서 원조과정의 전반을 체계적으로 검토하고 준비하는 것은 사회복지실천의 효과를 향상시키는 초석을 놓는 것과 같다(엄명용 외, 2005). 하지만 사회복지사의 많은 업무로 인해 혹은 상담면접 사전 준비의 필요성과 중요성에 대한 인식 부족으로 인해 사회복지실천과정에서는 이 단계에 대한 연구가 매우 미흡한 것이 사실이다.

이 단계는 사회복지사와 클라이언트가 만나기 전에 사회복지사의 입장에서 클라이언트가 사회복지사를 만나러 오면서 갖게 되는 생각, 감정을 미리 헤아려서 가급적이면 클라이언트의 상황에 사회복지사 자신을 맞추려는 준비활동이 일어나는 단계를 의미한다. 상담면접의 목적은 클라이언트의 문제와 욕구에 의한 과제형태에 따라 다르다. 상담면접의 주된 목적이 정보를 주고받기 위한 것일 수도 있다. 예를 들면, 국민기초생활보장 수급권자를 선정하기 위하여 적격성 여부를 확인하기 위한 면접일 수도 있고, 또한 클라이언트의 인지적·정서적·행동적 문제를 해결하기 위해 직접적인 상담서비스를 주는 면접일 수도 있다.

(2) 상담면접에 임하기 전 사회복지사의 태도와 준비사항

사회복지사가 상담면접에 임하기 전 사회복지사의 태도와 준비사항으로 여덟 가지를 제시하였다(Cournoyer, 2000; 김인숙김용석 공역, 2002 재인용). 이를 구체적으로 살펴보면 다음과 같다.

① 사전 검토(preparatory review)

이는 클라이언트의 이전 기록과 기관의 정보를 검토하고 클라이언트의 기본적 배경(예: 교육 정도)을 검토하는 것이다. 하지만 이 단계에서 클라이언트에 대한 편견이나 선입견을 갖는 것에 대해서는 주의를 요한다.

② 사전 탐색(preparatory exploring)

접수나 초기 면접을 담당한 사람과 클라이언트의 의뢰자에게서 클라이언트 및 그의 상황에 대한 질문을 통해 정보를 수집하는 것이다. 종종 클라이언트가 같은 기관의 다른 사회복지사로부터 서비스를 제공받았다면, 이전에 서비스를 제공했던 동료 사회복지사로부터 정보를 수집하는 것도 이에 해당한다.

③ 사전 협의(preparatory consulting)

이는 슈퍼바이저나 동료에게서 조언을 구하는 것을 의미한다. 예를 들어, 우울증을 보이는 여자 청소년을 면접할 예정인 사회복지사는 우울증 증상 및 잠재적인 자살 가능성을 파악하기 위한 질문목록을 슈퍼바이저나 동료와 협의해 볼 수 있다.

④ 사전 정리(preparatory arranging)

이것은 첫 면접을 위해 체계적인 물리적 준비를 의미하는 것이다. 예를 들어, 약속시간을 확인하는 것, 면담실의 충분한 시간 확보, 비밀보장이 될 수 있는 공간 확보를 비롯하여 면담실의 사전예약, 가구배치 그리고 필요한 경우 교통편의 및 주차, 장애인을 위한 편의시설 등과 관련한 준비를 한다. 나아가 대기실에 최신 잡지 등과 같은 읽을거리와 음료수, 간단한 그림 등을 비치함으로써 방문하는 클라이언트로 하여금 안락감을 가질 수 있도록 하는 준비도 이에 해당한다. 이러한 맥락에서 아동의 발달연령과 사회문화적 배경에 맞는 장난감과 그림책 등도 비치할 수 있다.

⑤ 사전 공감(preparatory empathy)

클라이언트가 초기 면접에 오기 전이지만 클라이언트가 겪을 수 있는 느낌이나 현재의 문제 및 상황에 민감하게 반응할 수 있도록 사전 공감을 실천해 보는 것이다.

⑥ 사전 자기탐색(preparatory self-exploration)

이것은 자기인식 및 전문적인 자질 향상과 매우 관련이 깊다. 이것은 자기분석의 한 형태로서, 타인과의 상호작용에서 어떻게 영향을 주고받는지를 파악하는 것으로 사회복지사 자신의 가족력과 개인력을 파악하고, 자신의 특징, 욕구, 선입관, 가치관, 편견, 정서적 약점, 행동양상 등을 이해하는 것이다.

⑦ 철저한 자기관리(intensive self-management)

이는 사회복지사의 개인사정이 전문가로서의 의무와 서비스 전달에 방해가 되지 않도록 하기 위한 것이다. 예를 들어, 집안 문제나 개인 문제로 상담면접에 집중하기 어렵거나 클라이언트와의 면담에 있어서도 집안 문제가 자꾸 떠오르면 사회복지사는 적절한 조치(예: 클라이언트에게 양해를 구하고 면접을 취소하거나 재조정하는 것)를 취하여야 한다.

⑧ 사전 계획(preliminary planning)

이것은 사회복지사가 상담면접 전에 면접의 목적과 목표를 검토하고, 면접에서 논의할 주요 과제를 임시적으로 설정하는 것을 의미한다. 면접에는 면담의 목적에 따라 ㉠ 정보수집을 위한 면접, ㉡ 정보제공을 위한 면접, ㉢ 사정을 위한 면접, ㉣ 변화를 위한 면접이 있지만, 모든 면담이 반드시 이러한 분류로 구분될 수 있는 것은 아니며 서로 중복되는 면담이 많다. 그러나 무엇에 초점을 더 두는가에 따라 면담의 목적이 달라질 수 있으므로 이에 대한 사전 고려가 필요하다. 예를 들어, 사회복지사의 클라이언트 면접이 클라이언트의 심리적 고통을 감소시키기 위한 것인지, 생계수단의 강구를 위한 것인지, 이혼을 위한 법률적 조언을 구하러 온 것인지, 가정폭력의 피해자로서 재발방지책을 모색하기 위한 것인지, 아니면 자신의 성격변화 및 자아성장을 위한 것인지 등에 따라 면접의 방향은 다르게 된다. 따라서 클라이언트가 '지금 여기에서' 얻기를 원하는 것이 무엇인지를 정확히 파악하고 그에 대한 해결방안을 강구해 봄으로써 면접의 목적을 명료하게 할 필요가 있다.

(3) 시작과 맞이하기 기술

① 첫 상담면접에 대한 불안

클라이언트는 도움 요청에 대한 양가감정을 갖게 되며, 어디서부터 문제 상황을 설명해야 할지 당황해하고 혼돈을 경험하게 된다. 즉, 문제해결에 대한 희망을 가지면서도 한편으로 사회복지기관으로부터 문제해결에 실질적인 도움을 받을 수 있을지 그리고 자신의 문제 상황을 이해하고 수용할 수 있을지 등 갖가지 의문을 갖게 된다.

② 신뢰감 있고 좋은 첫인상

클라이언트가 사회복지사에 대해 갖는 첫인상은 매우 중요하다. 클라이언트는 대개 상담면접 사회복지사의 모습에 대한 기대를 가지고 있는데, 이런 기대가 충족되었을 때 비교적 쉽게 상담면접 장면에 적응할 수 있다. 첫인상에서 사회복지사의 외모, 특히 얼굴이 영향을 주는 경우가 많다. 특히, 클라이언트는 사회복지사가 자신의 예상보다 어리다거나, 여자 사회복지사를 기대했는데 남자라거나 또는 그 반대일 경우에 클라이언트는 다소 놀라거나 실망할 수 있다. 예를 들어, 사회복지사가 클라이언트가 예상했던 것보다 훨씬 젊어 보이는 여성이었을 때 실망감을 표현할 수 있다. 이럴 때 사회복지사는 클라이언트에게 자신을 분명히 소개하고 클라이언트가 만나야 할 사람을 만나고 있다는 확신을 가지게 해야 한다.

클라이언트는 "젊으면 아무래도 경험이 부족하고 그래서 제 문제의 해결법을 잘 모르실 수 있지요?"라고 말할 수 있을 것이다. 이럴 때 사회복지사는 "당신이 솔직하게 말씀해 주시니까 참 좋군요. 당신이 말을 안했으면 그런 생각을 가지고 있는지 몰랐을 텐데요."라고 가볍게 응수할 수 있다. 사회복지사는 클라이언트의 말이 도전이 되지 않았고 마음을 상하게 하지 않았다는 것을 먼저 전달해 준 다음, 자신의 능력과 경험에 대해 간략하게 이야기해 주는 것이 좋다. "저는 상담전문가 자격을 소지하고 있고 본 센터의 상담부서에서 오랫동안 최선을 다해서 상담면접을 해왔습니다."라고 부드럽고 차분하지만 자신 있게 이야기한다.

③ 비공식적인 대화로 시작

클라이언트를 따뜻하게 맞이하는 방법 가운데 하나는 날씨 혹은 기관에 찾아오는 과정에서의 어려움(예 : 주차문제, 교통편의 등)과 같은 주제를 택하여 비공식적인 대화로써 시작하는 것이다. 사회복지사 입장에서의 비공식적 대화는 클라이언트에게 어려운 문제나 도움 요청과 같은 주제를 다소 편하게 말할 수 있는 기회를 제공하는 것이 된다. 또한 어떤 클라이언트는 처음 몇 분간의 상호작용으로 인해 사회복지사에 대한 인상을 그대로 갖게 되기도 한다.

④ 전문적 관계 속에서 존중

대개 상담면접을 받으러 찾아온 클라이언트는 타인에게 긍정적으로 평가받았던 경험이 부족하며 자존감이 낮다. 상담면접 관계는 이런 클라이언트에게 특별한 경험을 제공한다. 사회복지사는 친구나 부모님과는 다른 방식으로 클라이언트와 대화를 하며 독특한 관계를 맺는다. 즉, 관계의 목적이 사회복지사의 욕구가 아니라 클라이언트의 욕구를 충족시키는 전문적 관계 속에서 존중이 살아 숨쉬는 관계이다. 사회복지사는 클라이언트를 가식 없이 진실하게 대하며, 클라이언트의 생각과 느낌을 더하지도 덜하지도 않고 정확하게 공감하려 노력한다. 이런 상담면접 관계는 그 자체로서 클라이언트에게 존중받는다는 느낌을 준다. 사회복지사가 존중하는 것은 클라이언트의 무궁무진한 잠재력이다. 사회복지사는 클라이언트의 내면에 잠재력이 존재함을 믿고 존중해야 한다. 사회복지사는 클라이언트를 존중할 때 어떤 조건을 달지 않고, 무조건적 존중을 보여야 한다. 하지만, 사회복지사가 클라이언트의 의견에 동의하지 않는 것과 클라이언트를 거부하는 것은 구별되어야 한다는 것이다. 다만, 반대의견을 전달할 경우라도 부드러운 음성으로 인격적으로 수용하고 있다는 것을 클라이언트에게 전달할 수 있어야 한다. 사회복지사는 클라이언트에게 세심한 배려와 따뜻하고 수용적인 느낌을 주며, 이런 느낌 속에서 클라이언트는 존중받는 경험을 한다.

(4) 상담면접의 시작

상담면접의 시작 단계는 접수, 치료관계의 착수, 상담면접시간의 처음 진입 등이라고 볼 수 있다. 이 단계에서 사회복지사는 다음과 같은 과업을 수행하게 된다.

① 자기소개

사회복지사가 첫 면담에서 처음으로 해야 할 것은 자기를 소개하는 것이다. 사회복지사는 자신의 성명, 소속기관 및 부서 그리고 직위 등에 대해 간략하게 소개한다. 흔하지는 않지만 클라이언트 가운데는 사회복지사의 학력과 출신학교, 자격증 소지 여부에 대해 문의하는 경우도 있다. 사회복지사가 이러한 사항에 대해 솔직하게 답하는 것이 일반적이다.

② 클라이언트에게 클라이언트 자신 및 동행인에 대한 소개를 요청하기

사회복지사 자신의 소개가 끝나면 클라이언트에게 클라이언트 자신 및 함께 온 동행인(예 : 가족)에 대해 소개해 줄 것을 요청한다.

예를 들어, '제가 00어머니라고 불러도 될까요?' 혹은 '제가 박 선생님이라고 불러도 될까요?' '나이를 고려해 보니 내가 너를 00라고 불러도 될 것 같은데 괜찮겠니?' 등과 같은 확인이 필요하다. 특히, 사회복지사가 아동을 접할 때는 발달적·교육적 측면이 강조될 수 있기 때문에 연하의 아동에게도 존댓말을 쓸 필요도 있다. 예를 들어, "00야, 이 크레파스를 탁자 한편으로 치워줄래?"와 "00어린이, 이 크레파스를 탁자 한 편으로 치워 줄래요?"는 매우 다른 어감을 가질 뿐만 아니라 듣는 아동이 예의범절을 자연스럽게 배울 수 있는 기회를 갖게 한다.

③ 첫 면담의 목적 설명

자연스럽게 인사를 마치면 사회복지사는 면담의 목적을 설명한다. 면담의 목적 설명을 통해 사회복지사는 클라이언트로 하여금 상담면접에 대해 적절한 기대를 갖게 하고 불필요한 혼동과 막연한 불안을 해소할 수 있다. 목적의 설명은 가급적 직접적이고 분명하면서도 부드럽게 진행되어야 한다.

예) "오늘은 00께서 가정폭력을 당하신 후 가장 힘들어하는 부분이 무엇인지를 알아보고자 합니다. 무엇이 가장 힘든지 말씀해 주시면 됩니다. 그런 다음 해결방안을 함께 모색해 보도록 하지요. 자, 무엇이 가장 힘드셨나요?"

④ 클라이언트의 역할 설명하기

사회복지사는 클라이언트에게 첫 면담이 어떻게 진행될 것이고, 몇 분간 진행될 것이며, 첫 면담에서 행할 과업이 어떤 것이 있다는 점을 설명해 준 후에 본격적인 면담을 시작하는 것이다. 또한 사회복지사가 클라이언트의 역할과 클라이언트에 대한 기대를 설명하면 불안이나 불확실한 느낌을 감소시킬 수 있다. 이 과정에서 사회복지사는 클라이언트와 기본 사항을 점검할 수 있다.

이에는 ㉠ 면담을 위해 시간약속을 꼭 해 줄 것과 꼭 지킬 것, ㉡ 시간약속을 취소할 경우에는 반드시 24시간 이전에 사전 통보해 줄 것, ㉢ (해당되는 경우) 합의된 상담료를 납부해 줄 것, ㉣ 클라이언트의 상황변화를 사회복지사에게 알려 줄 것, 특히 문제 상황에 진전이 있거나 해결의 가능성이 있을 때 이를 함께 논의해 줄 것 등이 있다. ㉤ 사회복지사가 활용하는 이론적 접근 방법에 따라 클라이언트에게 과제를 내줄 수 있으므로 이를 성실히 수행해 달라고 요청할 수 있다. 이러한 점에서 클라이언트의 역할 및 기대 설명은 클라이언트의 사회화(socialization)라고 하기도 한다.

⑤ 기관의 성격에 대해 설명하기

사회복지사는 기관의 정책 및 윤리적 요소를 설명할 의무가 있으며, 이를 첫 면담에서 실행할 필요가 있다. 사회복지사는 기관에 대해 간략하게 설명한다.

예) "저희 기관은 아동 및 가족에게 상담을 제공해 주는 기관입니다."

⑥ 행정절차 및 윤리적 요소 다루기와 피드백 요청하기

기관의 서비스 수혜자격과 요건, 수혜기간, 전달 방법, 절차, 후속조치 등에 대해 클라이언트가 이해할 수 있는 수준으로 충분히 설명하고, 이를 이해했는지 피드백을 받을 필요가 있다. 윤리적 요소들 가운데는 비밀보장이 가장 중요한 과제일 수 있다. 외국에서는 사회복지사의 비밀보장이 지켜질 수 없는 경우를 ㉠ 아동학대가 발생하는 경우, ㉡ 클라이언트가 자해(예: 자살시도)의 위험이 있는 경우, ㉢ 클라이언트가 타인을 해칠 위험이 있는 경우, ㉣ 클라이언트가 사회복지사와 기관을 대상으로 소송을 제기했을 경우로 제한하고 있으며, 아동학대, 자살 혹은 타인에 해를 끼칠 경우에는 생명존중과 안전의 원칙에 따라 해당기관이나 당사자에게 알려 줄 의무를 갖고 있다.

2) 상담면접의 일반기술

상담면접기술 중 일반기술에 해당되는 것이 여러 가지가 있는데, 대개 경청, 요약, 수용, 바꾸어 말하기, 반영, 명료화, 직면, 해석, 질문하기, 조언이나 정보제공 등으로 나눈다. 이들 중 경청, 요약, 수용, 바꾸어 말하기, 반영, 명료화기술은 사회복지사가 클라이언트의 언어적 흐름을 방해하지 않고 따라가기만 하는 방법이므로 비지시적(비개입적) 면접법이라고 하며, 직면이나 해석하기, 조언이나 정보제공과 같은 기술은 클라이언트와의 대화의 흐름을 따라가기보다는 사회복지사의 의견을 전달하려는 것으로서 지시적(개입적) 면접법이라고 한다. 여기서는 비지시적 면접기술의 내용과 지시적 면접기술의 내용을 차례로 살펴본다.

(1) 적극적 경청기술

적극적 경청은 공감적 의사소통기술로서 클라이언트 입장에서 그들의 감정, 생각과 표현을 존중하고 이해하고 인정하는 것을 의미한다. 적극적 경청을 통한 공감적인 이해는 사회복지실천에 있어서 클라이언트와의 관계에서 가장 중요한 부분이다. 적극적 경청(active listening)은 경청에 더하여 사회복지사가 클라이언트의 메시지를 정확하게 받아들여 이해하고 있음을 끊임없이 클라이언트에게 전달해 줌으로써 클라이언트가 자신이 정확히 이해받고 있다는 생각을 갖도록 하는 행위까지를 포함한다. 따라서 이것은 공감적 피드백과정의 일부라고 볼 수 있다. 사회복지사가 적극적 경청을 통해 공감적으로 의사소통을 할 때 클라이언트는 자신이 이해와 존경을 받고 있고, 그리고 수용되고 있음을 느낄 수 있다. 사회복지사의 공감적 반영은 클라이언트가 자신들에게 의미 있는 생각과 감정, 경험을 지속적으로 탐색하도록 도와줄 수 있다. 사회복지사가 클라이언트와 라포를 형성하여 지지를 할 때 그들이 자신을 더욱 가치 있는 존재로 느끼고 긍정적인 자아상을 개발할 수 있게 되는 효과가 있다(Brown, 1991).

적극적 경청기술은 크게 세 단계로 구분된다. 제1단계는 주의를 끄는 초대의 단계(inviting)로 신체적 자세와 얼굴표정, 목소리, 어투 등의 준비자세를 의미하며, 클라이언트가 편안한 마음으로 말할 수 있도록 분위기를 조성하는 것이다. 2단계는 경청의 단계(listening)로 클라이언트의 말을 듣고 관찰하고 격려하고 기억하는 등의 과정으로, 클라이언트의 메시지를 수용하고 보유하기 위해 귀와 두뇌를 활용하는 것을 의미한다. 제3단계는 반영의 단계(reflecting)로 클라이언트의 진술에 대해 주기적으로 해석하는 것을 의미한다. 때로 이를 '제3의 귀를 사용하라.'(Brill, 1997)라는 말로 대신할 수 있는데, 이는 클라이언트가 하는 진실한 말 속에 숨겨져 있는 의미를 파악해 내는 것을 의미한다. 반영은 구체적으로 ① 내용 반영하기, ② 감정 반영하기, ③ 감정과 의미 반영하기로 구분할 수 있다(Evans, 1998; 성숙진 역, 2000에서 재인용).

① 내용 반영하기(reflecting contents)

이 기술은 클라이언트의 메시지나 정보에 대한 이해를 전달하기 위한 감정이입 기술로서 클라이언트가 말한 내용을 부연하고 다시 클라이언트에게 표현하는 것을 의미한다. 에반스(Evans, 1998)는 부연설명할 때 ㉠ 클라이언트의 말 속에 담긴 주된 생각을 재진술하고, ㉡ 클라이언트의 말의 의미에 덧붙이거나 의미를 바꾸지 않으며, ㉢ 클라이언트의 말을 앵무새처럼 따라하지 않도록 제안하고 있다. 클라이언트가 제시한 메시지나 정보에 대해 부연설명을 하는 것은 ㉠ 사회복지사가 클라이언트의 이야기를 경청하고 이해하는 노력을 보여주는 것이고, ㉡ 클라이언트와 사회복지사 간에 신뢰관계를 형성하는 데 도움이 되며, ㉢ 클라이언트의 이야기를 잘 이해했는지 점검하는 기회를 주고, ㉣ 클라이언트가 자신의 생각을 구체화시켜 볼 수 있는 기회를 제공한다. 전형적인 도입 문구는 "당신은 ~을 말하고 있는 것이군요.", "내가 정확하게 이해를 하고 있다면, 당신은 ~하다는 것 같군요." 등을 사용할 수 있다.

예) 클라이언트 : 난 이러한 일이 내게 올 줄 몰랐어요. 내 처가 가방을 꾸려서 말없이 떠나버렸어요. 그리고 그녀로부터 2주 전에 이혼신청 통지서를 받았어요.
사회복지사 : (공감적으로) 당신 부인이 말없이 갑자기 떠나 버렸고, 지금은 그녀가 헤어지기를 원한다는 말씀이군요.

② 감정 반영(reflecting feelings)기술

이 기술은 클라이언트가 표현한 감정을 사회복지사가 이해하고 반응하는 것을 의미한다. 즉, 사회복지사는 클라이언트의 감정을 정확하게 이해하고 이를 공감하며 이해했다는 반응을 보이는 것으로 문제해결의 선행조건이 된다.

대개 일반적인 감정 반영기술의 전형적인 도입 문구는 "당신은 ~(클라이언트가 갖고 있거나 표현한 말 속에 들어 있는 감정을 나타내 주는 적당한 단어)을 느끼시는군요", "~때문에 ~를 느끼는군요", "~게 느끼시는 것 같네요", "~게 들리는데요", "달리 말하면 ~게 느끼고 계신다는 말씀인가요?", "~라 이해가 되는데요", "정말 ~한가 보네요" 등을 사용할 수 있다.

이 표현을 잘 살펴보면 사회복지사는 클라이언트의 대화 수준에 머무르고 있는 것을 알 수 있으며, 클라이언트에게 어떤 충고나 해결 방법의 제시 또는 해석이나 위로를 전달하고 있지 않음을 알 수 있다. 사회복지사는 반영반응을 준비하면서 먼저 클라이언트의 대화를 잘 들어야 할 것이다. 이렇듯 반영기술은 클라이언트 자신이 잘 이해받는다는 느낌을 주기 때문에 촉진적 상담면접관계를 형성하는 데 도움을 준다.

사회복지사의 감정반영을 통해 클라이언트는 ㉠ 자신이 느끼는 것을 깨닫는 기회를 가지고, ㉡ 자신의 감정을 받아들이고 살펴보게 되며, ㉢ 클라이언트가 경험하고 있는 것을 상담자가 이해하고 있다는 것을 보여 주게 되고, ㉣ 사회복지사와 클라이언트 사이에 탄탄한 관계 형성이 이루어진다.

예) (아버지의 심한 술주정으로 부모 간의 싸움이 잦은 철이가 사회복지사에게 말한다.)

클라이언트 : 선생님 저는 집에 가기 싫어요. 아버지가 자주 술에 취해 어머니를 때리고 어머니와 치고받고 서로 싸워요. 집에 들어가기 무서워요.

사회복지사 : 그랬구나. 집에서 부모님이 자주 싸우시니 무섭고 불안하겠다. 그래서 정말 집에 들어가기 싫겠구나.

③ 결합적 반영(reflecting combined feelings)

결합적 반영은 클라이언트가 말하는 내용, 감정, 생각, 의미를 혼합하여 직접적이거나 간접적으로 표현하는 것에 대해 반응하는 것이다. 결합적 반영기술은 적극적 경청과 공감적 의사소통의 더욱 완벽한 형태이다. 이 기술은 메시지의 감정적 측면뿐만 아니라 사실적 부분도 전달하는 것이다. 그러므로 반영하기 기술의 가장 복잡한 형태라고 할 수 있다. 감정과 의미 반영하기를 위한 전형적인 도입문구는 "당신은 ~ 때문에 ~느끼고 계시는군요", "당신은 ~그리고~느끼고 계시는군요", "당신은 ~느끼지만, ~생각하시는군요" 등을 사용할 수 있다.

예) 클라이언트 : (35년간 일한 후 실직을 한 60세 남자) 저는 이제 직업도 수입도 아무것도 없습니다. 35년간 고생하며 회사를 위해 일했지만 그들은 저를 해고했습니다. 그러면 이제 와서 제가 무엇을 하겠습니까? 저는 너무 허탈하고 화가 납니다.

사회복지사 : (결합적 반영하기) 당신은 수십 년간 회사를 위해 열심히 일해 왔는데 회사에서 당신을 해고하여 절망감을 느끼고 계시는군요. 그리고 다른 일자리를 찾을 수 없을 것 같다고 생각하시는군요. 또는 당신은 방금 일자리를 잃어서 세상이 온통 끝난 것 같은 막막한 느낌이 드는군요. 그리고 다른 일자리를 얻을 수 없을 거라는 생각에 무척 속상해 하는 것 같군요.

(2) 질문기술

상담면접에서 질문은 중요한 기법이다. 사회복지사는 필요한 정보를 얻기 위해서 그리고 클라이언트의 생각과 느낌을 표현하도록 돕기 위해서 질문기술을 활용한다. 나아가 사회복지사의 개방적이고 탐구적인 자세로의 진지한 질문은 클라이언트의 자기탐색을 촉진하고, 당연하다고 여겼던 기존의 사고방식과 행동방식의 객관성에 대한 평가를, 그리고 상담면접자의 질문 태도를 내면화하여 클라이언트가 지금껏 살아온 타성으로 삶을 살아가려는 부분과 그것을 검토하고 수정하려는 부분 간의 내적 대화로까지 영향을 미친다는 데 의의가 있다. 그러나 질문은 클라이언트의 자기탐색과 표현을 방해하지 않아야 한다. 여기서는 상담면접에서 주로 사용되고 있는 몇 가지 질문형태와 사회복지사가 되도록 피해야 할 질문형태를 알아본다.

① 개방적 질문

개방적 질문은 클라이언트가 자신이 말하고 싶을 때 자신의 생각과 감정을 표현할 수 있도록 질문하는 것이다. 다시 말하면 클라이언트가 원하는 방식대로 응답할 여지가 있는 질문을 하는 형식을 말한다.

예) "이곳에 어떻게 오셨습니까?"
"어제 무슨 일이 있었는지 제게 말씀해 주시겠습니까?"
"학교생활에 대해서 자세히 이야기해 주세요."

② 폐쇄적 질문

폐쇄적 질문은 클라이언트에게 선택할 자유를 주지 않고 제한을 두는 것으로 구체적인 상황에 초점을 둠으로써 클라이언트가 대답할 수 있는 범위를 제한하는 질문의 형태를 말한다. 즉, 폐쇄적 질문은 필요한 구체적인 정보에 대하여 질문하는 것이라 할 수 있다. 이 형태의 질문은 클라이언트가 쉽게 무시당하거나 범주화시키거나 억지로 응답을 하도록 함으로 그들의 입장에서 좌절을 느낄 수도 있다. 따라서 폐쇄적 질문은 사회복지사가 특정한 구체적 정보를 필요로 하거나 혹은 클라이언트가 너무 당황하고 혼란스러워 할 때 방향과 초점을 유지하기 위해 선택적으로 사용해야 한다.

예) "오늘 우리 기관에는 처음 오셨습니까?"
"제가 알기론 당신의 가족은 모두 6명인데 맞나요?"

③ 간접 질문과 '무엇'이라는 질문

직접 질문과 간접 질문을 구분할 필요가 있다. 명칭에서 나타난 대로 직접 질문은 직접적으로 물어 보는 것에 반하여 간접 질문은 넌지시 물어보는 것이다. 간접 질문은 그 끝에 물음표가 없는 것이 보통이지만 그러면서도 분명히 질문을 하는 것이고, 클라이언트의 답변을 구하는 질문처럼 작용하는 표현법이다. 간접 질문은 정보를 찾는 좀 더 부드러운 방법이며 질문의 단어는 직접적인 개방적·폐쇄적 질문보다 덜 위협적인 경향이 있다. 특히 공감과 같은 다른 기술과 결합될 때 간접 질문은 단조로움과 계속되는 질문의 경직성을 완화하는 데 효과적이다. 다음은 직접 질문이 간접 질문으로 바뀐 예이다.

- 낮에 일하고 밤에 공부하는 것은 고된 일입니다. 그렇지 않습니까? (직접 질문)
- 낮에 일하고 밤에 공부한다는 것은 확실히 고된 일일 겁니다. (간접 질문)

간접 질문의 전형적인 예시는 다음과 같다.

- 그것이 가능하다고 믿는지 궁금합니다.
- 당신의 의견이 궁금합니다.
- 당신은 이미 결론에 도달했는지도 모르겠군요.
- 이에 대한 당신의 관점은 저에게 매우 중요합니다. '

무엇'이라는 질문은 가족치료와 단기치료에서 특히 유용한 것이다. 이 질문의 주된 이점은 질문에서 "무엇"이 암시하는 것이 매우 불특정하기 때문에 면접을 받는 사람이 초점을 두고 싶어 하는 관심사나 이슈를 스스로 자유롭게 정의할 수 있게 하는 점이고, 또 다른 장점은 과거보다 현재를 강조하는 것이다. 또 다른 장점은 클라이언트의 힘든 상황과 관련된 광범위한 이슈나 지속적으로 문제에 작용하는 요인들 또는 관련이 있는 다른 사람들에 대해 탐색하려고 할 때 매우 적절한 질문이다(Lishman, 1994). 다음은 '무엇'이라는 질문의 전형적인 예이다.

- 가족 내 이러한 상황을 계속 악화시키는 요인이 무엇인가요?
- 이 문제에 계속 영향을 미치는 것이 무엇이지요?
- 이 문제를 해결하거나 변화하기 위해 무엇이 필요합니까?

④ 피해야 할 질문

- 유도하는 질문

'유도하는 질문(leading question)'은 클라이언트에게 특정한 방향의 응답을 하도록 이끄는 질문으로, 예를 들면, "당신은 그게 잘못됐다고 생각하지 않나요?" 혹은 "당신이 싸우고 싶어 했던 게 사실이죠?" 하는 식이다. 유도하는 질문은 클라이언트가 당황해 하거나 사회복지사의 견해에 솔직하게 반대하기보다는 거짓말을 하도록 할 수 있게 되는 것이다.

•모호한 질문

모호한 질문은 클라이언트가 질문의 방향을 분명하게 이해하지 못하거나 받아들이지 못하는 형태의 질문이다. 모호한 질문은 대명사(누가, 그것이, 저기, 그것을 등)를 많이 사용하거나 혹은 상황에서 벗어난 질문을 할 때 많이 발생한다. 모호한 질문은 특히 대인관계가 복잡한 상황에서 누가 누구와 어떤 관계 속에서 문제가 발생하였는지 파악할 때 많이 발생한다(이영호, 2010).

예) 모호한 질문

사회복지사 : 철호가 집에 있고 부모가 싸울 당시 누가 무엇을 어떻게 했죠?

이러한 경우 사회복지사는 클라이언트가 그의 관심사나 상황을 더 구체적으로 묘사하도록 돕기 위해서 초점을 좁히는(narrowing the focus) 기술을 사용하여 재질문할 수 있다. 예를 들면, 다음과 같다.

예) 초점을 좁히는 질문

사회복지사 : 그때 상황이 어떠하였는지 구체적으로 말해 주겠어요?

클라이언트 : 집은 엉망진창이에요.

사회복지사 : 엉망진창이라는 게 어떤 걸 말하는 거죠? 무슨 일이 일어났는데요?

클라이언트 : 아버지가 일을 나가셨다가 집에 오실 때 우리는 밥을 먹고 있었어요. 아버지는 술에 취해 들어와서는 어머니를 때렸어요.

사회복지사 : 그런 일이 일어났을 때 당신은 무엇을 했죠?

클라이언트 : 처음에 난 방 밖으로 도망갔어요. 그랬다가 난 돌아와서 아버지에게 고함을 지르며 멈추라고 했고 그렇지 않으면 경찰을 부르겠다고 했어요.

사회복지사 : 당신이 경찰을 부르겠다고 말할 때 어떤 생각을 하셨어요?

•이중(중첩) 질문

이중 질문은 한 번에 두 가지 이상의 내용을 질문하는 것을 말한다. 이럴 경우 클라이언트는 두 가지 질문에 대해 어떻게 대답해야 할지 몰라 혼란스러워하게 된다. 클라이언트는 사회복지사의 이중(중첩) 질문에 순서대로 조리 있게 대답하기보다는 클라이언트가 대답하기 편한 질문에 우선적으로 대답하게 되므로, 사회복지사가 원하는 답 가운데 일부분만을 얻는 것이 되고, 재차 질문을 하게 되기도 한다. 따라서 두 가지 이상의 질문을 모두 물어볼 필요가 있으면 하나씩 따로따로 물어봐야 한다. 이중 질문의 예를 들면, 다음과 같다.

예) "철이 이야기를 들어보니 아버지가 직장에 나가지 않고 있는 것이 걱정이구나. 아버지께서 직장에 나가지 않은 것이 얼마나 되었니? 직장에 나가지 않을 때 아버지는 무엇을 하니? 아버지는 술을 마시니? 어머니는 그것에 대해 어떤 반응을 보이니? 아버지가 직장에 나가지 않는 것이 술 문제 때문이니 아니면 회사에 어려움이 생겨서이니?"

• '왜'라는 질문

본질적으로 '왜'라는 질문은 정보를 구하거나 원인이나 이유를 탐색하는 데 사용되었으나 오늘날에는 불쾌감이나 불찬성의 뜻까지 함축되어 클라이언트는 자신이 '잘못'했거나 '나쁘게' 행동했다고 사회복지사가 비난하려고 하는말로 받아들이기 쉽다. 이런 점에서 클라이언트는 '왜'라는 말을 들을 때마다 자신을 방어하거나 자신의 행동을 정당화하거나 그 상황에서 회피하려 하거나 혹은 공격적이게 될 가능성이 있다. 이것이 상담면접에서 '왜'라는 말을 피해야 하는 가장 큰 이유이다. 따라서 클라이언트의 행동이나 상황에 대해서 '왜'라는 질문 대신에 무엇, 언제, 어디서, 어떻게라고 질문하는 것이 바람직하다. 다음은 '왜' 질문의 예들이다.

예) "왜 너는 공부하기 싫어하니?"
"왜 너는 결혼을 안 하려고 하니?"
"철수는 왜 성적이 떨어졌다고 생각하니?"

(3) 내용확인기술

내용확인기술은 사회복지사가 지금까지 클라이언트와 의사소통을 해 온 내용과 의미를 이해했다는 것을 확인하는 것이며, 추적(tracking)이라고도 한다. 클라이언트가 말한 것을 반영(reflecting)하거나 요약(summary)을 하여 순간의 탐색을 의도적이고 공감적으로 경청하는 기술(Feltham & Dryden, 1993)이며, 클라이언트가 의사소통하고 있는 것에 반응하고 반영하면서 창조적인 경청을 결합하는 것이다(Seden, 1999). 이러한 기술에는 명확히 하기, 요약하기, 피드백 주고받기를 포함한다.

① 명확히 하기

명확히 하기(clarifying) 기술은 클라이언트가 사고, 감정, 행동, 상황의 중요한 측면에 대해 더 명확하게 말하도록 격려하고 클라이언트가 말한 것에 대해 사회복지사가 이해했음을 입증하기 위해 질문하는 것이다. 즉, 명확히 하기는 클라이언트가 말하는 것을 더욱 분명하고 명확하게 이해할 수 있도록 더 유사한 말로 바꾸어서 반영하는 것이다.

명확히 하기를 위한 형식과 예시는 다음과 같다.

- 형식 : '~라고' 말할 때 구체적으로 무엇을 뜻합니까?
  '~에 대해서 더욱 자세하게 이야기할 수 있습니까?
  '~에 부연 설명을 할 수 있습니까?'

예) 클라이언트 : 나는 부모님과 사이가 좋지 않습니다. 오랫동안 그래왔지요. 나는 이러한 관계가 정말 싫습니다.
사회복지사 : 이러한 관계가 정말 싫다고 하셨는데 구체적으로 어떠한 것을 의미합니까?

② 요약하기

요약하기(summarizing)는 클라이언트의 여러 가지 생각과 감정을 간략하게 묶어 정리하는 것이다. 이 기술은 세 가지 차원에서 유용하다. 첫째, 사회복지사는 새로운 회기를 시작할 때, 이전 회기에서 다룬 내용을 요약하여 말해 줌으로써 회기 간 연결을 자연스럽게 하고 상담을 촉진시킬 수 있다. 둘째, 지금까지 다루어 온 것에 관해 정확하고 간결한 부분이나 자세한 내용을 제공할 수 있다. 셋째, 회기가 방향을 잃게 되거나 방향 없이 시작할 때, 적절한 시기에 간략하고 정확한 요약하기는 유용할 수 있다.

예를 들어, 사회복지사는 지난 몇 분간 논의된 것의 핵심적인 내용적, 감정적 요소를 모으기 위해 요약하기를 사용할 수 있다.

예) 사회복지사 : 당신의 말에서 난 매우 많은 걸 들었어요. 당신은 일자리를 찾기에 필사적이었는데 찾지 못해서 분노와 우울감을 느꼈지요. 당신은 고용사무실을 찾아갔지만 좌절감은 더 커졌어요. 우선 당신이 고등학교를 중퇴해버린 것에 대해 깊은 후회를 하고 있어요. 내가 말한 내용이 정확합니까?

③ 피드백 주고받기

피드백 주고받기(giving and receiving feed-back)는 사회복지사와 클라이언트 모두에게 이점이 있다. 따라서 사회복지사는 클라이언트와 일하는 전 과정을 통해 주기적으로 피드백을 주고받아야 한다. 사회복지사가 클라이언트에게 피드백을 주는 경우는 상담이나 집단의 초기의 목적과 역할을 설명하는 경우나 기관의 정책과 윤리적 요인들에 대한 논의를 말한 경우이다. 부정적인 피드백에 의하여 과거에 상처를 받아 온 클라이언트는 사회복지사로 인해 그러한 경험을 재경험하게 될까 염려한다. 이러한 걱정을 진정시키기 위하여 피드백의 목적이 클라이언트의 수행에 관한 판단을 하기보다는 오히려 생활지도, 지지 그리고 도전을 제공하는 점이라는 것을 강조해야 할 것이다.

예) '화' 조절 능력강화 부모교육 프로그램에 참여한 김막내 씨는 3회기 때 많이 우울해하며 집단에서 힘들어 하는 모습을 보였다.

사회복지사 : 김막내 씨가 오늘은 다소 힘이 없고 편치 않아 보입니다. (간접질문)

김막내씨 : 네, 2회기 이후 많이 힘이 듭니다. 그 동안 아이 둘을 키우며 제가 너무 형편없고 참으로 부족한 어머니였다는 생각이 많이 들어 우울한 생활이었습니다.

사회복지사 : 네, 그러셨군요. 과거 경험과 현재 교육과 관련하여 자신을 돌아보며 반추하는 과정에서 잘못한 것만 생각이 나서 힘드셨겠네요. 김막내 씨, 저는 지금 김막내 씨가 힘들어 하는 것을 다르게 보고 싶습니다. 즉, 지금이 역할을 보다 잘해 나가는 어머니의 성장과정에 있다는 것이죠. 자신을 많이 돌아보고 힘들어 할수록 성장의 원동력이 크다는 것입니다. 괴로운 감정이 동반되는 반추는 아픈 만큼 성숙해진다는 말처럼 성장의 밑거름이 됩니다.

(4) 핵심과 목적을 유지하는 기술

다음의 기술은 사회복지사가 면접의 핵심과 목적을 유지할 수 있는 몇 가지 방식을 설명한다. 이것은 사정의 목적을 위해 정보를 얻거나, 토의되어야 할 이슈를 탐색한 것을 확인하는 것과 같은 구체적인 목적을 실천하기 위해 필요하다. 이들 내용으로는 핵심과 목적에 집중하기, 고취시키기, 검증하기, 침묵에 대처하기, 자기개방 이용하기에 관해 살펴본다.

① 핵심과 목적에 집중하기

사회복지사가 면접의 핵심과 목적에 집중하는 것은 클라이언트가 보다 적절하지 못한 이슈에서 벗어나게 하는 데 도움이 된다. 이러한 기술은 사회복지사와 클라이언트 간의 라포나 신뢰를 방해하지 않고 면접의 목적에 충실할 수 있게 하는 것이다. 사회복지사는 상담면접 중 다음의 상황에서 핵심과 목적에 집중하기 기술을 활용하게 된다.

- 다른 이슈들을 제외하고 한 가지 이슈에 지나치게 초점을 두게 될 때
- 다룰 내용이 없어진 채로 의사소통이 반복되고 있을 때
- 토의가 주변적이거나 부적절한 이슈로 바뀌어 질 때
- 토론이 정서적으로 부담을 가지게 되어 침착함과 균형을 필요로 할 때

예) 충분히 다루지 못한 이슈에 초점을 두어 핵심에 충실하기

사회복지사 : 나는 당신의 친구관계는 그리 심각하지 않은 것으로 보입니다. 그래서 나는 우리가 당신이 말한 진로문제에 관해서 좀 더 이야기할 수 있도록 친구문제에서는 벗어나는 것이 좋지 않을까 생각합니다.

② 고취시키기

고취시키기(prompting)는 면접을 시작하거나 면접을 받는 사람을 격려하는 데 사용된다. 이것은 더 많은 대화를 격려하기 위하여, 어떤 이야기와 다른 이야기를 연결시켜 주거나, 미완성된 문장이나 설명으로 직접 암시를 하여 더 많은 설명을 끌어내는 것과 같은 여러 가지 형태를 취할 수 있다. 사회복지사는 고취시키기 기술을 사용할 때, 시기 맞추기, 민감성, 친절한 어조를 동반한 관심을 보임으로써 그 사람이 억지로 말을 계속하기를 강요받고 있다고 생각하지 않도록 접근하는 것이 중요하다. 이 기술은 최소 격려의 형태로 판소리의 추임새와 같이 말하는 사람의 흥을 돋구는 것과 같다. '계속하시죠', '아, 네…', '그래서요', '맞아요', '음…', '흠…', '그렇죠', '네…그랬군요' 등과 같은 짧은 어구를 연결음으로 사용한다.

③ 침묵에 대처하기

면접에서 침묵을 효과적으로 활용하는 것은 또 하나의 상담기술이 될 수 있다. 유능한 사회복지사는 클라이언트가 침묵을 필요로 할 때 존중해 준다. 클라이언

트가 할 말을 찾지 못할 때가 아니라면 그 침묵을 깨뜨릴 필요가 없다. 잠시 기다리며 클라이언트에게 생각할 시간을 준다. 실제로 '창조적 침묵'은 클라이언트가 자신이 처한 상황에 관해 중요한 것을 의미 있게 혼자 생각하고 있는 침묵을 말한다. 창조적 침묵은 그 자신에 관한 긍정적인 생각이나 감정에 몰두하는 것이다. 이것은 클라이언트의 불안, 당황이나 혼돈의 감정을 나타내는 침묵이나 '걱정스러운' 형태 또는 철회의 침묵형태와 반대되는 것이다.

또한 사회복지사가 침묵을 지키며 경청하는 것은 클라이언트에게 말을 하도록 촉진하는 효과가 있다. 즉, 사회복지사의 침묵은 클라이언트에게 상담과정의 책임을 갖도록 해 주는 가치가 있다. 사회복지사의 침묵을 겸한 경청은 클라이언트가 자신의 중요한 느낌을 표현한 후에 거기에 대해 깊이 생각하고 통찰에 이를 수 있도록 시간적인 여유를 준다.

이러한 침묵들을 해석하고 처리하는 것이 사회복지사의 한 역할이라고 볼 수 있다. 우선 침묵이 부정적인지 긍정적인지를 판단할 필요가 있다. 이러한 판단을 하려면 클라이언트가 보이는 침묵의 의미를 생각해 보아야 할 것이다. 대표적인 침묵의 예는 다음과 같다(설진화, 2013).

- 클라이언트가 자신에 관한 긍정적인 생각이나 감정에 몰두하는 창조적 침묵
- 클라이언트가 자신이 말한 내용 중에서 중요한 부분, 즉 문제해결의 핵심이 되는 부분을 사회복지사가 확인해 주기를 바라거나 해석 등을 기대하는 침묵
- 클라이언트가 아무런 생각이 나지 않거나, 무슨 말을 해야 좋을지를 생각하는 침묵
- 사회복지사에 대한 적대감에서 오는 저항이나 불안 등 전이에 의한 침묵
- 클라이언트가 자신의 느낌을 표현하려고 최대한의 노력을 하는데도 말이 잘 표현되지 않는 경우의 침묵
- 클라이언트가 방금 이야기했던 것에 관해서 생각을 계속하고 있는 경우의 침묵

침묵을 다루는 기술로 다음 세 가지 방법 중 하나를 선택할 수 있다. 첫째, 무엇을 생각하고 있는가를 묻는다. 둘째, 다른 직접적인 질문을 던진다. 셋째, 클라이언트가 다시 얘기하기를 기다린다. 전문적인 역할을 수행하는 사회복지사는 클

라이언트가 자신들의 생각을 말로 나타내도록 격려하면서 느린 보조에 끈기 있게 맞춰 나가야 한다.

④ 자기개방 이용하기

특수한 상황이나 면접의 효과성을 높이기 위하여 사회복지사가 자신의 개인적인 경험, 태도, 느낌, 생각과 과거 등을 클라이언트에게 드러내는 자기개방(self-disclosure)이 중요하다(Lishman, 1994). 훌륭한 사회복지사는 클라이언트에게 도움이 될 것 같을 때 자기 이야기를 털어놓는다. 사회복지사가 자기개방을 통해 클라이언트의 사고와 감정을 함께 공유하는 것은 클라이언트가 사회복지사를 전문가로서뿐만 아니라 '평범한 인간'으로 이해할 수 있도록 돕는다. 이러한 자기개방은 클라이언트로 하여금 사회복지사가 더욱 자신을 공감하고 있다고 느끼게 하며, 자신이 무엇을 말하고 있고 느끼는가를 이해하는 데 도움을 준다. 그렇지만 자기개방은 때론 위험을 수반하기 때문에 민감하게 다루어야만 한다. 시기적절하고, 초점을 잘 맞춘 자기개방은 클라이언트가 방해 없이 상담을 계속할 수 있게 한다. 가장 중요한 것은 자기개방이 누구의 욕구에 의한 것인지 판단하는 것이다.

(5) 종결기술

종결이 중요한 한 가지 이유는 사회복지사와 함께 성실히 해 온 문제해결과정과 실천활동을 이제 실제 생활에서 전문가의 도움 없이 할 기회를 제공하기 때문이다. 종결기술은 첫 회기의 끝맺음과 상담면접의 과정에서 회기의 끝맺음, 전체 면접과정의 종결로 생각해 볼 수 있다.

① 상담면접 첫 회기의 끝맺음

첫 면접을 마쳤을 때 클라이언트는 자신이 상담면접의 시간을 잘 활용하는 셈인지, 자신의 어려움을 제대로 전달하였는지, 사회복지사의 도움을 받을 수 있는지, 면접과정에서 무엇이 어떻게 돌아가고 있는지에 대해 알고 싶어 한다. 따라서 면접이 끝날 무렵에 이러한 클라이언트의 관심사를 이야기하는 기회를 주는 것이 중요하다. 사회복지사는 클라이언트가 이야기한 관심사를 요약해 주고, 이것이 클라이언트가 말한 바와 일치하는지를 확인해 보는 것이 바람직하다. 사회복지사가 클라이언트의 관심사를 잘 요약할 수 있을 때 클라이언트는 자신의 문제를 사회복지사가 잘 이해하였고, 자신이 비교적 면접을 잘 치러 냈다는 느낌을 갖게 된다.

상담면접 내용에 대해서 요약을 할 경우에도 클라이언트가 직접 하도록 유도해 볼 수 있다. "오늘 했던 얘기들을 한번 정리해 보시고, 그 다음으로 소감을 말해 주시겠어요?" 라고 말할 수 있다. 이때 클라이언트의 소감을 듣는 것은 매우 중요하다. 클라이언트는 첫 면접 전반에 대한 자신의 느낌을 이야기하게 되는데, 안도감이나 편안함을 보고할 수도 있고, 또는 반대로 의구심이나 아쉬움을 보고할 수도 있다. 첫 면접이 끝나고 나서 클라이언트가 자신의 소감이나 느낌을 부정적으로 말할 때는, "그런 내용을 말해 주어 고맙다. 안 그랬으면 모르고 지나갈 뻔했구나"라는 식으로 차분하게 받아 줄 수 있다. 여기서 중요한 것은 클라이언트가 불평을 하는 경우보다 솔직하게 이야기를 하지 않고 마음을 숨기는 것이 더 문제가 된다. 왜냐하면 클라이언트는 추후에도 계속 속마음을 조금씩 숨길 것이며, 이것이 쌓이면 공감적인 의사소통은 불가능하게 되기 때문이다(이영호, 2010).

예) 사회복지사 : 상담을 마친 소감으로는 어떤 것이든 괜찮습니다. 만일 불만이나 섭섭함이 있었다면, 그런 것을 이야기하는 것도 좋습니다. 말을 안해 주시면 제가 모르고 넘어갈 수 있으니까요. 우리가 될 수 있는 한 많은 것을 허심탄회하게 논의할 수 있다면 좋겠습니다."

상담면접을 마칠 즈음 사회복지사는 다음 면접을 언제, 어떻게 할 것이라든가 사회복지사로서 클라이언트에게 이르고 싶은 말들을 상세히 이야기해 준다.

② 상담면접과정 중 회기(session)의 끝맺음

회기(session)의 끝맺음과 관련하여 클라이언트가 사회복지사에게 어려움을 제기하는 한 가지 현상은 '문 손잡이 폭로(doorknob revelations)'라고 하는 형태를 취하게 되는 경우이다. 클라이언트가 중요하고 고통스런 정보를 면접의 끝맺음 시기에 나타내는 것이다. 이러한 폭로는 사회복지사를 갈등적이고 어려운 상황으로 몰아넣는다. 예정된 면접시간을 연장하는 것은 사회복지사가 제한된 시간을 조절할 수 없다는 것을 의미하고, 이후의 다른 약속을 늦추게 하지만, 또한 너무 엄격하게 면접시간을 지키는 것은 클라이언트들을 보다 잘 이해할 기회를 놓칠 수도 있기 때문이다. 또한 어떤 경우에는 표현되고 있는 욕구를 충족시키기 위하여 제한된 시간을 융통성 있게 맞추려는 의지를 보이는 것이 매우 중요할 수 있다.

③ 전체면접과정의 종결

사회복지사와 클라이언트가 원조관계를 무리 없이 종료하는 데도 상당한 기술이 요구된다. 사회복지사는 면담 종결 시에 다음 과제를 수행해야 한다(이윤로, 2007).

- 사회복지사는 클라이언트가 원조과정에서의 경험을 평가하도록 돕는다.
- 종결에 대한 감정처리를 돕는다.
- 종결 후에도 유익한 변화를 계속 유지하도록 돕는다.
- 필요하다면 새로운 서비스를 모색하도록 돕는다.

클라이언트가 종결에 대해 느끼는 감정은 목적을 이루게 된 것에 대한 기쁨과 감사, 사회복지사와 헤어지게 되는 슬픔, 또는 목적을 이루지 못한 것에 대한 실망, 앞으로 클라이언트 혼자서 해낼 수 없다는 두려움 등이다. 사회복지사는 클라이언트가 이러한 종결의 감정들을 잘 표현하고 감정을 잘 처리할 수 있도록 도와야 한다. 그러므로 클라이언트가 종결을 준비하도록 돕기 위해 사회복지사는 초기 단계부터 종결날짜에 대해 명확히 해 주고 실제 종결 몇 주 전에 종결에 대해 인식시켜 주어야 한다.

연습문제

1. 초기면접을 위한 준비로 적절하지 않은 것은? 〈18회 기출〉

① 면접 목적을 잠정적으로 설정한다.
② 모든 질문을 사전에 확정해 놓는다.
③ 슈퍼바이저나 동료에게 미리 조언을 구한다.
④ 클라이언트 특성을 고려하여 시설환경에 대한 준비를 한다.
⑤ 의뢰서에 있는 클라이언트의 문제와 관련한 전문 지식을 보완한다.

[해설] 기본적으로 꼭 해야 할 질문들을 정해두게 된다. 하지만 면접 과정에서 추가적인 질문이 생길 수 있기 때문에 모든 질문을 확정해 놓을 수는 없으며, 미리 정해둔 질문만 해서도 안 된다.

2. 개방형 질문의 예시로 옳지 않은 것은? 〈18회 기출〉

① 선생님은 어제 자녀와 대화를 나누셨나요?
② 부모님은 그 상황에서 무엇을 생각하셨을까요?
③ 그 상황에서 선생님의 기분은 어떠하셨나요?
④ 어떤 상황이 되면 문제가 해결되었다고 생각하세요?
⑤ 그러한 행동을 하게 되면 선생님의 가족들은 어떤 반응을 보이시나요?

[해설] '예', '아니요' 대답만 요구하거나 간단한 대답을 요구하는 질문은 폐쇄형 질문에 해당한다.

3. '클라이언트의 자기결정'을 돕는 데 필요한 사회복지사의 역량으로 옳은 것을 모두 고른 것은? 〈18회 기출〉

ㄱ. 경청하고 수용하는 태도
ㄴ. 클라이언트가 활용 가능한 자원을 찾고 분석하도록 지원하는 능력
ㄷ. 클라이언트의 잠재력을 개발하는 데 도움이 되는 환경 조성 능력
ㄹ. 클라이언트에게 필요한 것들을 결정하여 이를 관철시키는 능력

① ㄱ, ㄹ
② ㄴ, ㄷ
③ ㄱ, ㄴ, ㄷ
④ ㄴ, ㄷ, ㄹ
⑤ ㄱ, ㄴ, ㄷ, ㄹ

[해설] 클라이언트의 자기결정은 클라이언트가 모든 의사결정 과정에 참여하여 스스로 선택하고 결정하는 자유를 누릴 수 있도록 하는 것이다. 따라서 클라이언트가 결정함에 있어 사회복지사가 직접 혹은 간접적으로 조종하거거나 강제적으로 설득해서는 안 된다.

4. 비스텍(F. Biestek)의 관계의 원칙에 관한 설명으로 옳은 것은?

〈16회 기출〉

① 의도적 감정표현이란 클라이언트와의 라포 형성을 위해 사회복지사의 감정을 주의 깊게 표현하는 것이다.
② 수용이란 클라이언트의 행동변화를 위해 바람직한 가치를 받아들이도록 격려하는 것을 의미한다.
③ 개별화란 클라이언트가 속한 집단적 특성을 탐색하는 과정을 포함한다.
④ 비심판적 태도란 클라이언트의 자기결정능력이 부족한 경우에 판단을 유보하는 것이다.
⑤ 통제된 정서적 관여란 클라이언트가 자기이해를 통해 부정적 감정에 직면하도록 강화할 때 필요하다.

[해설] 의도적 감정표현: 클리이언트가 자신의 감정을 자유롭게 표현할 수 있도록 해야 한나. 수용: 클라이언트를 있는 그대로 인정하고 받아들어야 한다. 비심판적태도: 클라이언트를 심판하거나 비난하지 않아야 한다. 통제된 정서적 관여: 클라이언트의 감정에 민감성과 이해로서 반응해야 한다.

5. 면접 중 침묵을 다루는 사회복지사의 태도로 적절하지 않은 것은?

〈10회 기출〉

① 침묵하는 이유를 파악한다.
② 침묵을 기다리는 배려가 필요하다.
③ 침묵의 이유를 알 때까지 질문한다.
④ 침묵은 저항의 유형으로 볼 수 있다.
⑤ 침묵이 계속되면 면접을 중단할 수 있다.

[해설] 면접과정에서 클라이언트가 말을 하지 않는 '침묵'이 발생할 수 있다. 적절한 침묵은 클라이언트가 면접자와 자신의 생각을 공유하도록 용기와 기회를 제공하고, 공유할 내용을 선택하고 생각을 정리할 여유를 줌으로써 성급히 개입해서는 안 된다. 클라이언트가 침묵할 때 침묵의 이유를 계속 질문하지 말고 잠시 기다려주는 것이 좋다.

[정 답]
1. ② 2. ① 3. ③ 4. ③ 5. ③

Chapter 03

사회복지실천 과정과 주요 개입기술

1. 접수
2. 사정
3. 계획수립 및 계약
4. 개입 및 문제해결
5. 종결 및 평가
6. 의뢰 및 사후관리

사회복지실천과정은 도움을 필요로 하는 사람을 처음 만나는 것을 시작으로, 그 사람이 가지고 있는 문제 혹은 욕구를 사정하여 문제를 해결하도록 구체적 원조를 제공하는 것을 의미한다. 이러한 과정의 초기 단계에는 클라이언트의 자격을 심사하고 클라이언트와 계약, 업무동의 및 원조 여부를 결정하는 일과 나아가서는 정확한 문제 파악을 위한 사정과 구체적 개입을 위한 목표 설정을 주로 한다. 일반적으로 사회복지실천의 과정은 세 가지 또는 그 이상의 단계로 분류되어 소개되고 있다. 또한 사회복지실천과정은 이론을 전개하는 입장에 따라 약간의 차이를 보이고 있다. 몇몇 학자들이 제시하고 있는 실천과정을 소개하면 다음과 같다.

사회복지실천을 체계 이론적 관점에서 정립한 핀커스와 미나한(Pincus & Minahan, 1973)은 사회복지실천과정을 문제의 사정, 자료 수집, 초기 접촉, 협상적 계약, 행동체계, 영향력 행사, 변화 노력의 종결과정으로 분류하고 있으며, 햅워스와 라슨(Hepworth & Larsen, 1993)은 탐구와 사정 및 기획의 단계, 변화지향 단계, 종결과 평가의 3단계로 나누고 있다.

콤튼과 갤러웨이(Compton & Galaway, 1999)는 자료 수집과 사정, 업무동의, 개입(실천), 평가, 종결의 과정을 설정하고 있으며, 존슨과 얀카(Johnson & Yanca, 2001)는 사정, 계획, 실행, 평가, 종결의 과정으로 사회복지실천과정을 설명하고 있다. 팀버레이크와 컬터(Timberlake & Cutler, 2001)는 계약, 자료 수집, 사정, 개입, 평가, 그리고 종결의 과정으로 사회복지실천과정을 분류하였다.

이와 같이 사회복지실천과정은 학자에 따라 3단계 혹은 4~6단계로 분류되고 있으나, 여기에서 주요한 사실은 실천과정을 몇 가지로 단계화하든 그 과정에 포함되어 있는 내용은 거의 대동소이하다는 것이다. 이러한 현상은 사회복지실천이 기본적으로 일정한 과정 또는 단계의 필수적인 내용으로 구성되어 있다는 것을 의미한다. 즉 사회복지실천은 전문적인 활동의 진행과정이 어느 정도 구조화되어 있으며, 각 단계별로 고유한 업무가 규정되어 있어서 사회복지사는 각 단계에서 수반되는 업무들을 규범적으로 추진하게 된다는 것을 의미한다.

본 장에서는 사회복지실천과정을 접수–사정–개입 및 문제해결–종결과 평가–

의뢰 및 사후관리로 구분하고, 각 단계별로 사례를 통해 구체적인 내용들을 살펴보기로 하겠다.

1. 접 수

접수(intake)는 문제나 욕구를 가진 사람이 사회복지기관이나 시설을 찾아왔을 때, 사회복지사가 그의 욕구나 문제가 기관이 제공하는 서비스나 정책에 부합하는 것인지를 판단하는 과정이다. 사회복지사가 이 과정을 통해서 서비스를 제공할 수 있다고 판단하면 클라이언트에게 자료 수집과 문제 사정을 통해서 서비스를 받도록 하면 된다. 그러나 적절한 서비스를 제공할 수 없다고 판단된다면 해당 서비스를 받을 수 있는 기관으로 의뢰하게 된다.

사회복지사에게 도움을 요청하게 되는 사람은 어떠한 과정과 방법으로 사회복지사와 최초로 접촉하게 되는가? 도움을 요청하는 사람에게 그가 필요로 하는 적절한 서비스를 제공해줄 수 있을 것인가? 그리고 사회복지사는 도움을 필요로 하는 그 사람에게 어떻게 대응해야 하는가? 이러한 질문은 사회복지실천에서 사회복지사가 가장 기본적으로 생각하고 처리해야 하는 일에 속한다. 사회복지사에게 도움을 요청하게 되는 모든 경우에 그 사람은 일정한 형태의 문제 또는 욕구를 가지고 있으며, 사회복지사의 도움을 통해서 그 문제가 해결되고 욕구가 충족되어지기를 바란다. 따라서 사회복지사는 자신과 자신의 기관에 도움을 요청하는 사람에게 그가 필요로 하는 전문적인 서비스를 제공할 수 있어야 한다. 이때 사회복지사가 가장 먼저 고려해야 할 사항은 도움을 요청하는 사람의 문제와 욕구가 기관과 사회복지사의 서비스 내용과 일치하는지를 판단하는 일이다. 예를 들어, 직장 동료관계에서 부적응의 문제를 가진 어떤 사람이 사회복지기관의 노인복지서비스를 담당하고 있는 사회복지사에게 도움을 요청하였다면, 이때 사회복지사는 어떤 결정을 내리게 될 것인가? 사회복지기관들은 사회복지기관별로 사업의 내용이나 서비스의 수준이 이미 결정되어 있으므로 그 사회복지기관에 소속된 사회복지사는 기관의 목적과 서비스 내용에 충실해야 한다. 만약 사회복지기관과 담당 사회복지사가 제공할 수 있는 서비스의 범위를 넘어서는 문제나 욕구를 가진 사람을 클라이언트로 접수하였다면 그의 문제해결이나 욕구 충족이 불가능해지는 일이 생길 수 있다.

1) 접수 담당 사회복지사

초기 단계에서 접수는 전공에 대한 지식과 경험이 풍부한 사회복지사가 담당하는 것이 바람직하다. 왜냐하면 어떤 사람이 처음으로 사회복지사와 접촉을 하고, 이 접촉 결과를 토대로 클라이언트의 적격성을 결정하기 때문이다. 이 단계에서는 전적으로 적격성의 여부를 내담자의 진술과 사회복지사와의 면담, 내담자가 제공하는 자료에 의존하여 판단하기 때문에 접수담당업무는 이론적인 지식과 기술을 갖추고 실무 경험이 풍부해야 한다. 자칫 판단을 잘못하게 되면 서비스 범위 밖에 있는 사람을 클라이언트로 접수하게 되어 혼란을 초래할 수도 있다. 그런 경우 접수를 취소하거나 철회하여 다른 기관으로 의뢰해야 할 것이다. 무엇보다도 이러한 곤경의 발생은 내담자의 문제해결을 보다 어렵게 하는 결과를 초래하게 되기 때문에 신중하게 처리되어야 한다. 따라서 서비스가 전문화된 일부 사회복지기관에서는 이러한 업무를 전담하는 접수 담당 사회복지사를 두기도 한다.

2) 원조의 요청과 접수에 필요한 내용 파악

사회복지실천에서 사회복지사와 신청자 간의 최초 접촉의 형태는 다음의 몇 가지로 나누어 볼 수 있다.

- 도움이 필요한 사람이 직접 서비스를 신청하는 경우
- 도움이 필요한 사람과 아주 가까운 관계에 있으면서 전문적인 도움을 희망하는 사람-가족 구성원이나 친구, 이웃, 교사, 목회자 등-을 통해서 신청하는 경우
- 정부기관이나 공공기관 또는 사회복지 관련 기관에서 의뢰되어 오는 경우
- 사회복지사 또는 사회복지기관 등의 사회복지사체계의 인지와 판단에 의하여 접

촉하는 경우

- 이상의 네 가지 경우 중 두 가지 이상이 혼합되어 접촉이 이루어지는 경우

사회복지사와 신청자 간의 최초의 접촉은 이상과 같은 몇 가지 형태로 나타나게 된다. 최초의 접촉에서 반드시 파악되어야 하는 핵심적인 내용은 신청자가 요청하고 있는 원조의 내용, 해결하고자 하는 문제, 충족되어야 할 욕구 등이다. 하지만 이 단계에서 문제나 욕구, 원조의 구체적인 내용을 파악하고 사정한다는 것은 여러 가지 이유로 인해서 어렵기 때문에, 전적으로 신청자가 서술하거나 진술하는 내용과 신청자가 제시하는 자료와 정보, 그리고 사전 접수 단계의 활동은 클라이언트에게 기관이 제공할 수 있고 제공하지 못하는 서비스에 관해 알리는 것, 요금과 예약시간과 같이 서비스의 조건에 대한 정보를 제공하는 것, 클라이언트에 대한 적절한 정보를 찾는 것, 기관의 서비스를 기꺼이 수락하도록 클라이언트와 합의에 도달하는 것, 클라이언트에게 필요한 서비스를 가장 적절히 제공할 수 있는 사회복지사를 배정하는 것 등을 포함한다. 접수 단계에서의 주요 과제는 문제 확인, 의뢰, 관계 형성을 통한 참여 유도로 요약할 수 있다.

사회복지사와의 면담을 통해서 제시되고 밝혀진 내용에 의존하여 초기 사정을 하게 된다. 즉, 신청자의 진술과 제시한 자료에 의지하여 원조 여부를 결정하게 되는 것이다. 따라서 가급적 신청자와 신청내용에 관한 객관적인 자료와 정보를 확보하는 것이 중요하다. 이러한 정보를 체계적으로 수집하기 위하여 초기 면접지(intake sheet)와 같은 일정한 형식의 서류가 필요하게 되며, 이러한 서류에는 다음의 내용이 포함되어야 한다.

① 신청자의 기본적인 인적 사항

성명, 성별 구분, 생년월일과 주민등록번호, 주소 또는 주거지, 연락처, 학력관계, 가족생활에 관한 기초적이고 간단한 기록

② 원조를 요청하게 된 과정에 대한 기록

③ 신청자가 요청한 사항

고통과 억압을 경험하게 하는 문제상황, 도움을 요청하는 내용이나 충족되기를 바라는 욕구

④ 접수담당 사회복지사의 의견

신청자의 문제와 욕구에 관한 의견 진술, 기관과 사회복지사의 기능, 원조 범주와의 일치성 판단

2. 사 정

1) 사정의 정의

사정(assesment)은 수집된 자료의 해석을 통해서 클라이언트와 그가 직면하고 있는 문제와 상황을 확인하고 이해하기 위하여 자료를 수집하고 분석함과 동시에 문제해결을 위한 계획을 수립하는 일련의 과정을 의미한다. 즉 클라이언트의 상황을 이해하고 이것을 개입을 위한 계획으로 연결시키는 것으로서, 클라이언트의 문제가 무엇인지 이해하고 문제의 원인을 규명하여 그것을 해결하거나 감소시킬 수 있는 방법에 대한 전문적인 판단을 하는 과정이다.

과거 전통적인 사회사업에서는 의료모델 입장에서 진단(diagnosis)이라고 했으나, 사회복지실천과정에서는 역기능뿐만 아니라 자원, 동기, 장점, 능력들을 모두 고려하기 때문에 진단(diagnosis)보다는 사정(assesment)이라는 용어를 사용하는 것이 적절하다.

사정을 그 특징에 따라 구분하면 다음과 나누어볼 수 있다.

① 역동적 사정

클라이언트의 문제가 그의 생활상황 중에서 가지고 있는 의미, 또는 개인–문제–상황의 복잡한 상호작용의 여러 요인에 관한 사정을 의미한다.

② 임상적 사정

한 사람의 인간을 그의 질병 혹은 적응 이상의 성질에 따라 분류하고 평가하려는 시도이며 임상적 증후군의 정확한 분류는 정신의학에 속하지 사회복지실천에는 속하지 않는다. 사회복지사는 성격의 역기능에 관한 일반적인 유형을 확인하는 지식을 가짐으로써 정신의학적 자문이나 의뢰를 해야 하는가의 여부를 결정

③ 원인론적 사정

문제의 발생원인과 그 후의 발전과정, 즉 문제의 인과적 발전과정을 명백히 하는 것이다. 클라이언트 자신이 자기의 문제에 대하여 명료화하는 과정으로 클라이언트에게 문제해결의 실마리를 자동적으로 부여하는 것이며 클라이언트의 자기결정의 원리를 실천하는 것이 된다.

(1) 사정의 특징

사정은 자료의 수집 혹은 정보의 해석을 통해 의미를 부여하고 최종적으로 문제를 규정하여 개입 방법을 결정하는 것을 목적으로 한다. 이를 위해서는 정확한 상황의 사정을 통한 개입 계획의 수립이 필요하다.

사정은 다음과 같은 특징을 갖는다(Johnson, 1989; 엄명용 외, 2013 재인용).

- 사정은 지속적인 과정이다.
- 사정은 상황 속의 클라이언트 이해와 함께 개입 계획과 행동을 위한 기초를 제공하는 이중초점을 가진다. 따라서 클라이언트와 관련된 체계들의 욕구와 욕구의 충족을 방해하는 문제나 한계, 변화에 대한 동기, 저항에 대한 정보를 수집해야 한다.
- 사정은 클라이언트와 사회복지사가 함께 참여하는 상호과정이다. 사정의 기본인 자료수집이 사회복지사와 클라이언트의 상호과정 속에서 이루어지므로 사정 역시 상호작용 속에서 클라이언트의 반응을 이해하며 진행된다.
- 사정에는 사고의 전개과정이 있으며 이론적 지식을 기반으로 한다. 사고과정에서 사회복지사는 클라이언트의 정보가 논리적이며 일관성이 있는지 살펴보면서 지속

적으로 필요한 정보를 수집하고 취합한 정보를 전체적인 맥락 속에 통합하여 사고할 줄 알아야 한다.

- 사정은 수평적, 수직적 탐색을 통해서 이루어진다. 초기에는 수평적 정보, 즉 현재의 관계, 능력, 기능 등을 중심으로 클라이언트의 욕구를 발견하고 시간이 흐르면서 수직적 탐색, 즉 과거력, 개인력, 문제의 역사 등에 대한 정보를 수집해 나간다.
- 사정은 클라이언트의 욕구를 파악하고 욕구 충족에 방해가 되는 것은 무엇인가를 구체화함으로써 문제해결과정을 원활하게 만들 수 있다.
- 실천과정에서 클라이언트의 강점이 구축될 수 있도록 사정에서는 클라이언트 및 생태체계의 강점들을 확인해야 한다. 개인적 성장은 강점으로부터 출발하므로 클라이언트의 신체적, 정서적, 행동적 강점들에 대한 면밀한 사정이 우선되어야 한다.
- 사정은 개별적이다. 클라이언트는 그 사람 나름대로 독특한 상황에 처해 있으므로 개별화된 사정이 요구된다.

(2) 사정의 목적

사정은 사회복지사가 취급하고 있는 상황을 이해하고 개별화하며 특수한 상황 속에 관련된 요인들을 확인하고 분석하는 데 도움을 받는 데 그 목적을 두고 있다. 즉, 클라이언트가 제시한 중요 문제와 문제에 관한 그의 감정과 신체적·심리적·경제적·문화적인 제 요인들을 상호작용의 측면에서 명백히 하는 것이다.

성공적인 사정을 위해서는 다음과 같은 여섯 가지 질문에 대한 답을 중심으로 사정이 이루어져야 한다.

- 문제가 무엇인가?
- 문제가 얼마나 심각한가?
- 문제의 역동성은 무엇인가?
- 치료에 관한 클라이언트의 기대는 무엇인가?

- 무엇이 변화될 수 있는가?
- 무엇이 변화되어야 하는가?

2) 사정의 요소와 기술

사회복지사가 클라이언트의 문제를 규정하여 실천방향을 선택하기 위해서는 수집되는 자료가 정확하고 클라이언트의 문제를 충분히 담아낼 수 있어야 한다. 이를 위해 사회복지사가 사정해야 되는 요소와 관련된 기술에 대해 살펴보도록 하겠다.

(1) 사정의 요소

사정은 일반적으로 클라이언트 문제, 그리고 이 문제가 현재 문제가 되도록 만든 촉진적 요인과 생물학적 요인으로서 신체적이거나 정서적인 질병, 클라이언트의 강점과 자원, 환경적인 요인, 문제해결을 위한 노력 등의 내용이 포함된다. 여기에서 클라이언트가 가진 문제나 욕구를 사정하는 데에는 문제의 원인을 바라보는 시각이 중요하다. 즉 문제의 원인을 인간 내면에 두는 관점과 사회구조에 두는 관점, 인간과 환경의 상호작용에 두는 관점 등 크게 세 가지로 볼 수 있는데, 이런 관점을 잘 담아두고 있는 것이 재스트로(Zastraw)가 제시한 문제체계 사정에 유용한 15가지 질문이다(Zastraw, 1999 ; 신성자, 2013 재인용).

- 구체적으로 무엇이 문제인가?
- 클라이언트는 문제를 어떻게 보며 문제에 대한 정서적 반응은 어떠한가?
- 문제체계에 누가 관여되어 있는가?
- 참여자들이 어떻게 관련되어 있는가?
- 문제의 원인은 무엇인가?
- 문제행동이 어디에서 일어나는가?
- 언제 문제행동이 유발되는가?
- 문제행동의 빈도, 강도, 지속기간은 어떠한가?

- 문제해결의 역사는 어떠한가?
- 클라이언트가 원하는 것이 무엇인가?
- 클라이언트는 문제해결을 위해 어떤 노력을 해왔는가?
- 클라이언트는 문제에 대처하기 위해서 어떤 기술이 필요한가?
- 문제에 대처하기 위하여 필요한 외적 자원이 무엇인가?
- 클라이언트 자신의 자원, 기술, 강점은 무엇인가?
- 치료 계획과 개입 계획은 어떠한가?

사정의 범주는 크게 욕구와 문제의 발견, 욕구와 문제를 좀 더 잘 이해하고 적절한 문제해결을 위한 정보의 발견, 정보의 수집과 분석을 통한 문제 형성이라고 볼 수 있다(김용환 외, 2013).

① 문제의 발견

초기 사정은 문제를 발견하는 것에서 출발한다. 문제는 클라이언트가 제시한 상황에 초점을 두고, 사회복지사는 상황에 대한 클라이언트의 이해를 존중하고 그가 문제를 잘 정의할 수 있도록 도와야 한다.

존슨은 문제 발견을 위한 세 가지 단계를 제시하였다(김융일 외, 1995).

- 클라이언트가 충족하지 못한 욕구가 무엇인지 확인한다.
- 욕구충족에 장애가 되는 요인을 파악한다. 그 장애물이 클라이언트의 내부에 있는지 혹은 환경에 있는지 탐색한다.
- 문제해결과 개입방향이 드러나도록 문제를 규명한다. 경제적인 어려움을 겪는 청년 장애인의 경우, 클라이언트의 욕구는 경제적 지원이고, 이를 충족하지 못하도록 방해하는 요인은 장애나 특정 기술이 없는 등의 어려움일 수 있다. 따라서 사회복지사가 클라이언트가 직업훈련이나 구직 활동을 하도록 지원해줌으로써 문제를 해결할 수 있다.

사회복지사가 알아야 하는 클라이언트들의 일반적인 문제는 다음과 같다(Ashman & Hull, 1993; 김용환 외, 2013 재인용).

- 대인관계 갈등 : 주변인들과의 관계 형성 및 유지에 문제가 있는 경우
- 사회관계 불만족 : 사회적 관계에서 나타나는 불만족
- 공식 조직과의 문제 : 직장생활에 있어서의 상사와의 갈등, 기대에 못 미치는 급여 및 복리수준 등에 대한 불만
- 역할 수행상의 문제
- 생의 전환기에서 파생하는 문제 : 사람들의 생활주기 중 진학, 취업, 결혼, 임신, 이혼 등과 같은 중요한 전환기 사건에 대한 부적응과 심각한 정서적 혼란의 문제
- 심리행동상의 문제 : 우울증, 불안, 강박과 같은 심리·정신적인 문제나 범죄행위 등과 같은 통제되지 않는 행동으로 인한 문제
- 자원 부재나 결핍문제 : 기본적인 욕구해결을 위해 필요한 자원이 없거나 부족한 상황에서 발생하는 문제
- 의사결정의 어려움 : 정보의 부족이나 자기결정능력 부족으로 선택의 혼란을 겪거나 합리적인 선택을 하지 못하는 경우
- 다문화적인 갈등 : 다문화 다인종간의 문제로 인해서 발생하는 갈등으로 인한 문제

② 정보의 발견

누가 문제체계에 관여되어 있는가? 참여자들은 어떻게 관여하고 있는가? 클라이언트가 문제에 어떤 의미를 부여하는가? 문제에 대한 클라이언트의 정서적 반응은 어떠한가? 클라이언트는 그 동안 문제에 어떻게 대처해 왔으며 문제를 해결하는 데에는 어떤 기술이 필요한가? 클라이언트는 어떤 장점과 기술을 가지고 있는가? 필요로 하는 외적 자원은 무엇인가? 등 사회복지사의 관찰과 주의로 클라이언트를 알아가는 것이다.

③ 문제 형성

그 동안 얻어낸 정보들을 분석하여 사회복지사가 전문적 소견으로 판단하는 것이다. 이를 통해 목표설정과 개입 계획을 세우는 것이다.

한편, 펄만(Perlman)은 클라이언트가 가져오는 문제의 성질과 클라이언트가 바

라는 목표, 문제를 가지고 도움을 바라는 사람의 성질, 기관의 성격과 목적 및 제공하는 도움의 종류 등의 세 가지를 제시하여 이들의 상호 역동적 관계를 고찰하였다. 홀리스(Hollis)는 사정 내용을 ① 문제의 확인과 진술, ② 개인의 성격적 요인 분석으로 나누었다.

(2) 사정기술

일반적으로 사회복지사는 클라이언트의 문제 사정을 위해 가계도(genogram), 생태도(eco-map), 사회도(sociogram) 및 기타 심리검사 등의 도구를 사용하고 있다. 경우에 따라서 집단을 사정할 때에는 의의차별척도(semantic differential scale), 상호작용 차트 등도 활용될 수 있다.

다음 〈그림 3-1〉, 〈그림 3-2〉는 생태도를 활용한 사정기술을 보여주고 있다.

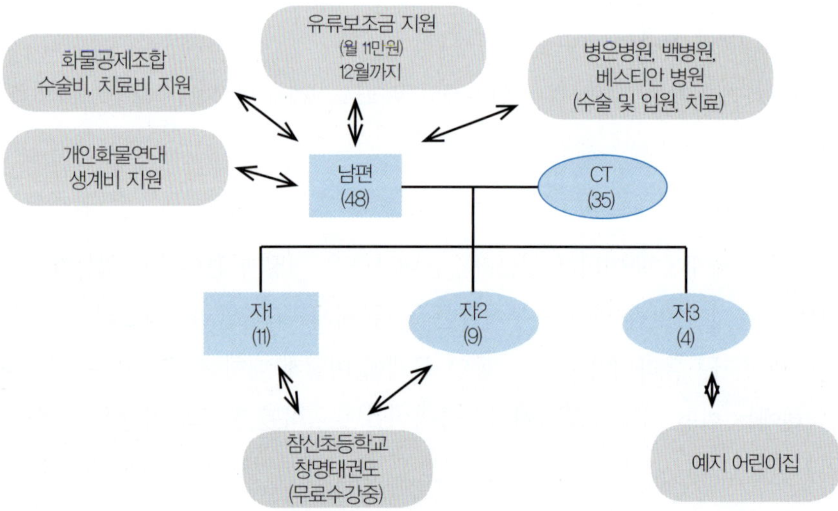

〈그림3-1〉 생태도(초기 인테이크)

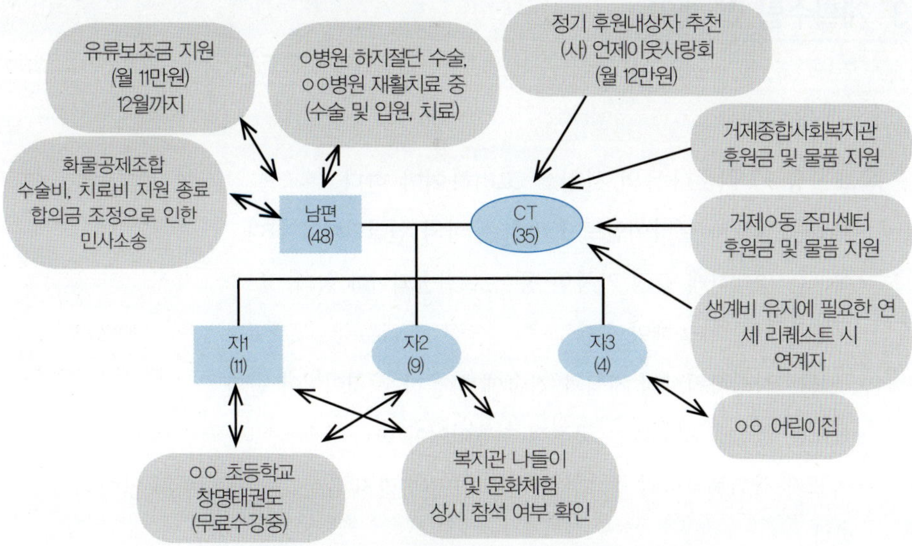

〈그림 3-2〉 생태도(『원가정 보호』기준 자원연계 진행 중)

3) 사정도구를 활용한 사례 연습

다음에서 소개하는 사례를 통해 클라이언트의 당면문제를 사정해 보자.

결혼 후 사업에 실패하고 당뇨로 인하여 건강이 악화되어 2010년도에 한국으로 먼저 입국하면서 신장장애2급 진단을 받아 현재 매월 장애수당 20여 만 원을 수급받고 있다. 교회에 다니기도 하였지만, 외도와 함께 이단종교에 빠져 현재는 교회에는 나가지 않고 있다. 매월 지급되는 기초수급 생계비를 클라이언트와 자녀들에게는 지급하지 않고 있다.

딸 김홍희(女, 21)는 필리핀에서 고등학교까지 졸업하였으며, 부산에 있는 4년제 대학교 영어영문학과에 진학하였다. 하지만 가정형편 상 휴학중이다. 아버지에게는 주1회 25,000원을 받아 생활을 하였으며, 과외 아르바이트를 하기도 하였지만 아르바이트 비용마저 아버지에게 착취당하면서부터 아버지와 갈등이 심해졌다. 뿐만 아니라, 최근에는 아버지의 폭언과 폭력이 심해지는 것을 목격하고 부모가 이혼하는 데 적극 동의하고 있다.

아들 김필립(男, 18)은 현재 고등학교에 재학중이며, 기숙사 생활을 하고 있다. 주말에 집에 오지 않는 등 의도적으로 아버지와의 대면을 피하는 상황이다.

3. 계획수립 및 계약

1) 계획수립

목표설정 시에는 다음의 사항을 고려하여야 한다.

- 목표는 반드시 클라이언트가 바라는 바와 연결되어야 한다.
- 목표는 명백하게 측정 가능한 용어로 진술되어야 한다.
- 목표는 달성 가능해야 한다.
- 목표는 사회복지사의 지식과 기술에 상응하는 것이어야 한다.
- 목표는 성장을 강조하는 긍정적 형태이어야 한다.
- 목표가 사회복지사의 중요한 권리나 가치에 맞지 않는다면 동의하지 않아야 한다.
- 목표는 반드시 기관의 기능과 일치해야 한다.

2) 계약

목표설정을 달성하기 위한 전략, 역할, 개입, 평가 방법 등을 구체적인 활동용어로 기술한 계획에 대해 사회복지사와 클라이언트가 서로 동의하는 것을 계약이라 한다. 계약에 포함될 요소는 개입목표, 참여자의 역할, 개입 기법, 시간적 조건 등을 들 수 있다.

4. 개입 및 문제해결

개입 단계는 초기 단계에서 설정된 목표를 달성하기 위한 다양한 활동이 수행되는 시기로 사회복지사와 클라이언트가 합의하여 결정한 문제(표적문제)를 해결하기 위한 계획을 실천하는 단계이다. 이 단계는 구체적인 행동을 통해 클라이언트에게 의도적인 변화가 일어날 수 있도록 지원하는 단계로서 사회복지실천과정에서 핵심적이고 가장 많은 시간이 소요되며, 실제로 변화를 일으키는 과정이다(김용환 외, 2013 재인용).

클라이언트는 문제해결 가능성이 있다고 생각할 때에만 움직이며 자기만의 독특한 방식으로 접근할 수 있기 때문에 사회복지사는 클라이언트의 성격 특성, 가치, 신념체계, 평소 일상생활에서의 대처 방법 등을 잘 파악해야 개입의 효과를 나타낼 수 있다.

개입 단계의 목표로는 첫째, 문제해결을 위한 구체적인 변화전략의 수립, 둘째, 개입, 원조, 교육, 동기 유발, 자원 연결, 행동변호 등을 통한 변화의 창출, 셋째, 지속적인 점검을 통한 변화 정도의 유지와 평가라 할 수 있다(Hamilton, 1951 : 엄명용 외, 2013 재인용).

1) 개입기술 및 문제해결기술

(1) 개입기술

사회복지실천에 있어서 기본적인 개입기술은 다음과 같다.

- 기본 면접기술: 질문, 부연, 명료화, 감정과 의미반영기술, 요약, 초점화, 촉진 등
- 정보제공, 재보증, 재구조화기술: 정보제공, 조언, 설명, 격려 및 인정, 재보증, 지지, 재구조화, 해석 등
- 중재 및 협상기술 : 중재, 협상, 자기주장, 도전과 직면, 옹호 등

(2) 문제해결기술

- 초점화 : 클라이언트가 자기상황을 언어로 표현할 때 혼란되고 산만하게 느끼고 있는 것을 점검해 줌으로써 클라이언트의 말 속에 숨겨진 선입견, 가정, 혼란을 드러내어 자신의 사고과정을 명확히 볼 수 있도록 해주는 기법이다.
- 일반화 : 클라이언트가 자기만 이런 상황에 있다고 괴로워하는 것에 대해 비슷한 상황에 있는 사람들이 일반적으로 그런 경험을 겪는다든지, 또는 특별하게 자신만이 가지고 있다고 생각하는 것을 사람들 모두 공통적으로 겪는 것임을 지적해 줌으로써 다른 사람들로부터 소외시키거나 일탈감을 갖는 것을 막아주는 기법이다.

- 재보증 : 클라이언트의 능력에 대해 사회복지사가 신뢰를 표현함으로써 클라이언트의 자신감을 키우는 기법이다. 이 기법은 실제로는 현실적이며 건전하게 수용될 수 있는 사고방식이 있음에도 불구하고 자신을 믿지 못하는 클라이언트에게 효과적이다.
- 격려 : 클라이언트의 상황해결능력을 향상시키려는 기법의 하나로 클라이언트의 행동이나 태도를 인정하고 칭찬해 주는 것이다.
- 브레인스토밍
  - 사고의 범위를 넓혀 모든 사람의 의견을 자유롭게 표현할 수 있도록 하여 가능한 대안을 비난 없이 수용하도록 한다.
  - 브레인스토밍을 실시하는 이유는 창의성에 제한을 주지 않으므로 비현실적이거나 엉뚱한 생각들도 하나의 대안으로 수용하기 위해서다.
  - 이를 통해 참여자들은 긍정적 피드백을 주고받으며 타인의 생각을 비판 없이 수용하는 법을 배우게 된다.

사회복지사는 전문적 원조관계를 통해 클라이언트의 당면문제를 해결하도록 돕는 것뿐만 아니라 앞으로 일어날 수 있는 일에 대한 대처능력을 기를 수 있도록 돕는 것 또한 필요하다. 이를 위해 사회복지사는 클라이언트가 문제해결기술을 익혀야 할 필요성을 설명하고 상호 협조적으로 노력할 수 있어야 한다. 문제해결의 단계는 다음과 같다(신성자, 2013).

- 1단계 : 문제 인식
- 2단계 : 문제분석 및 참여자 욕구 파악
- 3단계 : 가능한 해결책을 찾기 위한 브레인스토밍
- 4단계 : 클라이언트의 욕구를 고려하여 각 대안 평가하기
- 5단계 : 선택한 대안 실행하기
- 6단계 : 결과 평가

2) 사례를 활용한 연습

다음 결혼이주여성의 사례를 통해 클라이언트에게 적절한 개입기술 및 문제해결기술이 무엇인지 연습해 보자.

> 클라이언트 김엘라(女, 40)는 필리핀인으로 1남 1녀로 태어났으며, 필리핀 소재 대학에서 교육학과를 졸업하여 초등학교 교사로 4년 동안 근무하였다. 지인의 소개로 필리핀 현지에서 남편을 만나 결혼을 하였으며, 슬하에 1남 1녀를 두고 있다. 2011년, 남편의 건강악화(신장장애)로 가족모두 한국으로 이주하였으며, 한국 정착 후 경제적인 어려움으로 공장에서 일하기도 하였다. 현재는 남편이 일을 못하게 하여 무직상태이다.
>
> 클라이언트의 가정은 기초수급가정으로 매월 생계비가 지급되지만, 남편이 경제권을 가지고 있어 클라이언트에게 최소한의 생활비만 주고 있어서 클라이언트는 아르바이트라도 해서 돈을 벌기를 원하고 있다.
>
> 최근 남편의 외도로 인하여 부부관계가 소원해졌으며, 클라이언트는 이혼을 희망하고 있다.
>
> 배우자 김영철(男, 45세)은 필리핀에서 사업을 하면서 클라이언트를 만나 결혼하였다.

5. 종결 및 평가

1) 종결 및 평가기술

(1) 종결의 개념

종결은 원조관계의 공식적 종료를 의미한다. 일반적으로 종결이 이루어지는 시기는 ① 모든 목적이 달성되었을 때, ② 목적이 달성되지 않았거나 더 이상 진전이 없는 것으로 보일 때, ③ 다른 요인들이 개입되어 관계를 끝내야 할 필요가 있을 때로 클라이언트의 사회적 기능수행의 능력을 그의 일상생활로 옮겨서 실천해 나가는 것이다.

(2) 종결에 따른 감정처리

사회복지사는 클라이언트의 감정을 민감하게 이해하고 이에 적절히 반응할 준비가 되어 있어야 하며, 클라이언트의 감정이 긍정적이든 부정적이든 적대감이나 방어의식 없이 클라이언트의 감정 표현을 수용해야만 한다.

클라이언트의 감정처리를 도와줄 수 있는 방법은 다음 두 가지로 나누어 볼 수 있다.

첫째, 클라이언트로 하여금 자신의 감정이 어떤 것인지 탐색하도록 하여 그러한 감정이 적절한가를 살펴보도록 도와주는 것이다.

둘째, 클라이언트의 감정에 영향을 미친 사회복지사의 행동을 탐색하고 그러한 영향을 미친 요인을 변화시킬 수 있는지를 생각해 보는 것이다.

(3) 종결기술

지금까지의 활동 단계가 성공적으로 완수되어 종결목표가 성취되고 변화가 일상생활환경 내에서 일반화, 안정화되고 사회복지사의 중재를 필요로 하는 다른 문제가 없을 때 이루어지는 종결이 이상적인 형태라 할 수 있다.

종결과정의 목표를 달성하기 위하여 클라이언트를 돕는 데 관련되는 것은 ㉠ 변화된 것을 유지하여 관계를 떠날 수 있도록 클라이언트를 돕는 것 ㉡ 종결에 따른 분리감정을 극복하고 종결의 고유한 의미를 이해하도록 클라이언트를 돕는 것 ㉢ 클라이언트에게 필요하다면 앞으로의 도움을 활용할 수 있게 하는 것이다.

종결의 마지막 단계에 있어서는 사회복지사가 클라이언트와의 접촉의 빈도와 기간을 감소시키는 것이 유용하다. 종결은 클라이언트의 본래의 생활상황으로 옮기는 변화 목표를 개발하는 데 중점을 두면서 초기과정부터 점진적으로 실시하며 사회복지사는 공식적인 관계가 끝난 후에도 클라이언트에게 필요한 도움이 제공될 수 있도록 지역사회의 자원에 대한 그의 지식을 동원함으로써 관계를 원만하게 종결할 수 있을 것이다.

사회복지사가 종결할 때 사용하지 말아야 하는 방법으로는 다음 세 가지가 있다.

- "나는 당신을 만나고 싶지 않습니다. 당신은 귀찮은 사람이에요. 당신은 내가 바라는 대로 하지 않습니다."와 같이 공격적으로 말하는 것
- "당신이 그것을 할 수 있다는 것을 나에게나 당신 자신에게 증명해 보시오"와 같은 도전적인 방법으로 종결하는 것
- 사정이나 목표에 근거를 두고 고려한 결정이라기보다는 오히려 사회복지사 자신의 감정이나 행정적 결정의 결과와 같은 독단적인 행동으로 종결하는 것

(4) 평가기술

최근 사회복지분야에서 사회복지조직의 책무성이 강조되기 시작하면서 프로그램 평가의 필요성이 강조되고 있다. 더욱이 1998년 사회복지사업법의 개정을 통해 모든 사회복지시설은 3년마다 최소 1회 이상 평가를 받도록 법제화되어 사회복지사는 자신이 제공한 사회복지서비스의 효과성과 클라이언트의 문제해결능력, 그리고 기존에 설정한 목표의 달성 정도를 평가하고 오류나 부족한 부분에 대해서는 피드백을 통해 수정·보완하여야 한다.

평가는 사회복지서비스의 궁극적인 성공 여부를 확인하고 프로그램의 진행과 정상의 문제점 확인, 그리고 프로그램 기획 및 개발에 필요한 정보를 수집하는 목적으로 이루어지므로(Rubin & Babbie, 1997) 사회복지사는 평가의 절차 및 내용 등에 대한 계획을 수립하고 평가를 실시하는 자세를 갖는 것이 필요하다.

① 평가의 유형

모든 평가에는 각각의 목적이 있고 그에 따라 평가의 방법과 유형이 각기 다르게 나타난다. 평가의 유형을 시기에 따라 분류하면 다음과 같다.

- 형성 평가(formative evaluation) : 프로그램 개발이나 개선의 목적에 필요한 정보를 수집, 사정하는 평가로 프로그램의 계획이나 실행과정에 수행된다. 모니터링과 피드백에 필요한 정보가 수시로 산출되어야 하므로 정보 수집의 틀은 비교적 유연하게 적용된다.
- 총괄 평가(summative evaluation) : 프로그램 종결 후에 실시하는 평가로 프로그램의

성과와 그에 따르는 비용 등의 파악 목적으로 수행된다. 과거지향적인 형성 평가와 달리 목표 지향적이어서 엄격하고 객관적인 조사기준이 필요하다.

평가를 대상, 목적, 기준에 따라 분류하면 다음 〈표 3-1〉과 같다.

〈표 3-1〉 평가의 유형

대상	목적	기준
기관	모니터링	노력 효과성 효율성
프로그램	결과	서비스의 질 영향 공평성
서비스 전달체계	비용 회계	과정

출처 : 김영종(2013 : 228) 재구성

② 평가의 과정

평가는 몇 가지의 필수적인 과정으로 구성되어 있다. 평가의 목적이나 성격에 따라 부분적으로 다른 과정이 나타날 수는 있지만, 대부분은 다음과 같이 7단계로 진행된다(한국청소년개발원, 1997).

- 1단계: 평가 근거와 목적의 확인 단계이다. 누가 어떤 이유로 평가를 필요로 하고, 어떤 목적을 달성하기 위하여 평가를 실시하려고 하는가를 확인함으로써 평가 활동을 정당화해야 한다.
- 2단계: 평가준거의 설정 단계이다. 평가대상 프로그램의 목적(기능), 내용, 관련 요소 등을 정확하게 파악해야만 어떤 관점에서, 어떤 점을 평가준거로 삼아 평가할 것인가를 설계할 수 있게 된다. 평가준거의 설정은 프로그램이 어떤 속성을 평가대상과 평가내용으로 삼을 것인가를 명료화하는 과정으로, 이어지는 평가자료 수집과 평가기준의 설정이 체계적으로 이루어질 수 있다.
- 3단계: 평가 활동의 기획 단계이다. 평가목적과 평가준거를 설정한 다음에는, 그것을 바탕으로 구체적인 평가 활동을 설계하게 되며, 여기에서는 평가목적을 효율적으로 달성하기 위한 평가 전략을 수립하고 그에 입각하여 적합한 평가모형을 선정하거나 관련된 자원을 준비하고 전반적인 평가 활동의 전개를 합리적으로 설계해야 한다.

- 4단계: 평가자료 수집 계획의 수립 단계이다. 프로그램의 가치나 장점 또는 효과와 영향을 입증해 줄 수 있는 근거자료를 수집하기 위하여 특정 방법과 도구를 활용하여 평가의 시기와 방법을 구체적으로 계획해야만 평가를 진행할 수 있게 된다. 평가기준에 관련된 자료를 수집하는 일이 평가 활동의 핵심을 차지하는 일이기 때문에 여러 가지 관련 요인들을 고려하여 사전에 합리적이고 구체적인 자료수집 계획을 수립할 필요가 있다.
- 5단계: 평가자료 수집 활동의 전개 단계이다. 수립한 평가자료 수집 계획에 의거하여 자료수집 활동을 실제로 전개하는 일에 가장 많은 시간과 노력이 든다. 이는 본격적인 평가 활동으로서 여기에서는 다양한 측정 활동을 포함한 자료수집방법들이 적용되고 그를 위하여 다양한 자원이 동원된다.
- 6단계: 평가 결과의 분석과 판단 단계이다. 여기에서는 수집한 자료를 평가준거에 입각하여 분석하며 그를 바탕으로 구체적인 평가기준을 설정하고 평가원칙을 명료화하며 기준과 원칙, 근거자료를 바탕으로 평가적 판단을 내리게 된다. 프로그램의 내용, 그에 대한 기대수준, 프로그램 실행과정과 결과 등을 고려하고 수집·분석된 자료에 근거하여 평가기준을 설정하고 관련된 평가원칙을 적용하여 평가적 판단을 내리게 되면 평가의 목적은 달성된다.
- 7단계: 평가 결과의 보고 단계이다. 평가적 판단 결과를 평가 요구자와 의뢰자 및 평가 관련자들에게 보고함으로써 평가 활동은 종료된다. 이 단계에서는 평가 결과를 누구에게 어떤 형식으로 언제, 어떻게 보고할 것인가를 사전에 계획하고, 그에 따라 체계적이고 적절한 보고 활동이 이루어져야 한다. 평가자는 평가 결과 보고서의 작성과 배포, 평가 결과의 활용에 관심을 기울여야만 의도한 평가목적을 성공적으로 달성할 수 있게 된다.

③ 평가 기법

가. 개인대상 사회복지서비스의 평가

개인을 대상으로 하는 사회복지실천의 평가를 위해 단일체계설계를 가장 널리 활용하고 있다.

- AB설계 : 개입 전(A)과 개입 후(B)를 비교하는 가장 기본적인 연구설계이다. 연구설계는 개입으로 인해 변화가 일어났을 가능성을 알려주는 기본적인 연구이나 연구의 타당성을 위협하는 많은 요인을 통제하기가 어렵기 때문에 개입의 효과성이나 인과관계를 추정하는 데 한계가 있다.

- 철회설계(withdrawal design) : 일정한 개입이 이루어지고 난 후에 개입의 철회를 반복하는 것으로 ABA설계와 ABAB설계가 여기에 해당한다. 개입과 철회를 통해 결과의 변화가 많아질수록 개입의 효과성이 높은 것으로 파악하는 것이다. ABAB설계는 개입의 효과를 보다 명확히 제시할 수 있다는 장점을 갖는다. 그러나 철회설계는 개입이 계속 작용하고 있음에도 의도적으로 그 개입을 철회해야 하기 때문에 연구목적이 서비스를 제공하는 목적과 갈등을 초래할 가능성이 있고 이는 윤리적 문제가 될 수 있다.

나. 집단 대상 사회복지서비스의 평가

집단설계는 개입 기법과 프로그램의 효과를 평가하는 데 적합한 방법으로 단일집단 사전·사후설계, 실험집단설계, 유사실험설계로 나눌 수 있다.

- 단일집단 사전·사후설계 : 집단 프로그램의 효과성을 분석하는 가장 일반적인 방법이다. 집단 프로그램을 시작하기 전에 사전 조사를 하고 프로그램을 종결하면서 사후 조사를 실시하여 프로그램의 사전·사후를 비교하는 것이다. 사회복지현장에서 비교집단을 구하기 쉽지 않을 뿐만 아니라 비교집단에 대해서는 개입을 하지 않아야 하기 때문에 윤리적 문제가 제기될 수 있으므로 이 방법을 많이 사용한다. 그러나 낮은 내적 타당도의 한계로 설계의 결과에 대한 신뢰도가 높지 않다는 단점을 가지고 있다. 따라서 단일집단의 사전·사후 변화 정도를 비교하는 것으로 프로그램의 효과성을 평가하기에는 무리가 따른다고 할 수 있다. 예를 들어, 방과후 음악 활동에 참여한 아동의 자아존중감 정도가 증진되었다고 할 때, 집단 프로그램이 아동의 자아존중감 향상의 직접적 영향요인이라고 단정지을 수는 없다는 것이다. 개인의 심리적 원인 또는 다른 사회 환경적 요인이 작용했을 수 있기 때문이다.

- 실험집단설계 : 연구대상이 되는 집단을 무작위로 표집한 후에 실험집단에 의도적 개입을 하고 통제집단에는 개입을 하지 않은 뒤 두 집단 간의 결과 차이를 비교함으로써 개입프로그램의 효과성을 평가하는 방법이다. 두 집단의 다른 조건이 동일하다면 개입 후의 차이는 개입프로그램이 효과적이라는 것을 보여주는 것이다. 실험집단설계는 단일집단 사전·사후설계와 비교하면 내적 타당도에 저해되는 대부분의 요인들을 통제하는 설계이다. 그러나 이러한 실험집단설계는 매우 유용하지만 사회복지실천의 효과를 평가하는 데에는 한계가 있다. 사회복지실천에서 양적 연구에 적합한 사례를 확보하는 것은 어려운 일이며, 통제집단에는 연구기간 동안 어떤 개입도 행하지 않아야 하는 현실은 윤리적 문제를 야기시킬 수 있다.

- 유사실험설계 : 무작위실험설계가 신뢰할 수 있는 평가 방법이지만 앞서 언급한 한계점으로 인해 사회복지현장에서 사용하기에는 무리가 있다. 따라서 실험설계의 대안으로 유사실험설계를 고려해볼 수 있다. 유사실험설계는 평가의 대상을 의도적으로 표집하여 실험집단과 유사한 비교집단을 구성한다. 예를 들어, 사회복지사는 클라이언트의 문제의 정도, 인구사회학적 배경 등에서 유사한 두 사회복지시설을 선정하는 방법을 택할 수 있다. 비록 내적 타당도는 실험설계에 비해 떨어지지만 사전에 두 표본집단의 유사성을 밝힌다면 유사실험설계를 활용하는 것도 대안이 될 수 있으며 보다 현실적인 평가 방법일 수 있다.

2) 사례를 활용한 연습

다음의 사례를 통해 종결단계에서 사회복지사가 클라이언트에게 어떻게 반응해야 하는지 연습해보자.

〈사례 1〉 사회복지사 A는 노인복지관을 퇴직하여 장애인복지관으로 이직할 예정이다. 이로 인해 클라이언트인 B(여성, 70세)에 대한 개입은 종결된다.
〈사례 2〉 어느 날 클라이언트인 Y는 사회복지사에게 일방적으로 서비스 종결의사 표시를 하였다.
〈사례 3〉 A는 사회복지현장실습으로 종합사회복지관에서 초등학교 학생들을 대상으로 학습프로그램을 진행하였다. 실습기간이 종료되면서 초등학교 학생들과의 관계를 정리하게 되었다.

6. 의뢰 및 사후관리

1) 의뢰 및 사후관리기술

(1) 의뢰기술

의뢰(referrals)는 클라이언트의 문제상황이 아직 호전되지 않았거나 문제나 욕구가 충분히 해결되지 않았을 경우 사회복지사가 클라이언트를 다른 기관이나 외부자원에 연결하는 것을 말한다. 의뢰과정은 조심스럽게 다루어야 한다. 왜냐하면 클라이언트는 의뢰를 사회복지사가 자신을 거부하는 것으로 받아들이거나 새로운 관계 형성에 대한 두려움으로 좌절하거나 필요한 도움을 더 이상 받으려 하지 않을 수 있기 때문이다. 햅워스와 라슨(Hepworth & Larsen, 1993)은 의뢰과정에서의 지침을 다음과 같이 제시하였다.

① 새로운 서비스에 대한 불신, 걱정, 잘못된 개념에 대한 클라이언트의 감정을 끌어내 다루어 주고 의뢰과정이 꼭 필요함을 강조하면서 준비시킨다.
② 클라이언트에게 최선의 서비스가 무엇인지를 함께 결정한다. 이를 위해 사회복지사는 지역사회 내에 다양한 자원을 알고 있어야 하고 그에 대한 적절한 정보를 제공하여 클라이언트가 잘 알고 판단할 수 있도록 해야 한다.
③ 의뢰의 가능한 대안들을 제시하고 다만 사회복지사는 가장 도움이 될 만한

제안을 하되 항상 클라이언트의 자기결정권을 존중해야 한다.

④ 다른 기관에서 클라이언트에게 줄 수 있는 도움에 대해 비현실적 보증을 하는 것은 피해야 한다.

⑤ 의뢰하는 다른 기관의 기능을 명확히 하는 것은 좋지만 그곳의 사회복지사가 사용하게 될 방법까지 구체적으로 하는 것은 좋지 않다. 왜냐하면 사회복지사마다 스타일과 사용하는 방법이 다르므로 이는 클라이언트에게 선입견을 갖게 하고 만약 그 방법이 사용되지 않을 경우 실망할 수도 있다.

(2) 사후 관리기술

종결한 후 1~6개월경이 지났을 때 사후 세션을 갖는 것이 클라이언트의 변화를 평가하고 유지하는 데 필요하다. 사후 세션은 클라이언트에게 사회복지사가 개입 이후에도 계속 관심을 가지고 있다는 것을 보여줌으로써 변화를 지속할 수 있는 동기를 제공한다. 또한 종결 이후 발생한 새로운 문제나 잔여문제를 다룰 수 있는 여유를 주기도 한다. 브라이스와 트리포디는 사회복지사는 사후 세션에서 다음과 같은 상황을 발견할 수 있다고 제시하였다. ⓐ 사후세션 시점에서의 클라이언트의 기능수준은 종결시점과 동일할 수 있다. ⓑ 클라이언트는 종결 이후 더 많이 향상되었을 수 있다. ⓒ 조기 종결로 인해 혹은 다른 알 수 없는 요인에 의해 점진적으로 악화되고 있을 수 있다. ⓓ 완전히 재발했을 수 있다.

2) 사례를 활용한 연습

다음의 사례를 통해 사회복지사가 클라이언트에게 어떻게 대응해야 하는지 연습해보자.

· 약물중독인 클라이언트 A는 완치로 인해 사회복지사 B와의 관계가 종료되었다.

연습문제

1. 사회복지실천 과정에서 접수단계의 과업이 아닌 것은? 〈14회 기출〉

① 관계형성
② 원조과정에 대한 안내
③ 서비스 제공 여부의 결정
④ 클라이언트의 의뢰
⑤ 개입목표의 설정

[해설] 개입목표의 설정은 계획수립 과정에서 이루어진다.
접수단계의 과업은 다음과 같다. ▷ 클라이언트에게 기관의 서비스와 원조과정에 대한 안내를 한다. ▷ 클라이언트가 어떤 문제를 갖고 있는지, 문제와 관련된 욕구가 무엇인지 파악한다. ▷ 클라이언트가 기관에서 제공하는 서비스를 받을 수 있는지를 검토한다. ▷ 자격요건, 이용절차, 비용 등에 대해 설명한다. ▷ 클라이언트의 문제를 확인하여 클라이언트의 욕구가 기관의 서비스 방향이나 내용과 맞지 않을 경우 다른 기관에 의뢰한다. ▷ 클라이언트와 신뢰 관계를 형성하여 참여를 유도한다.

2. 사정에 관한 설명으로 옳지 않은 것은? 〈13회 기출〉

① 의료모델에서 나온 용어이다.
② 개입을 위해 문제 상황을 파악한다.
③ 클라이언트의 강점과 자원을 사정한다.
④ 이웃이 제공한 의견도 사정자료로 활용한다.
⑤ 사회복지사와 클라이언트 간 쌍방적 활동이다.

[해설] 의료모델에서 사용하는 '진단'을 대체하는 용어로 사회복지에서는 '사정'이란 용어를 사용하기 시작했다.

3. 계획수립 목표설정에 대한 설명으로 옳지 않은 것은? 〈1회 기출〉

① 우선시 되는 욕구를 먼저 택한다.
② 클라이언트와 합의 하에 목적을 결정한다.
③ 클라이언트의 자기결정권을 존중한다.
④ 가능한 한 많은 부문을 포괄할 수 있는 큰 목표가 유용하다.
⑤ 성장을 강조하는 긍정적 형태로 기술해야 한다.

[해설] 목표는 목적을 구체화 하여 달성 가능한 수준으로, 측정 가능한 용어로 진술되어야 한다.

4. 개입의 기법과 그에 관한 설명으로 옳은 것은? 〈14회 기출〉

① 타임아웃(time-out): 남에게 말하지 못한 문제를 클라이언트가 표현할 수 있도록 도와주는 기법이다.
② 환기(ventilation): 클라이언트가 자신의 문제를 보증하거나 합리화하여 변화를 거부할 때 사용하는 기법이다.
③ 재보증(reassurance): 사회복지사가 신뢰를 표현함으로써 클라이언트의 자신감을 향상시키는 기법이다.
④ 격려(encouragement): 클라이언트의 사고, 감정, 행동을 현재의 사건과 연결하여 명료화하는 기법이다.
⑤ 초점화(focusing): 클라이언트가 겪는 일이 자신만이 가지고 있는 문제가 아니라는 것을 인식하게 하는 기법이다.

[해설] ① 타임아웃(time-out)은 바람직하지 않은 행동을 했을 때 강화물이 없거나 적은 상태로 옮겨놓음으로써 바람직하지 못한 행동의 빈도를 줄이는 방법이다. ② 환기(ventilation)란 클라이언트의 문제 또는 상황과 관련된 감정(분노, 증오, 슬픔, 죄의식, 불안 등)을 표출하도록 하여 감정의 강도를 약화 또는 해소시키는 기법이다. ④ 격려(encouragement)는 클라이언트의 문제해결능력을 향상시키는 기법으로 클라이언트의 행동이나 테도를 인정하고 칭찬해 주는 기법이다. ⑤ 초점화(focusing)는 클라이언트가 두서없이 말을 장황하게 하거나 극정 주제를 회피하고자 할 때 사회복지사가 간단히 질문하거나 언급함으로써 다시 초점을 맞추는 기법이다.

5. 종결단계에서 취해야 할 사회복지사의 활동에 관한 설명으로 옳은 것은?

〈13회 기출〉

① 클라이언트의 변화를 촉진한다.
② 클라이언트와의 접촉빈도를 줄여간다.
③ 클라이언트를 위해 서비스를 조정한다.
④ 클라이언트를 대변하여 자원을 확보한다.
⑤ 개입의 효과를 평가하기 위해 기초선 자료를 수집한다.

[해설] 종결단계에서는 종결시기 정하기, 정서적 반응 다루기, 효과의 유지와 강화, 의뢰, 평가를 수행하다. ①③④는 개입단계의 활동에 해당한다. ⑤ 개입의 효과를 평가하기 위해 기초선 자료를 수집하는 것은 사정단계에서 이루어진다.

[정 답]
1. ⑤ 2. ① 3. ④ 4. ③ 5. ②

II

사회복지실천모델

전문적인 사회복지실천을 위해서는 클라이언트가 갖고 있는 문제의 원인과 현재의 상황을 객관적 이론에 근거해서 파악해야 하며, 이들 이론에 기초한 실천기술과 개입방법을 활용해야 한다. 그런데 사회복지실천은 사회복지사가 선택한 이론적 배경에 따라 클라이언트의 문제를 인식하고 사정하는 방법 그리고 개입의 목표와 문제해결방법에 차이가 난다. 또한 사회복지사가 이론을 선택할 때에는 각각의 이론들이 내포하고 있는 인간관이나 세계관을 고려해야 한다. 사회복지실천은 사회복지사의 개인적 가치와 직업적 가치가 중요시 되는 분야이므로 사회복지사 자신의 가치와 이론적 관점이 서로 일치할 때 보다 효과가 있다. 그러므로 사회복지사는 효과적이고 전문적인 사회복지실천을 위해서 인간과 사회환경에 대한 다양한 이론들을 이해하는 것은 물론 자신의 가치관에 적합한 이론이 무엇인지 선택하고 이를 활용하는 것이 중요하다.

2부에서는 사회복지 실천모델을 정신분석모델, 심리사회모델, 인지행동모델, 위기개입모델, 해결중심모델, 사례관리모델로 구분하여 각 이론의 기본가정과 개념, 개입과정과 주요 기법, 사례와 적용에 대해 살펴보기로 한다

Chapter 04

정신분석모델

1. 정신분석모델의 기본 가정과 주요 개념
2. 정신분석모델의 개입과정과 주요 기법

정신분석이론은 지그문트 프로이트(Sigmund Freud)에 의해 만들어진 성격이론이면서 심리치료 기법에 관한 최초의 심리학 이론이다. 프로이트와 그의 동료, 제자들의 학문적 업적에 기반을 두고 있어 프로이트 심리학이라고도 한다.

심리치료에 새로운 지평을 제공한 프로이트의 정신분석이론은 성격 발달에 대한 모델인 동시에 인간 본성에 대한 철학이며, 정신치료의 한 방법이다.

정신분석이론에서는 사람들이 겪는 심리적 문제가 사람 내부에 존재하는 어떤 정신적 원인이 작용한 결과라고 보고 있다. 즉 과거의 사건과 경험이 마음 깊은 곳에 남아 현재의 생활에까지 영향을 미치고 있다는 것이다. 이러한 맥락에서 정신분석 상담을 뿌리치료라고 부르기도 한다.

정신분석이론은 1909년 정신치료를 위한 이론으로 미국에 소개되면서 사회복지실천에 많은 영향을 주기 시작하여 1920년대에는 의료적 모델에 기초한 진단주의 학파를 태동시켰다.

1930년대에는 심리사회적 이론이 개별사회사업 모델로 확산되면서 개인이 가지고 있는 문제의 원인을 이해할 수 있는 이론적 틀을 제공하여 심리사회모델에 많은 영향을 끼쳤으며 현재까지도 사회복지실천의 중요한 이론적 토대가 되고 있다.

1. 정신분석모델의 기본 가정과 주요 개념

1) 기본 가정

프로이트의 이론은 다음과 같은 기본 가정에 기초하고 있다.

첫째, 정신분석이론에서 중요시하는 기본적 가정은 정신결정론(psychic determinism)이다. 인간의 생각과 행동은 과거의 발달과정에서 경험한 것에 의하여 결정된다고 보는 가정이다. 즉 어른의 행동은 이미 어린 시절의 경험에 의해서 그 동기가 결정되어 있다는 것이며 꿈이나 말실수, 착각 같은 우연한 것으로 보이는 인간의 어떤 행동도 특정한 동기와 이유를 가지고 있다는 것이다.

둘째, 인간행동의 기본 동기를 성적 에너지에 두고 있다. 초기 정신분석학에서는 리비도(libido)를 성적 에너지로 보았다. 인간이 세상에 태어나 성적 에너지인 리비도가 발달함으로써 인간의 성격이 형성된다고 보았다.

셋째, 유년기의 경험이 성격을 형성하며 무의식이 모든 표출행동의 원동력으로 보고 있다. 인간의 기본적 성격구조는 초기 아동기 특히 만 5세 이전에 어떠한 경험을 했는지에 따라 결정되며 이러한 기본적 성격구조는 성인기가 되어서도 변하지 않고 지속된다고 보고 있다.

넷째, 인간을 비합리적이고 비관적인 존재로 가정하고 있다. 인간을 의식 영역 밖에 존재하는 비합리적이고 통제할 수 없는 무의식적 본능의 지배를 받는 존재라고 보고 있다.

2) 주요개념

(1) 지형학적 관점

인간의 정신적 요소가 의식·무의식·전의식으로 서로 다른 수준으로 구성되어 있다고 보는 관점이다.

① 의식(consciousness)

현재 우리가 인식하고 있는 정신적 활동으로 현재 느끼거나 알 수 있는 모든 경험과 감각을 뜻하며 여러 가지 감각을 인식하고 쉽게 알아차릴 수 있는 정신생활의 영역, 깨어 있을 때 작용하는 영역이다. 프로이트는 정신생활의 극히 일부분만이 의식의 범위 안에 있다고 하였다.

② 전의식(preconsciousness)

현재는 의식되지 않지만 전에 의식했던 것이 저장된 것으로 주의집중을 통해 쉽게 의식될 수 있다. 이는 무의식과 의식 영역을 연결해 주며 무의식에서 떠오르는 감당하지 못하는 충동이나 욕구들을 검열하고 조절하는 역할을 한다. 정신분석기술을 통해서 무의식의 내용이 전의식으로 표출되고, 다시 의식화될 수 있다.

③ 무의식(unconsciousness)

프로이트는 무의식의 중요성을 강조하였는데 무의식은 욕구나 본능이 깊게 자리하고 있는 영역으로 정신내용의 대부분에 해당하며 인간행동의 동기가 된다.

무의식은 정신의 가장 깊은 곳에 위치해 있으며, 우리가 자각하지 못하는 경험과 기억으로 구성된다. 본능적인 역동, 성적 본능으로 이루어져 있으며 충족되지 않은 소망들이 담겨 있다.

(2) 구조적 관점

인간의 성격이 원초아(id), 자아(ego) 및 초자아(superego)로 구성되었다고 보는 것으로 이들 세 가지 성격은 서로 상호작용하면서 인간의 성격을 결정짓는다고 보는 관점이다.

① 원초아(id)

출생시부터 타고난 것이며, 원시적이고 본능적이고, 정신에너지의 저장고이며, 무의식 안에 감추어진 일차적 정신의 힘으로 성격의 기초가 되는 기본 욕구와 충동을 대표한다.

원초아는 인간이 생존하는 데 필요한 모든 본능이며, 쾌락의 원리에 따르는 생득적·생물학적 반사 및 충동과 본능을 포함한다 .

즉 원초아는 본능적 욕구를 충족시키는 데 있어서 비논리적이고, 맹목적으로 작용하며 현실세계의 상황은 고려하지 않는다.

원초아의 두 가지 특성은 첫째, 일차적 사고과정(primary though process)이 일어난다는 것이고 둘째, 쾌락원리(pleasure principle)에 의해 지배된다는 것이다.

② 자아(ego)

원초아(id)와 초자아(superego)를 중재하여 내부세계와 외부세계 사이에서의 기능이 잘 집행되도록 하는 역할을 담당한다.

자아는 본능적 충동을 충족시킬 수 있는 바람직한 대상과 방법이 발견될 때까지 정신에너지의 맹목적인 방출을 지연시켜 사회적으로 바람직한, 수용될 수 있는 방법이 발견될 때까지 긴장을 참아내고 실제적인 만족을 얻기 때문에 현실원리(reality principle)에 입각하여 작용한다. 자아는 두 가지 특성이 있는데 첫째, 이차적 사고과정(secondary thought process)이 일어난다는 것이고 둘째, 현실원리(reality principle)에 의해 지배된다는 것이다.

③ 초자아(superego)

성격의 도덕적 무기이며 현실보다는 이상을, 쾌락보다는 완성을 위해 당위성 원리(should principle)에 따라 작용한다.

3~5세에 발달하며 초자아는 선악을 판단하는 양심(conscience)과 자아이상(ego ideal)의 두 가지로 나뉜다.

초자아는 아이가 부모의 사회적 가치와 이상을 동일시함으로 발달하는데 부모의 칭찬으로부터 발달하는 자아이상은 도덕적으로 좋은 것에 대한 판단으로 부모에게서 받은 벌은 양심을 형성하여 도덕적으로 나쁜 것에 대한 판단을 하며 이를 통해 인간은 죄의식을 경험한다.

(3) 심리성적 관점

심리성적 발달 단계(pychosexual development)의 관점은 인간의 성격이 신체적 성감대에 따른 5단계의 발달 단계를 거쳐서 형성된다고 보는 관점으로 1~3단계까지가 성격 형성에 결정적인 역할을 한다고 본다.

초기 정신분석학에서는 인간은 태어나 리비도(libido-성적 에너지)가 발달해 나감으로서 인간의 성격이 형성되어 나간다고 보았는데 리비도는 발달시기에 따라 신체의 특정 부위에 자리하며 만족을 추구한다. 이 특정 부위는 연령에 따라 각 발달 단계를 성공적으로 통과하기 위해서는 적절한 정도의 만족을 느껴야 한다. 그러나 어떤 발달 단계에서 있었던 문제(심리성적 갈등)가 잘 해결되지 못하게 되면 그 발달 단계의 행동을 계속 유지하여 그 단계에 고착적인 성격과 태도를 보이게 된다. 따라서 이후 정서적 혹은 신체적인 긴장이 오면 고착(fixation)된 행동을 보이게 되는 심리적 퇴행 현상을 나타낸다는 것이다.

고착은 개인이 완전한 성장에 도달할 수 있는 능력을 방해하게 된다.

각 발달 단계는 구강기, 항문기, 남근기, 잠복기, 생식기를 거치게 된다.

① 구강기(oral stage)

구강기는 출생 후부터 18개월 사이의 시기이다. 이 시기에는 리비도(libido)가 집중하는 부위는 구강(입, 입술, 혀)이며 영아는 입으로 빨고, 삼키고, 깨무는 자극을 통해 쾌감을 얻는다. 출생 후 6개월 이전 구강전기 동안은 음식을 빨고 삼키는 데서 쾌감을 느끼지만 6개월 이후 구강후기 이유식을 시작하며 생긴 욕구불만을 깨무는 것으로 해소하며 쾌감을 얻는다. 프로이트에 의하면 구강기 전기에 좌절 혹은 방임을 경험하면 구강 수동형 성격이 되어 성인이 되었을 때 매우 낙관적이며 타인을 믿고 의존하며 모든 것을 희생해서라도 타인에게 인정받고 싶어 한다. 이런 사람은 수동적이며 미성숙하고 안정감이 없고 과도한 의타심을 보이고 남에게 잘 속는 특징을 지니고 있다. 구강기 후기에 고착되면 구강 공격적 또는 구강 가학적 성격을 갖게 되고 논쟁적이고 비판적이며 상대방을 비꼬기를 잘 하고 자신에게 필요할 때까지 타인을 이용하거나 지배한다(이인정 외, 2005). 구강기에 적당한 자극을 통하여 적절히 욕구를 충족하게 되면 개별화, 분리, 대상관계의 형성 등과 같은 발달과업을 성취할 수 있게 된다.

② 항문기(anal stage)

항문기는 출생 후 18개월부터 3세 사이의 시기이다. 이 시기에는 리비도(libido)가 집중하는 부위는 항문이며 유아는 신경계의 발달로 괄약근을 수의적으로 조절할 수 있기 때문에 자신이 원하는 대로 배설하거나 보유할 수 있다. 이 시기 부모는 배변 훈련을 시작하게 되고 유아는 본능적 충동이 외부에 의해 즉 양육자에 의해 통제된다. 유아는 항문의 긴장을 즉각 해소하는 데서 오는 쾌감을 늦추고 적절한 시점에 적절한 장소에 배설하도록 요구된다. 배변 훈련이 성공하면 사회적 승인을 얻는 쾌감을 경험하고 창조적이고 생산적인 성격 특성이 발달된다. 그러나 부모가 배변 훈련을 지나치게 엄격하게 하면 유아는 항문기에 고착되어 고집이 세고 인색하며 지나치게 청결한 특징을 보이거나 반대로 잔인하고 파괴적이며 난폭한 특징을 보이기도 한다.

③ 남근기(phallic stage)

남근기는 4세부터 5세 사이의 시기이다. 이 시기에는 리비도(libido)가 집중하는 부위는 생식기이며 성기의 자극으로부터 쾌감을 느끼는 시기이며 아동은 자신의 성기에 대해 관심을 갖고 자위행위를 하기도 한다.

남근기의 갈등은 남아의 오이디푸스 콤플렉스(Oedipus Complex) 즉, 아버지를 닮아가려는 동일시 현상이 일어나게 된다. 혹시 내가 잘못하면 거세당하지 않을까 하는 거세공포가 있게 되는데 이것을 거세불안(castration anxiety)이라 한다. 여아는 엘렉트라 콤플렉스(Electra Complex)의 갈등을 겪게 되는데 자신의 성기가 남자와 다른 것을 알게 되며 이 시기에 남근을 부러워하는 남근선망증(Penis envy)의 심리상태를 보인다.

남근기의 남아와 여아 모두 이러한 갈등을 성공적으로 해결할 경우에 성역할의 동일시를 통하여 성정체감을 가질 수 있게 된다. 이 단계의 발달과업을 적절하게 이행하면 성인이 되어 정상적인 성행위를 통하여 성적 욕망을 해결하고 있으며 충성심, 효도, 헌신, 낭만적 사랑 등의 감정을 표현할 수 있다(김동배 외, 1998). 남근기에 고착된 남아는 경솔하고, 과장이 심하고, 야심이 강하고 여자는 난잡하고, 유혹적이며 경박하다고 한다.

④잠재기(Latency Stage)

잠재기는 6세부터 사춘기 사이의 시기이다. 이 시기에는 리비도(libido)가 무의식 속에 억압되어 잠복되어 있기 때문에 의미 있는 갈등이나 충동은 일어나지 않고 안정상태를 유지한다. 이 시기에 아동들은 상대방의 성에 대하여 무관심하다.

그러나 무관심하다고 해서 무의식 속에서조차 무관심하다는 것은 아니다. 에너지는 지적인 활동, 운동, 친구와의 우정 등에 집중되며 특히 신체의 발육과 성장에 에너지가 집중되며 사회가 요구하는 기본기술을 획득하기 위하여 노력한다.

이 시기에 과도한 성적 억압을 하게 되면 수치심, 도덕적 반동 형성, 혐오감에 빠질 수 있다. 잠복기에 고착되면 성인이 되어서도 이성에 대한 정상적인 친밀감을 갖지 못한다. 이성과의 성적 관계를 회피하고 정서적인 감정 없이 단지 공격적인 방식으로 성적 행동을 하기도 한다.

⑤ 생식기(Genital Stage)

생식기는 사춘기 이후 성인기까지 이르는 시기이다. 이 시기에는 생식기관이 발달하고 성호르몬의 분비가 활발해지면서 성적 충동을 현실적으로 수행할 신체적 성숙이 이루어짐에 따라 진정한 의미에서의 성욕이 나타나는 시기이다.

이 시기는 이성으로부터 성적 만족을 얻으려는 이성애착적 경향을 보인다. 따라서 이성 애착기(heterosexual period)이다. 이 시기에 순조로운 발달을 성취한 청년은 타인에 관심을 갖고 협동의 자세로 성숙시켜 간다. 즉, 이타적이고 성숙한 특징을 보이지만 남근기를 성공적으로 거치지 못해 권위에 대해 적대감을 가지고 동성을 동일시하는 데 혼란이 생긴 아동들은 성에너지를 합당하고 원만하게 처리할 능력을 키우지 못하게 되어 권위에 반항하고 비행을 저지르거나 이성 적응 곤란을 보이게 된다(전남련 외, 2007).

(4) 방어기제

인간은 마음의 평정을 원한다. 그러나 인생을 사노라면 이 마음의 평정을 깨뜨리는 사건들이 내외적으로 발생한다. 특히 사회적, 도덕적으로 용납되지 못하는 성적 충동, 공격적 욕구, 미움, 원한 등은 하나의 위험으로 인식되고 불안을 일으킨다. 이 불안은 본능적 욕구에 대항하는 초자아의 위협이 원인이다. 이때 자아는 불안을 처리하여 마음의 평정을 회복시키려는 노력을 하는데 이것이 방어기제(defense mechanism)이다(이무석, 2008).

인간은 이런 불안을 야기하는 상황에 직접 대처할 수 없을 때 자신을 불안으로부터 보호하기 위해 무의식적으로 방어기제(defense mechanism)를 사용한다.

방어기제는 무의식 속에서 이루어지며 한 사람이 한 가지 이상의 방어기제를 사용하지만 위기 시에 어떤 방어기제를 두드러지게 사용하느냐에 따라 그 사람의 성격적 특성을 알 수 있다. 또한 일부 방어기제는 불안을 감소시킬 뿐만 아니라 긍정적인 사회적 결과를 가져오기도 한다(zastrow, 1995). 방어기제는 프로이트의 막내 딸인 안나 프로이트(Anna Freud)에 의해 체계화되었다.

① 억압(repression)

억압은 현실세계에서 수용할 수 없는 것, 바람직하지 못한 충동, 사고, 감정, 기억 등을 의식하지 않으려고 무의식 속에 밀어 넣어 불안에서 자아를 보호하는 것으로, 억압을 통해서 자아는 위협적 충동, 감정, 소원, 환상, 기억 등 위험적 요소들이 의식화되는 것을 막아 준다. 죄책감이나 수치심, 자존심을 상하게 하는 경험일수록 억압되기 쉬우나 꿈, 농담, 말의 실수 등으로 나타난다.

예를 들어, 하기 싫고 귀찮은 과제(치과 진료 예약, 싫은 사람과의 모임 약속 등)를 하지 않고 '깜빡 잊었다.'고 말하는 경우이다.

② 부정(denial)

자아가 현재의 상황에 있는 위협적 요소를 감당할 수 없는 경우 위협적 요소가 존재한다는 사실을 인정하지 않는 것으로 의식화하기에는 불쾌한 생각, 욕구, 충동, 현실 등을 무의식적으로 부정함으로써 불안으로부터 자신을 방어한다.

예를 들어, 시한부 암 발병 선고를 받은 환자가 자신의 병을 인정하지 않고 삶이 얼마 남지 않았다는 것을 부정하는 경우이다.

③ 반동 형성(reaction formation)

무의식 속의 받아들여질 수 없는 생각, 소원, 충동 등을 정반대의 것으로 표현하는 경우인데 처음의 충동이나 감정, 생각은 완전히 사라지는 것이 아니라 반대의 표현을 통해 의식에서 감춰지는 것이다. 반동 형성이 이성의 한계를 넘지 않고 적응에 큰 지장을 초래하지 않는 한 불안을 막는 유용한 방어기제가 될 수 있다.

예를 들어, '미운 놈 떡 하나 더 준다.'를 들 수 있다.

④ 동일시 (identification)

동일화라고도 한다. 용납할 수 없는 충동을 부정하고 그 충동을 갖고 있는 사람 또는 그 사람의 일면을 동일시하여 받아들이는 것이다. 부모, 윗사람 등 주위의 중요한 인물의 태도와 행동을 닮는 것으로, 동일시는 자아와 초자아의 형성에 가장 큰 역할을 하며 성격 발달에 가장 중요한 방어기제이다.

예를 들어, 부모의 가장 싫다고 생각했던 점을 자신이 닮아 그대로 행동하는 것이다.

⑤ 투사(projection)

자신의 용납할 수 없는 충동, 생각, 행동을 무의식적으로 다른 사람이 이러한 충동, 생각, 행동을 느끼거나 행한다고 믿는 것이다. 다시 말하면 사람들이 스스로 받아들일 수 없는 것들을 무의식적으로 타인이나 환경 탓으로 돌리는 것이다. 투사는 가장 미숙하고 병적인 정신기제이며 이것이 사고의 형태로 투사되면 망상이 되고 지각의 형태로 투사되면 환각이 된다.

예를 들어, "나는 너를 싫어해."를 "너는 나를 싫어해."로 주어와 목적어를 바꾸어 사용함으로서 자아는 상대적으로 적은 불안을 체험하게 되는 경우이다.

⑥ 격리(isolation)

과거의 고통스러운 기억과 관련된 감정을 의식에서 떼어 내는 과정으로 고통스러운 사실은 의식 세계에 남겨놓고 이와 관련된 감정은 무의식 세계에 보내서 각각 분리시켜 놓는 것이다.

예를 들어, 자신의 아버지에 대한 죽음에 대해 말할 때 슬픈 감정을 드러내지 못했던 사람이 아버지와 같은 권위적 남자의 죽음에 대한 영화를 보고 오열하는 경우이다.

⑦ 합리화 (rationalization)

아주 빈번히 사용되는 방어기제로서 현실을 왜곡하여 용납할 수 없는 태도, 신념, 또는 행동을 정당화하기 위한 시도로 그럴듯한 설명을 하는 것이다. 즉, 정당하지 못한 자기의 행동에 너무 괴롭기 때문에 그럴 듯한 이유를 붙여서 자신의 행동을 정당화하거나 불안 의식을 제거하는 것이다.

가장 흔한 예로 '여우와 신포도 이야기'를 들 수 있으며 여자 친구에게 사랑고백을 거절당한 남자가 그녀의 단점을 들춰내며 차라리 거절당한 것이 잘 된 일이라고 자신을 스스로 위로하는 경우를 들 수 있다.

⑧ 취소(undoing)

보상과 속죄의 행위를 통해 용납할 수 없거나 죄책감을 일으키는 충동, 행동을 중화, 무효화하는 것으로 자신의 언행을 무의식적으로 취소하려는 것을 말한다. 자신의 언행이 자신에게 불안감을 불러일으키기 때문이다. 취소과정에 의해 현실은 왜곡되는데, 의식수준에서는 용납할 수 없거나 죄책감을 일으키는 충동이나 행동이 없었다고 여긴다.

예를 들어, 밖에서 부적절한 생각이나 행동을 저지른 남편이 귀갓길에 부인에게 줄 비싼 선물을 사가지고 가서 기뻐하는 부인의 표정을 보고 자신의 부적절한 행동에 대해 무효화하는 것이다.

⑨ 보상 (compensation)

자신이 가지고 있는 실제 혹은 상상의 결함이나 열등감을 실제나 상상의 우월감으로 채우려는 것이다. 심리적으로 어떤 약점이나 제한점이 있는 사람이 이를 보상받기 위하여 다른 어떤 것에 몰두하는 경우를 의미한다.

예를 들어, 단신의 신체적인 열등의식이 있던 나폴레옹이 공격성을 가지고 전쟁을 일으키는 경우(나폴레옹 콤플렉스)이다.

⑩ 자기로의 전향 (turning against self)

공격성 같은 본능적인 충동이 다른 사람이 아닌 자기에게 향하는 것을 의미한다. 남에게 향했던 분노가 자기를 향하게 되므로 자기공격이 생기며 우울증이 오기도 한다.

예를 들어, 부부싸움을 하던 남편이 화를 못 참고 자신의 머리를 벽에 부딪치는 것은 부인에 대한 분노를 자기에게로 향한 것이다.

⑪ 승화(sublimation)

본능적 욕구나 참기 힘든 충동에너지를 사회적으로 용납되는 형태로 돌려 쓰는 방어기제이다. 승화는 다른 기제와 달리 원초아를 억압하지 않고 충동에너지가 그대로 사회적으로 용인되는 것으로 전용된다.

예를 들어, 성 충동이 왕성한 청소년이 각종 스포츠 활동을 통해 해소하는 것이나 창조적인 예술작품을 만들어 자신의 성적, 공격적 본능을 승화시키는 경우이다.

⑫ 지성화(intellectualization)

감정과 충동을 억누르기 위해 인지적 과정을 통하여 자기의 불안이나 스트레스를 해소시키려는 노력으로서 용납할 수 없는 정서와 충동을 직접 경험하지 않고 지성적으로 사고함으로써 피하는 것이다.

예를 들어, 슬프고 두려운 감정을 억누르고 이론적, 논리적으로 생각하며 지적인 논쟁으로 자신을 속이는 것으로 그런 말과 설명은 좋게 들릴지 모르지만 현실과 진짜 마음에서 멀어지게 된다.

⑬ 전환(conversion)

심리적 갈등이 신체 감각기관과 수의근육계의 증상으로 표출되는 것을 말한다. 팔이나 다리의 마비, 두통, 언어장애, 시력장애가 오기도 하고 때로는 실명하기도 한다.

예를 들어, 시험에 대한 스트레스를 심하게 받고 있던 학생이 별다른 신체구조적 이유 없이 갑자기 배가 아프거나 머리가 아픈 경우이다.

⑭ 퇴행 (regression)

좌절이나 실패 가능성이 있는 상황에 처할 때 유치한 과거수준으로 후퇴하는 것을 퇴행이라고 하는데 그 동안 이루었던 발달의 일부를 상실하고 안정적이었던 과거로 돌아가 갈등이나 스트레스를 피하는 것이다.

예를 들어, 대소변을 다 가리던 아이가 동생이 태어나자 어린 시절로 돌아가 어머니에게 사랑과 관심을 받으려고 가리던 대소변을 못 가리게 되는 경우이다.

2. 정신분석모델의 개입과정과 주요 기법

1) 개입과정

정신분석모델의 개입목표는 '무의식의 의식화'를 통한 자기통찰(self insight)이다.

사회복지사가 클라이언트의 현재의 문제를 이해하기 위해 과거의 경험, 특히 무의식적으로 내재되어 있는 성적·공격적인 충동을 이해하고 클라이언트에게 행동의 패턴, 의미, 원인에 대하여 해석해 줌으로써 과거의 경험으로부터 갖게 된 감정이나 불안 및 무의식적 갈등을 의식화하게 하는 것이다. 또한 이러한 것들이 어떻게 클라이언트의 행동에 영향을 미치고 있는지에 대한 통찰력을 갖도록 돕는 것이다.

정신분석이론에서 초점은 클라이언트의 현재 문제에 대한 치료적 처방보다는 클라이언트의 통찰력 또는 문제인식능력과 자기분석능력을 향상시키는 것이다.

사회복지실천에 있어서 정신분석모델의 개입과정은 다음의 4단계를 거쳐서 이루어진다(장인협, 2005).

(1) 관계 형성 단계

본격적 원조과정으로 들어가기 위해서 사회복지사와 클라이언트가 라포를 형성하는 시기이다. 원조과정의 초기에 발생하는 불안에 직면한 클라이언트에게 편안함을 제공하여 사회복지사의 원조에 대한 저항을 줄이고 방어적이지 않게 만들어 주는 것이다.

(2) 동일시를 통한 자아구축 단계

클라이언트와 사회복지사 사이에 친밀한 관계가 형성되는 단계이다. 클라이언트는 사회복지사를 동일시하기도 하고 전이현상을 나타내기도 한다. 사회복지사는 이러한 심리기제들을 잘 분석·이해하여 클라이언트가 겪고 있는 갈등의 본질을 잘 파악하고 클라이언트에게 현실감을 부여하여야 한다.

(3) 클라이언트가 독립된 정체감을 형성하도록 원조하는 단계

클라이언트가 자신의 문제에 대한 통찰이 깊어지는 단계이다. 이 단계를 통해 클라이언트는 독립된 정체감을 확립하게 되는데 이 과정이 어렵기 때문에 퇴행이 나타날 수도 있다. 사회복지사는 강하고 공정하며 일관성 있는 부모의 모습으로 클라이언트가 독립된 인격체로 성장하는 도전을 이해하고 도와주어야 한다.

(4) 클라이언트의 자기이해를 원조하는 단계

클라이언트의 무의식적 갈등과 미해결된 문제를 해결하는 단계이다. 사회복지사는 클라이언트가 자신의 방어기제에 대해 의식하며 부적합한 정서적 행동에 빠지지 않으면서 좌절과 실패에 대응하는 방법을 찾을 수 있게 원조한다.

2) 주요 기법

(1) 자유연상

정신분석모델은 무의식에 억압된 갈등이나 감정을 의식에 떠오르게 하는 방법을 기본적으로 사용하는데 자유연상은 이 중 가장 대표적인 기법이다. 자유연상(free association)은 클라이언트에게 일상생활의 상념과 선입견을 제거하고 어떤 감정이나 생각도 억압하지 않고 마음속에 떠오르는 것을 무엇이든지 이야기하도록 하는 개입기술이다. 이 기법을 통해 무의식의 갈등이나 감정이 의식세계로 떠오르게 되며, 감정 정화의 효과도 있다.

(2) 꿈의 분석

프로이트는 「꿈의 해석(1900)」에서 꿈을 '무의식에로의 왕도'라고 표현하고 수면 중에 자아방어가 허술해지면서 무의식 속에 억압·잠재해 있던 동기 및 두려움, 욕구 등이 출현하게 된다고 하였다. 정신분석 모델에서의 꿈의 분석(dream analysis)은 클라이언트의 무의식적 욕구를 발견하고 해결되지 못한 문제를 통찰하는 중요한 기회가 된다. 분석가는 클라이언트의 연상, 저항, 그의 현재의 생활과 생활사, 분석가에게 보이는 전이적 관계 등 현재-여기의 복합적인 관계의 장을 고려하여 꿈을 분석 해석하게 되는데 사회복지사는 클라이언트의 꿈에 나타난 내적인 상징을 분석해서 꿈으로 위장되어 무의식에 잠재되어 있던 꿈의 의미를 해석한다. 이 과정에서 클라이언트는 자신의 무의식에 억압되어 있던 내용들을 이해하고 현재 문제에 대한 새로운 통찰력을 얻을 수 있게 된다.

(3) 저항의 분석

저항(resistance)은 클라이언트의 자아가 무의식의 내용이 의식화되는 것에 대한 불안으로부터 자신을 방어하는 것을 말한다. 정신분석 초기에 클라이언트는 억압된 감정이나 생각을 회상할 수 없거나 혹은 그 표현을 주저하는 경향을 보인다. 저항이 치료과정을 방해하기 시작할 때는 분석하고 해석되어 해소되어야 하지만 일반적으로 저항은 클라이언트의 민감한 문제를 다루고 있다는 신호이므로 긍정적으로 보기도 한다.

(4) 전이의 분석

전이(transference)는 클라이언트가 과거에 어떤 중요한 인물에 대하여 가졌던 사랑이나 증오의 감정을 사회복지사에게 전치시킬 때 나타나는 현상이다. 정신분석모델의 개입과정에서 전이와 역전이 현상에 대한 해석이나 활용이 매우 중요하다. 사회복지사는 클라이언트의 전이를 분석하고 해석함으로써 과거의 문제들을 이해하는 데 중요한 단서를 얻을 수 있고 클라이언트가 자신의 기본적인 반응형태를 통찰해 보고, 새로운 반응형태를 학습할 수 있도록 도울 수 있다. 한편, 역전이(counter-transference)는 사회복지사가 감정적 객관성을 유지하지 못하고 오히려 자신에게 의미 있는 대상의 모습을 클라이언트의 모습에 대입할 때 발생하는 것이다. 역전이가 일어날 때 사회복지사는 현재 클라이언트가 갖고 있는 문제를 객관적으로 볼 수 없게 될 뿐만 아니라 치료적 전문관계를 위협하기도 한다.

(5) 해석

해석(interpretation)은 자아로 하여금 무의식적인 내용들을 의식화하는 것을 촉진시킴으로써 클라이언트로 하여금 자신에 대한 통찰을 갖도록 한다. 클라이언트의 사고, 감정, 환상의 정신역동적 의미와 꿈, 자유연상, 저항, 치료관계에서 나타나는 행동의 의미를 클라이언트에게 지적하고, 설명하고, 가르칠 목적으로 해석을 활용한다.

해석은 세 가지 유형으로 분류되는 데 첫째, 발견적 해석(uncovering interpretation)은 감추어진 소망들이 의식으로 드러나는 것을 의미하고, 둘째, 연결적 해석(connective interpretation)은 클라이언트의 현재상황이 과거와 어떻게 연결되어 왜곡되어 있는지 파악하는 것을 의미하며, 셋째, 통합적 해석(integrative interpretation)은 다양한 자원들로부터 협력하는 것을 포함한다(H. Strean, 1996).

(6) 훈습

훈습(work through)은 클라이언트가 인지한 저항을 좀 더 숙지시키고 반복적인 강박의 지배로부터 해방시켜 주는 심리적 작업인데, 클라이언트가 감정적으로 자신의 갈등을 이해하려면 훈습 작업이 이루어져야 한다. 사회복지사는 끊임없이 전이와 저항에 대한 분석과 해석을 해 줌으로써 클라이언트 자신에 대한 이해를 확대하고, 그것을 반복함으로써 이해의 통합을 가져오게 하는 것을 말한다.

(7) 경청

정신분석이론에 근거한 사회복지사의 중요한 과업 중 하나는 경청(listening)이다.

사회복지사는 클라이언트의 표현에 대해 중립적이고 공감적인 태도를 보이고 주의 깊게 들어야 한다. 경청은 클라이언트와의 신뢰관계를 형성할 수 있게 하고 클라이언트가 말하는 것을 격려할 수 있으며 사회복지사가 올바른 방향으로 나아가고 있음을 알려준다.

(8) 직면

직면(confrontation)은 클라이언트가 문제해결 과정에서 저항과 비순응적 태도를 보이거나 클라이언트의 말고 행동 사이의 불일치나 모순이 있을 때 그것을 직접적으로 지적하는 것(설진화, 2012)으로서 클라이언트의 변화를 방해하는 부정적인 감정, 생각, 행동들을 인식하도록 돕는 직접적인 개입방법이다. 주로 역기능적이 되거나 언어적 메시지와 비언어적 메시지가 일치하지 않을 때 사용한다. 그러나 클라이언트가 받아들일 준비가 되어 있지 않을 때는 역효과가 나타나기 쉽다.

(9) 버텨주기와 간직하기

버텨주기(holding)는 '클라이언트가 지금 체험하고 있거나 혹은 뭔가 막연하게 느끼기는 하지만 감히 직면할 수 없는 끝없이 깊고 깊은 불안과 두려움을 분석가가 잘 알고 있다.'는 것을 분석과정 안에서 적절한 순간에 적합한 방법으로 전해 주면서 클라이언트에게 큰 힘으로 의지가 되어 주고 따뜻한 배려로 마음을 녹여 주는 것을 의미한다.

또한 간직하기(containing)란 클라이언트가 두려워하는 모든 정동, 충동과 체험 등을 간직하여 완화시켜 주는 역할을 하는 것인데 사회복지사는 클라이언트의 그런 감정에 즉시 개선될 것으로 반응하지 않고 마음에 간직하여 뜸들이고 길들여서 위험하지 않도록 변화시키는 것이다. 이 기법을 활용하기 위해서는 사회복지사가 감정을 통제할 수 있는 능력이 있어야 한다. 이 기법은 버텨주기와 직결되며 사회복지사 자신의 역전이 반응을 통제하여 그것을 효율적으로 활용하기 위해서 필수적이다(김형태, 2009).

정신분석 모델을 적용한 사례

남편 정00(40세)와 부인 김00(47세)씨는 결혼 20년 된 연상 연하 부부이며 슬하에 딸(18세)이 한 명 있다. 현재 부부가 중국집을 함께 운영 중이다. 부인 김00씨의 의뢰로 다루게 된 사례이다. 남편은 10여 년 전부터 주 수입원인 식당 운영에 전념하지 않고 친구들과 번번이 과음을 하고 폭언과 폭력을 자주 행사했다. 이런 이유로 부부싸움을 하게 되면 남편은 가출을 일삼아 중국집 운영에 어려움을 겪게 되고 이로 인해 부인이 혼자 아이의 양육과 가정의 경제적인 문제까지 책임을 져야 하는 현실이 너무 힘들어 이혼을 생각하고 있었다.

초기상담시 부부상담을 통해 문제 원인을 찾기 위해 각자의 가정생활에 대한 불만을 듣는 과정에서 서로의 의견 충돌이 심하고 서로에 대한 신뢰가 없는 것으로 보였다.

그러나 상담과정에서 남편의 가장 큰 불만이 아내가 아침밥을 챙겨주지 않는 것이라는 의외의 단순한 불만 요인을 찾아낼 수 있었다. 도대체 아침밥을 챙겨주는 것이 이 남편에게 왜 그렇게 중요한 것일까? 정신분석치료에서 가장 중요하게 보는 치료목표는 클라이언트가 과거의 경험에서 가지게 된 불안한 감정이나 무의식적 사고의 원인을 직접 깨달아서 자신의 본능적 욕구나 충동을 억제할 수 있도록 자아의 통제력을 강화하는 것이다.

이 사례에서는 남편 정00씨의 과거력을 알기 위해 과거로의 회기를 위한 심리극에 참여시켰으나 과거 어렸을 때로 회기하는 것에 대한 심한 두려움 때문에 상담을 거부하여 난항을 겪었다. 중기상담시 정신분석 치료 기법 중 하나인 최면치료의 도움을 받았다.

남편 정00씨가 유아기에 부모의 이혼으로 어머니와 떨어져 아버지의 학대 속에 혼자 밥을 챙겨 먹으며 방임된 상태로 자랄 수 밖에 없었다. 늘 어머니에 대한 그리움을 갖고 자랐다는 것을 알게 되었다. 즉, 아침밥은 남편 정00씨에게는 밥 이상의 의미(아침밥을 챙겨주는 것은 자기를 사랑하고 인정해 준다)였던 것이다. 이는 유아기의 가족 경험이 개인 행동의 중요한 결정요인이 된다는 프로이트의 이론을 다시 한 번 상기시키는 대목이다. 또한 최면 치료 중에 아버지에 대한 심한 두려움이 분노로 자리 잡고 있다는 것을 알게 되었고 그로 인해 집안의 가장의 역할을 제대로 하지 못하고 가출로 모든 문제를 회피하려 했던 것을 알게 되었다. 특히 어머님에 대한 그리움으로 누님처럼 다정하고 따뜻하게 대해주던 연상의 아내와 결혼하였지만 본인의 행동에 대해 이해하지 못하는 아내에 대한 불만이 모든 일을 회피로 일관하게 하는 이유였다는 것도 알게 되었다.

상담 말기에 서로에 대해 이해하게 된 부부는 많은 행동의 변화를 보였다. 아내는 어머니의 사랑에 대한 결핍을 채워주기 위해 아침밥은 물론 남편으로서도 존중해 주었고, 남편은 가장으로서 좀 더 성숙한 모습을 보이도록 노력하게 되었다.

연습문제

1. 정신분석모델에 관한 설명으로 옳지 않는 것은 ?

① 정신분석모델의 개입목표는 클라이언트의 통찰력을 갖도록 돕는 것이다
② 진단주의 학파의 이론적 기초가 되었다
③ 클라이언트가 사회복지사에게 갖는 전이를 치료기법으로 활용한다.
④ 무의식은 전의식과 의식의 중간 지점에 있으며 활용이 가능한 기억이다.
⑤ 원초아는 1차 과정의 사고를 활용한다.

[해설] 무의식은 정신의 가장 깊은 곳에 위치하고 있으며 우리가 자각하지 못하는 경험과 지각으로 이루어져 있다.

2. 정신분석모델의 개입기법에 관한 설명으로 옳지 않은 것은?

① 해석-자아로 하여금 무의식적인 내용들을 의식화하는 것을 촉진시켜 통찰력을 갖게 하는 것이다
② 훈습-저항과 전이에 대한 이해를 반복시킴으로써 클라이언트 자신에 대한 이해를 확대시키는 것이다
③ 자유연상-의식에 떠오르는 것이면 어떤 것이든 이야기하게 하는 것이다
④ 꿈의 분석-꿈을 통해 무의식의 소망과 욕구를 해석하여 통찰력을 갖게 하는 것이다.
⑤ 전이의 분석-사회복지사가 클라이언트에게 갖는 과거 중요한 인물에 대한 분석이다.

[해설] 전이는 클라이언트가 사회복지사를 자신의 과거 속 중요한 인물로 느껴 투사를 보이는 현상이다

3. 정신분석모델의 개입과정에 대한 단계가 옳게 나열된 것은?

① 관계형성단계-클라이언트의 독립된 정체감 형성단계-동일시를 통한 자아구축단계-자기이해 원조단계
② 자기이해 원조단계-동일시를 통한 자아 구축단계-관계형성단계-클라이

언트의 독립된 정체감 형성단계

③ 동일시를 통한 자아 구축단계–자기이해 원조단계–클라이언트의 독립된 정체감 형성단계 –관계형성단계

④ 관계형성단계–자기이해 원조단계–동일시를 통한 자아 구축단계–클라이언트의 독립된 정체감 형성단계

⑤ 자기이해원조단계–관계형성단계–동일시를 통한 자아 구축단계–클라이언트의 독립된 정체감 형성단계

[해설] 정신분석모델은 클라이언트의 통찰력 획득이 목표이므로 첫 번째 단계에서는 관계형성을 통해 사회복지사와 클라이언트의 신뢰형성에 초점을 두고 두 번째 단계에서는 클라이언트 자신이 사회복지사와 동일시를 통해 사회복지사의 감각과 행동의 일부를 받아들인다. 세 번째 단계에서는 독립된 정체감 형성을 위해 원조하고 마지막 단계에서는 클라이언트 자신을 과거와 연결하여 이해할 수 있도록 한다.

4. 무의식에 대한 설명으로 옳은 것은?

① 의식하려고 조금만 노력하면 회상될 수 있는 지각, 생각 등이 들어 있다.
② 초자아가 대부분 차지하고 있다.
③ 정신내용의 일부분에 해당한다.
④ 정신분석의 초점이 되는 영역이다.
⑤ 자아가 지각할 수 있는 많은 기억들이 저장되어 있다.

[해설] 정신분석이론에서는 무의식은 욕구와 본능이 깊게 자리 잡고 있는 영역으로 정신내용의 대부분에 해당한다고 가정한다.

5. 다음 설명하고 있는 방어기제는 무엇인가?

'자신이 용납할 수 없는 생각, 충동, 행동을 무의식적으로 다른 사람이 했다고 느끼고 믿는 것으로 무의식적으로 타인이나 환경 탓으로 돌리는 것'

① 격리 ② 투사 ③ 부정 ④ 합리와 ⑤ 억압

[정 답]
1. ④ 2. ⑤ 3. ① 4. ③ 5. ②

Chapter 05

심리사회모델

1. 심리사회모델의 기본 가정과 기본 개념
2. 심리사회모델의 개입과정과 주요 기법
3. 심리사회모델의 사례와 사례 적용

심리사회모델은 역사적으로 정신분석이론의 발달, 자아심리학의 출현, 사회과학적 지식의 도입과 더불어 리치몬드(Richmond)의 연구에 의해 발전하였다. 이러한 심리사회모델에서는 모든 개인이 연령에 상관없이 성장하고, 학습하며 적응해 나가는 능력을 가지고 있다고 가정한다. 이 이론에서는 인간의 성장과 발달을 위해 '적절한 여건을 조성하는 것'에 개입의 초점을 두고 있다(Woods & Robinson, 1996; 엄명용 외, 2005 재인용).

또한 심리사회모델은 초창기에는 인생 초기의 발달과정을 중시하고 무의식 세계의 역동성을 중시한 정신역동모델에 이론적 배경을 두었으나 점차로 자아를 중시하는 자아심리학의 출현과 사회계층별 문화적 차이를 강조한 문화인류학, 가족단위의 실천개입이론, 클라이언트의 상황을 체계적 관점에서 파악하는 체계이론, 그밖에 클라이언트 문제와 관련한 사회구조의 역할을 강조한 사회과학 등의 영향들을 수용하면서 오늘날의 심리사회모델은 '상황 속의 인간(person–institution)'을 지향하며 더욱 체계적으로 발전하였다.

심리사회모델은 사회복지실천 분야에서 진단주의와 기능주의의 논쟁에서 진단주의의 실천양식에 뿌리를 둔 모델이기 때문에 어떤 사례를 이해하기 위해 클라이언트의 환경을 현재 및 과거 시점에서 조사했던 리치몬드의 영향을 받고 있으며, 관련된 과거 사실에 대한 세심한 개인력 조사를 통한 역동적 분석을 강조한 프로이트의 관점도 반영하고 있다. 따라서 이 모델에서는 가족, 개인 및 가족의 최근접 환경, 상황 속의 인간 등을 철저히 조사하는 사정(assessment) 또는 진단(diagnosis)이 강조된다. 이는 개인의 현재 기능은 현재는 물론 과거 사건들의 영향을 받는다는 생각에 기초하고 있다.

이러한 심리사회모델의 특성은 사회복지실천이 개인 내적 요소와 사회적 요소의 영향을 모두 중요시하는 부분을 잘 담아내고 있다는 것이다. 따라서 이 모델에 따라 사회복지사는 사회복지실천 현장에서 만나는 문제를 개인 내적인 심리적이고 생리적인 문제와 사회환경의 문제 또는 개인과 사회의 상호작용의 문제로 보고 접근한다.

1. 심리사회모델의 기본 가정과 기본 개념

1) 기본 가정

심리사회모델은 개인 내적 영역과 사회환경적 영역, 그리고 개인과 환경의 상호작용에 초점을 두고 있다. 이 모델은 기본적으로 정신분석이론에 뿌리를 두고 있으며, 자아심리학과 체계이론 등의 영향을 받아 형성된 모델이므로 다음의 내용을 기반으로 한다고 할 수 있다.

첫째, 모든 개인은 생리적 가치 또는 존엄성을 갖고 있다고 전제한다. 사회복지사는 클라이언트의 존엄성을 존중하기 위해 그를 현재상황에서 있는 그대로 받아들인다.

둘째, 모든 인간은 연령에 상관없이 성장능력, 학습능력, 적응력, 그리고 사회 또는 물리적 환경을 변화시킬 수 있는 능력을 가진 존재로 간주된다.

셋째, 자아심리학의 영향에도 불구하고 개인이 어떻게 기능하는가에 대한 이해를 위해서는 성격체계의 구조나 발달에 관한 프로이트의 관점이 이용된다. 심리사회모델에서는 프로이트가 제시한 다음의 다섯 가지 사항들이 전제된다(Woods & Robinson, 1996 : 68).

- 주요 감정 및 생각들은 의식 밖에 존재한다.
- 성격은 행동에 영향을 주는 유동적이고 역동적인 체계이다. 따라서 성격체계 내부의 작은 변화일지라도 그 영향이 성격체계 전체에 파급되어 시간을 두고 생각, 감정 및 행동을 변화시키게 된다.
- 방어기제는 긍정적·부정적 목적 모두로 사용될 수 있도록 구성되어 있다.
- 겉으로 드러난 문제들은 정신 내부의 갈등을 드러내어 해소하고자 하는 적응 노력의 산물이다.
- '신경증(neurosis)'은 프로이트 이전의 이론가들이 말하는 생리적·선천적 취약성의 징후가 아니라 개인의 인간관계 경험에 뿌리를 두고 있는 것이다.

넷째, 심리체계는 독립적으로 존재하는 것이 아니라 생물학적 체계, 사회적 체계와 끊임없이 상호작용한다고 전제한다. 따라서 사회복지사는 클라이언트의 현재 문제상황에 영향을 주는 생물·심리·사회체계 등 모든 관련 체계에 관여해야 한다.

다섯째, 문제상황을 다룸에 있어 차별성이 강조된다. 동일한 유형의 문제상황이더라도 그 상황이 발생한 배경들이 다를 수 있기 때문에 클라이언트의 문화적 배경, 사회경제적 배경, 계층, 주변환경 등이 차별적으로 다루어져야함이 강조된다.

2) 주요 개념

(1) 개별화와 수용

심리사회모델에서는 인간의 존엄성을 바탕으로 개별화의 원칙에 따라 클라이언트의 독특한 세계관과 자질들을 인정해야 하며 클라이언트의 복지에 관심을 갖고 그를 존경함과 동시에 수용해야 한다. 수용이란 사회복지사가 클라이언트의 태도와 행동을 받아들임에 있어 클라이언트의 태도와 행동이 사회복지사의 기준과 맞지 않는다 하더라도 클라이언트가 이야기하는 것에 경청해야 하고 온화함과 선한 의지를 보여 주는 태도를 유지하는 것을 의미한다. 또한 문제상황을 다룸에 있어서 차별성이 강조되는데 이는 동일한 유형의 문제상황이라 하더라도 클라이언트에 따라 그 상황이 발생한 배경이 다를 수 있기 때문이다. 그러므로 클라이언트를 개별적 차이를 지닌 인간으로 존중함과 진실성 가운데의 비심판적 수용은 심리사회모델에서 주요 개념이 된다.

(2) 자기결정

클라이언트의 자기결정은 자신의 삶에 대하여 스스로 선택과 결정을 하고자 하는 인간의 욕구와 권리에 기반을 둔 원칙으로서 심리사회모델에서는 이 클라이언트의 권리를 매우 중요시한다. 심리사회적 사회복지실천에 있어 사회복지사는 클라이언트에게 다양한 정보를 제공하고, 클라이언트가 의사결정과정에 참여하여 스스로 자신의 행동에 대해 결정을 내릴 수 있도록 돕고 클라이언트의 자기결정을 최대한 존중해 주며, 클라이언트가 기회를 최대한 이용할 수 있도록 돕는다. 이러한 관계 속에서 클라이언트는 사회복지사와의 전문적 관계를 통해 자율성을 경험하고, 희망을 가지며, 보다 더 많은 자신감과 독립심을 키울 수 있게 된다.

(3) 상황 속의 인간

심리사회모델에서 클라이언트의 문제는 개인, 가족, 사회체계 등이 서로 영향을 주고받는 가운데서 나타난 것으로 간주되기 때문에 개인의 심리체계는 독립적으로 존재하는 것이 아니라 생물학적 체계, 사회적 체계와 끊임없이 상호작용한다는 것을 전제로 하는 '상황 속의 인간'에 대한 개념이 중시된다. 따라서 심리사회모델에서는 상황 속의 클라이언트를 파악하고 이해하기 위하여 클라이언트가 과거에 상황 속에서 어떤 경험을 하였는지를 중시하고 클라이언트가 있는 곳에서 접근하고 개입한다.

2. 심리사회모델의 개입과정과 주요 기법

심리사회모델의 실천목표는 '클라이언트가 경험한 과거의 사건이나 경험들 혹은 현재의 경험들과 관련된 심리 내적인 갈등과 어려움을 클라이언트 스스로 이해하고 통찰할 수 있도록 도와주어 클라이언트의 어려움을 경감시키는 것과 동시에 개인과 상황체계(person-situation)에서의 역기능을 감소시키는 것'이다.

또한 사회복지사가 클라이언트의 변화를 직접 이끌어가는 것이 아니라 클라이언트 스스로가 자신과 환경을 변화시키는 노력을 하는 과정에 최대한 도움을 제공하고, 현실적인 자원을 제공하여 클라이언트와 환경 또는 양자의 변화를 초래하며 클라이언트의 권익옹호나 지역사회 자원이 필요한 경우 클라이언트의 환경에 직접 개입하는 것을 목표로 한다. 따라서 심리사회모델의 개입과정과 주요 기법을 정리하면 다음과 같다.

1) 개입과정

(1) 초기 단계

초기 단계는 면접을 통해 클라이언트의 문제와 관련된 사실들을 수집하는 과정으로 클라이언트의 문제에 직접적으로 관련되어 있다고 생각되는 사실 수집에 초점을 둔다. 초기 단계의 면접횟수는 전체의 횟수에 따라서 조절될 수 있으며, 보통 1회에서 3회 또는 5회까지의 면접이 초기 단계로 규정될 수 있다.

사회복지사는 초기면접을 통해 클라이언트의 문제, 문제의 원인, 클라이언트가 문제를 해결하기 위해 시도한 방법, 클라이언트가 현재 문제상황에 기여한 요소들, 문제와 관련된 클라이언트의 초기 발달과정과 원가족에 대한 정보를 수집한다.

(2) 사정 단계

사정 단계는 수집된 정보에 대해 비판적으로 검토하는 것으로서 수집된 사실로부터 추론을 전개하는 과정이다. 사회복지사는 사정 단계를 통해 클라이언트와 클라이언트를 둘러싼 환경을 통합하여 전체 틀 속에서 여러 체계들이 어떻게 상호작용하고 있으며, 문제를 발생시키는 요인이 무엇인지를 '가계도(genogram)', '생태도(ecomap)' 등의 사정도구를 사용하기도 한다. 이런 사정의 영역은 3가지로 분류해 볼 수 있다.

첫째, 역동적 영역으로 클라이언트 인성의 여러 측면이 어떻게 상호작용하는가를 검토하는 것이다.

둘째, 원인론적 영역으로 문제의 원인이 현재 클라이언트와 환경의 상호작용 내에 있는지, 현재까지 영향을 미치는 과거의 사건에 있는지 또한 클라이언트의 딜레마의 원인 속에 있는지를 탐색하는 것이다.

셋째, 임상적 영역으로 클라이언트의 여러 가지 기능적 측면을 분류하는 것이다. 이런 과정 속에서 사회복지사는 클라이언트가 말하는 것에 귀 기울이고 '문제가 무엇인가?', '문제를 유발한다고 보이는 요인은 무엇인가?', '변화되고 수정될 수 있는 것은 무엇인가?'에 대한 답을 찾으려고 계속적으로 노력해야 한다.

(3) 개입 단계

개입 단계에서는 개입목표와 방법을 수립한다. 개입목표와 방법은 클라이언트에게 유익하여야 하며 사회복지사와 클라이언트의 협력에 의해 이루어지는 것이 바람직하다. 개입목표와 방법은 상황에 따라 변화될 수 있으며 클라이언트의 특성을 반영한 현실적 지원을 원칙으로 한다. 개입목표를 설정할 때에는 관련된 체계들의 변화 가능성, 클라이언트 및 주변체계들의 장·단점이나 자원, 클라이언트가 겪고 있는 문제의 성격, 각종 체계들의 역동적 상황 관련성에 대한 이해, 클라이언트에 대한 임상적 진단 등이 고려되어야 한다.

개입방법에 있어서는 클라이언트 스스로가 정서적 문제나 대인관계적 문제 등에 대한 자신의 행동과 감정에 대해 이해하고 통찰할 수 있도록 함으로써 문제해결을 위한 개입방법을 직접적으로 선택하고 결정할 수 있도록 돕는 것이 필요하다. 그러므로 클라이언트는 개입 방법을 선택할 수 있고, 클라이언트의 사회환경에 개입해야 하는 간접적 개입이 필요할 경우에는 사회복지사가 자원동원자, 자원개발자, 조정자, 옹호자 등의 다양한 역할을 할 수 있다.

(4) 종결 단계

클라이언트의 개인의 역량 강화와 가족의 기능 회복, 자원의 연계 등을 통해 문제가 해결되거나 개선이 되어 실천목표가 어느 정도 달성되었다고 클라이언트와 사회복지사가 동의하게 되면 실천이 종결된다. 종결은 사회복지사와 클라이언트 모두에게 어려운 과정일 수 있다. 왜냐하면 종결을 통해 서로에게 상실감이 야기될 수 있기 때문이다. 따라서 사회복지사는 '이별'에 대한 감정과 사회복지사와 형성된 관계 및 감정을 다루고 정리해 주어 갑작스러운 관계의 단절로 인해 발생할 수도 있는 정서적 충격을 최소화할 수 있도록 모든 노력을 기울여야 한다. 또한 종결 전에 클라이언트가 관계를 마칠 준비가 충분히 되어 있는지를 평가하여 적절히 다루어야 한다.

2) 주요 기법

(1) 지지

지지(sustainment)과정은 사회복지사가 클라이언트를 수용하고 클라이언트를 원조하려는 의사와 클라이언트의 문제해결능력에 대한 확신감을 표현함으로써 클라이언트의 불안을 줄이고 자기존중감을 증진하기 위한 과정으로 심리사회모델에 따른 사회복지사의 활동 가운데 가장 기본적이고 핵심적인 실천 기법이라 할 수 있다. 특히 클라이언트가 죄책감과 수치감을 느끼거나 두려워하고 분노를 느끼는 경우에 사회복지사는 지지 기법을 적극 사용함으로써 클라이언트를 이해하고 있음을 보여 주어야 한다. 지지과정은 언어적 의사소통뿐 아니라 따뜻한 표정, 어깨를 두드리는 등의 비언어적 의사소통 방법을 포함하며, 클라이언트의 당면한 문제에 대해 실질적인 도움 등을 제공함으로써 사회복지사가 클라이언트를 수용하고 지지하고 있음을 나타낼 수 있다.

(2) 직접적 영향

직접적 영향(direct influence)은 클라이언트의 행동을 향상시키기 위하여 조언이나 제안 등을 통해 사회복지사의 의사를 관철하기 위한 과정이다. 클라이언트가 자신의 의사에 따라 문제해결을 위한 결정에 도달하는 것이 바람직하지만, 때로는 사회복지사가 결정에 직접적으로 영향을 미칠 수 있다. 사회복지사의 영향은 다양한 방법으로 이루어지는데, 의견을 제시하는 것에서부터 제안, 클라이언트가 이미 하고 있는 생각의 강화, 강력한 주장, 직접적 개입 등의 방법을 포함한다.

(3) 탐색-기술-환기

탐색(exploration)과 기술(description)은 클라이언트의 문제와 관련하여 클라이언트, 클라이언트의 환경 혹은 클라이언트와 환경의 상호작용에 관한 사실을 진술하고 설명하도록 원조하는 것이며, 환기(ventilation)는 사실과 관련된 감정을 끄집어냄으로써 카타르시스를 경험하도록 원조하는 것이다. 탐색-기술-환기는 서로 연관되어 있는

데, 사실을 기술하거나 설명하는 과정에서 자연히 감정이 표현되기 때문이다.

심리사회모델에서는 특히 분노, 상실감, 죄책감, 불안 등의 감정에 주의를 기울인다. 이런 감정들은 말로 표현되었을 때 강도가 현격히 줄어들 수 있는데, 무엇보다 타이밍이 중요하다. 즉, 방어하지 않고 편안하게 자신의 감정을 표현할 수 있는 준비가 되었을 때에야 비로소 클라이언트는 환기를 경험할 수 있다. 때로는 환기를 경험하는 것 자체로 문제가 해결되는 경우도 있다.

(4) 인간–상황에 대한 고찰

인간–상황에 대한 고찰(person–situation reflection)은 현재 혹은 최근 사건에 대한 고찰로서 다음의 여섯 가지를 포함한다. ①과 ②는 클라이언트의 외부환경, ③, ④, ⑤는 클라이언트의 주관적인 내부상황과 관련된다. 마지막 ⑥은 원조상황과 관련된다.

① 다른 사람들, 건강, 상황

인간은 정보의 부족이나 편견, 두려움 등에 의해 자신이 처한 상황과 가족이나 친구들, 동료들, 이웃의 감정과 행동을 정확히 이해하지 못하는 경우가 있다. 사회복지사는 클라이언트의 상황에 대해 직접 설명하기도 하지만, 질문이나 언급을 통해 클라이언트가 스스로 깨닫도록 도와준다.

② 클라이언트의 행동이 자신과 다른 사람들에게 미치는 영향

사회복지사는 클라이언트가 미처 깨닫지 못했거나 간과한 결과에 대해 주의를 기울인다. 예를 들어, 친구들이 보는 앞에서 청소년 자녀를 때린 아버지는 자녀가 친구들의 인정을 받기 위해서 아버지와 대항해야만 하는 결과를 가져오게 되는 상황을 이해할 필요가 있다. 이 역시 클라이언트의 행동과 결과의 관계를 사회복지사가 설명하기보다는 질문이나 언급을 통해 클라이언트가 인간관계를 직접 깨닫도록 인도한다.

③ 클라이언트 행동의 성격

클라이언트가 자신의 숨겨진 반응, 사고, 감정의 성격에 대해 내부지향적인 이해를 하도록 원조한다. 예를 들어, 어머니가 자녀에 대해 분노의 감정을 가지고 있지만 인지하지 못하는 경우, 혹은 인지는 하지만 부인하는 경우가 있을 수 있다. 사회복지사는 클라이언트가 자신의 감정에 대해 스스로 통찰할 수 있도록 원조한다.

④ 클라이언트 행동의 원천

클라이언트가 다른 사람들과의 상호작용이나 상황적 자극에 대해 나타낸 반응의 원인을 이해하도록 원조한다. 예를 들어, 아내의 취업을 반대하는 남편은 아내가 가정을 돌보는 것을 자신에 대한 사랑의 상징으로 생각해 왔으며, 아내가 취업을 한다는 것은 자신을 더 이상 사랑하지 않는다는 의미로 생각했기 때문일 수 있다(김혜란 외, 2006).

⑤ 클라이언트의 자기평가

클라이언트의 도덕과 양심, 자기이미지, 가치 등에 관한 자기평가를 원조한다. 예를 들어, 사회복지사는 클라이언트가 현재 가지고 있는 자기이미지가 현실에 근거를 가지고 있는지 질문하거나 클라이언트가 가지고 있는 가치를 명확히 하기 위한 언급을 할 수 있다.

⑥ 사회복지사와 개입과정

사회복지사·개입·기관의 규칙 등에 대한 클라이언트의 반응과 이해 정도를 탐색하여 원조과정의 효과를 최대화한다. 클라이언트는 과거 인생경험에 의해 개입에 대한 적대감, 두려움 혹은 의존욕구를 가지고 있을 수 있다. 때론 사회복지사에 대한 클라이언트의 반응은 클라이언트의 대인관계 유형을 이해하기 위한 주요 자료가 될 수 있다.

(5) 유형–역동에 대한 고찰

사회복지사는 클라이언트의 성격 혹은 행동의 유형과 원초아, 자아, 초자아의 심리 내적 역동에 대해 고찰(pattern–dynamic reflection)한다. 또한 클라이언트가 사용하는 방어기제를 분석하고, 클라이언트가 가지고 있는 내부대상에 대해 고찰하며, 분리와 개별화 정도 등에 대해 고찰한다.

(6) 발달적 고찰

인간-상황에 대한 고찰과는 달리 발달적 고찰(developmental reflection)은 성인기 이전의 생애경험과 이런 경험이 현재 기능에 미치는 영향에 대해 고찰하는 것을 의미한다. 예를 들어, 남편의 무관심에 대해 지나치게 분노하는 아내에게 어린 시절 자신에게 관심을 별로 주지 않았던 아버지에 대한 감정과 남편에 대한 감정에서 유사점을 깨닫도록 원조할 수 있다.

3. 심리사회모델의 사례와 사례 적용

앞에서 살펴본 심리사회모델의 기본 가정과 개념, 개입과정과 주요 기법을 기초로 사회복지실천이 현장에서 어떻게 적용되는지 사례를 통해 살펴보면 다음과 같다(신성자 외, 2007 재구성).

1) 사례 개요

16살된 OO는 여러 가지 문제로 어머니가 사회복지사에게 데려온 청소년이다. OO의 집은 종합사회복지관 옆에 있는 임대아파트에 위치하고 있었는데 어머니는 일용직 노동자였다. OO의 어머니는 OO 때문에 "집에서 화가 나 폭발할 지경"이라며 불평했다. OO는 학교에서 친구들과 싸우고 어린 동생을 괴롭히고 있었다. 하지만 심리사회적 조사를 통해 드러난 바로는 가족체계 전체가 위기상황에 있었다(개인의 문제로 보이는 상황도 심리사회적 조사를 통해 상황 속의 개인의 문제라는 것을 이해할 수 있게 된다). 아버지는 몇 년 전에 동맥경화증으로 진단을 받고 점점 상태가 안 좋아져서a 지금은 일자리를 잃었다. 아버지는 우울하고, 까다롭고, OO에게 비판적이었다. 어머니는 남편을 간병하느라 많은 걱정과 책임을 느끼게 되면서 아들에게 엄격한 요구를 많이 하게 되었다. 어머니는 "모든 것이 통제를 벗어 같아 미래에 대해 두렵다고 말했다. OO와 부모의 갈등은 OO가 사춘기가 되어 부모로부터 해방되고 개인적 생활이 필요하게 되자 더 심해졌다(발달 단계상의 이해 필요). 그러나 부모는 아이들이 부모의 '사랑과 복종' 안에 있어야 한다고 생각했다. OO는 다음 발달 단계로 나아가지 못하게 억제되어 있다고 느꼈다. 즉, 나이에 맞는 자기결정이나 관심사를 추구할 수 없었다. "부모님은 내가 시야를 벗어나는 걸 용납하지 못하세요."라고 OO는 불평했다. 더구나 OO의 아버지는 OO의 삶에서 오랫동안 강한 남성이었지만, 비판적이고 힘 있는 아버지임에도 불구하고 육체적으로는 약했기 때문에 존경을 받을 수 없는 것으로 보였다.

첫 번째 가족면담 이후에 OO는 부모가 자신을 대하는 방식을 설명하면서 부모가 기대하는 대로 이전처럼 돌아갈 수는 없다고 말했다. 이제 변화가 있어야 했다. 사회복지사가 약간의 지지를 하자, 가족성원 중 가장 자기 인식이 있어 보이는 어머니가 지속적 치료를 결심했다(가족의 강점). 다음 치료에서 가족은 각자 미래와 가족 모두에게 충격이 되었던 아버지의 병에 대해 털어놓았다. 막내아들은 '편안하게' 설명하면서 자신이 점차 위축되었다는 것을 알게 되었다. 사회복지사의 도움으로 부모는 아이의 선생님과 의논하기로 했다. 부모는 OO가 가족의 슬픔과 두려움의 무게로 희생양이 되어 왔다는 것을 알 수 있었다. 무엇보다도 부모는 아이들과 더 이상 다투지 않게 되었다. 상호 간에 더 많은 지지가 위기 속에서 혼자가 아니라고 느끼게 해주었다. 사회복지사는 가족을 동사무소의 사회복지 전담공무원과 연결해서 경제적 도움을 받을 수 있는지 알아보게 해 주었다. 자활후견센터와 연결해 어머니가 일용직 외에 정기적 일자리 교육을 받아 직업활동을 할 수 있도록 원조하였다. 또 아버지의 병과 관련해서 병원의 의료사회복지사와 연결해서 지속적 관리를 받을 수 있도록 하였다. 종결 전에 부모의 요청으로 OO는 가족모임에 동의했다. 집안에 흐르던 긴장은 점차로 감소되었다.

부모의 새로운 가능성은 어려움에 대해 터놓고 말하게 된 것이며, 서로에게 귀 기울일 수 있게 된 것이다. OO는 우울하고 화나고 불안한 가족의 분위기에서 조금씩 벗어날 수 있게 되었다. 이제 OO는 더 이상 부모가 비판적이라거나 자신을 통제한다고 느끼지 않게 되었다. OO는 아버지의 병에 대한 슬픔과 자신의 행동을 나눌 수 있게 되었다.

2) 사례 적용

가족에게 위기를 가져오는 다양한 요소를 사정하고, 부분적으로 어머니의 변화 가능성을 사정함으로써 가족이 좀 더 편해질 수 있도록 가족 내에 힘의 균형을 가져오는 치료가 유효했다(동기가 있는 어머니의 힘을 알아채고, 치료를 지속하도록 이끌게 함으로써, 병든 아버지의 문제를 억압하지 않고 드러내고 지지하도록 원조). 이 과정에서 어머니가 새로운 일자리를 얻음으로써 경제적 문제를 해결하고 가족의 희생양이었던 OO가 가족 내에서 자신의 목소리를 낼 수 있도록 원조, 사회복지사가 비자발적인 OO를 도우려고 했거나 병든 아버지를 위한 개별치료 회기를 주장했다면, 이 개입은 실패했을 것이다. OO의 발달 단계적 특징을 충분히 이해하고, OO의 개인적 문제를 보거나 아버지의 문제로 단순화하지 않고, 상황 속의 개인의 문제로 이해하여 접근하였기 때문에 변화가 가능하였고, 이를 위해 가족의 위기나 역동에 대한 사정이 꼭 필요하였다. 사회복지사는 이러한 점을 사정하였기에 개입에 반영할 수 있었다.

이 가족의 강점은 어머니의 변화에 대한 의지였다. 변화에 대해 두려워하지 않고 감정적 반응과 행동을 변화시키는 데 가진 관심이 전체 가족체계의 평형에 변화를 가져왔다.

다음에서 클라이언트와 사회복지사 간의 의사소통을 사례를 통해 구체적 예시를 들고 사례 중간에 그 상황이 어떠한 의사소통과 관련 있는지를 표시하였다.

예) 심리사회모델을 배경으로 하는 실천기술을 활용하는 사회복지사와 클라이언트 간의 의사소통

OO는 사회복지사를 찾아와 엉망진창인 부인과의 관계를 불평한다(환기). OO는 사회복지사가 반대의견을 내지 않을까 주의 깊게 살피고 있다. 사회복지사는 고개를 끄덕이면서 "이해해요."라고 말하면서 OO를 격려한다. "결혼생활에 어떤 일이 일어났는지 더 자세히 얘기해 보세요(지지)." 사회복지사는 비심판적이고, 관심 어린 태도로 상황을 더 탐색하면서 OO를 돕는다(지지와 탐색). OO는 더 자세하게 부적절한 감정과 자기의심을 표현하자(환기), 사회복지사는 "가까운 관계는 종종 혼란과 강한 감정이 가득하죠."라고 재보증을 한다(지지). 이런 재보증이 있자 OO는 사회복지사에게 부인과 욕하며 싸우는 상황을 설명한다. OO는 부끄러움과 후회의 감정을 사회복지사와 나눈다(환기). 철수의 감정을 알아가는 동안 사회복지사는 OO와 밝혀진 것을 정확하게 논의하도록 그를 격려한다(지지와 탐색). 사회복지사는 OO에게 "당신은 언제 부인에게 욕을 하게 되나요?"라고 부드럽게 묻는다. 사회복지사의 도움으로 OO는 부인이 자신을 거부할 때 화가 난다고 말했다(개인과 상황의 성찰). 사회복지사는 OO에게 부인이 거부하는 것이 어떤 의미인지 묻는다. OO는 "마누라가 나를 거부하는 건, 나를 떠나려고 하기 때문이에요."라고 대답한다(패턴-역동의 성찰). 그 이후의 회기를 지나면서, OO는 자신의 어린 시절을 말하기 시작한다. 아버지는 자주 집을 비웠고 어머니는 만성적인 병을 앓고 있는 여동생을 돌보는 데 전념했다. 사회복지사가 이러한 점을 지적하는 약간의 도움을 주자, OO는 부인과의 관계에서 강한 반응을 보이는 것이 훨씬 오래 전에 이러한 어린 시절의 감정(부모로부터 관심을 받지 못하고 거부받는 듯한)들과 관계가 있다는 것을 알게 되었다(발달 단계의 성찰).

연습문제

1. 심리사회모델의 주요기술이 아닌 것은? 〈12회 기출〉

① 탐색 - 묘사 (기술) - 환기
② 역설적 의도
③ 직접적 영향
④ 발달적 고찰
⑤ 유형 - 역동성 고찰

[해설] 역설적 지시는 전략적 가족치료의 기술 가운데 하나로서 문제의 해결 또는 변화를 유도하기 위하여 사회복지사가 사용하는 방법이 오히려 문제행동을 계속 유지시키라고 역설적으로 지시하는 기법이다.

2. 심리사회모델에 관한 설명으로 옳은 것은? 〈10회 기출〉

① 정신분석이론, 자아심리학, 다상관계이론에 영향을 미쳤다.
② 클라이언트의 현재와 미래에 초점을 둔다.
③ 클라이언트의 수용과 자기결정을 강조한다.
④ 외현화 및 인지 재구조화 기술을 사용한다.
⑤ 인간의 내적 갈등보다는 환경을 강조한다는 비판을 받는다.

[해설] 심리사회모델은 수용과 개별화, 자기결정과 같은 가치를 중요시 한다.

3. 심리사회모델 개입기법으로 옳지 않은 것은?

① 격려
② 재보증
③ 제안
④ 발달적 고찰
⑤ 표적문제의 우선순위 정하기

[해설] '표적문제의 우선순위 정하기'는 클라이언트의 표적문제에 대해 우선순위를 고려하여 최대한 3개까지 정하여 개입하는 활동이다. 이것은 과제중심모델의 문제규명단계에서 이루어진다.

4. 단기개입에 적합하지 않은 실천모델은? 〈11회 기출〉

① 심리사회모델
② 행동수정모델
③ 과제중심모델
④ 해결중심모델
⑤ 위기개입모델

[해설] '심리사회모델'은 사회복지실천이 전문화되는 과정에서 다양한 분야의 영향을 받아 만들어진 모델이다. 이 모델이 만들어진 출발점은 '자선조직협회'의 활동과 실천현장에서 얻어진 지식들이라 할 수 있다.

5. 음주문제와 가정불화로 직장에 적응하지 못해 의뢰된 클라이언트에게 심리사회모델을 적용할 때 그 개입 기법으로 적절하지 않은 것은? 〈17회 기출〉

① 음주와 관련된 감정을 표출하도록 한다.
② 문제해결을 위해 직접 충고한다.
③ 클라이언트의 인지오류와 신념체계을 탐색한다.
④ 직장상사와의 갈등이 현재에 미친 영향을 파악한다.
⑤ 유년기 문제와 현재 행동의 인과관계를 지각하도록 한다.

〈해설〉 클라이언트의 인지오류와 신념체계를 탐색하는 것은 인지행동모델이다.

[정 답]
1. ② 2. ③ 3. ⑤ 4. ① 5. ③

Chapter 06

인지행동모델

1. 인지행동모델의 기본 가정과 기본 개념
2. 인지행동모델의 개입과정과 주요 기법
3. 인지행동모델의 사례와 사례 적용

인지행동이론은 인지이론과 행동주의이론을 통합한 것으로 두 이론이 각각의 독특한 특성을 갖는다. 인지이론에서는 인간의 환경에 대한 사고, 인식, 해석이 정서와 행동의 결정요인이라고 보는 반면 행동주의 이론에서는 인간의 행동은 모방과 관찰을 통해 학습된 것이기 때문에 행동수정을 통해 변화를 가져올 수 있다고 간주한다. 따라서 인지이론에서는 왜곡된 인식이나 해석으로 인해 인간의 문제가 발생한다고 보는 반면 행동주의 이론에서는 클라이언트가 잘못된 혹은 부정적인 행동을 모방·학습한 결과로 역기능적인 행동을 보인다고 주장한다(payne, 1997).

인지행동모델을 사회복지실천기술에 적용하는 목적은 클라이언트가 자신의 생활경험을 보다 현실적이고 긍정적으로 인식, 사고, 해석하는 방법을 학습하도록 함과 더불어 사회적인 기능을 향상시킬 수 있도록 하기 위해서이다. 인지행동이론은 행동과학 분야에 많은 영향을 미쳤으며 사회복지실천 등 임상적 영역에서도 활용하는 경향이 높아지고 있다. 따라서 사회복지실천에서 인간행동을 이해하기 위해서는 개인, 환경, 인지라는 맥락에서 이해하는 인지·행동적 관점이 필수이다.

인지행동이론에서 제공하는 실천기술은 사회복지실천기술 가운데 가장 많이 활용되고 있다. 인지행동이론에 입각한 개입기술은 문제를 일으키는 잘못된 가정과 사고의 유형을 확인·점검하고 재평가하여 수정하도록 격려하고 원조한다. 이 이론에 포함되는 치료접근방법으로는 인지치료, 행동치료, 합리정서치료, 현실치료, 인지행동치료가 있다(Gilliland & James, 1997; 양옥경, 2000 재인용).

1. 인지행동모델의 기본 가정과 기본 개념

1) 기본 가정

인지행동이론의 기본적인 전제는 인간의 사회적·행동적 역기능이 사건이나 상황에 대한 클라이언트의 잘못된 생각(혹은 인지)으로 인해 발생한 것으로 인지 및 행동의 수정을 통해 역기능이 해소될 수 있다고 본다(엄명용 외, 2000). 인지행동이론은 인지이론과 행동이론이 통합·발전되었으므로 인지이론과 행동이론이 갖는 주요 특징과 몇 가지 기본 가정을 살펴보면 다음과 같다.

(1) 인지이론의 기본 가정

인지이론은 인간의 감정, 동기, 행동 등이 의식적인 사고과정의 결과임을 전제로 하고 있다(엄명용 외, 2000). 이는 인간의 행동이 무의식적인 힘 혹은 충동에 의한 것이 아니라 인간의 의지에 의해 결정되는 것임을 의미하며, 부적응적인 행동은 곧 역기능적인 사고 혹은 인지적 왜곡에 의해 발생한다고 여긴다. 또한 인지이론에서는 인지가 정서 및 행동의 역기능을 중재한다고 간주한다(Thyer & Myers, 1997). 따라서 인지이론에 기반한 치료과정에서는 부적응적인 사고유형을 파악하고 이를 직면하여 변화할 수 있도록 돕는다. 이러한 점에서 인지이론이 제시하는 몇 가지 기본 가정을 살펴보면 다음과 같다.

- 인간의 행동은 무의식적인 힘이 아닌 의지에 의해 결정된다.
- 인간의 행동은 사고에 의해 결정되며, 부정확한 지각과 생각이 부적응적인 행동을 초래한다.
- 잘못된 인지, 왜곡된 생각, 비합리적인 신념은 개인의 의식수준 밖에서 일어난다. 특히 잘못된 생각을 학습하고 이를 지속적으로 사용하면서 인지적 신념들을 '자동적(automatic)'으로 활용하게 되어 자신도 모르게 역기능적인 정서가 형성된다.
- 인간의 감정은 자기 자신과 사회적 상황에 대해 생각하고, 말하고, 가정하고, 믿는 것으로부터 초래된다. 인간이 가지는 감정의 대부분은 사람들의 생각, 자기 스스로에게 하는 말 그리고 자신이나 자신의 환경에 대해서 믿거나 가정하는 바에서 직접적으로 파생되는 결과이다.
- 인간은 창조적이고 성장의 욕구를 가지고 자신의 능력을 최대한 개발하고 목표달성을 추구하는 기본적인 경향을 가지고 있다(Lantz, 1996; Werner, 1981; 엄명용 외, 2000 재인용).

이상과 같이 인지이론에서는 인간의 행동이 인간의 감정 혹은 사고과정의 산물이며, 인간 자신이 지각한 것에 대한 잘못된 판단 혹은 비합리적 사고와 신념이 부적응적인 행동이나 문제를 야기하는 것이라 할 수 있다. 하지만 인지이론에서는 인간의 행동이 정신분석이론에서와 같은 결정론적인 힘에 의한 것이 아닌 인간의 의지로 변화될 수 있다는 입장을 취한다는 점에서 대조를 이루고 있다.

(2) 행동이론의 기본 가정

일반적으로 행동주의에서 제시하는 기본 가정은 행동주의의 여러 학파에 따라 약간씩 다르다. 즉, 스키너(Skinner)의 행동주의 이론과 반두라(Bandura)의 사회학습이론, 급진적 행동주의(radical behaviorism), 신행동주의 이론(neobehaviorism) 등에서 제시하는 기본 가정은 차이가 있게 마련이다. 여기서는 스키너의 행동주의 이론과 반두라의 학습이론에서 제시하는 기본 가정을 비교하여 살펴보면 다음과 같다.

- 스키너와 반두라는 인간의 행동이 환경적 자극에 의해 동기화된다고 전제했지만, 스키너는 인간의 행동이 강화에 의해 행동의 빈도와 강도가 결정된다고 본 반면, 반두라는 개인의 인지적 요인과 다른 내적 사건들에 의해 중재되어 최종적으로 행동이 결정된다고 주장한다.
- 스키너는 인간이 자신의 행동을 통제할 수 있는 힘이 없다고 보았지만, 반두라는 인간이 자기효율성을 성취하는 방향으로 행동을 규제할 수 있다고 믿었다.
- 스키너는 외적 강화가 없이는 행동의 학습이나 수정이 불가능하다고 여겼지만, 반두라는 새로운 행동의 학습은 외적 강화 없이도 이루어질 수 있다고 여겼다(김동배·권중돈, 2006).

이에 비해 브루스와 페드릭(Bruce & Fedric, 1997; 양옥경 외, 2000 재인용)은 학습이론의 기본 원칙과 가정을 다음과 같이 제시하고 있다.

- 인간에 의해 일어나는 모든 현상들(분명한 행동과 언어, 숨겨진 사고와 인지, 느낌, 꿈 등)은 관찰이 가능하건 불가능하건 모두 행동으로 간주한다.
- 인간행동은 생활경험에서 광범위하게 학습되며, 이러한 학습은 전 생애에 걸쳐 일

어난다.

- 기본적인 학습은 여러 문화와 생활환경을 통하여 개인의 행동으로 나타나며, 정상적이거나 역기능적인 행동, 느낌, 사고 등도 학습의 결과이다.
- 대인적 행동 역시 학습과정에 의한 기능이며, 행동의 범위가 커질수록 기본적인 학습기제(mechanism)가 보다 복잡하게 작용한다.
- 주요 학습과정은 반응적 조건화, 조작적 조건화, 관찰학습의 세 가지로 대표된다.

(3) 인지행동이론의 기본 가정

인지행동이론은 앞서 제시한 인지이론과 행동이론을 통합하여 활용한 것으로 때로 행동이론에 근거한 인지적 개입기술(cognitive intervention based on behavioral approach)로 불리기도 한다. 인지치료 기법을 통해 사회복지사는 클라이언트가 상황을 왜곡하여 해석하는 방식과 정서를 변화시킬 수 있도록 도우면서 동시에 새로운 행동기술을 습득하고 실제상황에 적용할 수 있도록 강화를 통해 행동의 변화를 유지시키도록 한다(Lantz, 1996).

이런 점에서 인지행동이론은 다음과 같은 몇 가지 특징 또는 기본 가정을 가지고 있다(양옥경 외, 2000).

① 자신과 타인에 대한 무조건적인 존경

엘리스(Elliss)는 인간문제의 주요 원인이 자신에 대한 부정적인 평가(negative self-rating)라고 주장하면서 많은 문제가 자신을 가치 있게 평가하지 않은 데서 비롯된다고 하였다. 이는 곧 자신의 성공에 대해 낮게 평가하거나, 자신을 입증하기 위해 더 많은 것을 요구하거나 혹은 타인의 승인을 적극적으로 얻는다거나 자신의 성취 가능성에 대해 스스로 방해(self-sabotage)하는 것을 의미한다. 따라서 인지행동이론에서는 클라이언트가 자신의 가치에 대해 긍정적으로 평가할 수 있도록 도울 필요가 있다.

② 주관적인 경험의 독특성

이는 각 개인이 갖는 삶의 사건과 정서반응의 독특한 의미, 현실을 조직하는 데 작용하는 정보전달과정, 신념, 신념구조와 같은 주관적 경험의 독특성을 의미한다. 또한 클라이언트는 정서적·행동적 반응에 관계된 인지적 기능에 대해 경험적으로 탐구하도록 사회복지사와 협력함을 의미한다.

③ 자신의 책임

이는 클라이언트가 자신의 정서적·행동적 문제를 다른 사람의 탓으로 돌리지 않고 자신의 책임으로 수용하는 것을 의미한다. 즉, 타인이 자신의 문제의 원인이라고 하는 것은 곧 자신의 문제에 대한 통제력이 자신의 내적인 면에 있기보다는 타인에 의해 조정되는 것임을 의미한다.

④ 구조화된 접근

인지행동모델은 치료자가 문제해결을 위해 구조적인 절차를 갖고 있으며, 클라이언트와 사회복지사 간의 협조적인 관계와 노력 그리고 적극적인 참여를 기반으로 하고 있다.

⑤ 소크라테스식 방법과 질문

소크라테스식 질문 및 접근방법은 클라이언트의 문제를 해결하는 데 있어, 논박을 통해 인지적 왜곡이나 오류가 있음을 밝혀내고, 질문을 통해 자기발견과 타당화의 과정을 거쳐 사건이나 행동의 의미를 재발견하게 하는 것이다.

2) 주요 개념

(1) 엘리스의 합리적 · 정서적 · 행동치료

합리적·정서적·행동치료는 인간이 합리적이거나 비합리적인 잠재기능을 지니고 태어났다는 가정에서 출발한다. 즉, 인간은 올바른 사고도 할 수 있고, 왜곡된 사고도 할 수 있다는 것이다. 이것이 바로 합리적·정서적·행동치료의 주요 개념이다. 엘리스는 생각이 정서와 행동을 유도한다고 강조하고, 합리적 생각은 적절한 정서와 적응적인 행동을 초래하고, 비합리적 생각은 부적절한 정서와 부적응적인 행동을 초래한다고 하였다.

인지행동주의의 선구자인 엘리스는 인간의 사고와 감정은 깊이 연관되어 있고, 부정적인 감정이나 증상들은 비합리적인 신념에서 비롯된다고 하였다.

비합리적 신념에는 '반드시', '절대로', '모든', '완전히', '전혀', '파멸적인', '해야만 한다.' 등이 저변에 깔려 있다. 엘리스(1962)가 제시한 비합리적 신념과 이를 반박하는 근거는 다음과 같다.

① 합리적 사고

합리적 사고는 각 개인의 복지, 만족도 그리고 행복에 기여하는 것으로, 논리적으로 모순이 없고, 일반적으로 경험적 현실과 일치한다. 인간의 삶을 생산적으로 이끌고 삶의 목적을 성취하는 데 도움을 주는 실용성을 가지고 있으며 개인의 선호, 소망, 희망 등을 반영하고 있다. 또한 융통성이 있어 적절한 정서와 적응적 행동에 영향을 준다.

- 모든 주요 타자들로부터 사랑과 인정을 받는 것은 성인에게 절대적으로 필요하다. 아동은 사랑과 인정이 매우 필요하며, 성인도 주요 타자들로부터 사랑과 인정을 받는 것이 바람직하다. 하지만 모든 주요 타자들로부터 사랑과 인정을 받는 것이 절대적으로 필요하다는 이 신념은 이룰 수 없는 완벽주의적 믿음이다. 자신의 욕구를 포기한 채 주요 타자들로부터 사랑과 인정을 받기 위해 노력하는 것은 자기지향적이지 않을 뿐 아니라 이런 노력에도 불구하고 주요 타자들은 자신의 편견이나 선호에 의해 자신을 좋아하지 않거나 무관심할 수 있다.
- 가치 있는 사람이 되기 위해서는 모든 면에서 능력이 뛰어나고 적절하며 성취적이어야 한다고 생각한다. 그러나 대부분의 사람들은 하나의 주요 영역에서도 완전히 뛰어날 수 없다. 이런 믿음을 가진 사람은 항상 자신을 다른 사람들과 비교한다. 통제할 수 없는 상황에서 다른 성공적인 사람들의 능력과 성취를 자신과 비교하는 것은 의미가 없다. 따라서 잘하는 것보다는 하는 것 자체가 중요하며, 결과보다는 과정이 중요하다. 또한 잘하려고 노력할 때, 다른 사람들을 이기기 위해서 하기보다는 자신을 위해 노력하는 것이 바람직하다.
- 어떤 사람들은 사악하고 나쁘기 때문에 이런 사람들은 자신들의 악행에 대해 심하게 비난 받고 처벌받아야 한다고 생각한다. 그러나 일부 사람들은 무지나 어리석음 및 정서의 문제에 의해 혹은 무의식적인 동기에 의해 악행을 하며, 악행을 저지르는 사람이 반드시 악한 사람은 아닐 수 있다. 더욱이 악행을 처벌함으로써 악행이 줄어들기보다는 오히려 악화되기도 한다.

- 원하는 대로 상황이 되지 않는다면 이는 끔찍하고 파멸적이라고 생각한다. 원하지 않는 상황이나 사람을 싫어할 수는 있지만, 매우 괴로워한다면 이는 비합리적이다. 이런 경우 그런 현실을 도전 과제로서 수용하고 자신의 삶에 유용하게 통합하는 방법을 배울 필요가 있다.
- 불행은 외부적 요인에 기인하며, 사람들은 자신의 슬픔과 근심을 조절할 능력이 거의 없거나 전혀 없다고 생각한다. 그러나 자신의 부정적인 감정은 다른 사람들이나 사건이 만든 것이기보다는 자신이 만드는 것이다. 즉 자신이 슬픈 것은 다른 사람들이 슬프게 만든 것이 아니라 자신 스스로가 슬픈 감정에 빠지도록 만들었기 때문이다.
- 위험하거나 두려운 것에 대해서는 매우 염려해야 하며, 이것이 일어날 가능성을 늘 염두에 두어야 한다고 생각한다. 그러나 사전에 대비하는 것은 필요하지만, 아직 일어나지 않는 것에 대해 지나치게 염려하고 불안해하며 두려워한다면 오히려 이에 대한 대처능력을 떨어뜨린다. 또한 지나치게 염려함으로써 이런 일이 실제로 일어나는 데 기여할 수도 있다.
- 인생의 어려움과 책임을 대면하는 것보다는 회피하는 것이 쉽다. 자신감은 실제로 책임을 수행함으로써 얻어지는 것이다. 싫더라도 자신이 수행해야 하는 것들은 불필요한 고통을 최소화하기 위해 자신이 수행하는 것이 바람직하다.
- 우리는 다른 사람들에게 의존해야 하고, 의존할 수 있는 강한 사람이 곁에 필요하다고 생각한다. 그러나 다른 사람에게 의존하면 할수록 더 의존하게 되고, 결국 인생이 자신의 사고와 행동보다는 다른 사람들의 처분에 의해 결정된다. 인생에서 어느 정도 외로움은 감내해야 하며, 외로움이 그렇게 끔찍한 것도 아니다. 또한 인생의 어떤 목적을 달성하기를 실패했다고 인간으로서의 가치를 잃는 것은 아니다. 우리는 실패를 통해 배운다.

출처: 박영숙 외(2008).

② 비합리적 사고

비합리적 사고는 정서적 장애와 역기능적 행동에 중요하게 기여하며, 논리적으로 모순이 많다. 또 비합리적 사고는 거의 경험적 현실과 일치하지 않는다. 그래서 이 신념들은 일반적으로 현실세계에서 나타나는 것들을 언급함으로써 반박할 수 있게 된다. 비합리적 사고는 인간의 삶을 파괴적으로 이끌거나 궁극적으로 삶의 목적 달성에 방해가 되고 절대적이고 경직되어 있는 요구를 포함하고 있어 언어적 표현에 '반드시 ~해야만 한다.', '반드시 ~해서는 안된다.'라는 극단성이 반영되어 표출된다. 따라서 비합리적 사고는 원하지 않는 정서적·행동적 결과에 대해서 사람들을 더욱 상처 받기 쉽게 만들고 우울증과 같은 부적절한 정서와 부적응적 행동을 유도한다.

(2) 벡(Aron T. Beck)의 인지치료

엘리스의 합리적 정서치료와 더불어 인지행동모델 중에서 가장 널리 알려진 보편적인 이론인 벡의 인지치료는 사람들의 감정이나 행동이 어떤 사건에 대한 그들의 지각에 의해서 영향을 받는다고 가정한다. 사람들의 느낌을 결정하는 것은 그 상황 자체가 아니고 그들이 그 상황을 해석하는 방식에 달려 있다는 것이다.(Beck, 1964).

벡의 인지치료는 능동적이고 지시적이고 시간 제한적인 접근이라는 면에서 합리적·정서적·행동치료와 유사하지만, 인간은 부정적 사고와 부적응적 신념을 인식하고 그것을 변화시킬 수 있는 존재라는 것을 강조한 통찰치료이다. 벡의 인지치료에서 핵심이 되는 주요 개념은 자동적 사고, 역기능적 인지도식, 인지적 오류 등이다.

① 자동적 사고

자동적 사고란 어떤 사건에 당면하여 자동적으로 떠오르는 생각이다. 자동적 사고는 사고의 외형적인 흐름과 공존하고, 자발적으로 발생하며, 의도적이거나 심사숙고한다고 해서 형성되는 것이 아니라 흔히 간단하고, 빠르게 스쳐가며, 속기형으로 표현되고, 언어적 혹은 영상의 형태로 나타난다.

자동적 사고는 그 내용이나 의미에 따라 특별한 감정을 일으키는데 이러한 자동적 사고가 부정적일수록 심리적인 문제로 이어진다. 그러므로 사람들이 경험하는 심리적인 문제는 어떤 사건 자체가 아니라 그 사건을 대하면서 자동적으로 떠올리게 되는 부정적인 생각 때문이다.

우울증을 경험하는 사람들의 자동적 사고를 살펴보면 크게 세 가지 내용으로 구성되어 있는데 이를 인지삼제(cognitive triad)라고 한다. 인지삼제란 자기와 세상 그리고 미래에 대한 개인의 부정적인 생각과 태도를 말하는 것으로서 첫째, 자기에 대한 비관적인 생각, 둘째, 미래에 대한 염세주의적인 생각, 셋째, 세상에 대한 부정적인 생각이다.

② 역기능적 인지도식

인지도식이란 사람이 살아가면서 나름대로 발달시키는 자기와 세상을 이해하는 틀을 말하며 역기능적 인지도식이란 한 개인의 기본적인 생각의 틀과 내용이 현실적응에 도움이 되지 않는 것을 의미한다. 즉, 한 개인이 오랜 경험을 통해서 가지게 된 믿음의 내용이 부정적인 성질의 것들로 채워진 경우를 역기능적 인지도식이라 한다. 부정적인 내용의 자동적 사고를 활성화하는 것은 바로 역기능적 인지도식의 내용이다. 역기능적 인지도식을 가지고 있는 사람이 환경적 스트레스와 부정적 생활환경에 처하게 되면 자기도 모르게 부정적인 내용을 자동적 사고로 떠올리게 되어 심리적 문제가 발생하게 된다.

③ 인지적 오류

인지적 오류(cognitive errors)란 어떤 경험이나 사건을 해석하고 받아들이는 과정에서 생기는 추론 혹은 판단의 오류를 말한다. 정서적인 문제를 가지고 있는 사람은 논리적으로 오류가 있는 도식을 활용하여 정보를 처리하게 되고 결과적으로는 현실을 부정적으로 왜곡한다. 벡의 인지적 오류에는 임의적 추론(Arbitrary inference), 선택적 요약(Selective abstraction), 과잉일반화(Overgeneralizing), 확대와 축소(Magnification & Minimization), 개인화(Personalization), 절대적·이분법적 사고(Absolutistic & Dichotomous thinking) 등이 있다.

2. 인지행동모델의 개입과정과 주요 기법

인지행동모델을 통한 사회복지실천목표는 클라이언트가 자신의 생활경험을 보다 현실적이고 긍정적으로 인식, 사고, 해석하는 방법을 학습하도록 지지하여 긍극적으로 클라이언트는 문제를 일으키는 잘못된 사고유형을 확인하고, 모니터하며, 재평가하고 수정하여 합리적인 사고로 재인식하도록 원조를 받는다.

따라서 클라이언트가 필요한 지적인 능력과 자신의 사고방식을 분석하고 모니터하는 데 필요한 시간을 투자하고, 장기간 습관화된 사고방식을 바꾸고자 하는 노력이 요구된다. 이를 통해 클라이언트는 핵심적인 자기패배적 신념을 최소화시키고 삶에 대하여 보다 현실적이고 합리적인 가치관을 갖게 될 것이며, 개입이 끝난 이후에도 클라이언트 스스로 자가치료를 할 수 있는 역량을 증가시킬 수 있도록 하는 데 실천목표가 있다. 인지행동모델은 특히 우울증, 낮은 자존감, 자아가 고갈된 사고와 행동을 가진 클라이언트에게 효과적이다. 따라서 인지행동모델의 개입과정과 주요 기법을 정리하면 다음과 같다.

1) 개입과정

인지행동모델은 모든 심리적 장애에서 왜곡되고 역기능적 사고가 공통적이며, 이러한 역기능적 사고는 클라이언트의 기분과 행동에 영향을 미친다고 가정하는 인지이론과 기능적 행동은 학습을 통해 습득될 수 있다고 가정하는 행동주의 이론의 영향을 받았다. 따라서 인지행동 모델은 인지치료적 방법으로 교육을 통해 왜곡된 방식으로 상황을 해석하는 것을 변화시키거나 기능적 차원에서 해석하는 방식을 배우며, 관찰학습을 통해 새로운 기능적 행동기술을 학습하고, 행동주의적 강화를 통해 변화를 유지시키는 것을 목적으로 한다고 할 수 있다(양옥경, 2000).

인지행동모델에 의한 실천과정은 행동주의 또는 인지적 접근을 통해 다양하게 실천할 수 있다. 다음 〈표 6-2〉는 우울증 클라이언트에 대한 인지행동적 개입과정을 기술하였다(권정혜, 1999; 권정혜·이재우, 2001).

〈표 6-2〉 우울증 클라이언트에 대한 인지행동적 실천과정

단계		내용	적용 방법
기초 단계		· 라포 형성 · 클라이언트의 평가나 진단 · 인지행동치료에 대한 교육 · 사례의 개념화	· 클라이언트가 편안한 상태에서 치료자에게 신뢰를 가지고 대화할 수 있도록 하고 정확한 평가를 한다. · 인지행동치료의 원리와 치료과정에 대한 설명을 하고, 소책자나 책을 활용하기도 한다. · 클라이언트의 역기능적 가정이나 신념체계를 파악한다.
초기 단계	행동 기법	· 주간 활동 계획표 사용하기 · 즐거움을 주는 활동 늘리기 · 점진적 과제 부여 · 다양한 행동 기법 활동 (사회기술 훈련, 주장훈련, 역할연습 등)	· 인지행동치료에서 인지변화를 일으키기 위한 준비 단계로 행동 기법을 사용한다. · 활동을 통해 기분의 변화를 기록하여 클라이언트 스스로 약간의 즐거움과 기분의 변화를 눈으로 확인하게 한다. · 거의 확실히 달성할 수 있는 쉬운 과제부터 단계적으로 제시하여 성공경험을 강화한다. · 자동적 사고를 클라이언트의 행동을 통해 검증해 본다.
	인지 기법	· 자동적 사고 파악하기 · 인지적 오류 점검 · 자동적 사고 현실 검증 (소크라테스식 대화)	· 특정상황에서 자동적으로 떠오른 심상을 통해 자동적 사고를 파악한다. · 자동적 사고에 나타난 인지적 오류를 검토한다. · 소크라테스식 대화를 통해 자신의 자동적 사고에 대해 스스로 평가할 수 있게 한다.
중간 단계	역기능적 가정이나 핵심믿음 발견하기	· 자동적 사고를 통한 유추 · 하향식 화살표 기법 사용	· 자주 나타나는 특정한 자동적 사고를 통해 역기능적 가정이나 핵심믿음을 파악할 수 있다. · "이것이 나에게 무엇을 의미하는가?"라는 질문을 계속하다 보면 자동적 사고 기저의 핵심믿음을 파악할 수 있다.
중간 단계	역기능적 가정이나 핵심믿음 재구성하기	· 역기능적 가정이나 핵심믿음 검증하기 · 행동실험을 통한 검증 · 대안적 가정이나 핵심 찾기	· 클라이언트의 일상생활 사건을 통해 핵심믿음이 맞는지 틀리는지 검증하는 증거를 수집한다. · 검증할 가정이나 신념을 정하여 이 생각을 검증하기 위한 행동실험을 한다. · 핵심믿음을 지지하는 증거와 지지하지 않는 증거를 모으다 보면 이전 핵심믿음보다 덜 절대적이고 덜 부정적인 대안적 신념을 발견할 수 있다.
종결 단계		· 치료자 역할 연습하기 · 재발 및 예상되는 어려움 다루기 · 종결에 대한 감정, 태도 다루기	· 종결 후 클라이언트 스스로 치료자 역할을 하면서 역기능적 신념을 극복할 수 있도록 연습한다. · 앞으로 나타날 수 있는 문제를 어떻게 극복할지 대처방법을 연습해 본다. · 종결과 관련된 불안, 원망, 슬픔 등에 대한 감정을 표현하게 하여 다루어 준다.

2) 주요 기법

(1) 인지적 기법

클라이언트의 생각 중 비합리적인 생각과 그에 근거한 클라이언트의 언어를 찾아서 이를 합리적인 생각과 언어로 바꾸는 것으로 그 과정에는 다음과 같은 기법이 있다.

① 비합리적 신념에 논박하기

사회복지사가 클라이언트의 비합리적 신념을 적극적으로 반박하는 것이다. 사회복지사는 클라이언트가 어떤 사건이나 상황 때문이 아니라 이 사건에 대한 자신의 지각과 자기진술의 성질 때문에 장애를 입고 있다는 것을 그들에게 알려준다. 클라이언트가 비합리적 신념을 버릴 때까지 또는 적어도 신념을 약화시킬 때까지 구체적으로 '해야 한다.', '당연히 해야 한다.', '절대로 하지 않으면 안 된다.'라는 당위를 반복적으로 반박한다.

② 인지적 관계

클라이언트로 하여금 자신의 문제리스트를 만들고, 그에 대한 절대적 신념을 규명하도록 하여 그 신념을 논박하게 하고 기회가 있을 때마다 합리적인 진술을 읽게 하거나 관련된 서적을 읽어오게 하는 등의 과제를 부과한다.

③ 클라이언트의 언어 변화시키기

사고는 언어를 조성하고 언어는 사고를 조성한다는 말이 있다. 따라서 사회복지사는 클라이언트의 언어패턴에 특별한 주의를 기울이고 부정확하거나 부정적인 언어의 의미를 재정의 기법을 활용하여 변화시킨다.

④ 은유와 유추의 기법 사용하기

은유는 내담자의 인식을 증진시키기 위하여 비합리적 신념체계를 은유적으로 표현하는 기법을 말한다. 유추는 클라이언트에게 항상 미루는 습관이나 지각하는 습관이 있다면 그러한 행동이 자신의 행동 특성 때문에 나타나는지 유추하여 인지를 돕는 기법이다.

(2) 정서적 기법

정서적 기법은 클라이언트가 실제 생활에서 생각하고 느끼고 행동하기 원하는 것과 당위적 사고를 구별할 수 있도록 하여 정서를 적절한 것으로 변화시킬 수 있도록 돕는 기법이다.

① 역할연기

클라이언트가 어떤 상황에서 무엇을 느끼고 있는가를 알아보기 위해 그 행동을 시연해 보는 기법을 말한다.

② 수치감-공격 연습

수치심을 극복하는 어떤 행동을 시도해 보도록 하여 클라이언트가 어떤 행동에 대하여 가질 수 있는 비합리적인 수치감을 제거하는 연습을 해 보는 기법이다. 이때 중요한 점은 타인이 명백하게 클라이언트 자신을 승인하지 않을 때조차도 수치감을 느끼지 않도록 연습하는 것이다.

③ 유머의 사용

유머는 고정관념을 극복하고 열린 사고를 할 수 있게 하는 기능을 가지고 있으므로 클라이언트로 하여금 문제상황으로 이끄는 과장된 사고에 대항하는 수단으로 유머를 사용할 수 있다. 또한 비유나 우스꽝스러운 노래를 사용해 너무 진지하여 발생할 수 있는 클라이언트의 정서적 혼란과 불안을 감소시킬 수 있는 기법으로도 활용 가능하다.

(3) 행동적 기법

인지행동모델에서 행동적 기법은 클라이언트의 신념체계를 변화시키고, 변화된 신념체계를 통해 혼란된 정서의 변화를 유도하고자 하는 행동변화 기법이다.

- 행동과제를 부여한다.
- 클라이언트가 일상생활에서 모험을 하고 새로운 경험을 함으로써 비능률적인 습관을 버리도록 한다.

- 일을 미루는 습관을 교정하기 위해서 당장 일을 착수하도록 유도한다.
- 합리적인 인간이 된 것처럼 연출하여 매사에 합리적으로 생각하고 행동하도록 지시한다.

(4) 내적 의사소통의 명료화

내적 의사소통의 명료화기술은 클라이언트 스스로 자신에 대해 독백하고 사고하는 것에 대해 사회복지사가 피드백을 주는 것이다. 이런 과정을 통해 클라이언트는 자기 자신과 다른 사람에게 하는 말 속에 숨겨진 잘못된 생각과 비합리적인 신념에 대해 더 잘 이해할 수 있게 된다.

(5) 경험적 학습

경험적 학습기술은 왜곡된 인지에 도전하고, 변화하도록 유도하는 것으로 인지적 불일치 원리(cognitive dissonance principle)로 설명된다. 인지적 불일치란 자신의 행동, 행위 또는 생활양식에 부합되지 않는 태도나 신념을 변화시키려는 경향을 의미한다. 이 기술은 클라이언트에게 자신의 인지적 오류에 부합하지 않는 특정한 행동을 하도록 함으로써 클라이언트가 자신의 인지적 오류를 발견하고 수정하도록 하는 데 자기주장훈련, 모델링, 역할극, 사회기술훈련, 심리극(psychodrama) 등을 활용할 수 있다.

(6) 역동적 · 실존적 반영

역동적 반영은 클라이언트의 문제와 문제해결에 초점을 맞춰 활용한다. 이는 증명할 수 있고, 객관적이며, 경험적이고 이론적인 지식에 목적을 두는 문제해결의 반영을 의미한다. 이에 비해 실존적 반영은 개인 삶의 의미와 의미의 잠재성 발견에 초점을 둔다. 따라서 사회복지사는 클라이언트가 회복된 의미와 의미의 잠재성을 사용하고 인식하는 데 도움이 될 수 있는 문제해결전략을 개발·발전시키도록 돕는다.

(7) 인지 재구조화

이 기술은 클라이언트가 자신의 기능에 부정적인 영향을 미치는 역기능적 사고와 관념을 인식할 수 있도록 돕고 이를 현실에 맞는 신념과 행동으로 대치하여 기능을 향상시킬 수 있도록 하는 기술이다. 사회복지사는 문제를 일으키는 잘못된 가정이나 사고의 유형을 확인·점검하고 재평가하여 수정하도록 격려하고 원조한다.

3. 인지행동모델의 사례와 사례 적용

앞에서 살펴본 인지행동모델의 기본 가정과 개념, 개입과정과 주요 기법을 기초로 사회복지실천이 현장에서 어떻게 적용하는지 사례를 통해 살펴보면 다음과 같다.

1) 사례 개요

클라이언트는 40세 된 주부로 남편, 두 아들과 함께 살고 있다. 5년 전 친구 내외와 저녁식사하러 갔는데 친구 남편이 친구와 클라이언트를 대할 때 존중하는 태도를 취하여 매우 부러웠다고 한다. 또 그 친구는 쇼핑을 할 때 돈을 여유 있게 쓰는 것에 비해 클라이언트는 돈을 쓰는 것에 항상 불안을 느껴 그 친구와 옛날에는 처지가 비슷했는데 이제는 처지가 많이 달라져 기분이 나빴고, 내 자신이 지금까지 무엇을 했나? 하는 생각을 많이 하게 되었다고 한다. 돈을 벌고 소일거리를 하기 위해 남편과 상의하여 꼬치구이 가게를 시작했는데, 남편이 나중에 술집 같다며 완강하게 반대하여 인테리어비만 손해 보고 그만두었다고 한다. 이후 신경이 예민해지고, 쉽게 섭섭함을 느끼고, 화가 치밀어 오르며, 머리가 아프고 식욕이 떨어지고, 구역질이 나기도 하여 생활이 힘들어졌다(권정혜 외, 2001 사례 요약).

2) 사례 적용

상기 사례에 대해 사례개입과정에 따른 사례적용을 살펴보면 다음과 같이 정리할 수 있다(이영호, 2014, 재구성).

〈표 6-2〉 사례개입과정에 따른 사례적용

단 계		내 용	적용방법
기초 단계		· 라포 형성 · 클라이언트 평가나 진단 · 인지행동치료에 대한 교육 · 사례의 개념화	· 클라이언트가 편안한 상태에서 치료자에게 전화로 대화할 수 있도록 하고 정확한 평가를 한다. · 인지행동치료의 원리와 치료과정에 대한 설명을 하고, 소책자나 책을 활용하기도 한다. · 클라이언트의 역기능적 가정이나 신념체계를 파악한다.
초기 단계	행동 기법	· 주간 활동 계획표 사용하기 · 즐거움을 주는 활동 늘리기 · 점진적 과제 부여 · 다양한 행동 기법 활동(사회기술훈련, 주장훈련, 역할연습 등)	· 하루일과 적어 오기, 시간 단위로 계획 수립 · 즐거운 활동을 가장 쉬운 단계부터 시작하여 점진적으로 수행(약수터에서 물 떠 오기 : 아침에 일어나기→간편한 복장으로 약수터 입구까지 갔다 오기→약수터까지 갔다 오기→ 약수터에서 물 떠오기)
	인지 기법	· 자동적 사고 파악하기 · 인지적 오류 점검 · 자동적 사고 현실 검증(소크라테스식 대화)	· 생활 속에서 자동적 사고를 기록해 오도록 함 (나는 사랑받지 못한다, 나는 무능하다 등) · 소크라테스식 대화를 통해 현실 검증(그렇게 생각할 근거가 있어요?, 어떻게 해서 그런 생각을 하게 되었지요? 등)
중간 단계	역기능적 가정이나 핵심믿음 발견하기	· 자동적 사고를 통한 유추 · 하향식 화살표 기법 사용 ("그게 무슨 뜻입니까?"라고 클라이언트의 생각에 대해 계속 추적)	· 생활 속에서 자동적 사고를 기록해 오도록 함 (나는 사랑받지 못한다, 나는 무능하다 등) · 소크라테스식 대화를 통해현실 검증(그렇게 생각할 근거가 있어요?, 어떻게 해서 그런 생각을 하게 되었지요? 등)
	역기능적 가정이나 핵심믿음 재구성하기	· 역기능적 가정이나 핵심믿음 검증하기 · 행동실험을 통한 검증 · 대안적 가정이나 핵심 찾기	· 핵심믿음을 뒷받침하는 증거(40세가 되었는데 이룬 것도 없고, 병만 남겨 남에게 귀찮은 존재가 되었다.: 내가 남편을 훌륭히 뒷바라지하여 직장 간부가 되었는데 이제는 나는 무시당하고 혼자다.) · 핵심믿음을 반박하는 증거(누구든지 나이를 먹으면 병이 난다. 남편이 병이 들면 당신은 남편을 귀찮아 할 것인가?: 남편이 이제는 지쳐서 그렇다. 남편도 보통사람이다. 내 요구 사항이 지나친 것도 있다.) · 남편에게 함께 식사, 쇼핑하자고 정한다.→결과를 적어 본다. · 남편은 남이고 나를 떠나갈 것이다.→남편은 남이 아니고 나의 동반자이다.
종결 단계		· 클라이언트가 치료자 역할연습 · 재발 및 예상되는 어려움 다루기 · 종결에 대한 감정, 태도 다루기	· 앞으로 닥칠 상황을 예상하여 어떻게 다룰지 역할 연기를 통해 계속 연습하기 · 치료과정 동안의 증상 감소 정리하기 · 치료자가 든든한 후원자로 남아 있음을 강조

연습문제

1. 인지행동모델에 관한 설명으로 옳은 것은? 〈17회 기출〉

① 탈 이론적이다.
② 비구조화된 접근을 강조한다.
③ 주관적 경험과 인식을 중시한다.
④ 클라이언트가 수동적으로 참여한다.
⑤ 클라이언트의 무의식적 언행에 초점을 둔다.

[해설] '인지행동모델'에서는 인간이 생각하고 느끼고 행동하는 것이 서로 연관된다고 가정하는데, 특히 클라이언트가 특정상황에 대해 어떤 생각을 했는지를 매우 중요시한다. 따라서 클라이언트의 주관적 경험을 중요시한다.

2. 인지행동모델에 관한 설명으로 옳은 것을 모두 고른 것은? 〈14회 기출〉

가. 행동적 과제의 부여를 중요시한다.
나. 클라이언트의 주관적 경험과 인식을 강조한다.
다. 인지체계의 변화를 위해 구조화된 접근을 한다.
라. 불안감을 경험하는 상황에 노출시킨다.

① 가, 나, 다　② 가, 다
③ 나, 라　④ 라
⑤ 가, 나, 다, 라

[해설] '인지행동모델은' 행동적 과제의 부여를 중요시하고 클라이언트의 주관적 경험과 인식을 강조하며 인지체계의 변화를 위해 구조화된 접근을 하고 불안감을 경험하는 상황에 노출시킨다.

3. 인지왜곡을 가져오는 자동적 사고에 관한 설명으로 옳지 않은 것은? 〈12회 기출〉

① 이분법적 사고 - 최고가 아니면 모두 실패자인 거야.
② 선택적 요약 - 선생님은 나를 미워하니까 성적도 나쁘게 줄 거야.

③ 임의적 추론 - 내가 너무 뚱뚱해서 사람들이 다 나만 쳐다보는 것 같아.
④ 개인화 - 내가 신고만 빨리 했어도 지하철 화재로 사람들이 죽지 않았을 텐데.
⑤ 과잉일반화 - 내가 너무 못생겨서 남자친구가 떠났으니 결혼도 하기 어렵겠지.

[해설] '선생님은 나를 미워하니까 성적도 나쁘게 줄거야'는 근거 없는 결론이므로 임의적 추론이다.

4. 행동수정모델에서 사용하는 강화와 처벌에 관한 설명으로 옳은 것은?

〈11회 기출〉

① 부적 강화는 불쾌한 자극을 제거함으로써 행동을 증가시킨다.
② 정적강화는 강화를 제공함으로써 행동을 감소시킨다.
③ 강화는 바람직하지 않은 행동을 감소시키기 위해 사용하는 방법이다.
④ 정적 처벌은 행동의 결과로 불쾌한 자극을 제거함으로써 이루어진다.
⑤ 부적 처벌은 불쾌한 자극을 주어 잘못된 행동을 수정하는 것이다.

[해설] 강화는 바람직한 행동을 증가시키기 위해 사용하는 것으로서 부적 강화는 바람짓한 행동을 증가시키기 위해 불쾌한 자극을 제거하는 것이다.

5. 인지행동모델의 한계점에 관한 설명으로 옳지 않은 것은? 〈13회 기출〉

① 지적 능력이 낮은 클라이언트에게는 효과성이 제한적이다.
② 즉각적인 위기개입을 해야 하는 클라이언트에게 적용하기 어렵다.
③ 사회복지사의 적극적 역할수행이 어렵다.
④ 특정 개입기술 사용에서 윤리적 문제가 발생할 수 있다.
⑤ 새로운 시도에 대한 의지가 약한 클라이언트에게 적용이 어렵다.

[해설] '인지행동모델'은 구조화된 적극적 과제 활용과 교육적 접근을 실시하고 사회복지사의 적극적 역할을 수행한다.

[정 답]
1. ③ 2. ⑤ 3. ② 4. ① 5. ③

Chapter 07

위기개입모델

1. 위기개입모델의 기본 가정과 기본 개념
2. 위기개입모델의 개입과정과 주요 기법
3. 위기개입의 사례 적용

1. 위기개입모델의 기본 가정과 기본 개념

1) 기본 가정

'위기'란 개인에게 있어 위협적 혹은 외상적 위험사건의 경험으로 스트레스나 외상의 대처가 불가능한 불균형 상태를 의미하며, 위험한 순간이면서 동시에 전환점이 되는 시기에 해당한다. 위기개입모델은 스트레스에 대한 생리적 반응의 연구에서 많은 영향을 받았으며, 변화로 인한 유기체의 불균형 상태에서 항상성을 찾으려는 과정의 지속으로 더 이상 위협을 감당할 수 없는 상태에서 질병이 발생한다고 본다.

일선 현장에서 사회복지사들은 다양한 클라이언트를 만나게 되는 과정이기 때문에 위기개입의 서비스는 일상적인 업무의 연속이라고 볼 수 있다. 따라서 위기개입모델은 지역사회의 공식적인 전달체계와 비공식적인 전달체계와의 상호 유기적인 관계 속에서 제공할 필요가 있으며 특히 아동복지, 학교사회복지, 가정복지, 정신건강복지 등의 다양한 영역으로 확대되고 있다.

위기개입모델의 기본 가정은 다음의 내용을 포함하고 있다(김기태, 1998).

- 위기상황의 개인은 일상생활에서 내·외적 스트레스가 심하여 균형상태가 파괴되는 기간이 발생할 수 있으며, 이러한 상황은 일상적인 상황에서 위험한 사건이라고 지칭하는 사건 등으로 나타나고 있다.
- 위기상황의 개인은 인생 초기의 미해결된 사건 혹은 완전히 해결되지 않은 다양한 갈등 등과 상호작용하는 존재이다. 따라서 위기는 현재의 문제를 해결하는 동시에 과거 미해결된 문제에 대해 조정할 수 있는 기회를 제공할 수 있는 측면을 강조하고 있다.
- 위기상황의 개인은 시작 부분과 해결 부분 간의 전체 시간이 위기 사건의 심각성 정도, 개인상황적 반응 정도, 성취하고자 하는 과업의 본질과 복잡성 정도, 자원의 동원 가능성 정도 등에 따라 매우 다양하게 나타난다. 일반적으로 나타나는 위기상황은 개개인마다 다양하게 제기되지만 일반적으로 불균형상태는 4주에서 6

주 정도로 발생하고 있다.

- 위기상황의 개인은 주변의 지원에 대해 순응적인 태도를 지닌다. 위기상황에서 발생한 습관적인 방어기제는 약화되고 부적절한 대처유형이 감소하기 때문에 외부의 영향과 변화에 대해 개방적인 태도를 나타낸다.
- 위기상황의 개인은 적극적인 태도를 지닌 위기개입 사회복지사의 구체적이고 통합적인 서비스를 필요로 한다.
- 위기상황의 개인은 위기개입이 이루어지는 과정상에서 효과적인 대처기술을 발전시킬 수 있는 기회이며, 새로운 형태의 순응방식을 취할 수도 있다.
- 위기상황의 개인은 가족 등의 체계에서 무의식적 혹은 정신내면적 갈등해결에 역점을 두지 않고 현실적인 사건과 표면적으로 표출된 갈등에 초점을 둔다.
- 위기상황의 개인에게 나타나는 회복된 평형상태는 다양한 상호작용으로 인해 위기 이전의 평형상태보다 더 좋을 수도 있지만 동등하고 혹은 나빠질 수도 있다.

'위기'는 위기상태를 촉발시키는 특성에 따라 여러 가지 유형으로 분류할 수 있다(이영호, 2012).

- '발달적 위기'는 인간이 성장하고 발달해 나가는 가운데 자연스럽게 발생하는 사건으로 이 사건으로 비정상적인 반응을 일으키는 경우이다. 청소년의 정체성 위기, 중년의 위기, 노년의 위기 등이 해당된다.
- '상황적 위기'는 사람이 예견하거나 통제할 수 없는 드문 사건이 발생할 때 나타난다. 상황적 위기의 예는 자동차 사고, 갑작스런 질병과 사별 등이 해당된다.
- '실존적 위기'는 목적이나 책임감, 독립성, 자유, 헌신 등 중요한 인간적 이슈에 동반되는 갈등과 불안으로 40대 후반의 중년 직장인이 조직생활에서 느낄 수 있는 회의감, 무능력감 등이 해당된다.
- '환경적 위기'는 개인과 집단의 갑작스런 재해와 사고에 의한 것으로 홍수, 지진, 화재, 건물 붕괴, 다리 붕괴 등이 해당된다.

2) 주요개념

위기개입모델에서 주로 설명되는 주요개념에 대해 다음과 같이 정리할 수 있다.

(1) 위기

위기란 대체로 결혼, 자녀출산, 은퇴 등과 같은 '발달과정상의 위기'와 폭력에의 노출, 실업, 재해, 이혼, 교통사고 등과 같은 '상황적 위기'로 구분할 수 있다. 위기가 발생하여 개인의 심리, 정서, 사회적 여러 측면에서 불균형을 초래하였더라도 성공적인 위기해결은 자긍심을 향상시키고 상황에 대한 대처기술을 넓히는 기회를 제공한다는 양 측면에 대해 인식할 필요가 있다. 이와 같이 위기(危機)란 개인의 일상적, 안정적인 상태에서 벗어난 급격한 정서적인 동요로 개인이 기존에 주로 사용해 오던 문제해결 및 대처능력이 더 이상 제 기능을 발휘하지 못하는 특징을 지닌다. 따라서 위기개입이란 이러한 위기로 인한 불균형 상태를 회복하기 위하여 일정한 원조수단을 개인, 가족, 집단 그리고 지역사회 등에 적용하는 과정을 의미한다(김기태 외, 2006).

(2) 위기대비 계획

위기대비 계획은 클라이언트가 위기과정에 처했을 때 극복하는 과정을 통해 배웠던 다양한 대처행동을 명확하고 구체적으로 이해함으로써 미래에 발생할 수 있는 불명확한 위기상황에서 적극적인 대처가 가능하도록 계획을 수립하는 것을 의미한다.

(3) 스트레스와 대처

현대 산업사회에서 개인은 다양한 주변상황으로 인해 스트레스를 접하게 되며, 스트레스의 과정에 개인마다 다양하게 나타날 수 있다는 것을 인식할 필요가 있다. 위기상황에서 개인은 자신에게 나타난 사건의 본질, 사건으로 인한 위협과 도전, 그리고 활용할 수 있는 자원에 대해 능동적인 자세로 대처할 수 있는 능력을 향상시킬 수 있도록 위기개입 사회복지사는 전문서비스를 제공해야 한다.

2. 위기개입모델의 개입과정과 주요 기법

1) 개입과정

위기개입모델의 개입과정으로 사정 단계, 치료개입의 계획 단계, 개입 단계, 위기해결 및 향후 계획 단계의 4단계 과정을 살펴보면 다음과 같다(김혜숙 외, 2013).

(1) 사정 단계

위기개입모델의 사정 단계에서 사회복지사가 클라이언트에게 발생하고 있는 사건상황과 위기에 대해 정확히 사정하는 단계이다. 특히 사정 단계에서 활용되는 초점화기술을 통해 클라이언트가 당면한 문제에 대해 구체적으로 초점을 맞추는 기술이 요구된다. 주요 사용 질문은 "오늘 왜 여기에 오게 되었는가?"라는 기법을 통해 'Here and now'를 강조하며 자살 혹은 타살의 위험에 대한 위험성 여부를 파악함과 동시에 정신과 전문팀과 상호연계하여 개입할 필요가 있다.

- 위기와 선행 사건에 관한 파악
- 현재의 위기와 선행 사건에 관한 클라이언트의 인식
- 자원에 관한 고려
- 과거의 문제 경험과 대처기술
- 클라이언트의 자해 또는 타해의 위험 정도

(2) 치료개입의 계획 단계

위기개입모델의 치료개입 계획 단계에서 사회복지사는 클라이언트가 위기 이전의 균형상태로 회복할 수 있도록 목표를 설정해야 한다. 클라이언트에게 발생한 위기 사건이 개인과 가족 전체의 생활에 미친 영향 정도를 정확히 파악하고 동시에 클라이언트가 지니고 있는 강점을 발견하는 역량 강화 접근과 클라이언트가 과거에 성공적으로 사용했던 대처기술과 방법, 그리고 지지체계 등에 관한 파악이 필요하다.

(3) 개입 단계

위기개입모델의 개입 단계에서 사회복지사는 클라이언트 스스로가 본인 현재의 위기와 사건에 대해 어떻게 인식하고 있는가를 고려해야 한다. 즉 사회복지사는 클라이언트가 자신의 위기와 사건에 대한 현재의 느낌을 객관적으로 깨달을 수 있도록 지원할 필요가 있다. 개입 단계에서 사회복지사는 클라이언트에게 어떠한 대처 방식이 효과적으로 작용하였는가에 대한 탐색과 현재상황에서도 그 대처 방식을 효과적으로 적용할 수 있는가에 대한 탐색이 필요하다.

- 클라이언트가 표현하기 힘든 감정을 표출하도록 돕는다.
- 클라이언트의 대처기제를 탐색한다.
- 클라이언트의 사회적 활동 재활을 돕는다.

(4) 위기해결 및 향후 계획 단계

위기개입모델의 위기해결 및 향후 계획 단계에서 사회복지사는 클라이언트에게 효과적으로 작용했던 대처기술에 대해 강화할 필요가 있다. 특히 이 단계에서는 클라이언트가 위기과정에서 경험한 내용들을 미래에 다가올 수 있는 위기에 적극적으로 대처할 수 있도록 위기 대비 계획을 수립하도록 돕는다.

2) 주요 기법

위기개입모델에서 주로 사용하는 기법에 대해 살펴보면 다음과 같다.

(1) 지지적 기술

위기개입모델에서 지지적 기술은 클라이언트가 직면하는 위기적 상황이 극복할 수 있는 상황임을 강조하며 클라이언트를 지원하고자 하는 적극적인 태도를 전달하는 것이다. 사회복지사는 클라이언트가 지니고 있는 낮은 자존감, 극심한 불안감 등을 감소시켜야 한다.

사회복지사가 주로 활용하는 지지적 기술은 다음과 같다.

- '경청과 수용'은 사회복지사가 클라이언트의 강점을 강화하고 적극적인 의지를 갖게 할 수 있는 주요한 기술이다. 사회복지사는 개방적인 태도를 통해 클라이언트가 지니고 있는 위기적 상황에 대한 적극적인 경청과 열린 수용을 통해 지지적인 관계를 형성해야 한다.
- '재보증'은 사회복지사가 클라이언트가 처해 있는 상황은 스스로 극복할 수 있는 기회이며 클라이언트가 그러한 능력을 지닌 존재임을 전달하는 방법이다. 특히 중증의 장애인과 약한 자아정체성을 지닌 클라이언트에게는 환경조정과 재보증의 지지적 기술이 반드시 필요하다.
- '격려'는 사회복지사가 클라이언트가 의식적으로 감추거나 소극적인 감정표현의 상태일 경우 격려의 기술을 통해 위기를 극복할 수 있는 강점을 나타낼 수 있다.

(2) 지시적 기술

위기개입모델에서 지시적 기술은 클라이언트의 행동을 촉진시킬 수 있는 기술에 해당한다. 즉, 클라이언트가 스스로 행동을 적극적으로 취할 수 있도록 구체적인 행동 방법을 제시하거나 자문, 충고 등의 방법을 지시하는 기술이다. 사회복지사는 지시적 기술을 활용할 때 클라이언트와 파트너라는 수평적인 관계를 항상 인식해야 하며 클라이언트의 입장에서 이 기술을 활용해야 한다.

(3) 환기법 기술

위기개입모델에서 환기법 기술은 사회복지사가 클라이언트가 내면에 지니고 있는 감정을 적극적으로 표출할 수 있도록 하는 기술이다. 구체적인 환기법은 클라이언트가 처해 있는 감정에 더욱 깊이 몰두하여 직시할 수 있도록 하거나 클라이언트에게 안도감을 주고 감정이 경감될 수 있도록 환기하는 기술 등이 해당된다.

(4) 명료화 기술

위기개입모델에서 명료화 기술은 사회복지사가 클라이언트의 현실능력을 증진하는 기술이다. 특히 사회복지사는 클라이언트의 현재의 상황을 구체적으로 명료화하여 클라이언트 스스로가 처해 있는 위기적 상황에 대해 분명히 인식할 수 있도록 지원한다.

(5) 환경조정 기술

위기개입모델에서 환경조정 기술은 사회복지사가 클라이언트가 지니고 있는 긴장상황과 갈등적 상황에 대해 해소할 수 있도록 상황을 조정하는 기술이다. 즉 사회복지사는 클라이언트가 처해 있는 상황에서 변화가 가능한 정도를 탐색하여 환경의 본질을 재구성하는 것이며, 물리적인 환경의 변화 및 정서적, 대인적인 환경의 변화 등이 해당된다.

(6) 행동수정 기술

위기개입모델에서 행동조정 기술은 사회복지사가 클라이언트가 현재상황에서 대처기술을 습득하여 스스로 위기를 극복할 수 있는 역량을 강화하는 기술이다. 특히 클라이언트가 취할 수 있는 다양한 대처 방식 가운데 스스로가 분석할 때 효과적이고 변화의 가능성이 높은 행동수정 방법을 학습하여 발휘할 수 있도록 하는 기술이다.

3) 타 심리치료와의 차이점

위기개입모델은 기존의 정신분석, 단기 심리치료와 비슷한 공통점을 지니고 있으나, 치료목표, 치료초점, 주요 활동 기법, 치료기간 등에 있어서는 확연한 차이점을 지니고 있다(Aguilera, 1998).

〈표 7-1〉 타 심리치료와의 차이 비교

구분	위기개입	정신분석	단기심리치료
치료목표	위기상황에 즉각적 해결	성격의 재구조화과정을 통해 해결	구체적인 증상과 문제를 제거
치료초점	1. 현재에 초점 2. 위기 이전 상황에서의 기능 회복	1. 과거에 초점 2. 무의식에 초점	1. 현재상황과 관련 과거 2. 무의식의 억제
치료자 주요 활동	1. 지지자 2. 참여자 3. 직접적 해결자	1. 탐색자 2. 수동적 개입자 3. 비지시자	1. 지지자 2. 참여 관찰자 3. 간접적 개입자
징후	문제상황에 대처하는 능력의 급작스런 상실과 포기	신경증적 성격의 징후	급성으로 와해된 정서적 고통 및 심각한 상황
평균 치료기간	6회 내외	개개인마다 다양하며 일생 동안 치료	20회 내외

출처 : Aguilera(1998).

3. 위기개입이론의 사례적용

1) 초기 위기개입모델과정

(1) 위기상황에 대한 즉각적인 초점 개입

초점 영역	초점 영역에 따른 개입 계획
지금-여기(Here-now)에서 클라이언트가 의뢰된 상황에 대해 탐색 - 관련 인물, 영향 요인, 현재 문제	관련 인물 : 영향요인 : 현재의 대두 문제 :
현 문제상황에 관련된 주변자 및 당사자 반응에 대해 탐색한다.	당사자의 반응 : 주변자의 반응 :
언제부터 문제상황이 악화되었는지, 악화되게 된 배경은 무엇인지에 대해 탐색한다.	문제상황 악화 시점 : 문제의 악화 배경 :
문제상황의 지속기간에 대해 탐색한다. 문제에 대처하려 시도했던 과거의 노력에 대해 분석한다.	문제의 지속기간 : 과거의 대처 노력 :
위기상황에 대해 최종 사정한다. 역기능 요인과 순기능 요인에 대해 분석한다.	역기능 요인 : 순기능 요인 :

(2) 현재상황에 대한 초점 개입

초점 영역	초점 영역에 따른 개입 계획
가장 중요한 문제가 무엇인지, 중점을 두어야 하는 부분은 무엇인지에 대해 결정한다.	가장 중요한 문제 : 중점으로 두어야 할 문제 :
클라이언트가 현 상황에 대해 정확히 이해하는가, 문제를 보는 관점은 무엇인지, 개입할 부분은 무엇인지를 분석한다.	클라이언트의 이해정도 : 문제를 보는 관점 : 개입할 부분 :
클라이언트와 한 개의 표적문제를 설정한다.	표적 문제 :

(3) 향후 활동에 대한 초점 개입

초점 영역	초점 영역에 따른 개입 계획
구체적인 목표와 과제에 대한 계약 동의안을 작성한다. – 클라이언트, 주변 인물 등	동의안에 구성될 인물 : 동의 내용 :

2) 중기 위기개입모델과정

(1) 자료의 조직화에 대한 초점 개입

초점 영역	초점 영역에 따른 개입 계획
문제상황 발생 이후 보충 자료에 대해 수집한다.	추가로 보충될 필요가 있는 자료 :
다양한 주요 영역이 더 있는지 파악한다. 현재의 문제에 관련된 과거 경험에 대해 질문한다.	추가될 주요 영역 :

(2) 행동변화에 대한 초점 개입

초점 영역	초점 영역에 따른 개입 계획
과거에는 문제상황에 대해 어떻게 대처했는지, 결과는 어떠했는지, 위기상황을 다루고 균형을 회복하는 데 얼마나 효과적이었는지 분석한다.	과거의 대처 성공 경험 : 과거의 대처 실패 경험 :
단기에 성취할 수 있는 전반적인 과제 영역과 달성할 수 있는 중간 목표를 설정한다.	중간 목표 : 단기성취 과제 :
목표달성을 위한 구체적인 과제에 대해 설정한다. – 변화 목적, 행동지향적, 성취 가능적, 사고지향적인 것	구체적인 과제 설정 – 변화목적 : – 행동지향적 과제 : – 성취 가능적 과제 : – 사고지향적 과제 :

3) 종결 위기개입모델과정

(1) 종결 결정에 대한 초점 개입

초점 영역	초점 영역에 따른 개입 계획
남은 기간에 대한 시간 및 과제 부분에 대해 분석한다.	남은 기간 : 과제 분석 :
종결에 대한 클라이언트와 사회복지사의 대처를 분석한다.	클라이언트의 종결 반응 : 사회복지사의 종결 반응 :

(2) 발전에 대한 초점 개입

초점 영역	초점 영역에 따른 개입 계획
초기 개입과정과 현재의 상황에 있어 발전적으로 된 부분에 대해 의견을 공유한다.	초기 개입과정과 현 개입과정과의 발전된 부분 분석
성취된 과제, 목표, 해결되지 않는 주제에 점검한다.	성취과제 : 성취목표 : 미해결과제 :

(3) 향후 활동 계획

초점 영역	초점 영역에 따른 개입 계획
현재 및 향후 클라이언트의 계획에 대해 논의한다.	현재의 계획 : 향후 클라이언트의 계획 :
상담 종결에 대한 느낌을 공유한다.	종결에 대한 느낌 :

위기개입 사례

지적장애 3급의 박군(20세, 특수학교 전공과 1년)은 장애인복지관에서 운영하고 있는 지원고용프로그램에 참여중이다. 참여업체는 박군이 거주하는 안양시에 있는 주유소로 이 곳에서 세차업무보조를 담당하고 있다. 그러나 박군은 지원고용프로그램 한 달째에 접어들어 잦은 무단결근을 하고 있으며 동료 장애인 직원들과 신체적 충돌이 있고 언어적 비방으로 인해 어려움을 겪는 상태이다. 박군은 80세의 어머니와 월세의 빌라에서 거주하고 어머니는 최근 심장수술로 인한 안정을 찾아야 되기에 막내아들인 박군에 대한 지원이 원활하지 않다. 박군은 어머니가 주는 용돈과 지원고용프로그램에서 지원되는 지원금을 동네 비장애 친구들과 어울려 다니면서 소비하고 있다. 주유소에서는 박군의 비성실한 행동으로 인해 더 이상 함께 근무하기는 어렵다고 인사 담당자에게 알렸다. 그 이야기를 전해들은 박군의 어머니는 아들이 출근을 했는지, 근무를 잘하는지를 매일 전화로 체크하자 박군이 조금 긴장을 하고 있으나 전혀 개선되지는 않고 있다. 사업주는 박군의 이러한 행동이 계속 나타나게 되면 곧 해고할 계획임을 통보했다.

※ 장애인복지관 직업재활팀 지원고용프로그램 담당자로서 박군의 이와같은 상황에 대해 "위기개입모델"을 적용하여 지원 계획을 수립하여 보세요.

연습문제

1. 개인에게 있어 위협적 혹은 외상적 위험사건의 경험으로 스트레스나 외상의 대처가 불가능한 불균형 상태를 무엇이라고 하나요?

① 위기 ② 균형
③ 안정 ④ 행복

[해설] '위기'란 개인에게 있어 위협적 혹은 외상적 위험사건의 경험으로 스트레스나 외상의 대처가 불가능한 불균형 상태를 의미한다.

2. 개인과 집단의 갑작스런 재해와 사고에 의한 것으로 홍수, 지진, 화재, 건물붕괴, 다리 붕괴 등은 어떠한 위기에 해당하는 개념인가요?

① 발달적 위기 ② 상황적 위기
③ 환경적 위기 ④ 가정적 위기

[해설] 인간을 둘러싼 다양한 위기 중 '환경적 위기'는 개인과 집단의 갑작스런 재해와 사고에 의한 것으로 홍수, 지진, 화재, 건물붕괴, 다리 붕괴 등의 상황을 의미한다.

3. '위기와 선행 사건에 대한 파악, 과거의 문제 경험과 대처기술, 자원에 관한 고려 등'의 내용은 위기개입모델에서 어느 과정에 해당하는 내용인가요?

① 사정단계 ② 치료개입의 계획단계
③ 개입단계 ④ 향후 계획단계

[해설] 위기개입모델의 치료과정 중 '위기와 선행 사건에 대한 파악, 과거의 문제 경험과 대처기술, 자원에 관한 고려 등'의 내용은 사정단계에 해당하며, 클라이언트의 사건 상황과 위기에 대해 정확히 사정하는 단계이다.

4. 위기개입모델의 주요 기술 중 '클라이언트가 지닌 낮은 자존감, 극심한 불안감 등을 감소시키는 데 유용한 기술'은 무엇인가요?

① 지지적 기술 ② 지시적 기술
③ 환기법 기술 ④ 명료화 기술

[해설] 지지적 기술은 적극적인 경청과 수용 등을 통해 클라이언트가 직면하는 위기적 상황을 극복할 수 있음을 지지하는 기술이다.

5. 위기개입모델의 주요 기술 중 '클라이언트의 현실능력을 증진하는 기술로 현재의 상황을 구체적으로 명료화하여 위기적 상황을 분명히 인식할 수 있도록 지원하는 기술'은 무엇인가요?

① 지지적 기술 ② 지시적 기술
③ 환기법 기술 ④ 명료화 기술

[해설] 명료화 기술은 클라이언트의 현실 능력을 증진하는 기술이다.

[정 답]
1. ① 2. ③ 3. ① 4. ① 5. ④

Chapter 08

해결중심모델

1. 해결중심모델의 기본 가정과 기본 개념
2. 해결중심모델의 개입과정과 주요 기법

해결중심모델(solution focused model)은 1970년대 초반에 스티브 드 쉐이져(Stave de Shazer)와 김인수(Insoo Kim Berg)가 중심이 되어, 밀외키(Milwaukee)의 단기가족치료센터(Brief Family Therapy Center)에서 그의 동료들과 함께 만든 모델로서, 문제의 원인을 교정하거나 제거하려는 노력은 필요 없다고 하는 에릭슨(Erickson)의 견해(Eron & Lund, 1996)를 바탕으로 하여 문제의 원인을 규명하기보다는 클라이언트의 자원을 활용하여 단기간에 실천의 목적을 달성하고자 한다(De Shazer, 1985).

해결중심모델은 클라이언트에게 이미 존재하고 있는 과거의 성공 경험이 내담자의 문제를 해결하기 위한 중요한 자원이며(Berg & Miller, 1992; 가족치료연구모임 역, 1995 재인용), 문제행동을 중지시키거나 변화시키는 것보다 클라이언트가 가지고 있는 성공적인 행동 패턴을 반복하는 것이 더 쉽고 긍정적이라고 보았다(De Jing &Berg, 1998; 허남순·노혜련 역, 2004 재인용). 따라서 클라이언트의 문제를 진단하고 처방하기보다는 내담자의 장점, 강점, 그리고 건강한 특성 등과 같은 클라이언트의 자원을 발견하여, 문제해결의 방안을 찾아 주는 방법을 선호한다.

1. 해결중심모델의 기본 가정과 기본 개념

해결중심모델은 단기치료의 대표적인 개입 방법을 제시하며, 특히 클라이언트 지향적인 접근 방법으로, 클라이언트를 자신의 문제를 가장 잘 아는 전문가로 인정함과 동시에 문제해결의 주체로서 전문적 관계의 동반자로 인정한다. 또한 해결중심모델은 클라이언트의 강점을 찾아내어 문제를 해결하고, 과거보다는 현재와 미래를 강조하였다는 점에서 기존의 전통적인 치료 모델들과 차별성을 갖는다.

1) 기본 가정

해결중심모델의 8가지 기본적인 원리를 살펴보면 다음과 같다(De Shazer, et al., 1986).

(1) 병리적인 것 대신 건강한 것에 대한 초점을 둔다.

클라이언트의 실패보다는 성공경험 및 그 방법에 초점을 두고 이를 치료에 활용한다. 이는 클라이언트가 삶에 대해 몇 가지 불평이 있을 뿐, 증상을 가진 환자가 아니라고 여기는 것이다. 그리고 문제가 있다 하여도 이를 병리적인 관점에서 보기보다는 해결 가능성이 있는 관점에서 재진술하도록 한다.

(2) 클라이언트가 지니고 있는 장점, 강점, 건강한 특성들을 최대한 찾아내어 실천에 활용한다.

이는 클라이언트가 원하는 결과를 성취하기 위해 자신이 이미 가지고 있는 자원, 기술, 지식, 믿음, 동기, 행동, 증상, 사회관계망, 환경, 개인적인 특성 등을 활용할 수 있도록 돕는 것을 의미한다.

(3) 변화는 항상 일어나며 불가피하다.

즉, 일상생활에서 변화는 있게 마련이다. 그리고 어떠한 문제라도 문제가 발생할 때가 있고, 문제가 발생하지 않을 때가 있다. 그러나 클라이언트는 문제에만 관심을 두기 때문에 예외적인 것, 문제가 발생하지 않는 상황은 인식하지 못하고 무시한다. 그러나 이 부분은 해결중심모델에서 매우 중요한 부분을 차지한다. 문제가 발생하지 않는 상황과 예외적인 상황이 발생하는 이유를 파악함으로써 클라이언트가 갖고 있는 장점을 파악하는 것이다. 즉, 문제가 되지 않는 시기를 찾아내어 문제일 때와 문제가 아닐 때의 차이점을 발견하여, 문제가 아닌 경우를 증진시키는 것이 전략이다.

(4) 작은 변화가 큰 변화로 이끈다.

해결중심모델에서는 단지 작은 변화만이 필요할 뿐이다. 클라이언트가 자신이 할 수 있는 한도 내에서 작은 문제를 해결한 성공경험을 기억한다면 다른 문제의 해결을 시도할 수 있기 때문이다.

(5) 클라이언트의 자율적인 협력을 중요시한다.

클라이언트의 목표성취를 위해서는 협력이 중요하며, 이는 사회복지사와 클라이언트가 함께 해결방안을 발견하고 구축하는 과정에서 특히 중요시된다. 이러한 이유로 인해 비자발적인 클라이언트에게 협력을 요청하는 것이 어려운 과제로 떠오르게 된다.

(6) 현재와 미래를 지향한다.

과거에 대한 정보는 클라이언트가 현재 살아가는 방법을 반영하여 주는 것에 불과하다. 따라서 과거를 깊이 연구하기보다는 클라이언트가 현재와 미래에 적응하는 것을 돕는 데 일차적인 초점이 있다.

(7) 탈이론적 · 비규범적인 입장을 취하며, 내담자가 결정한 관점을 존중한다.

인간의 행동에 대한 다양한 이론의 틀에 맞추어 클라이언트를 평가하거나 사정하지 않는다. 이는 클라이언트가 표현하는 모든 것을 수용하고, 클라이언트의 관점을 그대로 수용하며, 개별성을 최대한 존중한다는 것이다. 사회복지사는 달라진 것, 좋아진 것, 차이점, 해결방안을 찾는 것에 관하여 질문하고 해답을 찾도록 돕는다.

(8) 해결중심모델은 다음의 철학을 중요시한다.

첫째, 클라이언트가 문제 삼지 않거나, 기능을 하고 있으면 고치지 말 것. 둘째, 일단 무엇이 효과가 있는지를 알게 되면 그것을 더 많이 실천하게 하라. 셋째, 하고 있는 그 어느 것도 효과가 없으면 다른 방법을 시도하라는 것이다.

2) 기본 개념

(1) 클라이언트의 유형과 관계

해결중심모델은 클라이언트가 이미 가지고 있는 자원들을 활용하여 해결방안을 구축하도록 돕는 것이다. 이러한 목표달성을 위해서는 긍정적인 사회복지사와 클라이언트의 관계를 형성하는 것이 우선이다. 따라서 사회복지사와 클라이언트의 관계를 파악하는 것은 효과적인 상담을 위해서 중요한 것이다. 해결중심모델에서는 클라이언트를 고객형, 불평형, 방문형 등의 3가지 유형으로 분류하고 각 유형별 관계를 제시하였다(설진화, 2013). 그러나 이러한 구분은 단지 사회복지사와 클라이언트의 관계유형을 서술하기 위한 것이지 클라이언트의 개별적인 특성을 의미하거나, 스티그마(Stigma)를 주려는 것은 더욱 아니다.

① 고객형 클라이언트와의 관계

고객형의 클라이언트는 자신의 문제를 객관적으로 인지하고 있으며, 문제해결을 위한 동기가 강하고, 진심으로 도움을 요청하는 클라이언트를 말한다. 고객형 클라이언트는 자신이 문제해결을 위해 취해야 할 행동과 해결책을 어느 정도 알고 있고, 해결에 대한 강한 의지를 표현하기 때문에 사회복지사와 고객형 클라이언트는 긍정적이고 협력적인 관계를 쉽게 형성할 수 있다. 가장 이상적인 클라이언트라고 볼 수 있으나, 실제 고객형 클라이언트의 비율은 낮으며, 대부분의 클라이언트들이 고객형 클라이언트가 되기에는 많은 과정이 필요하다.

② 불평형 클라이언트와의 관계

불평형의 클라이언트는 자신의 문제를 인식하고 있으나, 사회복지사에게 불평, 불만을 토로함으로써 해답을 얻기를 원하는 수동형이다. 또한 자신의 변화보다는 다른 요인이나 다른 사람의 변화를 통해서만 자신의 문제를 해결할 수 있다고 믿고 있다. 따라서 문제해결에 대한 욕구는 크지만 동기 수준은 낮아서 행동으로 옮기는 경우는 드물다. 사회복지사는 불평형 클라이언트와 불평이나 목표를 함께 살펴보기로 협의하고, 의도적으로 해결책을 찾을 수 있는 새로운 관점을 찾아보도록 유도해야 한다.

③ 방문형 클라이언트와의 관계

자신의 고민과 갈등, 문제만 있고, 변화와 해결에 대한 동기는 낮은 클라이언트를 말하며, 주로 타의에 의해서 사회복지사를 찾아온 비자발적인 클라이언트에게서 많이 볼 수 있다. 자신은 문제가 없으므로 변화해야 할 필요성을 느끼지 못한다거나, 사회복지사의 도움이나 해결방안 등이 자신의 뜻과는 다르다고 느끼기 때문에 비협조적인 태도를 취한다. 사회복지사는 방문형 클라이언트가 더 긍정적인 유형의 클라이언트로 발전될 수 있도록 최대한 도움을 주어야 한다. 그러나 방문형 클라이언트가 다른 유형의 클라이언트로 발전하지 못한다면, 도움을 받아야 하는 문제가 없다는 것에 동의를 하고, 어떤 다른 것을 다루어야 한다면 기꺼이 도움을 주겠다는 입장을 취한다.

(2) 실천목표

해결중심모델은 클라이언트가 이미 가지고 있는 자원들을 활용하여 해결방안을 구축하도록 돕는 것을 목표로 하고 있다. 따라서 실천의 효과를 얻기 위해 구체적이고 작은 목표설정을 이용한다. 해결중심모델에서의 목표설정은 다음의 7가지 원칙에 기초하고 있다(De Jong & Berg, 2004).

① 클라이언트에게 중요한 것

클라이언트가 원하는 변화는 사회복지사가 중요하다고 여기는 것이 아니라 무엇보다도 클라이언트에게 중요한 것이어야 한다. 사람은 자신이 중요하다고 여기는 것을 위해서는 사회복지사와 더 협력하고, 자기 목표를 이루는 데 필요한 변화를 만들어 가려고 노력하게 된다.

② 상호작용의 모습으로 나타나는 것

사람은 외딴섬처럼 혼자 고립된 상태로 존재하지 않는다. 사람은 다른 사람과 상호작용하면서 살아가고, 다른 사람이 어떻게 반응하는지 보면서 자신을 알아간다. 따라서 목표, 즉 클라이언트가 원하는 변화의 그림은 클라이언트의 변화를 감지할 수 있는 사람과 상호작용하는 모습으로 그리는 것이 도움이 된다. 사회복지사는 클라이언트가 원하는 변화가 이루어졌을 때 자신에게 중요한 사람과 어떻게 다르게 지내게 될지, 그때는 지금과 무엇을 다르게 할지 등 클라이언트의 구체적인 변화 모습을 상세하게 그려 나가는 데 집중한다.

③ 문제를 없애는 것 대신 원하는 행동으로 표현할 수 있는 것

클라이언트에게 무엇이 달라지기를 원하는지 물어보면 대부분 자기 생활에서 일어나지 않았으면 하는 것을 먼저 이야기한다(De Jong & Miller, 1995). 그러나 무엇인가를 하지 않는 것은 쉽지 않다. 예를 들어, 클라이언트가 술을 끊기 위해 "앞으로 술을 절대 마시지 않을 거야."라고 이야기하고 실제 그렇게 하려고 하더라도 생활에서 술을 마시게 되는 상황이 일어나거나 술을 마시고 싶은 생각이 들 수 있다. 그러면 자신은 변화 의지가 약하다고 생각하고, 결국 원래 행동을 다시 하는 경향이 있다. 사람은 자신이 원하거나 한 번이라도 해 봤던 것을 다시 하기 쉽다. 그러므로 술을 마시지 않겠다고 하는 것 대신 무엇을 하고 싶은지, 또는 이미 했던 것 중 도움이 되었던 것이 무엇인지 알아내서 그것을 하면 성공할 가능성이 높아진다. 따라서 목표는 문제를 없애는 것 대신 할 수 있는 것, 즉 클라이언트가 원하는 변화 모습으로 표현하는 것이 유용하다.

④ 마지막 결과가 아니라 시작

목표를 달성해야 한다는 결과보다는 변화를 위한 행동을 시작하는 그 자체에 많은 의미를 부여하면 성취할 가능성이 높다. 따라서 사회복지사는 클라이언트의 목표를 수용하는 한편, 원하는 목표의 달성을 위해서 처음부터 필요한 것들을 구체적으로 설명하고 요구하여야 한다. 예를 들어, '행복한 가족생활'을 원한다고 할 때, 클라이언트는 자기 생활이 달라져야 한다는 것을 알고는 있지만 그렇게 되기 위한 첫 시작으로 무엇을 다르게 해야 하는지는 구체적으로 생각하지 않았을 수 있다. 따라서 사회복지사는 클라이언트에게 자신이 달라지기 시작했다는 것을 무엇을 보고 알 수 있는지 묻는다. 그리고 '아침에 아이를 깨울 때 안아 준다.' 등 클라이언트가 시작할 첫 단계를 그릴 수 있게 도와야 한다.

⑤ 작고 구체적이며 행동으로 옮길 수 있고, 보고 알 수 있는 것

클라이언트는 자신이 원하는 변화가 작고 구체적이며 행동으로 옮길 수 있고, 보고 알 수 있는 것일 때 그것을 하기가 쉬우며, 자신이 원하는 변화를 향해 나아가고 있는지도 쉽게 알 수 있다. 만일 클라이언트가 자신이 원하는 변화가 '자

신감이 생기는 것'이라고 했을 때, 자신감이 생겼을 때 나타나는 모습은 각 개인의 경험과 인식, 가치, 문화 등에 따라 모두 다르다. 그러므로 자신감이 생기는 것이라고만 이야기하면 추상적일 수밖에 없다. 사회복지사는 클라이언트가 원하는 변화를 작고 구체적이며 행동으로 옮길 수 있고, 보고 알 수 있는 것, 예를 들어, '얼굴을 들고 전보다 크게 이야기하는 것'처럼 명료하게 알 수 있게 도와야 한다.

⑥ 현실에서 할 수 있는 것

좋은 목표라면 현실에서 할 수 있는 것이어야 한다. 현실에서 할 수 있다는 것은 클라이언트의 능력과 자신의 상황에서 가능해야 한다는 의미이다. 아무리 바람직하고 클라이언트에게 도움이 되는 것이라 하더라도 실제로 할 수 없다면 소용이 없으므로, 사회복지사는 클라이언트와 함께 현실에서 할 수 있는 것을 찾아나가야 한다. 사회복지사는 클라이언트의 능력과 상황을 클라이언트 자신보다 잘 알 수는 없으므로, 클라이언트가 원하는 목표가 실제로 가능한 것인지 아닌지 클라이언트에게 물어보아야 한다. 클라이언트가 원하고 할 수 있는 것을 이야기하면, 그러한 일이 실제로 일어날 수 있는 지(또는 할 수 있는지) 물으면서 현실에서 할 수 있는 것을 클라이언트 스스로 선택하고 결정하게 한다.

⑦ 변화는 쉽지 않은 일이라고 강조하는 것

실제 클라이언트가 원하는 변화는 스스로 변화해야 가능한 일인데, 사람이 변화한다는 것은 매우 어려운 일이라고 해 줌으로써 더디게 변화하는 것을 일반화할 수 있다. 또한 사회복지사는 클라이언트가 거의 변화하지 못했거나, 조금만 변화했다 하더라도 클라이언트가 실패했다고 보기보다는 계속해서 열심히 노력하는 것에 초점을 맞춰야 한다. 만일 클라이언트가 원하는 변화를 빨리 이루어 냈다면 어려운 일을 해냈다고 생각해서 자존감이 높아질 수 있다. 아울러 클라이언트에게 변화는 많은 노력을 통해 이루어질 수 있다고 이야기하는 것은 자신이 직접 참여해야만 변화할 수 있다고 알리는 것이며, 변화와 해결에 대한 책임감을 가지게 한다.

(3) 클라이언트와 사회복지사의 협력관계

해결중심모델에서는 어떠한 삶의 대처 방식이 낫거나 좋고 인간이 생애주기를 통해 어떻게 성장하여 어떠한 모습이 되어야 한다는 기준이나 정례화된 경로를 전제하지 않는다. 클라이언트와 사회복지사는 상호 협력적인 자세로 클라이언트의 경험과 그 의미에 대해 탐구하고, 그러한 과정에서 목표를 정하고 클라이언트에게 가장 잘 맞는 대처 방법을 찾는다. 따라서 최고의 변화 방법을 알고 있다는 의미를 내포하는 전문성을 상징하는 치료자(therapist)라는 말보다는 의논자(consultant)로 사회복지사를 부른다. 해결중심모델에서 이러한 용어 사용법이 반영하듯이 클라이언트와 사회복지사 사이의 관계는 평등하고 협력적 특징을 갖는다. 이는 해결중심모델의 기본 철학인 클라이언트 중심, 강점 중심 접근과 일맥상통하는 언어 및 행동적 실천이다.

클라이언트가 자신의 삶의 중심 인물이자 전문가라는 기본 전제는 사회복지사만이 전문가는 아니라는 것을 나타내고 사회복지사는 클라이언트에게 옳은 생활방식을 가르쳐주거나 평가하는 식으로 개입하지 않는다는 것을 말한다. 사회복지사는 클라이언트의 삶이 보다 낫게 변화하는 데 관심이 있는 사람인데, 그 방법이 무엇인지 모르는 위치에 있고, 클라이언트는 자신의 삶의 상황을 가장 잘 알지만 여러 대처 방식들 중 최선의 것을 모색하는 와중에 있으며 사회복지사와 그에 관해 함께 이야기를 나누며 알아보고자 하는 사람으로 이해된다. 사회복지사의 이러한 입장을 해결중심모델에서는 '알고 싶어하는 자세(not knowing position)'라고 부른다. 사회복지사는 클라이언트의 삶의 경험, 그러한 경험에서 클라이언트가 얻은 의미에 관심이 있는 사람이다(이신영 외, 2012).

2. 해결중심모델의 개입과정과 주요 기법

1) 개입과정

해결중심모델은 일반적으로 6~10회의 세션(회기, session)이 가장 많이 활용되며, 평균 1주에서 6주의 간격으로 진행(Dinkmeyer & Sperry, 2000; 강이화, 2002 재인용)되는 단기실천모형이며, 클라이언트가 해결방안을 구축해 나가는 과정 그 자체가 개입과정이다.

일반적으로 해결중심모델의 개입과정은 4단계로 이루어져 있다(De Jong & Berg, 1998; 허남순·노혜련 역, 2004 재구성).

(1) 1단계 : 해결방안 모색의 시작 단계

사회복지사는 클라이언트와의 긍정적인 라포 형성과 사회복지사와 클라이언트의 관계유형을 사정하여 긍정적인 관계유형으로 발전시키는 것에 초점을 맞추어야 한다. 사회복지사는 클라이언트로 하여금 문제의 분석보다는 더 나아지는 상태, 더 나은 상태가 되기 위한 해결방안을 모색하도록 돕는다.

(2) 2단계 : 해결중심적인 목표를 설정하는 단계

해결중심모델에서 실천의 효과를 위한 가장 중요한 요인은 클라이언트가 분명한 목표를 갖도록 돕는 것이다. 사회복지사는 목표설정을 위한 7가지 원칙을 준수해야 한다.

(3) 3단계 : 해결방안을 찾는 실천 단계

사회복지사와 클라이언트가 명확하고 간결한 질문 기법을 통해 해결방안을 찾는 과정이다. 이러한 질문 기법은 클라이언트가 문제를 보는 관점에 영향을 주고, 자신의 잠재능력과 자원을 활용할 수 있도록 하며, 성공적이었던 경험을 기억해 내도록 돕는다. 해결중심모델에서 사용되는 다양한 질문 기법들은 예외질문, 척도질문, 기적질문, 대처질문 등이 있다.

(4) 4단계 : 변화의 평가 단계

이후의 단계에서는 실천효과의 평가, 확인, 유지, 강화 및 실천효과의 감소와 약화 등을 지속적으로 다루어 나가는 과정이 반복된다. 클라이언트가 생각하는 실천목표의 달성 또는 해결방안의 수행 정도를 척도형 질문을 통하여 스스로 파악할 수 있도록 하는 방법 등이 많이 사용된다.

2) 주요 기법

(1) 해결지향적 질문

해결지향적 질문은 클라이언트의 관점이 긍정적으로 변화하게 하고, 클라이언트의 건강한 측면과 강점, 문제가 발생하지 않는 예외상황을 발견하여, 클라이언트가 해결방안을 모색할 수 있도록 하는 효과적인 기법이다(Berg, 1994; 윤현숙 외, 2001 재구성)

(2) 첫 면담 이전의 변화에 관한 질문(pre-session change question)

해결중심모델에서는 변화란 불가피하며, 지속적으로 일어난다고 보기 때문에, 면담을 약속하고 난 후, 첫 번째 면담 이전까지 클라이언트가 경험한 변화에 관한 질문 기법이다. 면담 전 질문은 클라이언트가 사회복지사의 도움 이전에 이미 보여준 해결능력을 인정하고 칭찬하며, 강화하고 확대할 수 있도록 격려하는 것이다.

(3) 예외질문(exception-finding question)

예외는 클라이언트가 생활에서 문제가 일어날 것이라고 예상했지만 일어나지 않았던 상황을 말한다(De Shazer, 1984). 사람은 성공을 경험하고 자기 강점을 인식하면 그것을 생활에 도움이 되는 방법으로 활용할 수 있다. 성공 경험과 강점을 활용하면 예외가 일어날 가능성이 높아지고, 그만큼 문제해결을 위한 자원이 많아진다. 그러므로 사회복지사는 클라이언트가 예외를 발견하고 활용하게 도와야 한다.

사회복지사는 예외를 알아보는 질문을 하면서 클라이언트가 일상생활과 다양한 환경체계와의 관계에서 긍정적인 것과 성공한 것에 관심을 두도록 격려하고, 강점과 자원을 발견하게 돕는다. 예외를 알아보는 과정에서 클라이언트가 자신이 이미 많은 강점과 자원을 가지고 있다는 것을 깨달으면 개입과정에 더 적극적으로 참여할 뿐 아니라 미래에 대한 희망과 자신감을 가지게 된다. 이런 과정에서 사회복지사도 클라이언트와 같은 경험을 하면서 성장한다.

예) "그런 일이 일어나지 않았을 때는 언제인가요? 그때는 어떻게 그럴 수 있었나요? 선생님이 어떻게 하셨기에 그런 일이 일어날 수 있었나요? 그렇게 해 보니까 지내실 때 뭐가 좀 달랐나요?"
"최근에 좀 괜찮았을 때는 언제였나요? 그때는 어땠나요? 그때는 무엇이 달랐나요?"
"지난 몇 주 동안 어머니가 바라는 그런 일이 조금이라도 일어난 때가 언제 있었나요?"

(4) 기적질문(miracle question)

클라이언트에게 기적질문을 하면 클라이언트는 문제가 해결됐을 때 자기 생활이 어떻게 달라질지 상상하게 된다. 이때 클라이언트는 문제를 생각하는 대신 문제가 해결됐을 때를 생각하면서 자기가 원하는 것을 이전보다 더 구체적이고 명료하게 그려 볼 수 있다. 그러나 기적질문은 클라이언트가 원하는 변화가 무엇인지 알아보는 첫 시작에 불과하다. 이 질문은 클라이언트가 미래에 있을 긍정적인 자기 모습과 상황으로 초점을 전환하게 하지만, 그 동안은 문제에만 집중해 있었으므로 기적질문에 금방 대답하지 못한다. 클라이언트 대부분은 기적질문을 받고 난 후에야 비로소 문제가 해결되었을 때를 생각한다. 그러므로 사회복지사는 기적질문을 한 후 클라이언트가 구체적이고 실제로 해 볼 만한 미래를 그릴 수 있도록 후속 질문을 해 나가야 한다.

예) "자, 이제 이상한 질문을 하나 하겠습니다. (잠시 멈춤) 제가 사무실로 돌아가고 나면 어머니는 저녁 시간을 평소와 같이 보내시고 밤이 되면 주무시겠지요. (잠시 멈춤) 어머니가 주무시는 동안 '기적'이 일어났어요! (잠시 멈춤) 그래서 힘들고 걱정하는 모든 것이 다 해결되었어요. (잠시 멈춤) 그런데 주무시고 계셔서 기적이 일어났다는 것을 모르시죠. (잠시 멈춤) 내일 아침에 일어나서 무엇을 보면 '와~ 밤새 기적이 일어났구나!' 하고 알 수 있을까요?"
"그러면 기적이 일어났으니까 어머니는 예전과 어떻게 다르게 하고 있을까요?"
"다른 가족은 밤새 어머니에게 기적이 일어났다는 것을 무엇을 보고 알 수 있을까요?"
"기적과 같은 일이 가장 최근에 언제 있었나요?"

(5) 척도질문(scaling question)

척도질문은 숫자를 사용해서 클라이언트의 변화 의지와 자신감, 동기, 현재 정도(상태) 등 막연하고 추상적인 개념을 구체적으로 표현하는 것으로 클라이언트가 자신의 상황을 객관적으로 바라보게 하는 데 도움이 된다(Berg, 1994). 또한 클라이언트가 원하는 변화로 나아가는 데 있어 다음 단계를 구체적으로 그려 보거나, 무엇을 조금 더 해야 하는지 확인할 수 있게 한다(Berg & Dolan, 2001). 아울러 사회복지사는 척도질문을 통해 클라이언트의 변화 정도와 종결 시점 등을 알 수 있다.

예) "이번에는 점수로 여쭤 보겠습니다. 아버님께서 이야기한 대로 다 되었을 때가 10, 전혀 그렇지 않을 때가 1입니다. 현재 어디쯤인가요?"
"아이는 3이고 어머니는 5라고 하셨는데 무엇이 다른 건가요?"
"지금까지 어떻게 하셨기에 5까지 올 수 있었나요?"
"지금보다 올라가서 6이 됐어요. 그때는 지금과 어떻게 다르게 지내고 있을까요?"

(6) 대처질문(coping question)

대처질문은 어떤 환경이나 상황에 압도된 클라이언트에게 그런 상황에서도 자신이 어떻게 견뎌 내고 있는지를 묻는 것으로(Berg, 1994), 이러한 질문을 통해 클라이언트는 자신을 어려운 상황에도 잘 대처해 나가는 능력이 있는 사람으로 인식하게 된다. 사회복지사는 클라이언트에게 어려움과 위기에서 어떻게 생활해 왔는지, 그런 상황에서도 어떻게 희망을 버리지 않을 수 있었는지 등을 질문하면서 클라이언트의 능력을 인정하고 강화한다. 그러면 클라이언트는 상황이 더 나빠지지 않도록 자신이 대처했던 방법과 강점, 능력을 발견하게 되며, 이는 역량 강화에 도움이 된다.

특히 오랜 시간 인생을 경험한 노인이나, 빈곤, 성폭력, 가정폭력 등 힘든 상황을 견뎌 온 클라이언트에게 대처질문은 매우 유용하다. 예를 들어, "그 상황에서 어떻게 견딜 수 있었나요?"라고 질문하면 클라이언트는 지금까지 자신이 해 온 방법을 떠올리면서 자신에게 어려움을 견뎌 내는 힘이 있다는 것을 알게 되고, 힘들었던 감정이 치유되면서 자신감을 회복하는 경험을 하기도 한다.

예) "그렇게 힘든데도 어떻게 견딜 수 있었나요?"
"어머니 이야기를 들으니 얼마나 힘드셨는지 알겠네요. 그래서 더 궁금한데요. 그런 상황에서도 지금까지 어떻게 견뎌 오셨나요? 어디서 그런 힘이 나오나요?"

(7) 관계성 질문(relationship question)

클라이언트는 자기 삶에서 달라지기 원하는 것을 이야기할 때 반드시 자신에게 중요한 사람과의 관계를 고려한다. 사람은 대부분 자신에게 중요한 사람과 상호작용하면서 살아간다. 그래서 희망과 능력, 한계, 변화 가능성 등을 생각할 때 자신에게 중요한 사람의 시각을 염두해 둔다. 관계성 질문에서는 클라이언트에게 중요한 사람(때로는 의미 있는 물건이나 동물 등 클라이언트에게 중요한 것은 무엇이든 사용할 수 있다)과의 관계를 활용한다. 클라이언트에게 중요한 사람의 입장에서는 클라이언트의 상황과 변화 의지, 나아진 모습 등을 무엇을 보고 알 수 있는지 질문함으로써 클라이언트가 미처 생각하지 못했던 새로운 가능성을 발견하게 도울 수 있다. 또한 관계성 질문은 클라이언트가 자기 자신을 가까운 사람의 시각에서 관찰하게 하고, 실제 생활 속에서 자신이 중요하게 여기는 사람과 어떤 관계를 맺고 있는지가 매우 중요하다는 것을 알게 해 준다(Berg & Dolan, 2001). 관계성 질문은 종종 척도질문과 대처질문 등 다른 질문과 함께 사용한다.

예) "친구분은 철수씨가 차분하게 이야기하는 걸 보면서 다른 사람과 이야기할 때 무엇이 달라졌다고 할까요?"
"딸이 전화했을 때 화를 내지 않고 이야기하면 두 분 사이는 지금과 어떻게 달라질까요?"

(8) 칭찬

칭찬은 해결중심모델에서 매우 유용하게 사용되는 방법이다. 사회복지사가 칭찬을 통해 클라이언트가 이미 잘해 온 것과 어려운 상황에서도 잘 견디어 오고 있다는 것을 인정해 주면 클라이언트는 자신이 이해받고 있고, 사회복지사가 자신에게 관심이 있다는 것을 알게 되어 변화할 용기를 가지기 쉽다(Berg & Szabo′, 2013). 사회복지사가 클라이언트에게 칭찬하는 목적은 클라이언트가 자기 강점과 자원, 긍정적인 변화에 주목하게 하려는 것이다(De Jong & Berg, 2004). 칭찬은 또한 클라이언트의 강점과 성공에 관해 더 많은 정보를 알아내는 데 도움이 된다. 칭찬의 형태에는 직접 칭찬과 간접 칭찬, 자기 칭찬이 있다.

예) 직접 칭찬 : 클라이언트에 대한 사회복지사의 긍정적인 평가와 반응이다.
"아버님은 가족을 정말 사랑하시네요."
"와~ 대단하네요!"

예) 간접 칭찬 : 질문을 통해 클라이언트의 긍정적인 측면을 알게 하는 것이다.
"어떻게 아이들이 자기 일을 알아서 할 수 있게 키우셨나요?"
"선생님은 시간을 가지고 기다려 주는 게 아이들에게 중요하다는 것을 어떻게 아셨나요?"

예) 자기 칭찬 : 간접적으로 칭찬하는 질문에 클라이언트는 자기 칭찬으로 대답한다. 클라이언트는 자기 칭찬을 통해 자신을 긍정적으로 인식하게 되고, 사회복지사는 그것을 다시 직접 칭찬으로 더 강화해 나갈 수 있다.
사회복지사 : 선생님은 시간을 가지고 기다려 주는 게 아이들에게 중요하다는 걸 어떻게 아셨나요?
클라이언트 : 제가 그 동안 아이들을 가르치면서 터득한 건데요. 아이들은 시간이 좀 필요하더라고요. 전 경험을 통해 알게 된 건 잘하는 편이에요.

3) 매 세션 종결 시, 피드백 제공

사회복지사가 면접을 한 시간 동안 진행한다면 클라이언트와 50분가량 면접한 후 10분 정도 휴식 시간을 취하면서 클라이언트에게 피드백을 전달한다. 가정방문을 갔더라도 클라이언트에게 "제가 오늘 이야기 나눈 것에 관해 생각할 시간을 잠시 가진 후 제 생각을 전달하려고 하는데요. 제가 잠시 생각할 시간을 가지기 전에 더 하실 이야기가 있으신가요?"라고 한 후 클라이언트가 더는 없다고 하면 피드백을 작성해 전달한다.

이와 같이 해결중심모델에서는, 매 세션의 종결 시에 클라이언트의 강점, 긍정적인 변화를 위한 노력과 구체적인 행동 등에 대해서 긍정적인 피드백을 제공한다. 또한 사회복지사는 피드백의 제공과 함께 자신이 발견한 긍정적인 의미를 전달하거나, 제안을 할 수 있고, 과제를 줄 수도 있다. 즉, 고객형의 클라이언트에게는 행동과제를, 불평형의 클라이언트에게는 관찰과제 혹은 생각과제를 줄 수 있으며, 방문형의 클라이언트에게는 과제를 주기보다는 어려운 문제상황에서도 도움을 받기 위해 참여한 것에 대해서 칭찬하고 지지함으로써 다음 세션에 참여할 수 있도록 한다.

해결중심모델의 사례

클라이언트의 상황 사업실패로 파산, 남편과 별거 중, 3명의 아들을 키우는 어머니, 시부모를 부양하는 며느리, 가사도우미 일을 하며 1인 5역의 역할을 함

사회복지사 : 무엇이 달라지기를 원하십니까?
클라이언트 : 남들처럼 마음의 여유를 갖고 살고 싶어요.
사회복지사 : 구체적으로 시도해 볼 수 있는 목표를 함께 찾아 볼까요?
클라이언트 : 아이에게 화내는 것 줄이기, 남편과 대화를 시도하고 싶어요.
사회복지사 : 무엇을 조금 다르게 해보시겠습니까?
클라이언트 : 아이가 화를 내면 저도 화를 냈는데, "이러면 안 되지."라고 생각하면서 꾹 참아보겠어요. 그리고, 남편에게도 문자로 대화를 시도해 볼게요.
사회복지사 : 무엇이 좋아졌습니까?
클라이언트 : 아이가 하루에 5번 정도 화를 냈는데, 이제는 1번 정도로 줄어들었어요. 남편과 다툼이 가끔 한 번으로 줄었어요. 그리고 남편이 자상한 아빠가 되었어요. 집에 오는 경우가 늘고, 아이 숙제도 봐주고, 공놀이도 합니다. 제가 없을 땐 밥도 챙겨주고, 아이들 목욕탕과 마트도 데려갔어요.
사회복지사 : 와우, 어떻게 그렇게 하실 수 있으셨습니까? 정말 대단하네요.
클라이언트 : 요즘은 매사가 새로워요. 사람 사는 것처럼 살고 있기 때문이라고 해야 할까? '하면 되지.'하는 자신감과 당당함이 생겼어요. 전에는 내 자신과 아이들의 미래를 꿈꾸고 가꾸는 것을 생각지도 못했는데, 이제 꿈이 생겼어요. 그 꿈을 포기하지 않고 이룰 수 있게 노력할 거예요. 꼭 지켜봐 주세요.

연습문제

1. 해결중심모델에 관한 설명으로 옳은 것은? 〈12회 기출〉

① 클라이언트의 문제의 원인을 심리내부에서 찾는다.
② 의료모델을 기초로 문제 중심의 접근을 지향한다.
③ 다양한 질문기법들을 활용하여 클라이언트와 대화한다.
④ 클라이언트의 준거틀, 인식, 강점보다 문제 자체에 초점을 둔다.
⑤ 신속한 문제해결을 위해 행동변화를 위한 새로운 전략을 가르친다.

[해설] 예외질문, 기적질문, 척도질문, 대처질문, 관계성질문 등 다양한 질문 기법을 활용함으로써 긍정적으로 변화해 나갈 수 있도록 클라이언트를 도울 수 있다. 해결중심모델은 클라이언트의 문제의 원인을 '반복적으로 잘못 다룬 것'을 문제로 본다. 의료모델을 기초로 하지 않으며 문제보다 해결에 중심을 둔다. 클라이언트의 성공 경험에 초점을 두고 클라이언트의 강점을 치료에 활용한다. 사회복지사가 새로운 전략을 가르치기보다는 가족들 스스로 문제해결 방안을 찾아내고 사용할 수 있도록 원조한다.

2. 해결중심모델에 관한 설명으로 옳지 않은 것은? 〈17회 기출〉

① 클라이언트 지향적 모델이다.
② 임시대응적 기법이라는 비판이 있다.
③ 메시지 작성과 전달, 과제를 활용한다.
④ 사회복지사와 클라이언트 간 협력적 관계를 중시한다.
⑤ 문제가 해결된 상태를 가정하는 대처질문을 활용할 수 있다.

[해설] 문제가 해결된 상태를 가정하고 이루어지는 질문은 기적질문에 해당한다. 대처질문은 클라이언트가 절망적인 상황에서도 잘 견뎌내어 상황이 나빠지지 않은 것을 강조하고, 위기에 서 살아남기 위해 적용한 방법을 파악하는 질문이다.

3. 해결중심모델에 관한 설명으로 옳은 것을 모두 고른 것은? 〈14회 기출〉

ㄱ. 이론적이고 규범적이다. ㄴ. 문제가 발생되지 않았던 예외적인 상황을 중요시한다. ㄷ. 해결과제를 수립할 때 클라이언트보다 사회복지사의 견해를 우선시한다. ㄹ. 클라이언트의 자원과 과거의 성공경험을 중요시한다.

① ㄱ, ㄴ, ㄷ ② ㄱ, ㄷ ③ ㄴ, ㄹ ④ ㄹ ⑤ ㄱ, ㄴ, ㄷ, ㄹ

[해설] 해결중심모델은 문제가 발생되지 않았던 예외적인 상황을 중요시한다. 클라이언트가 가진 예외적인 해결에 초점을 두어 문제보다는 클라이언트가 사용해왔던 혹은 적용 가능한 해결책에 초점을 둔다. 해결중심모델은 클라이언트에게 이미 문제를 해결할 자원과 잠재력이 있다고 가정한다. 과거에 성공했다는 것은 클라이언트가 가진 자원으로 문제를 해결했다는 것이다. 따라서 과거의 성공경험을 더욱 확장시키려고 한다.

4. 다음과 같은 목표설정을 주로 하는 사회복지실천모델은? 〈16회 기출〉

- 작고 구체적이며 행동적일 것
- 클라이언트가 중요하다고 생각하는 것
- 클라이언트가 갖지 않은 것보다 갖고 있는 것에 초점을 둠
- 긍정적이며 과정의 형태로 정의
- 목표를 문제해결의 시작으로 간주

① 인지행동모델
② 해결중심모델
③ 클라이언트중심모델
④ 심리사회모델
⑤ 행동수정모델

[해설] 해결중심모델에서는 병리적이고 문제중심적인 접근 대신에 건강하고 긍정적인 면, 과거보다는 미래에 초점을 맞춤으로써 바람직한 변화를 촉진시킬 수 있다고 전제한다. 개입의 목표를 클라이언트 스스로 설정하도록 돕는 것이 중요하다고 본다. 작고 구체적이며 행동적인 목표를 설정하는 이유는 쉽게 성취할 수 있으며 성공 느낌과 성취감을 느낌으로써 변화할 동기를 향상시켜 주기 때문이다.

5. 해결지향적 질문 유형 중 '관계성 질문'에 해당하는 것은? 〈14회 기출〉

① "문제가 발생되지 않을 때는 언제인가요?"
② "문제와 가장 관련이 있는 상황은 어떤 경우였나요?"
③ "문제가 해결되면 당신의 생활에 어떤 변화가 있을까요?"
④ "이런 문제는 누구와의 관계에서 더 심각하게 느껴지나요?"
⑤ "당신 아버지께서는 문제가 해결된 상황에 대해 어떤 말씀을 하실까요?"

[해설] 관계성 질문은 클라이언트와 중요한 관계에 있는 사람들이 갖고 있는 생각, 의견에서 클라이언트를 보게 하는 질문이다. 자신의 희망, 힘, 한계, 가능성 등을 지각하는 방식은 자신에게 중요한 인물이 자신을 어떻게 볼 것이라는 생각과 관련되는데, 클라이언트는 자신의 입장이 아닌 타인의 입장에서 상황을 보게 되면 이전에는 몰랐던 가능성을 발견해낼 수 있다. "당신 아버지께서는 문제가 해결된 상황에 대해 어떤 말씀을 하실까요?"처럼 클라이언트에게 중요한 인물인 아버지의 입장에서 이 상황을 보게 함으로써 이전에는 몰랐거나 없었던 가능성을 만들어낼 수 있다. ① 해결중심 질문 중 예외질문이다. ②, ④ 문제중심적 질문에 해당된다. ③ 해결중심 질문 중 기적질문이다.

[정 답]
1. ③ 2. ⑤ 3. ③ 4. ② 5. ⑤

Chapter 09

사례관리모델

1. 사례관리모델의 기본 가정과 기본 개념
2. 사례관리모델의 개입과정과 주요 기법
3. 사례기록의 실제

1. 사례관리모델의 기본 가정과 기본 개념

1) 기본 가정

현대 산업사회에서 클라이언트의 다양하고 복잡한 욕구의 표출과 함께 공적인 사회복지비용 절감의 필요성 대두, 종래의 사회복지서비스 전달방식에 대한 비판적인 시각 대두, 그리고 장·단기적인 클라이언트에 대한 포괄적인 서비스 제공이 요구되고 있다. 사회복지현장에서 사회복지사가 클라이언트의 사례관리모델을 실천현장에서 적용하는 중요성이 대두되는 이유는 다음과 같다.

첫째, 클라이언트와 그 가족에게 부과되고 있는 부담을 경감시킬 필요가 있기 때문이다. 특히 지역사회 통합적 접근이 요구되는 현실에서 사례관리모델은 공적 자원과 민간 자원을 개발하고 상호 네트워크를 강조하는 기능을 가능하게 한다.

둘째, 다양하고 복잡한 욕구를 지닌 클라이언트를 충족시킬 필요가 있다. 지역사회 내 단일적인 서비스체계로는 복잡한 클라이언트의 욕구를 충족시키기에는 매우 제한적이다. 따라서 사례관리모델은 클라이언트의 욕구충족을 위해 지역사회 내 서비스를 조직화하고 통합하는 관리 방법을 가능하게 한다.

셋째, 탈시설화에 의한 영향으로 사회통합 접근이 요구되기 때문이다. 클라이언트가 기존 시설 및 병원에서 서비스를 이용하던 재활모델에서 벗어나 지역사회 내 사회모델로의 접근이 시도되었다. 특히 사례관리모델은 클라이언트는 사회통합과 탈시설화, 주류화, 정상화라는 패러다임에 의해 지역사회내 접근을 요구하기 때문에 체계적인 서비스 관리와 실천의 필요성을 가능하게 한다.

사례관리는 1990년대에 접어들면서 대인서비스 분야에서 가장 많이 사용하고 있는 방법 중의 하나이며, 사회복지실천을 기초로 한 사례관리는 클라이언트에게 그들의 욕구에 맞는 적절한 서비스를 제공하고 이를 조성하여 지역사회 내에서 독립적인 생활을 할 수 있도록 도와주는 것이다. 우리나라 한국사회복지협의회(KCSW)에서 정의하는 사례관리는 복합적인 원인으로 요보호상태에 있는 클라이

207

언트에게 다양한 지역사회의 자원을 연결시켜 관리하는 원조대책으로 여러 가지 욕구를 조기에 적절하게 대응하는 지역보호체계라고 정의하고 있다. 즉 사례관리는 복합적인 욕구를 지닌 사회기능상의 문제를 가진 개인의 기능 회복 및 증진을 초래할 수 있도록 개인과 주변 환경을 변화시키는 데 지속적이고 통합적으로 개입하는 것이다.

사례관리의 목적은 환경적 도전에 대처하는 데 있어 개인의 잠재력과 가족 및 1차 집단의 케어능력을 극대화하고 케어의 공식체계와 1차적 케어자원을 통합하며 개인과 1차 집단의 욕구를 충족시키기 위하여 공식적 케어체계 내의 능력을 극대화하는 것이다.

사례관리모델이 지니고 있는 주요 가정은 다음과 같다.

첫째, 사례관리는 클라이언트의 강점 관점을 기본적으로 가정하고 클라이언트의 참여에 대한 중요성을 강조한다. 즉 사례관리는 클라이언트가 학습하고 성장하며 변화할 수 있는 존재이며 강점과 능력 그리고 관심사 등을 가진 원조과정의 주요한 주체임을 가정하고 있다.

둘째, 사례관리는 지역사회가 클라이언트를 위한 잠재적 자원을 보유하는 자체라고 한다. 지역사회의 강조는 클라이언트를 무능력하고 나약한 대상으로 간주하고 관리의 대상으로 전락시키는 것을 경계하고 있으며, 클라이언트에 대한 관리가 아니라 지역사회 서비스 자원을 관리하는 중요성을 강조한다(김기태 외, 2006).

사례관리적 접근은 클라이언트에게 인간으로서 존엄성을 최대한 존중하고 그들이 행복한 삶을 영위하도록 돕기 위해 필요한 자원과 서비스에 접근할 수 있는 동등한 기회를 제공하는 것을 중요시한다.

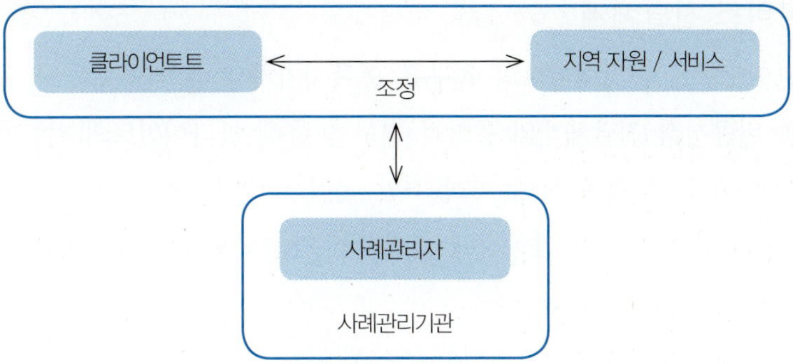

〈그림 9-1〉 사례관리의 개념

2) 주요개념

사례관리모델은 서비스와 자원을 이용하고 접근하는 데 있어 가능한 한 클라이언트 자신의 생활기술을 증진시키는 것을 강조한다. 사례관리모델에서 강조하는 주요개념에 대해 살펴보면 다음과 같다.

(1) 상황 속의 인간(PIE : Person In Environment)

사례관리모델은 체계이론에서 강조하는 '상황 속의 인간'의 개념을 소개하면서 주변 환경이 클라이언트의 문제에 어떠한 방식으로 작용하는가에 대한 중요성을 강조한다. 사례관리모델에서 클라이언트는 환경과 상호작용을 원활하게 할 수 있는 자원, 서비스를 강조하고 있다.

(2) 클라이언트

사례관리모델은 다른 어떠한 개념보다도 클라이언트에 대한 정확한 사정과정을 통해 서비스 계획의 수립과 서비스 제공과정을 강조한다. 지역사회 중심에서 클라이언트의 권익을 옹호하고 자원을 동원하는 개념을 강조하며, 단순히 환자의 개념에서 벗어나 소비자 중심의 당사자 개념을 유념할 필요가 있다.

(3) 서비스 전달체계

사례관리모델은 클라이언트의 욕구를 충족시키기 위해 지역사회 내 공식적 전달체계와 비공식적 전달체계의 통합적 접근을 통해 클라이언트의 기능을 최대한 향상시켜야 한다. 사회복지사는 효율적인 서비스 전달체계가 제 기능을 발휘할 수 있도록 잠재된 자원을 발굴하고 지지적인 자원으로 유도하는 능력을 키워야 한다.

(4) 통합적인 실천 서비스

사례관리모델은 클라이언트의 복잡하고 다양한 욕구에 대해 단편적인 서비스에서 벗어나 총체적이고 통합적인 실천 서비스를 제공할 수 있어야 한다. 특히 사례관리는 위기상황에 처해 있는 클라이언트에게 다양한 전략을 통해 장기적인 문제를 해결할 수 있게 해야 한다.

(5) 서비스 개별화

사례관리모델은 클라이언트의 개별화 원칙에 따라 신체적, 정신적, 사회적 상황에 맞는 욕구를 적절하게 개발하여 서비스 계획을 수립할 필요가 있다.

(6) 서비스 지속성

사례관리모델은 클라이언트에게 제공하는 서비스가 일회적이거나 단편적이지 않고 지속적이면서 연속적인 특성을 지녀야 한다고 강조하고 있다.

(7) 서비스 접근성

사례관리모델은 클라이언트에게 제공하는 서비스가 좀 더 쉽게 접근할 수 있어야 한다고 강조한다. 클라이언트가 이용하는 서비스에 장애요소(심리적, 사회적, 경제적, 물리적 등)가 있는지 점검하고 접근성을 높이는 데 최선을 다해야 한다.

2. 사례관리모델의 개입과정과 주요 기법

1) 개입과정

사례관리모델의 개입과정은 접수, 사정, 계획, 실행, 점검, 평가 및 재사정, 결과 평가로 나뉜다. 7가지 과정에 대해 살펴보면 다음과 같다(노혁, 2014).

(1) 접수 단계

사례관리모델의 접수 단계는 사회복지사가 클라이언트를 분류하는 첫 단계이다. 클라이언트가 발굴되는 유형은 크게 세 가지에 의해 결정된다. 첫째, 자발적인 참여에 의한 사례이다. 둘째, 가족, 친구, 친족 및 사회복지 관련 기관 등에 의한 의뢰 사례이다. 셋째, 사회복지 관련 기관 등의 아웃리치(Out-Reach) 사례이다. 사회복지사는 클라이언트가 자발적인 참여에 의해 발굴된 유형이 가장 적극적인 참여의지를 지닌다고 분석할 수 있지만, 클라이언트가 나타낼 수 있는 심리적인 안정을 통해 긴장감, 불안감 등이 제거된 편안한 상태에서 효과적인 접수 단계에 몰입할 수 있도록 지지적인 입장을 취해야 한다.

(2) 사정 단계

사례관리모델의 사정 단계에서 사회복지사는 클라이언트의 심리사회적인 욕구에 초점을 두면서 클라이언트가 지니고 있는 욕구, 자원 등을 파악하고 통합적인 접근을 통해 유기적인 상호작용을 할 수 있도록 해야 한다. 특히 사회복지사는 클라이언트의 문제지향적인 접근을 탈피하여 욕구지향적인 접근에 초점을 맞추고, 클라이언트 및 그 가족이 지니고 있는 자원, 강점, 역량 강화 등을 파악하여 분석하는 사정을 해야 한다.

사회복지사가 이 사정 단계에서 분석하고 접근할 영역은 다음과 같다.

- 클라이언트의 욕구를 사정한다.
- 욕구에 대응하고 반응하는 클라이언트의 능력을 사정한다.

- 클라이언트를 둘러싼 사회적 지원체계를 사정한다.
- 공식적 지원체계에 대한 사정을 한다.
- 자원에 접근하는 데 있어 장애물이 무엇인가를 사정한다.

(3) 계획 단계

사례관리모델의 계획 단계에서 사회복지사는 클라이언트가 지니고 있는 욕구와 동원 가능한 자원들을 연결하는 구체적인 계획을 수립하여야 한다. 즉 계획 단계에서는 클라이언트의 욕구, 그 욕구를 충족시키는 목표달성에 필요한 자원 및 서비스, 지지체계 등의 유기적인 합의를 도출하는 단계이다. 사회복지사가 이 계획 단계에서 분석하고 접근할 영역은 다음과 같다.

- 욕구 영역을 우선 순위화
- 클라이언트 목표의 명확화
- 목표달성을 위해 클라이언트에게 필요한 서비스와 자원을 연결
- 목표에 따른 서비스 지원에 참여할 전문가와 사회적 지지망의 구성원들을 결정하고 역할과 행동을 구체화
- 각각의 목표와 관련한 시간 배분
- 일련의 활동 속에서 클라이언트의 삶 변화를 파악하고 기대되는 변화를 계획 속에 포함

(4) 실행 단계

사례관리모델의 실행 단계는 사회복지사가 클라이언트의 욕구 충족을 위해 직접적인 개입과 간접적인 개입으로 크게 구분하여 접근할 필요가 있는 단계이다.

① 직접적 개입

사례관리모델의 직접적 영역에서 사회복지사가 클라이언트의 역량 강화에 집중하는 개입 활동이다. 사회복지실천 영역에서 사회복지사는 클라이언트의 강점관점 차원에서 접근해야 하며 무력감과 불안감, 긴장감을 해소할 수 있도록 접근한

다. 직접적인 개입은 클라이언트의 문제해결능력, 상황대처능력 등에 맞추어 클라이언트의 역량을 최대한 강화하는 기술을 사용해야 한다.

② 간접적 개입

사례관리모델의 간접적 영역에서 사회복지사는 클라이언트의 서비스체계가 긍정적인 지지체계로 작동할 수 있도록 개입한다.

- 클라이언트 개인적 관점에서의 개입을 한다.
- 조직적 수준의 변화를 한다.
- 환경적 개입을 한다.
- 지역사회 역량 강화를 한다.
- 욕구 영역을 우선 순위화한다.
- 클라이언트 목표를 명확히 한다.

간접적 개입을 하는 사회복지사의 역할은 중개자, 연결자, 조정자, 옹호자 등의 역할을 수행하면서 클라이언트의 욕구에 반응하는 전략을 위해 노력해야 한다.

(5) 점검 단계

사례관리모델의 점검(Monitoring) 단계에서 사회복지사는 클라이언트의 서비스 계획이 적절하게 이루어지고 있는가를 검토한다. 즉 사회복지사는 클라이언트에 대한 서비스 계획상의 변화와 성취 정도 등에 대해 점검하면서 '실질적 측면'과 '질적인 측면'으로 크게 구분하여 점검한다. 점검 단계는 클라이언트에게서 확인된 욕구에 대하여 질적 및 양적 기준이 합치된 서비스가 어느 정도로 효과적으로 제공되는지에 대해서 과정상의 피드백이 필요하다.

(6) 평가 및 재사정 단계

사례관리모델의 평가 단계에서 사회복지사는 클라이언트의 서비스 계획, 각 구성요소, 활동 등이 초기의 목표에 맞게 제공되고 있는지를 측정하는 내용이 필요하다. 따라서 사회복지사는 서비스 내용과 개입 계획, 목표달성 여부, 효과성 평가, 클라이언트의 만족도 등에 대한 평가를 해야 한다. 그 다음 사회복지사는 재사정 단계에서 평가 단계를 통해 도출된 클라이언트의 욕구에 따른 부적응성이 나타난 경우 재사정과정을 통해 재접근할 수 있는 내용상의 단계가 요구된다.

(7) 종결 평가 단계

사례관리모델의 결과 평가 단계에서 사회복지사는 클라이언트의 사례관리 목표가 얼마나 달성되었는지를 점검해야 한다. 클라이언트의 일상생활 상태 및 제 기능상의 변화를 측정하고 당초 사례관리 이전의 단계와 이후의 단계상의 변화 내용도 포함해야 한다.

〈표 9-1〉 종결 평가 점검양식

구분	점검 내용
1	· 종결을 위한 명확한 기준과 제시 내용이 있는가 확인한다.
2	· 담당 사례관리자가 클라이언트의 종결 기준에 대해 변경 혹은 재검토할 사항이 있는지 확인한다.
3	· 담당 사례관리자는 클라이언트의 종결을 위해 어떤 절차를 준비해야 하는지 확인한다.
4	· 담당 사례관리자는 클라이언트에게 종결의 의미와 내용에 대해 고려해 보았는지 확인한다.
5	· 종결에 대해 모니터링하고 재심사할 수 있는 절차가 마련되었는지 확인한다.
6	· 담당 사례관리자는 클라이언트의 요청시 초기 사정과정 없이 서비스 재이용에 대해 고지하였는지 확인한다.
7	· 타 기관에 의뢰된 종결의 경우 담당 사례관리자의 역할은 무엇인지 확인한다.
8	· 담당 사례관리자는 클라이언트와 그 가족에 대한 서비스를 적용했는지 확인한다.

현재 우리나라의 장애인복지관에서 실시하고 있는 사례관리의 중점 부분 과정은 다음과 같이 재구성할 수 있다.

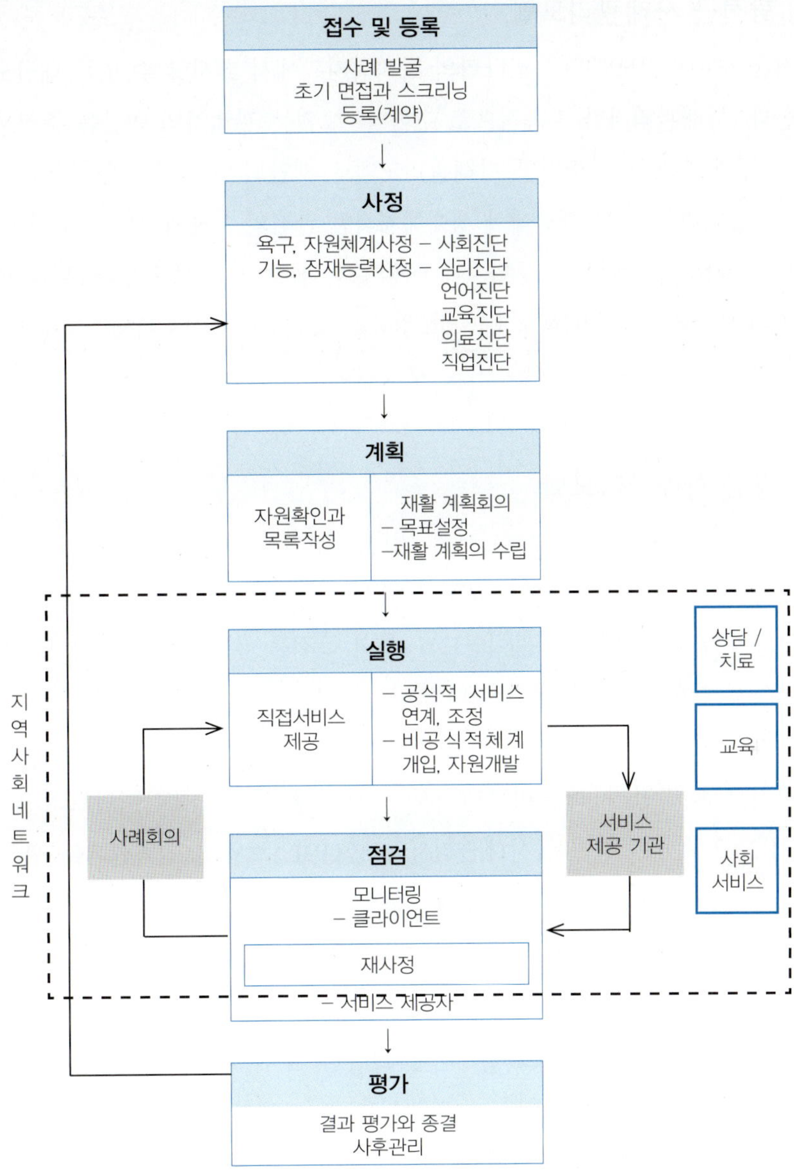

〈그림 9-2〉 장애인복지관의 사례관리 업무 흐름도

2) 주요모델

사례관리모델에서 주로 사용하는 모델에 대해 살펴보면 다음과 같다(최혜지 외, 2014).

(1) 팀접근 사례관리모델

팀접근 사례관리모델은 우리나라의 사회복지관에서 실시할 수 있는 대안모델에 해당한다. 사례관리자가 지속적으로 수행할 수 없는 관리자의 역할을 준전문가의 지원을 통해 수행하는 팀접근 사례관리모델로 제안되었다. 즉, '클라이언트의 삶의 질 향상'이라는 기본 개념에서 생태체계적인 관점의 이해와 사정으로 자원연결과 지지망 확보에 주안점을 둔다. 이 과정에서 팀 접근 사례관리모델은 슈퍼비젼 팀(사례관리를 이론적으로 담당하는 교수, 실천적 경험이 있는 교수, 정신과 의사, 재활전문가 등)과 활동가 팀(주요 사례관리자, 준전문가)으로 구성된다.

(2) 강점 사례관리모델

강점 사례관리모델은 클라이언트가 지니는 강점을 최대한 발굴하여 객관적인 시각을 통해 스스로의 문제를 이해하고 해결할 수 있는 통찰력을 제고하는 데 있다. 강점 사례관리모델은 클라이언트가 삶의 목적을 추구하여 해결할 수 있도록 대처기술을 강화하는 것이며, 무제한적인 시간을 통해 지속적인 관계 형성과 접촉빈도의 조정 등에 주안점을 두어야 한다.

일반적으로 강점 사례관리모델에서는 사례관리자와 클라이언트의 비율은 1:12, 1:20으로 권장하면서 사례관리자와 클라이언트와의 신뢰관계를 형성하는 것을 강조한다.

(3) 욕구중심 사례관리모델

욕구중심 사례관리모델은 복합적이고 다양한 욕구를 지닌 클라이언트에게 효과적인 서비스를 제공하기 위한 모델이며, 가장 기본적인 클라이언트 중심의 사례관리에 초점을 두고 있다. 욕구 중심 사례관리모델은 욕구 발견 단계, 욕구 검토 및 해결 단계, 서비스 제공과정의 세 단계로 이루어진다.

사례관리의 수준과 생애주기에 따른 사례관리의 내용을 정리하면 다음과 같다.

〈표 9-2〉 사례관리 수준에 따른 구분

차원	집중형	기본형	관리형
구분	다영역의 복합적 문제와 욕구를 가진 사례	명확한 욕구/단일서비스 제공사례	사후관리 사례
사례관리 기간	무한정	시간제한적(서비스 제공기간)	무한정
횟수	수시 (주 1-2회)	최소 분기별	연 1-2회
사례관리량	10사례	75사례	무관
서비스 종류	다양한 서비스 제공 서비스 조정, 상담	서비스 연결관리	정보 제공/현황 파악
기능	사례발굴, 사정, 계획, 의뢰 옹호, 서비스 제공, 자원개발, 재사정, 모니터링(포괄모형)	사례발굴, 사정, 계획, 의뢰, 옹호, 자원개발(조정모형)	사례발굴, 사정, 계획, 의뢰 (최소모형)
옹호역할 정도	적극적 옹호자 (서비스 개발)	접수자 역할 (대안적 서비스 제공)	관리자 역할 (정보 제공 등의 최소한의 역할)
사례관리팀 구조	전담공무원, 관련된 서비스 기관의 협력체계 구성	사례관리자, 서비스 제공자	종결사례/ 미개입사례로 사례관리자에 의한 관리

〈표 9-3〉 생애주기별 사례관리 유형

구분	영유아	아동청소년	청년	장노년
서비스 종류	다양한 서비스 제공/ 서비스 조정/ 상담	서비스 연결, 조정, 제공, 상담	서비스 연결, 조정	서비스 연결, 조정
접수	아웃리치(스크리닝), 초기면접과 스크리닝, 계약	아웃리치, 의뢰, 초기면접과 스크리닝, 계약	아웃리치(홍보), 초기면접과 스크리닝, 계약	아웃리치(홍보), 초기면접과 스크리닝
사정	사회진단, 교육, 언어, 심리 등 잠재능력 평가를 위한 종합 사정	사회진단, 심리, 교육적 사정-학습능력, 사회성	자립생활능력, 직업능력	일상생활능력/ 사회참여/ 비공식, 공식적 자원체계 사정
계획	목표-조기 재활치료, 가족역량 강화	통합 지원, 보호	자립생활과 직업/보호와 여가문화	가족, 지역사회 지원, 여가 문화/ 일상생활 지원
실행	어린이집, 학교, 사설치료기관, 복지관	복지관, 학교	주간보호시설, 자립생활센터, 직업재활시설	노인복지시설, 장애인복지관 재가복지, 종합복지관 서비스
모니터링	수시 모니터링, 6개월 단위 재사정	수시 모니터링 1년 단위 재사정	6개월 단위 모니터링 1년 단위 재사정	6개월 단위 모니터링 1-2년 단위 재사정
사후관리	서비스기간 종결 후 사후관리 중요. 전화상담 등 적극적 노력 필요	소식지발송 등 정보제공	지속적 관리-소식지, 전화 등	
사례관리 팀 구조	관련된 서비스 기관의 협력체계 구성	단일욕구, 단일기관 내 서비스 구조多, 서비스 제공자=사례관리자	서비스 제공자	

(4) 집중 사례관리모델

집중 사례관리모델은 복합적이고 자주 변화하는 클라이언트의 욕구에 대처하기 위한 모델로 만성질환 등과 같은 질환을 지닌 클라이언트에게 유용하며, 사례관리자와 클라이언트의 비율은 1:5에서 1:15 정도로 실시되고 있다. 서비스 제공은 24시간 가능하며, 서비스 제공 장소도 실제상황과 사무실 모두에서 이루어지는 특징을 지니고 있다.

사례관리모델에서 주로 사용하는 주요 개념들에 대해 살펴보면 다음과 같다.

① 보호관리

보호관리는 사례관리보다 보호관리 서비스에 초점을 두며 사례관리자에게 좀 더 의존하는 경향을 강조한다. 특히 만성적인 질환을 지닌 노인에 초점을 둔 통합서비스의 개념이며, 사례관리는 장기요양보호영역에서 발전되어 온 개념으로 사회적 서비스를 포함하는 개념이다.

② 임상 사례관리

임상사례관리는 단순한 서비스 조정이 아닌 클라이언트가 자존감을 높이고 신뢰감을 발달시키며 새로운 대처기술을 획득할 수 있도록 심리적·정서적 지원을 하는 클라이언트 중심의 사례관리이다.

③ 사회자원

사회자원은 클라이언트의 복합적 욕구를 충족시키기 위하여 다양한 자원을 확보하는 것이 중요함을 강조한다. 따라서 사례관리자는 클라이언트의 지역사회 내 다양한 자원에 대한 충분한 인지와 새로운 자원에 대한 발굴의 노력이 필요하며, 공식적 및 비공식적 체계, 클라이언트 욕구체계, 물적 및 인적 체계 등의 분석이 필요하다.

④ 사회관계망

사회관계망은 탈시설화에 의한 패러다임의 등장으로 더욱 관심이 증대되고 있다. 사회관계는 보다 구체적인 사회 속에서 제도적 및 비제도적으로 맺어진 관계망을 의미한다. 특히 사회관계망은 신뢰, 상호 호혜성 등의 개념들과 긴밀하게 상호 연결되어 있기 때문에 사례관리자는 클라이언트의 사회관계망에 대한 구체적인 분석과 접근을 시도해야 한다.

3. 사례기록의 실제

사례관리모델에서는 사례관리자가 클라이언트의 사례관리과정에서 발생하는 제반 모든 관련 내용을 레코딩하여 관리하는 절차가 중요시되므로 장애인복지관에서 실제 실시하고 있는 사례관리의 실제 양식(변경희, 2008)을 활용하여 각 과정별 주요 내용에 대해 살펴보고자 한다.

1) 초기면접 단계

사례관리자의 초기면접 단계에서의 주요 목적은 클라이언트의 욕구 긴급성, 욕구 복잡성을 확인하여 서비스 제공결정을 가능한 빨리, 민감하게 내릴 수 있도록 하는 것이다. 이러한 과정은 효과적인 업무관계를 수립하는 과정으로 상호 기대를 정확히 하는 목적이 있으며, 실제 과정에서 서비스 제공계약은 서비스 제공 단계에서 다시 이루어지게 된다. 또한 계약은 사례관리과정에 장애인의 동의와 참여를 위한 방안 중 하나로서 중요하게 취급되어야 한다.

〈표 9-4〉 초기면접지(접수면접등록) 양식

1. 일반 사항

접수번호		접수일자		상담자	
이름			생년월일		
주소			전화번호		
장애유형			장애등급		
학력			결혼사항		
직업			사회보장		
종교			재정상태		

2. 주요 호소문제

내담경위	
주요 욕구/문제	

3. 과거 서비스 이력

교육경험	
직업경험	
과거 서비스 이력	

4. 장애 발생 관련 사항

생육 사항 및 발달 사항	
장애 발생 시기	

5. 기초학습능력/ 일상생활능력

시간		외모/청결	
수		이동능력	
읽기/쓰기		대인관계	
기타			

6. 가족 사항

7. 도움 요청 내용

8. 면접자의 평가

9. 대상 판정 1. 대상(긴급/일반) 2. 비대상(의뢰/정보제공)

2) 사정 단계

사례관리자는 사정 단계에서 사례관리에 대한 사례관리자, 장애인 이용자간의 계약이 이루어지면, 사정이 계획된다. 사정은 재활 계획 수립을 위한 기초자료를 제공하는 것으로서 사정의 과정을 통해서 서비스 내용은 물론 서비스 수준과 성격, 양과 질에 대한 청사진이 마련된다.

사례관리자는 다음과 같은 문제 영역에 대한 사정기준에서 장애인 클라이언트의 상황에 대해 점검해야 한다.

〈표 9-5〉 사정 영역

구분	영역	내용
물리적	수입	주요 수입원, 수입의 적절한 수준 및 지출 수준(주거비용, 장애 관련 지출, 의료비지출), 공공부조 수당, 연금 등 수급 여부
	주거	주택소유 여부, 주거설비 등의 부적절성- 실내 이동시의 안정성, 난방 등의 문제
사회 심리적	정신건강	우울, 불안, 슬픔, 음주문제 이외에 정서적, 성격적인 문제행동, 주관적 인상, 일상생활에 대처하는 방식 등을 통해 확인될 수 있다.
	사회적, 개인적 관계	가족관계, 사회적 관계 파악 및 자원체계 파악-객관적 상태와 주관적인 감정 상태 점검
	레크레이션과 여가	삶의 질에 영향을 미치는 요소로서 여가 활용의 기회, 이용 가능성
	선호도	개인적 선호도, 욕구
신체적	건강	치과, 안과 등 신체적 건강, 약물복용 상태, 과거 병력, 건강에 대한 생각 검토
	일상생활 활동	독립생활 가능성 검토, IADL, ADL능력 검토
	이동	이동 가능 여부와 원조 필요성, 교통편의 서비스 제공 필요성 평가
교육 -직업	교육	교육수준, 교육에 대한 열의 평가
	고용 상태	과거 직업과 기술 정도 파악, 직업 안내, 평가, 배치, 훈련 기회 등을 확인, 정보 제공

〈표 9-6〉 사정 영역의 구분

사정 영역	담당자	평가 대상	주요 사정 도구	사정 내용
의료 영역	의사 물리치료사 작업치료사	· 지체장애, 뇌병변 장애 · 영유아기의 지적 장애, 자폐성 장애 · 일상생활에서 신체 활동에 문제를 보이는 경우	· 의사의 임상적 진단 · 물리치료사와 작업치료사의 관찰 및 문진	일상생활과 관련된 움직임/ 패턴 파악
심리 영역	심리치료사	· 지적장애, 자폐성 장애, 정신장애 · 정서적 어려움을 보이는 사례	〈지능 검사〉 K · PTI, K · WPPSI, K · WISC · Ⅲ, K · WAIS, 고대비네검사 〈투사 검사〉 TAT 성격 진단 검사, BGT, HTP, KFD 〈인성 검사〉 MMPI, K · CBCL 〈발달 검사〉 시각 · 운동통합 검사(VMI), 사회성숙도 검사, 기초학습기능 검사	· 지적 능력 및 개인 내적 편차와 잠재력 평가, 기질적 특성, 기능적 특성 파악, 행동특성 파악 · 심리적 문제, 뇌의 기능적 문제 파악 · 정서적 어려움 평가
교육 영역	특수교사	· 영유아, 아동기가 주 대상 · 인지, 사회성, 언어발달 지체를 보이는 사례	PEP · R 교육진단 검사, 기초학습기능 검사, DIAL · 3 유아발달 선별 검사 K · ASQ	전반적 발달수준 파악
언어 영역	언어치료사	· 지적장애, 자폐성 장애, 청각장애, 언어장애, 뇌병변장애 · 언어의 이해, 표현의 문제	그림어휘력 검사 PRES(취학전 아동) SELSI(영유아) 그림자음 검사	· 어휘력(수용언어, 표현언어) 수준 · 조음장애 · 유창성 장애 판별
직업 영역	직업재활사	· 성인기의 지적 장애, 자폐성 장애 · 모든 유형의 성인 장애인	MDS(Maccarron · dial system) 지역사회적응검사(CIS), 퍼듀펙보드 검사(PPT), 상황평가, 현장기능평가, 그림직업흥미 검사, ERCD	직업능력 평가, 직업흥미도 및 준비도 평가 등 직업재활 가능성 탐색

〈표 9-7〉 장애인복지관의 사회진단 양식

1. 공통 사항

등록번호		성명		성별		생년월일	
장애명		등록일				진단자	

2. 개인 사항

취미/여가		사회성/친구관계	
일상생활능력		건강/정신건강	

3. 가족 사항

주 양육자		가족구성원의 지지	
가계도			

4. 가정/사회환경

월 소득		장애 관련 지출액	
주택 사항		생활 정도	
사회적 관계망			

5. 재활 및 교육 사항

6. 행동 및 관찰 내용

7. 소견 및 재활 계획

진단일 : 년 월 일 진단자 : 팀 이ㅇㅇ (서명)

3) 계획 단계

사례관리자는 계획 단계에서 사정과 서비스 전달 간의 연결 작업에 초점을 두며 사정에 의해 클라이언트의 욕구, 현재 기능 상태와 잠재력, 지원체계 등이 확인되고 나면 이를 바탕으로 실천적인 목표 수립하기, 우선순위 정하기, 목표성취를 위한 방법 등 목표달성전략 수립하기, 전략실행의 단계로 계획이 이루어진다. 목표설정 및 재활 계획의 수립을 위해서는 먼저 사정의 결과를 공유하고 재활 방향을 논의하기 위한 재활 계획 회의가 가장 우선적으로 실시된다.

〈표 9-8〉 사례관리 계획서

<table>
<tr><td>등록번호</td><td></td><td>성명</td><td></td><td>성별</td><td></td><td>생년월일</td><td></td></tr>
<tr><td>장애명</td><td></td><td>등록일</td><td colspan="3"></td><td>사례관리자</td><td></td></tr>
</table>

<table>
<tr><td>주 문제 및 욕구</td><td colspan="5"></td></tr>
<tr><td>장기 목표</td><td colspan="5"></td></tr>
<tr><td>단기 목표</td><td>시작일</td><td>기간</td><td>내용(지원 계획)</td><td>제공자</td><td>비고</td></tr>
<tr><td>1.</td><td></td><td></td><td></td><td></td><td></td></tr>
<tr><td>2.</td><td></td><td></td><td></td><td></td><td></td></tr>
<tr><td>3.</td><td></td><td></td><td></td><td></td><td></td></tr>
</table>

◇ 세부 욕구

문제/욕구 (우선순위별)	결과목표	서비스목표	서비스 제공자	일정	비용	비고

년도 월 일

사례관리자 : (서명)
클라이언트 : (서명)

다음은 장애인복지관에서 실시하고 있는 재활 계획서 양식이다. 다음과 같이 사정 결과를 통보하고 동의서를 작성하는 과정이 이루어진다.

〈표 9-9〉 재활 계획서(사정 결과 통보 및 동의서)

접수일자: 평가일자:

등록번호	성명	성별	장애유형	생년월일

상담(평가) 영역	상담(평가)결과
사용한 평가도구를 기재하고 간단하게 용도 등을 기재하여 이해를 돕는 것이 필요함. 사용도구가 많을 경우 셀을 추가하여 기재	상담 및 평가 내용을 이용자들이 알기 쉽게 기술
보호자(또는 본인) **의견**	평가 및 상담 내용을 바탕으로 보호자 및 당사자의 의견을 기술할 수 있도록 함. 상담 내용에 대한 동의 여부, 건의 사항, 기타 의견을 자유롭게 기술하도록 함.

재활 방향	단기목표	기간	수행 방법
재활 방향은 평가 및 상담 내용을 근거로 이용자와 함께 작성	단기목표 부분에는 재활 방향을 근거로 6개월 이내에 실천 가능한 목표를 당사자와 함께 작성함.		

200 . .

이용자: (인)

상담자: (인)

4) 실행 단계

사례관리자는 실행 단계에서 사례관리 계획서에 명시된 서비스와 자원을 확보하고 조정하고, 서비스를 제공한다. 실제 장애인복지관은 내부에 직접 서비스 제공에 필요한 다양한 자원을 가지고 있으므로, 직접 제공할 수 있는 서비스와 지역사회 내 기관과 연계할 서비스를 구분하여 서비스를 할 수 있다. 즉 직접적 서비스와 간접적 서비스를 구분하여 사례관리를 수행하며 과정기록을 해야 하며, 기관 내부의 자원만으로는 클라이언트의 욕구에 충족된 모든 서비스 제공이 어렵기 때문에 반드시 지역사회 내 서비스 공급기관과의 연계가 필요하다. 따라서 실행 단계에서는 네트워크의 조직과 활용이 무엇보다 중요하다.

〈표 9-10〉 사례관리과정 기록지

<table>
<tr><td>등록번호</td><td></td><td colspan="2">성명</td><td colspan="2"></td><td>성별</td><td></td><td colspan="2">생년월일</td><td colspan="2"></td></tr>
<tr><td>장애명</td><td></td><td colspan="2">등록일</td><td colspan="4"></td><td colspan="2">사례관리자</td><td colspan="2"></td></tr>
<tr><td colspan="3">주 문제 및 욕구</td><td colspan="9"></td></tr>
<tr><td>구분</td><td colspan="2">일시</td><td>접촉 방법</td><td>접촉 대상</td><td colspan="4">내용(지원내용)</td><td colspan="2">제공자</td><td>소요 시간</td></tr>
<tr><td></td><td colspan="2"></td><td></td><td></td><td colspan="4"></td><td colspan="2"></td><td></td></tr>
<tr><td></td><td colspan="2"></td><td></td><td></td><td colspan="4"></td><td colspan="2"></td><td></td></tr>
<tr><td></td><td colspan="2"></td><td></td><td></td><td colspan="4"></td><td colspan="2"></td><td></td></tr>
<tr><td></td><td colspan="2"></td><td></td><td></td><td colspan="4"></td><td colspan="2"></td><td></td></tr>
<tr><td></td><td colspan="2"></td><td></td><td></td><td colspan="4"></td><td colspan="2"></td><td></td></tr>
<tr><td></td><td colspan="2"></td><td></td><td></td><td colspan="4"></td><td colspan="2"></td><td></td></tr>
</table>

〈표 9-11〉 서비스 의뢰서

기관 : ○○○정신보건센터　　　　　　담당자 : 김○○ 사회복지사 귀하

<table>
<tr><td>등록번호</td><td></td><td>성명</td><td></td><td>성별</td><td></td><td>생년월일</td><td></td></tr>
<tr><td>장애명</td><td></td><td>등록일</td><td colspan="3"></td><td>사례관리자</td><td></td></tr>
<tr><td colspan="2">주 문제 및 욕구</td><td colspan="6"></td></tr>
<tr><td colspan="2">서비스 진행내용 요약</td><td colspan="6"></td></tr>
<tr><td colspan="2">의뢰 사유</td><td colspan="6"></td></tr>
<tr><td colspan="8">본 기관의 대상자에게 효과적인 서비스 제공을 위해 귀 기관에 의뢰하오니 적극적인 협조를 부탁드립니다.
년　　월　　일
○○ 장애인복지관
사례관리자 : 정○○
연락처　:</td></tr>
</table>

5) 점검 및 평가 단계

사례관리자는 점검 및 평가 단계에서 클라이언트에게 제공되는 서비스의 적시성, 적절성 및 연속성을 보장하기 위해 서비스 제공자를 포함한 클라이언트 지원체계의 서비스 전달과 실행을 추적하고 평가하는 과정이다. 따라서 실제 장애인복지관에서는 모니터링을 정기/수시로 진행하고 있으며, 평가과정에 대해서도 초점을 두어 강조하고 있다.

〈표 9-12〉 모니터링 양식

<table>
<tr><td>등록번호</td><td colspan="2"></td><td>성명</td><td></td><td>성별</td><td></td><td>생년월일</td><td colspan="2"></td></tr>
<tr><td>장애명</td><td colspan="2"></td><td>등록일</td><td colspan="3"></td><td>사례관리자</td><td colspan="2"></td></tr>
<tr><td colspan="3">주 문제 및 욕구</td><td colspan="7"></td></tr>
<tr><td colspan="3">재활 계획 / 목표</td><td colspan="7"></td></tr>
<tr><td colspan="4">서비스
제공내역</td><td colspan="2">서비스 제공자
모니터링</td><td colspan="4">이용자에 대한
모니터링</td></tr>
<tr><td>서비스명</td><td>담당자</td><td>일시</td><td>내용</td><td>제공자의 자격
및 서비스의 질</td><td>계획에
따른
진척정도</td><td>협력
정도</td><td>목표달성 위한
노력정도</td><td>욕구충족과
변화에의
기여정도</td><td>수정의
필요성</td></tr>
<tr><td></td><td></td><td></td><td></td><td></td><td></td><td></td><td></td><td></td><td></td></tr>
<tr><td></td><td></td><td></td><td></td><td></td><td></td><td></td><td></td><td></td><td></td></tr>
<tr><td></td><td></td><td></td><td></td><td></td><td></td><td></td><td></td><td></td><td></td></tr>
<tr><td></td><td></td><td></td><td></td><td></td><td></td><td></td><td></td><td></td><td></td></tr>
<tr><td>제언</td><td colspan="9">※ 서비스가 욕구충족 및 변화를 위해 필요한 것인가?
※ 서비스 제공자들간 상충되는 노력이나 갈등이 없는가?
※ 서비스 제공자와 장애인 간의 갈등이 없는가? 등의 내용을 점검하여 전체 조정 요청 사항, 총평 기록</td></tr>
</table>

〈표 9-13〉 재사정 점검표

1.공통

등록번호		성명		성별		생년월일	
장애명		등록일				진단자	

2. 서비스 이력(제공된 서비스의 질과 비용)

서비스 명	목표달성 정도 (성공과 실패의 이유)

3. 현재 욕구

※ 과거 욕구와 변화된 욕구기술 (이용자의 선호와 욕구는 항상 변화하기 때문에 변화된 욕구에 대해 민감성을 높여야 함)

4. 환경체계 변화

5. 새로운 서비스 요구 사항

6. 소견 및 재활 계획

※ 욕구변화 또는 서비스 성과에 따라 필요한 재사정 영역이 있을 경우, 이에 대한 의뢰를 포함함. 다음 재사정 일정을 포함하여 사례관리자의 의견, 재활 계획의 방향의 수정 등 종합적인 의견제시

6) 종결 단계

사례관리자가 종결 단계에서 클라이언트에게 제공되었던 모든 활동이 바람직한 결과를 가져왔는지를 알아보는 것이다. 즉, 제공된 서비스, 변화 사항, 재활 계획, 서비스 활동의 효과성과 효율성을 종합적으로 판단하는 과정으로 종결을 앞두고 시행한다.

〈표 9-14〉 종결평가서

<table>
<tr><td>등록번호</td><td></td><td>성명</td><td></td><td>성별</td><td></td><td>생년월일</td><td></td></tr>
<tr><td>장애명</td><td></td><td>등록일</td><td></td><td>종결일</td><td></td><td>사례관리자</td><td></td></tr>
<tr><td colspan="2">주 문제 및 욕구</td><td colspan="6"></td></tr>
<tr><td colspan="2">재활 계획/ 목표</td><td colspan="6">※ 계획의 적합성 여부에 대한 평가 포함</td></tr>
<tr><td colspan="2">경과 보고</td><td colspan="6">※ 제공서비스, 조정, 연계 현황/ 계획대로 적절하게 실시되었는지 여부</td></tr>
<tr><td colspan="2">평가 결과</td><td colspan="6">※ 목표달성 여부, 목적달성을 평가하기 위한 다양한 방법의 사용, 대상자의 변화 정도 등</td></tr>
<tr><td colspan="2">종결 사유</td><td colspan="6"></td></tr>
<tr><td colspan="2">사후 관리</td><td colspan="6"></td></tr>
</table>

연습문제

1. 클라이언트에게 인간으로서의 존엄성을 최대한 존중하고 행복한 삶을 영위하도록 필요한 자원과 서비스에 접근할 수 있는 평등한 기회를 제공하며 다양한 전문가들의 협력과 포괄적인 서비스 제공을 강조하는 모델은 무엇인가요?

① 정신분석모델
② 심리사회모델
③ 사례관리모델
④ 인지행동모델

[해설] 사례관리모델은 클라이언트를 중심으로 한 전문기관, 전문가들의 협력과 포괄적인 서비스 제공에 초점을 둔다.

2. 사례관리모델에서 강조하는 개념으로 환경과 상호작용하는 클라이언 트의 상황을 강조하는 개념은 무엇인가요?

① 무의식
② 상황 속의 인간
③ 전의식
④ 의식

[해설] 상황 속의 인간(PIE)은 환경 속의 인간의 다양한 상호작용의 중요성을 강조하는 개념이다.

3. 사례관리모델에서 클라이언트의 개별적인 욕구를 적절하게 개발하여 서비스 계획을 수립하는 것은 무엇인가요?

① 서비스 종합화
② 서비스 지속화
③ 서비스 접근성
④ 서비스 개별화

[해설] 서비스 개별화는 클라이언트가 지닌 개별적인 욕구와 개발에 초점을 둔 개념이다.

4. 사례관리모델에서 클라이언트에게 일회적이거나 단편적이지 않게 제공하는 서비스의 개념은 무엇인가요?

① 서비스 종합화
② 서비스 지속화
③ 서비스 접근성
④ 서비스 개별화

[해설] 서비스 지속화는 클라이언트의 서비스의 지속적인 제공으로 욕구 해결하는 개념이다.

5. 사례관리모델에서 클라이언트가 좀 더 서비스에 장애요소를 없애고 접근을 쉽게 할 수 있도록 강조하는 것은 무엇인가요?

① 서비스 종합화
② 서비스 지속화
③ 서비스 접근성
④ 서비스 개별화

[해설] 서비스 접근성은 클라이언트의 입장에서 서비스 장애요소를 없애고 접근성을 강화하는 것에 초점을 둔다.

[정 답]
1. ③ 2. ② 3. ④ 4. ② 5. ③

Ⅲ

대상별 사회복지실천기술

사회복지사가 일하는 현장은 매우 다양하며, 점점 더 다양한 영역으로 확대되고 있다. 시·군·구청과 읍·면·동주민센터, 지역사회복지관, 아동복지관, 장애인복지관, 노인복지관, 병원, 지역아동센터, 학교, 정신건강증진센터, 자활관련 기관, 아동·노인·장애인생활시설 등의 많은 현장에서 사회복지사는 개인, 가족, 집단, 지역사회단위로 도움을 필요로 하는 사람들에게 사회복지서비스를 제공하고 있다.

문제의 양상과 정도, 대상 클라이언트의 특성은 다를지라도 사회복지사가 대면하는 클라이언트들은 개인, 가족, 집단 등의 형태로 이루어져 있다. 이와 같이 실천 대상유형의 차이에 따라 사회복지사는 그 실천대상의 차이에 따라 각기 다른 지식과 기술로 대응해야 한다. 3부에서는 실천대상을 개인, 가족, 집단으로 구분하여 각 실천대상에 따라 사용되는 실천기술에 대해 살펴보도록 한다.

Chapter 10

개인 대상 사회복지실천기술

1. 개인 대상 사회복지실천 기본 개념
2. 개인의 문제 이해와 변화를 위한 기술
3. 역할극을 통한 개입기술 및 기법 연습

1. 개인대상 사회복지실천 기본 개념

사회복지실천의 가장 기초적인 단위는 개인이다. 사회복지교과목의 가장 기초가 되는 교과목 중 하나가 "인간행동과 사회환경"이다. 개인대상 사회복지실천에서는 이 교과목에서 익힌 개인에 대한 다양한 학파의 지식과 기술을 최대한 활용해야 한다. 사회복지실천에서 개인을 대상으로 일하기 위해서는 사전에 준비해야 할 필수적 사항들이 있다. 부끄럽고 고통스러운 자신의 이야기를 타인에게 표현한다는 것은 매우 어려운 일이다. 특히 유교문화 영향으로 체면을 중시 여기는 한국사회에서 서비스이용자가 사회복지사에게 개인적인 이야기를 한다는 것은 쉬운 일이 아니다. 그러나 문제의 정도가 심각해지면서 그 스트레스를 스스로 감내할 수 없는 정도에 이른 사람들은 가까운 사회복지실천 현장을 방문하여 사회복지사와 면담을 시작한다. 따라서 사회복지사는 다양한 서비스이용자를 만나기 위해서는 사전에 철저한 준비를 하고 있어야만 한다.

1) 면담 준비 단계의 의의와 과제

사회복지사가 준비 단계에서 서비스이용자를 만나기 전에 원조과정의 전반을 체계적으로 검토하고 준비하는 것은 사회복지실천의 효과를 향상시키는 데 있어서 매우 중요한 요소이다. 이 단계는 사회복지사와 서비스이용자가 만나기 전에 사회복지사 입장에서 서비스이용자가 사회복지사를 만나러 오는 가운데 갖게 되는 생각, 감정, 그리고 행동을 미리 헤아려서 가능한 서비스이용자의 입장과 상황에 사회복지사 자신을 맞추려는 전반적인 준비 활동을 하는 단계를 의미한다.

트레비식(Trevithick, 2000)은 면담 계획 및 준비는 매우 중요한 과제로서 다음과 같은 욕구와 기대를 고려하여 준비할 필요가 있다고 강조하였다.

- 도움을 요청하는 서비스이용자 개인 혹은 집단의 욕구와 기대
- 서비스이용자와 관계하는 중요한 타인들의 욕구와 기대
- 실무자로서 사회복지사가 바라는 개인적인 기대와 전문적인 기대
- 기관의 정책과 절차, 실천지침, 자원, 기관을 대표하는 사람으로서의 자격요건

- 서비스이용자 개인 혹은 집단과 관계하고 있는 다른 전문가

서비스이용자 개인의 욕구와 기대를 파악하는 방법은 여러 가지가 있는데 준비된 접수양식이나 전화로 도움을 요청할 때 나타나는 경우가 많다.

2) 면담준비기술

코우모이어(Coumoyer, 2000)는 사회복지사가 면담준비를 위해 활용할 수 있는 기술을 여덟 가지를 제시하였는데, 이를 구체적으로 살펴보면 다음과 같다.

(1) 사전검토

서비스이용자를 만나기 전에 사전기록과 기관의 자료를 검토하고 서비스이용자의 기본적 배경(예: 교육 정도와 직업, 그리고 연령 등)을 검토하는 것이다. 여기에서 사회복지사는 서비스이용자에 대해 선입견이나 편견을 갖는 것에 대해서 주의할 필요가 있다.

(2) 사전공감

사회복지사가 초기면담에 오기 전 서비스이용자가 겪을 수 있는 느낌이나 현재의 문제 및 상황에 민감하게 반응할 수 있도록 사전에 공감을 해 보는 것이다.

(3) 사전 계획 및 기록

사회복지사가 면담 전에 면담의 목적과 목표를 검토하고, 면담에서 논의할 주요 과제를 잠정적으로 설정하는 것이다. 면담에는 면담의 목적에 따라 ① 정보 수집을 위한 면담, ② 정보 제공을 위한 면담, ③ 사정을 위한 면담, ④ 변화를 위한 면담이 있지만 모든 면담이 반드시 이렇게 구분될 수 있는 것은 아니며 서로 중복되는 부분이 많다. 그러나 무엇에 초점을 더 두는가에 따라 면담의 목적이 달라질 수 있으므로 이에 대한 사전 고려가 필요하다.

(4) 사전 자기탐색

사회복지사의 자기인식 및 전문적인 자질 향상과 매우 관련이 깊다. 이것은 자기분석의 한 형태로서, 타인과의 상호작용에서 어떻게 영향을 주고받는지를 파악하는 것으로 사회복지사 자신의 개인력을 파악하고 자신의 특징, 욕구, 편견, 정서적 약점, 행동양상 등을 이해하는 것이다.

(5) 사전 정리

첫 면담을 위해 체계적인 물리적 준비를 해야 한다는 것을 의미하는 것이다. 예로서, 약속시간 확인, 면담실의 충분한 시간 확보, 비밀보장이 될 수 있는 공간 확보를 비롯하여 면담실의 사전예약, 가구배치 그리고 필요한 경우 교통편의 및 주차, 장애인을 위한 편의시설 등과 관련한 준비를 한다. 나아가 대기실에 최신 잡지 등과 같은 읽을거리와 음료수, 간단한 그림 등을 비치함으로서 방문하는 서비스이용자로 하여금 편안한 마음을 가질 수 있도록 준비하는 것이다. 그리고 아동의 발달연령과 사회문화적 배경에 맞는 장난감과 그림 등도 비치할 수 있다.

(6) 사전 탐색

사회복지사가 접수나 초기면담을 담당한 사람과 서비스이용자의 의뢰자에게서 서비스이용자 및 그의 환경에 대한 질문을 통해 정보를 수집하는 것이다, 종종 서비스이용자가 같은 기관의 다른 사회복지사로부터 서비스를 제공받았다면 이전에 서비스를 제공했던 동료 사회복지사로부터 자료를 인수인계하여 탐색하는 것을 말한다.

(7) 사전 협의

사회복지사가 슈퍼바이저나 동료에게서 조언을 구하는 것이다. 예를 들어, 자살을 예고하는 청소년을 면담할 예정인 사회복지사는 잠재적인 자살 가능성을 파악하기 위한 질문목록을 슈퍼바이저, 동료와 협의해야 한다.

(8) 집중적 자기관리

사회복지사 개인사정으로 인해 전문가로서의 의무와 서비스 전달에 방해가 되지 않도록 하는 것이다. 예를 들어, 부부문제로 업무에 집중하기 어려우며 서비스이용자와의 면담에 있어서도 부부문제가 자꾸 떠오르면 사회복지사는 적절한 대안(예: 서비스이용자에게 양해를 구하고 면담을 취소하거나 재조정하는 것)을 모색해야 한다.

3) 면담 시작기술

(1) 첫 면담에 대한 불안 수용

누구나 낯선 사람과의 만남은 정도 차이가 있지만 늘 불안을 초래한다. 사회복지사도 실천과정에서 첫 면담은 사회복지사와 서비스이용자 모두에게 다양한 감정과 반응을 불러일으킨다. 더욱이, 누군가에게 도움을 요청하는 입장에 있는 서비스이용자는 도움 요청에 대한 복잡한 감정을 갖게 되며, 어디서부터 문제상황을 설명해야 할지 주저하게 된다.

한편, 첫 면담은 사회복지사와 서비스이용자 모두 상대방에게 첫 인상을 심어주기 때문에 후속 면담 및 관계 형성 그리고 문제해결 및 서비스의 효과성에 많은 영향을 줄 수 있다. 또한 성공적인 첫 면담은 조기종결이나 중도 탈락을 예방할 뿐만 아니라 비자발적이거나 참여의지가 미약한 서비스이용자의 참여 동기를 강화할 수 있기 때문에 매우 중요한 기회라고 할 수 있다.

(2) 면담의 시작

면담의 시작 단계는 접수, 치료관계의 착수, 면담시간의 처음 진입 등이라고 볼 수 있다. 이 단계에서 사회복지사는 ㉠ 자기소개, ㉡ 서비스이용자에게 서비스이용자 자신 및 동행인에 대한 소개 요청, ㉢ 면담목적 설명, ㉣ 서비스이용자의 역할 설명, ㉤ 기관의 정책 및 윤리적 요건에 대한 설명, ㉥ 피드백 요청 등과 같은 업무를 수행하게 된다.

사회복지사가 첫 면담에서 처음으로 해야 할 것은 자기를 소개이다. 자신의 소개가 끝나면 서비스이용자 자신 및 함께 온 동행인(예: 가족)에 대해 소개해 줄 것을 요청한다, 접수양식과 사전 전화통화를 통해 방문할 서비스이용자에 대해 알고 있다면 기관을 방문한 사람의 이름을 확인해 보고 인사를 나눈다. 문화적 특성상 대체로 연령을 고려하여 연장자의 순으로 인사를 나누는 것이 자연스럽다. 경우에 따라서는 서비스이용자와 동행인을 어떻게 부를 것인지를 확인하는 것도 필요하다. 예를 들어, '제가 사모님이라고 불러도 될까요?' 혹은 '제가 임선생님이라고 불러도 될까요?', '나이를 고려해 보니 내가 너를 ○○라고 이름을 불러도 될 것 같은데 괜찮겠니?' 등과 같은 확인이 필요하다.

이 과정에서 사회복시자는 서비스이용자와 기본 사항을 점검할 수 있다. 이에는 ㉠ 면담을 위해 시간약속을 정확히 해 줄 것과 꼭 지킬 것, ㉡ 시간약속을 취소할 경우에는 반드시 24시간 이전에 사전 연락해 줄 것, ㉢ (해당되는 경우)합의된 상담료를 납부해 줄 것, ㉣ 서비스이용자의 상황변화를 사회복지사에게 알려줄 것, ㉤ 특히 문제상황에 진전이 있거나 해결의 가능성이 있을 때 이를 함께 논의해 줄 것 등이다.

나아가, 사회복지사가 활용하는 이론적 접근 방법에 따라 서비스이용자에게 과제를 내줄 수 있으므로 이를 성실히 수행해 달라고 요청할 수 있다. 이러한 점에서 서비스이용자의 역할 및 기대 설명을 서비스이용자의 사회화라고 하기도 한다.

사회복지사는 기관의 정책 및 윤리적 요소를 설명할 의무가 있으며, 이를 첫 면담에서 실행할 필요가 있다. 사회복지사는 기관에 대해 간략하게 설명한다. 그런 다음 기관의 서비스 수혜자격과 요건, 수혜기간, 전달 방법, 절차, 후속조치 등에 대해 서비스이용자가 이해할 수 있는 수준으로 충분히 설명하고 이를 이해했는지 피드백을 받을 필요가 있다. 윤리적 요소들 가운데는 비밀보장이 가장 중요한 과제이다. 이상과 같이 첫 면담을 통해 서비스이용자의 상황에 대한 이해와 기관에 대한 설명을 마치면 사회복지사는 서비스이용자에게 궁금증이나 의문점이 있으면 물어볼 것을 요청하고 이에 답해 준다.

(3) 비공식적인 대화의 시작

사회복지사가 서비스이용자를 따뜻하고 편하게 맞이하는 방법 가운데 하나는 날씨 혹은 기관에 찾아오는 과정에서의 어려움(예: 교통편의, 도로사정 등)과 같은 주제를 택하여 비공식적인 대화로써 시작하는 것이다. 이러한 비공식적인 대화를 얼마나 오랜 시간 동안 할 것인가는 사회복지사의 경험과 판단에 따라 자연스럽게 하는 것이 필요하다.

사회복지사 입장에서 비공식적 대화는 서비스이용자에게 어려운 문제나 도움요청과 같은 주제를 말할 수 있는 기회를 제공하는 것이 된다. 경우에 따라 어떤 서비스이용자는 첫인상에서 받은 느낌을 중요시할 뿐만 아니라 처음 몇 분간의 의사소통에서 각인된 것으로 인해 형성된 사회복지사에 대한 인상을 그대로 갖게 되기도 한다.

(4) 신체적 접촉

신체적 접촉은 비언어적 의사소통 가운데 강력한 영향력을 보일 수 있다. 신체적 접촉이 긍정적으로 활용되었을 때 사회복지사는 서비스이용자에게 지지를 보여 줄 수 있지만, 그렇지 못한 경우 전문적 관계에 치명적인 손상을 가져올 수 있다. 특히, 서비스이용자가 아동학대 혹은 성희롱 및 성폭력과 같은 경험이 있다면 신체적 접촉은 더욱 주의가 필요한 의사소통 방법이다.

(5) 악수하기

일반적인 만남에서 악수는 자연스럽지만 사회복지사와 서비스이용자와의 악수는 서비스이용자의 생활경험이나 관습에 따라 다양한 의미를 갖게 된다. 예를 들어, 남녀 및 연령차에 따른 악수 혹은 악수를 할 수 없는 상태의 신체적 장애를 가진 서비스이용자와의 악수는 여러 가지 복잡한 의미를 가질 수 있다. 악수와 같은 간단한 관습에서도 사회복지사는 자신의 직관력을 활용할 수 있다. 악수하기는 서비스이용자나 그/그녀의 상황을 알지 못할 때에도 서비스이용자를 사정하는 기회가 될 수 있기 때문이다.

2. 개인의 문제 이해와 변화를 위한 기술

사회복지사들이 서비스이용자 개인의 문제 이해와 변화를 위해 활용하는 기술을 간단히 살펴보면 다음과 같다.

1) 의사소통기술

사회복지사로서 활동하기 위해서는 전문가로서 합당한 의사소통기술을 필요로 한다. 의사소통기술은 사회복지사로 활동하면서 같은 기관의 동료와 상사, 다른 기관의 관련 전문가들, 회의나 발표회의 참석자들과 정확한 의사소통을 할 수 있는 기술을 포함하고 있다.

의사소통기술에는 언어적 비언어적 표현이 모두 포함된다. 대체로 언어적 표현이 전체 의사소통의 1/3을 차지한다고 할 때 비언어적 표현이 2/3를 차지하고 있어 비언어적 의사소통은 매우 중요하다고 할 수 있다. 비언어적 의사소통은 특히 서비스이용자가 언어적 표현이 제한되어 있을 때 매우 중요한 의사소통의 통로가 된다. 또한 비언어적 의사소통에서는 인지적인 면보다는 주로 감정적인 면이 더욱 많이 표현되기도 한다. 비언어적 의사소통에는 음성의 고저, 얼굴표정, 침묵, 신체자세 및 움직임, 외모와 청결정도, 신체에서 나는 소리(예: 배에서 나는 꼬르륵 소리, 트림소리 등), 신체적 접촉, 물리적 환경 등이 포함된다. 비언어적 의사소통을 파악하고 활용하기 위해서 사회복지사는 면담과정에서 사회복지사로서 전문적인 능력을 총동원하여 오감을 활용할 수 있어야 한다.

의사소통 가운데 언어적 표현은 서비스이용자의 사고과정, 생각, 감정, 인지능력을 나타내는 중요한 통로가 된다. 언어적 의사소통은 구어체나 문어체로 표현될 수 있다. 또한 같은 단어라 하여도 여러 가지 의미로 활용될 수 있고 사회문화적 상황에 따라 다른 의미를 가질 수 있으므로 사회복지사는 언어적 표현이 갖는 상황적 맥락을 모두 이해하는 능력을 갖추어야 한다. 나아가 언어적 표현 가운데서 적절한 단어의 선택과 유머의 활용 그리고 속어 및 은어의 활용도 함께 고려할 필요가 있다.

2) 질문기술

사회복지실천 면담과정에서 질문은 매우 중요한 기술 가운데 하나로서 질문을 하는 것은 이에 대한 답을 얻기 위한 것이다. 또한 질문을 하는 것은 사회복지사가 서비스이용자가 말하는 내용이나 생각, 그리고 감정에 귀를 기울이는 가운데 이들이 중요하다는 사실을 질문을 통하여 표현할 수 있다. 또한 질문하기는 반영적 고찰을 자극하는 한 방법이 된다. 즉, 사회복지사가 서비스이용자의 사고에 근거한 질문을 하기 때문에 서비스이용자는 질문을 받음으로서 자기결정 및 권한부여 혹은 임파워먼트가 생길 수 있다. 나아가, 질문을 하는 동안 사회복지사는 적극적 경청의 기술을 활용하여 서비스이용자의 대답을 명확하게 이해하고 이에 대한 피드백을 제공해 주어야 한다.

일반적으로 질문은 육하원칙 즉, '언제, 어디서, 누가, 무엇을, 왜, 어떻게'에 따라 하게 된다. 그리고 질문은 크게 개방질문과 폐쇄질문으로 나눌 수 있다. 여기서는 우선 개방질문과 폐쇄질문에 대해 살펴보고 이들 질문을 활용할 때 유의해야 할 점을 알아본다.

(1) 개방질문

개방질문은 서비스이용자에게 선택의 자유를 주고 자신의 생각이나 감정을 자유롭게 표현할 수 있도록 한다. 나아가 서비스이용자는 자신이 원하는 속도나 시간에 맞춰 답을 할 수 있으며, 특정 문제나 염려에 대해 응답을 할 것인지 아닌지에 대한 선택의 자유도 있다. 따라서 이 질문은 서비스이용자가 하고 싶은 말을 자율적으로 충분히 하도록 함으로써 많은 정보를 수집할 수 있는 장점이 있다.

개방질문은 질문에 대한 답을 함에 있어 답변 내용의 제한 범위가 다를 수 있다. 따라서 사회복지사는 개방질문을 사용하는 경우라 할지라도 막연한 질문에서 보다 구체인 질문으로 범위를 좁혀 가면서 구체적인 정보를 탐색할 수 있다. 서비스이용자가 막연한 정보를 제공할 경우, 초점을 좁혀 가는 방법을 적절히 사용하면 서비스이용자의 상황파악을 보다 명확히 해 나갈 수 있다. 이러한 기술은 명료화 기술과도 깊은 관련이 있다.

(2) 폐쇄질문

폐쇄질문은 '예, 아니오'로 답할 수 있거나 혹은 이름, 주소, 연령 등과 같은 아주 간략한 답을 할 수 있는 질문이다. 이 질문 기법은 시간이 제약된 상황에서 사실이나 자세한 정보를 얻고자 할 때 그리고 위기적인 상황에서 신속하게 정보를 얻고자 할 때 활용하는 것이 유용하다. 이 질문 기법을 활용할 때는 면담을 집중해서 하거나 새로운 주제에 대해 말할 때 혹은 면담의 방향을 전환시킬 때, 민감한 주제나 감정에 다가가거나 벗어나려고 할 때, 면담의 속도를 빨리하고자 할 때 그리고 빠트린 내용을 확인하고자 할 때 사용할 수 있다.

폐쇄질문은 자신감이 결여되어 있는 서비스이용자를 대상으로 활용하기 좋다. 특히, 이들 가운데는 타인을 신뢰하지 못하거나, 말이 적은 사람 혹은 자신의 생각과 감정을 표현하기 어려운 사람들이 있을 수 있다. 또한 심각한 정신적 외상이나 사고를 경험한 서비스이용자는 개방질문에 답하기 어려워 할 수 있으며, 오히려 폐쇄질문에 상대적으로 잘 대답할 수 있게 된다, 사회복지사는 서비스이용자의 개인차를 고려하여 적절하게 질문을 해야 할 것이다.

폐쇄질문의 커다란 약점은 형사나 검사가 범인을 취조하는 것과 같은 딱딱한 인상을 주게 되어 서비스이용자가 마치 심문당하는 느낌을 갖게 함으로 조심해서 사용해야 한다. 즉, 단답형, 심문형의 질문과 함께 면담과정이 서비스이용자에게 상당히 위협적일 가능성이 있는 점과 딱딱하고 답답한 진행으로 인해 면담이 지루해질 가능성이 높기 때문에 주의를 요한다. 따라서 이 질문 기법은 초기보다는 종반에서 지금까지 언급되지 않은 중요정보를 확인해서 정리할 때 사용하는 것이 바람직하다.

이 질문 기법의 또 다른 약점은 특정 주제에 지나치게 집중함으로서 면담의 방향을 전혀 다른 방향으로 이끌 수 있다는 점이다. 따라서 질문을 받는 서비스이용자는 당황하고 자신들의 경험이나 고통이 자칫 왜곡되거나 무시되거나 혹은 유형화되는 느낌을 갖게 된다. 이러한 점에서 사회복지사는 면담전후에 걸쳐 폐쇄질문의 유용성에 대해 서비스이용자와 얘기를 나눌 필요가 있으며, 개방질문이 보다 덜 억압적이고 덜 차별적인 점을 기억할 필요가 있다. 그리고 '왜'라는 질문은 서비스이용자가 공격받는 느낌을 갖게 하므로 피해야 할 필요가 있으며, 같은 질문이라 하더라도 면담자의 목소리, 질문시기, 질문하는 단어의 선택 및 배치에 따라 다른 의미를 전달할 수 있으므로 주의를 요한다.

(3) 질문에서의 주의점

사회복지사가 질문기술을 사용할 때 주의할 점은 여러 가지가 있는데, 이에는 ① 폐쇄질문 사용, ② 유도질문 사용, ③ '왜' 질문 사용, ④ 이중 혹은 중첩질문 사용, ⑤ 모호한 질문 사용이 있다. 폐쇄질문 사용에 따른 장단점은 앞서 설명했음으로 이를 제외한 나머지에 대해 구체적으로 살펴보도록 한다.

첫째, 유도질문은 일정방향으로의 응답을 유도하기 위해 질문하는 것을 말한다. 따라서 질문자는 자신이 원하는 대답을 서비스이용자가 할 수 있도록 질문을 구성하게 된다. 예를 들어, '부모님은 찾아뵈었겠지요?', '부모님께 찾아가지 않은 것은 자녀로서 부모님께 너무 무관심했던 것 아닌가요?' 이러한 유형의 질문들은 주어진 상황 하에서 서비스이용자가 가졌던 감정이나 생각을 솔직히 드러내도록 돕기보다는 방어적인 입장에서 또는 사회복지사의 비위를 맞추기 위해 솔직하지 않은 답을 하도록 압박을 가할 수 있다. 따라서 이 질문은 상당히 위협적이며 모욕적일 수 있음으로 피해야 한다.

둘째, '왜'라는 용어는 책임을 추궁하거나 몰아세우는 인상을 주며, 모르는 상황에 대해서 답변을 강요할 수 있으므로 가급적 피해야 한다. 이 질문은 서비스이용자의 행동을 정당화하도록 무언의 압박을 가하기 쉬워 서비스이용자를 방어적인 자세로 전환시킬 수 있다. 대부분의 서비스이용자는 자신의 행동은 물론 타인의 행동 또는 감정에 대한 정확한 이유를 잘 모른다. 따라서 '왜'라는 질문을 받을 경우 짐작으로 대답하거나 사회적으로 용인될 수 있는 답을 하게 된다.

'왜'라는 용어보다는 '어떻게 해서 그런 일이 벌어졌습니까?', '그렇게 행동하도록 한 것은 무엇이었지요?', '어떻게 그런 생각을 하게 됐습니까?', '주로 언제 그런 행동을 하게 되나요?' 등 다른 의문부사를 사용하는 것이 서비스이용자의 방어적 자세를 예방하고 심판받는 느낌을 감소시키며 보다 솔직하고 자연스러운 답변을 유도할 수 있다.

셋째, 중복질문을 삼가야 한다. 중복질문은 한 질문 문장 속에 여러 가지 내용의 질문이 섞여 있는 것을 말하는데 한 가지씩 분리하여 하나하나 질문하는 것이 바람직하다. 예를 들어, '말씀을 들어보니 딸이 학교에 가지 않은 것이 걱정이시군요. 딸이 학교에 가지 않은 것이 얼마나 되었나요? 학교에 가지 않을 때 따님을 무엇을 하나요? 학교에서는 어떤 반응을 보이나요? 따님이 어떤 친구들과 주로 시간을 보내는지 알아보셨나요? 학교에 가지 않는 것이 학교에 대한 불만인가요 아니면 가정에 대한 불만인가요?' 서비스이용자는 사회복지사의 이러한 질문에 순서대로 조리있게 대답하기보다는 서비스이용자가 대답하기 편한 질문에 우선적으로 대답하게 되므로 사회복지사가 원하는 답 가운데 일부분만 얻게 된다.

넷째, 모호한 질문은 대명사를 많이 사용하거나 혹은 상황에서 벗어난 질문을 할 때 많이 발생한다. 모호한 질문은 특히 대인관계가 복잡한 상황에서 누가 누구와 어떤 관계 가운데 문제가 발생하였는지 파악할 때 많이 발생한다, 따라서 이러한 문제를 피하기 위해서 질문은 구체적일수록 좋다, 예를 들어, '당신에 대해서 말씀해 주시겠어요?'라고 하는 것보다 '당신의 장단점에 대해서 말씀해 주시겠어요?'라고 하는 표현이 더 구체적이다.

3) 라포 형성과 관계 형성 기술

사회복지사가 아무리 훌륭한 이론적 지식과 효과적인 개입모델이나 기술을 갖추었다고 하여도 서비스이용자와의 전문적 관계 및 라포가 형성되지 않으면 원조과정의 기본을 갖추지 못한 것이라 할 수 있다. 사회복지사와 서비스이용자 간에 형성되는 전문적 관계와 라포는 조화로운 상태, 호환성 및 공감대를 의미하는 것으로 서비스이용자와 사회복지사 상호 간의 이해와 전문적 관계를 형성할 수 있도록 해 준다. 그리고 라포는 보다 자발적인 상호작용을 의미하되, 상호 간의 이해를 근거로 하고 있으며, 특정 시점에서 특정한 상호작용의 질을 설명하는 것이다.

라포 형성은 서비스이용자가 사회복지사의 개성 및 전문성에 신뢰감을 갖는 것에서 출발한다. 따라서 라포 형성이 잘 되면 서비스이용자는 자신의 문제점이나 어려움, 장단점을 표현할 수 있게 되어 구체적이고 실질적인 문제해결 계획을 설정할 수 있게 된다, 그리고 라포가 형성되기 위해서는 사회복지사나 서비스이용자 모두 적극적으로 참여해야 한다.

카두신(Kadushin, 1997)은 라포와 관계 형성을 위해 다음과 같은 기술을 제안하고 있다.

- 서비스이용자의 자기결정권 문제에 대해 관심을 보인다.
- 서비스이용자의 문제에 관심을 보이고 따뜻함을 전하며, 신뢰분위기를 조성한다.
- 서비스이용자의 개별성에 대해 존경심을 보인다.
- 서비스이용자 개인에 대한 수용의 태도를 보인다.
- 공감적인 이해를 보인다.
- 진실성과 믿음을 보인다.
- 어떤 정보를 비밀로 보장할 것인지 그렇지 않을 것인지에 대한 전문적인 판단능력을 보인다.

한편, 존슨 등은 라포 형성을 위해 다음의 고려 사항을 제안하고 있다.

- 사회복지사와 서비스이용자가 편안한 환경을 조성하도록 해야 한다.
- 서비스이용자의 문제를 사정하고 공감적인 반응을 보인다.
- 서비스이용자의 통찰력 수준을 파악하고 동맹관계를 형성하도록 한다.
- 서비스이용자의 역할을 이해할 수 있도록 돕는다.

4) 공감기술

공감이란 사회복지사가 서비스이용자의 입장에 서서 서비스이용자가 느끼는 감정, 사고, 행동, 동기 등과 같은 서비스이용자의 경험을 민감하게 그리고 주의 깊게 이해하는 것이다. 이는 타인의 내면생활에 상상적으로 들어가 보는 동정과는 다른 것이다. 공감기술은 면담기술에서 가장 중요한 기술 가운데 하나이자 서비스이용자 중심접근법의 핵심기술이다. 두 명씩 짝을 지어 최근 남편과 사별한 부인을 면담할 경우의 공감연습을 해 보도록 하자.

5) 경청기술

(1) 경청과 적극적 경청

경청기술은 ① 서비스이용자가 하는 말을 주의 깊게 듣는 것뿐만 아니라 ② 서비스이용자의 비언어적 행위나 자세를 관찰하고 ③ 서비스이용자가 자유로이 표현 할 수 있도록 적극 격려하고 ④ 사회복지사와 서비스이용자 양자 간의 대화 내용을 기억하는 것을 모두 포함한다.

적극적 경청은 이에 더하여 사회복지사가 서비스이용자의 메시지를 정확하게 받아들여 이해하고 있음을 끊임없이 서비스이용자에게 전달해 줌으로써 서비스이용자가 자신이 정확히 이해받고 있다는 생각을 갖도록 하는 행위까지를 포함한다. 두 명씩 짝을 지어 상대방의 최근 일어난 상황을 말하고 난 뒤 다시 상대방에게 표현하도록 하고 일치 여부를 확인해 본다.

6) 계약기술

계약은 서비스이용자와 사회복지사가 각자의 역할, 책임, 기대 및 수행할 업무의 목적을 공식화하고 구조화하는 것이다. 계약은 서비스이용자의 욕구에 의해 형성되기 때문에 말로써 혹은 문서로써 합의되며, 때로는 편지의 형식을 띠기도 한다. 합의 사항은 가급적 문서로 보관하는 것이 좋다. 계약서에는 상담시간 및 기간, 장소, 기본적인 수칙, 비밀보장 및 사례기록 절차 등이 포함될 수 있다. 또한 누가 참여하는지, 주요 염려나 문제의 요약, 응급 시 연락해야 할 사람, 업무의 목적과 목표 및 성취 방법 그리고 계약파기 요건 등을 명시할 필요가 있다.

슐만(Shulman, 1984)은 사회복지사가 갖춘 실천기술이 종합적으로 잘 활용될 때 긍정적인 원조관계가 형성되고, 긍정적인 원조관계는 사회복지실천의 결과에 영향을 준다고 하였다. 셰퍼(Shaefer, 1997)는 사회복지사가 가진 실천기술은 서비스이용자와 사회복지사 간의 관계에 영향을 주며 협력적 작업관계가 실천의 성과에 긍정적인 영향을 준다고 보았다. 슐만(1984)과 셰퍼(1997)는 모두 협력적 작업관계에서 실천기술의 종합적 활용이 실천에 긍정적인 영향을 준다고 하였다.

사회복지사와 서비스이용자가 되어 간단히 상담연습을 하고 이를 바탕으로 문서로 계약서를 작성해 보도록 한다.

7) 권한부여기술

사회복지사가 서비스이용자 자신의 삶과 상황에 대해 좀 더 많은 통제력을 가질 수 있도록 하기 위해 의미 있는 선택과 가치 있는 선택을 할 수 있도록 돕는 것을 의미한다. 사회복지사를 담당한 학생이 서비스이용자 역할을 한 학생을 노숙자로 생각하고 권한부여기술 적용해 보도록 한다.

8) 권익옹호기술

사회복지사가 서비스이용자 자신이 할 수 없는 일에 대해 이들을 대표하여 이들의 관심사를 성취할 수 있도록 돕는 것을 의미한다. 사회복지사를 담당한 학생이 청각장애인 담당자로 생각하고 권익옹호기술을 적용하여 국회의원에게 청각장애인을 위한 지하철 보호벽이 필요함을 시연해 보도록 한다.

9) 네트워크기술

새로운 네트워크를 구성하는 방법과 기존의 네트워크를 유지 혹은 변화시키는 방법에 관한 것으로서 사회복지사 역할을 담당한 학생이 지역의 인적자원을 네트워크하는 방법을 구체적으로 두 명씩 짝을 이루어 토론하고 발표하도록 한다.

10) 도전기술

종종 서비스이용자가 자신의 문제해결에 있어 상충되거나 왜곡된 것 혹은 불일치하는 상황을 다룰 때 혹은 서비스이용자가 문제를 부정하거나 회피하고 합리화할 때 활용하는 기술이다. 사회복지사 역할을 담당하는 학생이 서비스이용자 역할을 담당하는 학생에게 알콜남용 문제 부인에 대한 도전기술을 적용해 보도록 한다.

11) 명료화기술

서비스이용자가 표현을 분명하게 할 수 있도록 격려함과 동시에 서비스이용자가 말한 내용을 사회복지사가 잘 이해하고 있는지 확인하기 위한 질문을 말한다. 이 기술은 주로 모호하거나 혼돈스러운 내용을 정리하면서 사회복지사가 들은 바를 정확하게 이해했는지 확인하기 위해 사용하는 것이다. 두 명씩 짝을 지어 사회복지사 역할을 맡은 학생이 서비스이용자 역할을 맡은 학생이 말한 것의 요지를 명료하게 정리하고 서비스이용자 역할을 맡은 학생에게 확인해 보도록 한다.

12) 모델링

행동 및 사회학습 방법의 하나로 서비스이용자가 활용하기를 바라거나 필요로 하는 절차에 대해 시범을 보이는 것을 의미한다. 사회복지사 역할을 담당하는 학생이 가정폭력행위자 역할을 담당하는 학생 앞에서 차분하게 대화로 의견을 표현해 보도록 한다.

13) 바꿔 말하기

서비스이용자가 한 말 가운데 핵심적인 말을 반복하여 다른 말로 다시 표현하여 반응하는 것이다. 이 기술을 사용하는 목적은 사회복지사가 서비스이용자에게 들은 내용과 의미를 확인하기 위한 것으로, 사회복지사는 이를 사회복지사 자신의 말과 생각으로 정리하는 기회가 된다. 사회복지사 역할을 담당한 학생이 서비스이용자 역할을 담당한 학생이 말한 것을 다른 말로 바꾸어 말해 보고 서비스이용자에게 같은 의미인지 확인해 보도록 한다.

14) 사정기술

사회복지실천에서 사용하는 질적 방법은 면접이나 관찰 등에 의한 방법으로 구체적으로는 그림이나 표로 나타내는 방법이 있고, 양적 방법으로 정신상태검사와 다양한 심리검사가 있다. 심리검사는 서비스이용자의 인지기능과 함께 서비스이용자의 내적 반응을 파악할 수 있는 장점이 있으며, 개입의 초점을 명확하게 해 줄 수 있다. 서로 짝을 지어 가계도나 생태도를 그려보고 설명하도록 한다. MBTI검사 등을 하고 설명해 주는 연습을 하도록 한다.

15) 사회성 기술 훈련

모델링이나 직접적인 지시를 통해 이루어지고, 비디오와 행동시연이나 역할극, 숙제, 코칭, 촉구, 프로그램 변화 등의 방법으로 제공된다. 아동이나 노인, 그리고 장애인 역할을 맡은 학생에게 사회복지사 역할을 담당하는 학생이 사회성 기술에 해당하는 것으로서 하나를 선정해 연습해 보도록 한다.

16) 설명기술

서비스이용자에게 특정 사건이나 상황에 대해 분명하게 이해할 수 있도록 돕거나 상황을 해석해 주는 것이다. 지적 장애가 있는 서비스이용자로 역할을 수행하는 학생에게 스마트폰 사용법을 설명해 주는 연습을 해 본다.

17) 요약기술

지금까지 서비스이용자가 한 말의 내용과 그 속에 담겨 전해진 감정들을 전체적으로 묶어 정리하는 것을 의미한다. 사회복지사와 서비스이용자 역할을 담당한 두 학생 중 사회복지사 역할을 담당한 학생이 서비스이용자 입장에서 표현한 문제나 욕구를 사회복지사가 요약하고 이를 서비스이용자 역할을 담당한 학생이 확인하도록 한다.

18) 조언기술

서비스이용자가 해야 할 것을 추천하거나 제안하는 사회복지사의 진술을 의미한다. 사회복지실천 현장에서 만나는 서비스이용자는 무엇을 어떻게 언제 해야 할지 몰라 어려워하는 경우가 있다. 장애인 등록을 어떻게 해야 할지 모르는 서비스이용자에게 조언하는 연습을 두 명씩 짝을 이루어 해 본다.

19) 정보 제공 기술

사회복지사가 서비스이용자에게 의사결정이나 과업수행에 필요한 정보를 제공하는 것이다. 최근 중앙정부와 지방정부에서 다양한 사회복지서비스를 제공하는 기관들이 있다. 이러한 기관들에서 제공하는 서비스에 대하여 서비스이용자들은 이해하지 못하고 있는 경우가 많다. 두 명씩 짝을 지어 정보가 부족한 서비스이용자를 설정하여 각종 사회복지서비스 정보를 제공하는 연습을 하도록 한다.

20) 재명명기술

특정 문제에 대해 서비스이용자가 부여하는 의미를 수정해 줌으로써 서비스이용자의 시각을 긍정적인 방향으로 변화시키는 기술로서 장점은 문제상황이나 행동을 보다 긍정적이면서 다른 각도에서 조명해 볼 수 있는 기회를 제공하는 것이다. 성격이 급한 어르신이 병원을 방문했을 때 늦게 일처리를 한다며 불평하는 경우를 가정해서 사회복지사가 다른 측면에서 설명하는 연습을 하고 피드백을 나누도록 한다.

21) 중재기술

당사자 간의 분쟁에 있어 차이점을 조정하여 합의점을 모색하거나 상호 만족할 만한 합의점에 도달할 수 있도록 돕는 것을 의미한다. 이 기술은 한쪽의 입장을 대변하거나 옹호하기보다는 중립적인 위치에서 당사자들의 차이점을 조정하는 것이다. 아파트 층간소음으로 폭력이 오간 지역사회에서 사회복지사가 중재하는 방안을 역할극을 통하여 실시하고 토론을 하도록 한다.

22) 자기 주장 기술

자신과 타인의 권리를 동등하게 존중하면서 자신의 사고, 감정, 원하는 것, 성취하고자 하는 것, 의견 등을 단호하게 요구하거나 표현하는 것을 의미한다. 늘 손해 보는 느낌을 갖고 사는 서비스이용자 역할을 하는 학생에게 사회복지사 역할을 담당하는 학생이 자기주장기술을 가르치도록 한다. 그리고 이에 따른 피드백을 주변 학생들이 주도록 한다.

23) 지지기술

도움 제공하기, 뒤에서 응원해 주기, 유지토록 하기, 확인 및 재확인하기, 안내하기, 격려하기, 돌보기, 염려와 애정을 표현하기 등으로 사용한다. 사회복지사는 서비스이용자의 감정, 내적 감정이나 반응 방식 혹은 의사결정 사항이나 행동 그리고 관계 등과 같은 다양한 영역에서의 어떤 면을 지지할 것인지 결정해야 한다. 늘 실패를 반복하는 청소년에게 어떠한 지지기술이 필요한지 역할극을 통해서 실시하도록 하고 이를 중심으로 피드백을 교환하도록 한다.

24) 피드백 주고받기

피드백이란 기본적으로 '어떤 사람의 행위, 생각, 진술 등에 대한 의견을 제시하는 것'을 의미한다. 피드백을 받음으로써 당신은 자신이 무슨 행동을 했는지 그리고 그것이 상대방에게 어떤 영향을 주었는지 명확하게 이해하게 될 것이다. 학생들로 하여금 위에서 다양한 역할을 수행한 것에 대하여 관찰하고 생각이나 느낌을 말해 보도록 한다.

25) 환기기술

서비스이용자의 억압된 감정, 특히 부정적인 감정인 분노, 증오, 슬픔, 죄의식,

불안 등이 문제해결을 방해하거나 감정 자체가 문제가 되는 경우, 이를 표출하도록 함으로써 감정의 강도를 약화시키거나 해소시키는 기술, 서비스이용자의 기능에 부정적인 영향을 줄 수 있는 감정을 표현할 수 있도록 돕는 것으로서, 해소되어야 할 감추어진 감정이 표면으로 표출될 수 있도록 하는 방법이다. 사회복지사는 서비스이용자가 갖고 있는, 특히 억압된 감정이 적절한 언어로 표현될 수 있도록 도움으로써 문제해결능력 및 대처능력을 강화할 수 있도록 할 필요가 있다. 일부에서는 원망의 대상이 되는 사람을 인형으로 만들어 때리거나 욕을 하는 경우도 있다. 두 명씩 짝을 이루어 부정적인 감정을 말하도록 하고 이에 따른 느낌을 말해 보도록 한다.

26) 해석기술

서비스이용자에게 새로운 기준을 제공해 주는 것으로서 수집된 정보를 근거로 하고 있지만 수집된 정보를 넘어서 사회복지사의 인식 및 직관력을 통해 유추하는 것도 포함된다. 사회복지사 역할을 하는 학생이 서비스이용자 역할을 하는 학생이 반복해서 하는 생각이나 행동에 대하여 그 의미를 파악해서 전달해 주는 연습을 하도록 한다.

27) 직면기술

서비스이용자가 특정 주제나 인물에 대하여 기피하는 일을 반복할 경우에 사회복지사가 이를 더 이상 묵과하지 않고 특정 주제나 인문에 대하여 논의할 것을 제안하는 것이다. 사회복지사를 담당하는 학생이 아버지에 대하여 논의하기를 회피하는 서비스이용자 역할을 하는 학생에게 아버지에 대해서 더 이상 회피하지 않고 말해 줄 것을 요청해 보도록 한다.

28) 협상기술

성공적인 협상가의 중요한 특성에는 적응유연성, 협상을 성공적으로 이끌어 내겠다는 강한 의지, 설득기술 등이 있다. 지역사회에 이해 당사자 간 갈등이 발생한 상황을 설정하고 이를 해결하기 위해 사회복지사가 협상하는 연습을 하도록 하고 이를 수행한 학생에 대한 피드백을 나누도록 한다.

3. 역할극을 통한 개입기술 및 기법 연습

다음 사례를 분석하여 적용 가능한 개입기술이나 기법에 대하여 논의하고 이를 역할극으로 연습해 보도록 하자.

> 중1의 남학생인데 성인남성을 보면 필요 이상으로 긴장하는 어려움을 갖고 있다. 이 학생은 한 살 때 아빠를 잃고 홀어머니에게서 성장하였다. 어머니가 아들의 이러한 문제를 해결하고자 여러 상담기관을 다니다가 사회복지사에게 상담을 의뢰하였다.

연습문제

1. 면담준비기술에 관한 설명으로 옳지 않은 것은?

① 사전검토
② 사전공감
③ 사전비용납부
④ 사전계획 및 기록
⑤ 사전자기탐색

[해설] ③ 비용은 면담준비기술의 필수사항이라고 볼 수 없다.

2. 다음 중 면담 시작기술에 관한 설명으로 옳은 것을 모두 고른 것은?

ㄱ. 첫 면담에 대한 불안을 수용한다.
ㄴ. 면담을 시작한다.
ㄷ. 비공식적인 대화로 시작한다.
ㄹ. 신체적 접촉을 할 수 있다.

① ㄹ
② ㄱ, ㄷ
③ ㄴ, ㄹ
④ ㄱ, ㄴ, ㄷ
⑤ ㄱ, ㄴ, ㄷ, ㄹ

[해설] ⑤ 첫 면담에 대한 불안을 수용한 후 면담을 시작하며 비공식대화로 시작하는 것이 바람직하고 신중하게 신체적 접촉을 하면 지지는 느낌을 갖기도 한다.

3. 카두신의 라포와 관계형성을 위한 기술에 관한 설명으로 옳지 않은 것은?

① 서비스 이용자의 자기결정권 문제에 대해 관심을 보인다.
② 서비스 이용자의 문제에 관심을 보이고 따뜻함을 전하며, 신뢰 분위기를 조성한다.
③ 서비스 이용자의 다양성에 대해 존경심을 보인다.

④ 서비스 이용자 개인에 대한 수용의 태도를 보인다.
⑤ 공감적인 이해를 보인다.

[해설] ③ 관계형성 초기에는 서비스 이용자의 개별성에 대해 존경심을 보이는 것이 매우 중요하다.

4. 경청기술에 관한 설명으로 거리가 먼 것은?

① 서비스 이용자가 하는 말을 주의깊게 듣는다.
② 서비스 이용자의 비언어적 행위나 자세를 관찰한다.
③ 서비스 이용자가 자유로이 표현할 수 있도록 적극 격려한다.
④ 사회복지사와 서비스 이용자 양자 간의 대화 내용을 기억한다.
⑤ 서비스 이용자의 대화내용을 중심으로 기억한다.

[해설] ⑤ 사회복지사는 사회복지사와 서비스 이용자 양자 간의 대화내용을 모두 기억해야 한다.

5. 사회복지실천을 위한 계약체결 내용에 포함되지 않는 것은?

① 상담시간 및 기간
② 상담장소
③ 비밀보장
④ 사회복지사 자격
⑤ 사례기록 절차

[해설] ④ 계약서에는 상담시간 및 기간, 장소, 기본적인 수칙, 비밀보장 및 사례기록 절차 등이 포함될 수 있다. 또한 누가 참여하는지, 주요 염려나 문제의 요약, 응급 시 연락해야 할 사람, 업무의 목적과 목표 및 성취방법 그리고 계약파기 요건 등을 명시할 필요가 있다.

[정 답]
1. ③ 2. ⑤ 3. ③ 4. ⑤ 5. ④

Chapter 11

가족 대상 사회복지실천기술

1. 가족 대상 사회복지실천의 기본 개념
2. 가족문제 사정
3. 가족개입과 기법
4. 가족치료
5. 역할극을 통한 가족개입기술 및 기법연습

1. 가족 대상 사회복지실천의 기본 개념

사회복지실천의 가장 기초적인 단위인 개인 다음으로 사회복지실천에서 가장 중요한 환경은 가정이다. 이 가정의 구성원을 우리는 가족이라 부른다. 사회복지 교과목의 가장 기초가 되는 교과목 중 하나가 "인간행동과 사회환경"이다. 가족 대상 사회복지실천 현장에서는 이 교과목에서 익힌 가족에 대한 다양한 학파의 지식과 기술을 최대한 활용해야 한다. 하나의 체계로서 가족의 구조나 기능을 이해하고자 할 때 몇 가지 기본 개념으로서 가족구조, 가족 항상성, 삼각관계의 형성, 가족규칙, 가족신화, 경계, 하위체계 등을 검토해 볼 수 있다.

1) 가족구조(family structure)

체계로서 가족은 일정한 형태의 구조를 가지고 있다. 여기에서 가족구조란 가족원이 세대를 형성하여 자녀를 낳고 양육하며 상호작용하는 가운데 형성되는 조직적인 측면을 말한다.

2) 가족항상성(family homeostasis)

항상성은 원래 살아 있는 생물체가 균형 또는 안정을 유지하려고 노력하는 것을 의미하는 생물학적 용어이다. 하나의 체계로서의 가족 또한 그 구조나 운영에 있어 균형을 지켜 나가려는 메커니즘을 구축하게 된다. 가족은 구성원이 이미 익숙한 방식의 한정된 범위에서 서로 상호작용하도록 내용과 수준을 규제하며, 이러한 평형이 위협받을 때마다 이를 복구하는 방식으로 구조를 발달시키는데 이에 따라 가족항상성이 형성된다.

3) 삼각관계(triangles)의 형성

가족원이 정서적 관계를 맺을 때 두 사람만으로 구성된 2인 체계는 불안이나 긴장이 유발되는 경우가 많기 때문에 안정을 유지하기 어려운 경우가 발생한다.

이때 2인 체계는 긴장을 줄이려는 의도에서 제3의 인물이나 새로운 문제를 끌어들여 삼각관계를 형성한다. 이 경우 심리적, 정서적으로 건강한 구성원은 아무런 문제가 없으나 그렇지 못한 경우에 삼각관계를 형성하게 되는 것이다. 특히 잘못된 가족 삼각관계의 전형적 유형은 부모세대와 다른 세대에 속하는 자녀가 만들어 내는 것이 보편적이다. 예를 들어, 부부사이가 좋지 않은 부모가 자녀를 자기편으로 만들려고 하는 것이다.

4) 가족규칙(family rules)

가족 항상성의 유지는 가족원 모두가 한정적 범위의 규칙이나 묵시적으로 이루어진 동의 등을 얼마나 잘 고수하는가에 달려 있다. 가장 강력한 가족규칙은 표면화되기보다는 내재적이고 은연중에 정해진 불문율의 성격을 갖는 경우가 많다. 이러한 가족의 규칙은 행동적 및 인지적 측면을 모두 갖는다. 즉, 가족원이 표출하는 행동은 가족원끼리 공유되는 인지적 측면으로부터 나오며 이러한 행동과 인지는 서로 얽혀 있는 경우가 많다.

5) 가족신화(family myth)

가족치료에서는 가족성원이 아무런 의심 없이 공유하는 믿음과 기대 등의 인지적 양상을 가족신화라고 부르고 있다. 가족신화는 때로는 가족의 항상성을 유지하는 데 기여하기도 하지만, 또 때로는 가족관계를 파괴할 정도로 위협적인 긴장을 유발시키기도 한다. 가장 파괴적 형태의 가족신화로서는 가족 내에서 특정 구성원을 나머지 전체와는 다른 별종이라고 지속적, 습관적으로 여기는 경우가 있다. 이 경우 급기야는 그 특정 구성원을 희생양으로 만들기도 한다. 이와 함께 진정한 정서적 교류를 하지 않은 채 서로 친하다고 믿고 주장하는 거짓 친밀성이 중요한 가족신화로 관찰되는 가족도 있다.

6) 경계(boundary)

체계로서의 가족은 부부체계, 부모체계, 부모–자녀체계, 형제자매체계 등과 같은 다양한 하위체계를 가진다. 이러한 하위체계는 가족규칙에 의거해서 서로의 경계선을 가지고 상호작용하게 된다. 가족은 내부적 하위체계 간의 경계선뿐만 아니라 다양한 외부적, 환경적 체계와 교류하면서 경계선을 가진다.

7) 하위체계(subsystem)

가족의 하위체계에는 부부 하위체계, 부모 하위체계, 부모–자녀 하위체계, 형제자매 하위체계 등으로 나뉜다. 체계 내에서 협력, 동맹, 고립시키는 등의 여러 가지 상호작용을 통하여 사회적 관계를 맺는 데 필요한 협의와 타협의 기술 등 대인관계기술의 행동 유형이 형성된다.

2. 가족문제 사정

가족사정은 가족이 어떻게 적용할지에 대한 정보와 가족 안에서 나타난 문제들의 기능에 대한 정보를 주기 위해서 상담자에 의해 설계된 연속적인 행위이다. 상담자가 바람직한 가족기능의 개념을 가지고 있다면 자신이 만나는 가족을 보다 잘 이해할 수 있을 것이다(김유숙, 2000). 가족사정은 가족 단위의 접근이 적합한지, 적합하다면 어떤 유형의 개입이 필요하고 구체적으로 어떤 변화가 필요한지를 결정한다. 현실적인 목표에 기초한 장단기 목표를 수립한다. 가족의 변화를 위해 필요한 가족환경과 지역사회의 자원 및 가족의 강점과 자원을 확인한다.

1) 가족역동성(family dynamic)과 가족기능(family function) 수행에 대한 사정

여기에서는 가족체계를 구성하는 사람의 상호작용 특성과 구조를 확인한다. 새 가족을 형성하거나 합류할 때, 그들은 원가족에서 아동기에 학습된 행동유형을 반복하는 경향이 있다. 더욱이 사람들은 가족이 확대되는 시기에 함께 살게 될 때, 그들의 상호작용은 습관적이 된다. 가족원은 현상을 유지하려는 경향이 있고, 심지어 가족의 기능 수행상 명확한 문제가 있을 때조차도 익숙한 것을 반복하는 경향이 있다. 가족은 참으로 복잡한 체계이고 가족 상호작용 패턴을 확인하고 사정하는 것은 만만치 않은 과업이다.

2) 가족의 생활주기(family life cycle)에 따른 사정

가족사정을 할 때는 가족생활주기를 이해함으로써 틀을 마련하게 된다. 왜냐하면 가족은 그들의 발달과제가 순조롭게 해결되지 않을 경우에 전문가의 도움을 필요로 하는 경우가 많기 때문이다. 가족행동 양식이나 위기는 가족이 발달의 어떤 단계에 있는지에 대한 맥락에서 보다 더 잘 이해될 수 있다.

가족생활주기를 콜린스 등(Collins, Jordan, & Coleman, 1999)의 주장에 따라 그림으로 나타내면 아래와 같다.

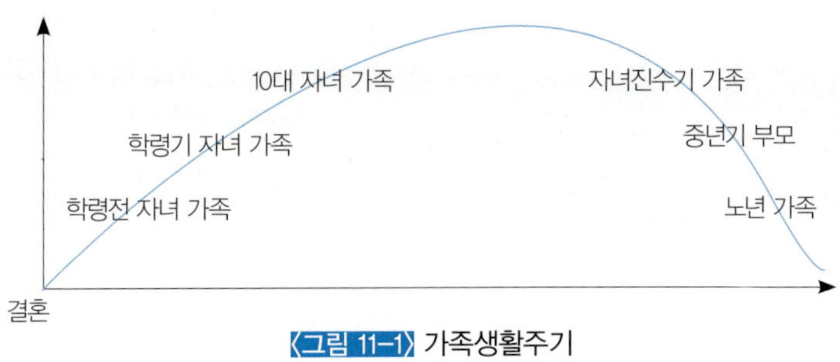

〈그림 11-1〉 가족생활주기

3) 가족사정(family assesment)의 실제 내용

사회복지사는 가족으로부터 정보를 받으면서 동시에 가족체계를 사정하기 시작한다.

사정내용은 다음과 같다.

- 가족체계와 외부와의 경계선이 지나치게 유동적인가? 혹은 지나치게 경직되어 있는가?

- 각 가족원 개인으로서의 경계선은 얼마나 신축성이 있으면서도 동시에 분명한가?
- 가족 내의 권력구조와 위계질서가 어떻게 되어 있나?
- 이 가족의 주요 집행체계가 누구누구로 구성되어 있으며, 이 체계가 얼마나 기능적으로 활동하고 있나?
- 가족체계의 기능적인 규칙은 무엇이며, 비기능적인 규칙은 무엇인가?
- 가족 내에서 발견되는 바람직하지 못한 역할은 무엇인가?
- 의사소통의 유형은 어떤 것인가? (이중구속, 미혹화의 발견 여부) 얼마나 분명한 혹은 불분명한 의사소통을 하나?
- 각 배우자의 원가족이 발달 단계 중 어디에 처해 있으며 얼마나 잘 적응하고 있나?
- 가족 외부에서 오는 스트레스는 얼마나 크며, 또 자원은 얼마나 되는가? 또 그 동안 활용되지 못했던 가족자원은 어떤 것이 있는가? (예: 알코올중독 입원환자의 누나가 오랫동안 형제 간에 소원하게 지내다가 치료자의 요청에 의해 가족 상담에 임했는데 그 동안은 자신의 병문제로 인해 동생을 못 돌보아 주었으나 앞으로는 관심을 갖겠다고 다짐하는 경우)
- 각 가족원의 외적인 모습(옷차림, 얼굴표정, 몸짓, 혈색) 및 상담실 안에서 앉는 유형은?
- 각 가족원의 인지적 기능 정도는 어느 정도인가? 누가 얼마나 왜곡된 상황 해석을 하는가?
- 가정 내의 기본적 감정상태가 어떤 것이고 누가 그것을 어떻게 표현하나?
- 사회복지사가 보는 가족의 강점은 무엇인가? (강점목록을 머릿속에서 작성할 것)
- 스트레스에 직면했을 경우 가족으로서, 부부로서, 각 개인으로서 주로 사용하는 방어기제가 무엇인가?
- 이 가족의 항상성 유지자(homeostasis maintainer), 즉 현재의 상태를 유지하고자 가장 애쓰는 가족원이 누구인가를 파악할 것, 이 사람이 변화에 가장 저항할 사람일 것이다.
- 누가 혹은 무엇이 결혼갈등 혹은 가족갈등에 개입되어 있나? 이것은 술이나 직장, 아이, 취미생활, 외도대상자일 수도 있다. 즉, 모든 삼각관계가 생기고 있는 유형을 찾아야 한다.

- 가족체계와 문제시되고 있는 증상과는 어떤 관련이 있나? 즉, 증상이 가족체계를 위해 어떤 기능을 이행하고 있나?
- 문제를 일으키는 저변에 깔린 주요인이 무엇인가? 각 가정마다 문제의 주요인이 있다.
- 이 가정을 특징짓는 주요 주제(main theme)가 무엇인가? 주요 주제를 찾는 데 도움이 되는 방법으로는 안무(choreograph)나 혹은 언어 환상 등을 들 수 있다.
- 가족원이 얼마나 "우리" 개념을 쓰고 얼마나 "나" 개념을 쓰는가?
- 상담에 대한 동기가 가족체계로서는 얼마나 강하고 각 개인으로는 얼마나 강한가?
- 가족에 대한 치료자 자신의 감정적 반응은 어떤 것인가? 이러한 반응은 어디에 근거한 것인가? 혹 치료자 자신의 문제와 연관된 반응은 아닌가?(Kramer, 1985)
- 사회복지사는 치료의 동기가 적고 동시에 가족체계 내에서 가장 큰 영향력을 끼치는 사람에게 특별한 관심과 노력을 기울여야 한다.

4) 가족사정의 도구

가족을 사정하는 일은 어떠한 장(場, setting)에서도 요구되고 있는 과제이고, 고도의 지식과 기술을 필요로 한다. 가족사정에서 효과적으로 활용해 왔던 중요한 이론적 접근은 면접(인터뷰), 관찰, 체크리스트 등이다.

(1) 면접(interview)

면접은 부모 또는 부모의 대리인을 포함한다. 그리고 적절할 경우 물론 아동을 포함시킨다. 어떤 경우의 면접에서는 확대가족의 구성원과 그 가족에 대한 사실을 잘 알고 있는 다른 사람(예, 교사, 이웃, 성직자(교인) 등)을 또한 포함시키기도 한다. 그러나 가족원을 만나는 것이 우선적이다. 면접의 또 다른 방법은 역동적인 가족체계에 초점을 둔 사정도구를 활용할 수 있다. 반면에 이러한 것은 많은 다른 양식을 사용할 수 있다. 가장 널리 사용되는 방법은 가계도, 생태도 등이다.

① 가계도(genogram)

가계도란 3세대 이상에 걸친 가족원에 관한 정보와 그들 간의 관계를 도표로 기록하는 작성 방법을 말한다. 가계도에서는 가족에 관한 정보가 도식화되어있기 때문에 복잡한 가족 유형의 형태를 한 눈에 볼 수 있다. 가계도는 한 세대 이상의 가족력(family history)을 이해하기 위한 하나의 가치 있는 평가도구이다. 가족관계체계에 대한 하나의 도표로서의 가계도는 중요한 생활사건(출생, 결혼, 별거, 이혼, 질병, 사망 등), Identification(인종, 사회적 계급, 종교), 직업(가족 거주지)을 포함하는 가족 가계에 대한 하나의 생생한 묘사를 제공해 준다.

가계도는 사회복지사와 서비스이용자가 세대를 통해 내려오는 문제가 있는 감정이나 행동의 패턴을 측정하는 데 유용한 도구이다. 이러한 패턴은 반복되는 경향이 있다. 한 세대에서 일어난 것은 종종 다음 세대에서도 일어난다. 가계도는 가족원이 가족관계의 패턴을 정확히 알고 이해하는 것을 돕는다. 보웬(Bowen, M.)은 이 기법을 만든 최초의 사람이다.

가계도 작성법을 보면 ㉠ 가계도를 작성할 때에는 우선 가족구조를 도식화한다. 즉, 각각의 가족원이 한 세대에서 다음 세대까지 생물학적, 법적으로 어떻게 관련되는지를 도표로 묘사한다. 다음으로 가족원에 관한 정보를 기록한다. ㉡ 가족원에 관한 정보를 기록한다. 즉, 가족원의 이력(연령, 출생 및 사망 시기, 직업, 교육수준), 가족의 역할(가족 성원 각자의 신체, 정서, 행동에 관한 비교적 객관적인 정보), 가족생활의 중요한 가족사건(과도기, 인간관계의 변화, 이주, 상실과 성공) 등에 관한 정보를 덧붙인다. 가족관계를 표현한다. 이것은 가족이 말한 내용과 사회복지사의 직접적 관찰에 근거하여 각 가족원의 관계를 도식화하는 것이다.

가계도를 그리는 동안 유의해야 할 점은 ㉠ 초기의 과제이므로 사회복지사는 모든 가족 성원이 참여하도록 격려해야 한다. ㉡ 사회복지사가 재치를 발휘하여 가족에 대한 각자의 견해와 느낌을 서로 나누도록 해야 한다. ㉢ 사회복지사는 가계도를 그린 후 가족에 대한 각자의 견해와 느낌을 서로 나누도록 도와야 한다.

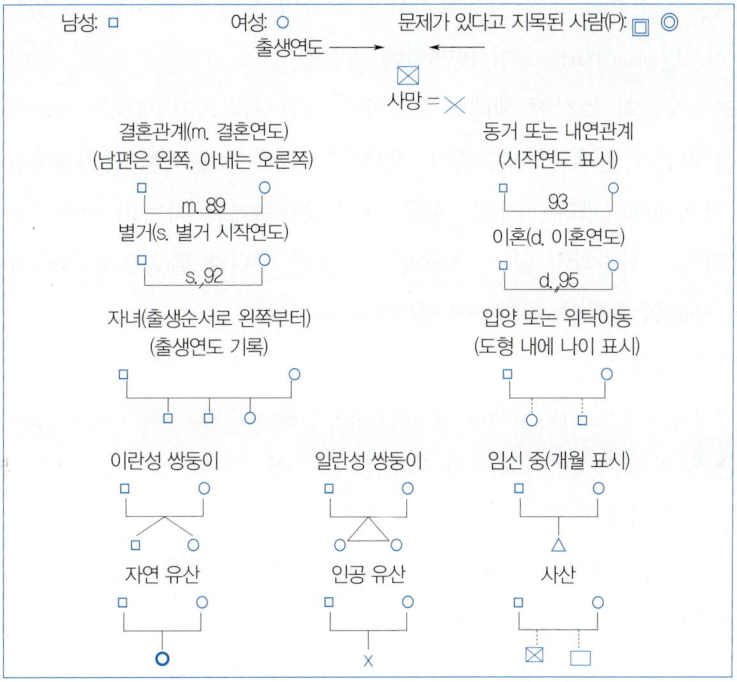

〈그림 11-1〉 가족원 기호

출처: McGolddrick, M., & Gerson, R. (1985). Genograms in Family Assesment (p. 154). New york: Norton & Company.

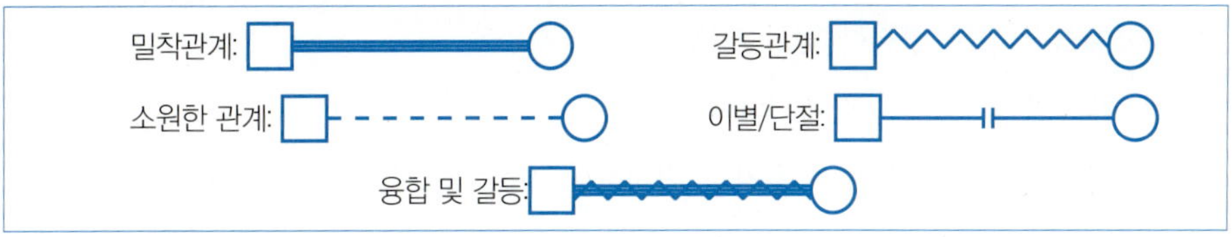

〈그림 11-2〉 가족관계 기호

출처: McGolddrick, M., & Gerson, R. (1985). Genograms in Family Assesment (p.155). New york: Norton & Company.

② 생태도(eco-map)

생태도를 작성하는 일은 각자의 삶의 공간(life space)에 있어서 가족, 삶, 제도 간의 관계를 다이어그램(도식)으로 나타내 주는 하나의 역동적인 방법이다. 이러한 사정도구는 공적 아동복지 사회복지사가 가족의 요구를 조사할 수 있도록 돕기 위해 안 하트만(Ann Hartman)이 1975년에 개발했다.

생태도는 가족의 복잡한 생태학적 체계에 대한 시각적인 개요를 제공하고 가족의 조직적 패턴과 관계를 보여 준다. 생태도는 가족을 둘러싼 환경체계를 지도로 만들고, 가족체계의 요구, 자원, 서로 간의 균형관계를 하나의 그림으로 나타내 준다. 생태도는 직면하지 않는 요구와 일탈뿐만 아니라 환경으로부터 가족에 이르기까지 자원의 흐름을 예시하여 준다(Hartman, 1978).

• 생태도의 작성

㉠ 백지의 중앙에 가족체계를 상징하는 큰 원을 그린다.

㉡ 큰 원 안에 가족원이 표시된 간략한 가계도를 그린다.

㉢ 큰 원 주변에 가족원 또는 가족체계에 영향을 미치는 주변 환경체계를 그린다.

㉣ 가족체계와 주변 환경체계와의 교류상황, 외부 환경체계 간의 교류상황을 파악한다.

㉤ 그 상호교류의 성격을 선으로 표시한다. 각 교류성격을 나타내는 선 중 하나를 골라 가족체계와 주변체계 또는 주변 환경체계 사이를 선으로 연결한다.

㉥ 외부체계가 가족 전체와 연결되어 있으면 외부체계와 큰 원을 선으로 연결하고, 외부체계가 가족 내의 특정 개인하고만 연결되어 있으면 그 개인과 외부체계를 선으로 연결한다.

㉦ 간략한 설명을 선 옆에 적는다.

㉧ 사회복지사와 서비스이용자가 협력하여 수행해야 할 가장 중요한 일은 가족과 외부체계와의 상호작용 요소 중 가장 크고, 신속하고, 효과적으로 가족 변화를 가져올 요소를 찾아내는 것이다.

(2) 관찰과 체크리스트

가족사정을 위한 생태학적인 접근을 채택함에 있어서 관찰의 역할은 강조되어야 한다. 하나의 가족기능에 대해 지식을 얻거나, 관찰의 예술을 신장시키기 위하여 필요하다. 가족원이 다른 인간체계와 상호작용하고, 물리적이고 사회·환경적으로 상호작용하는가에 대한 비판적인 견해는 가족의 강점과 약점에 관련된 인식을 하게 해준다.

최근에 가족 연구자 사이에 가족연구에 있어서 관찰 방법에 대한 관심이 증가되고 있다.

관찰기술의 발달은 다음과 같은 요인에 의해 자극되었다.

- 가족 상호작용의 원인적 중요성을 강조하는 이론의 대중화
- 자신의 가족에 있어서 상호작용에 관해 정확하게 보고할 수 있는 가족원의 능력에 대한 불신
- 정신병리학에 대한 발달과 가족능력에 대한 조사연구
- 가족치료자-연구자에 의한 가족체계 이론의 수용
- 사건의 기록과 용량이 큰 컴퓨터와 같은 관찰자료의 분석과 수집을 위한 적절한 도구의 개발
- 적절한 행동 부호의 개발

관찰 방법은 구조적인 것과 비구조적인 것이 될 수 있다. 특별한 정보가 가족의 진전을 평가하거나 접근을 개발할 필요가 있을 때 구조화된 관찰을 수행하는 것이 유용하다. 부모-자녀 간 상호작용에 대한 관찰측정도구의 개발이 증가되었다. 여러 가지 측정도구는 부모나 자녀의 상호작용 스타일의 측면을 확인하는 데 도움이 될 수 있고, 양자 관계적 상호작용의 질을 조장하도록 고안된 접근으로 이득을 얻을 수도 있다. 비디오 테이프의 이용은 특정 행동을 부호화하고 재검토할 수 있는 관찰자의 능력을 강화시킨다.

따라서 관찰은 자료수집을 위한 매우 유용한 기법 중의 하나이다. 관찰은 가족구조가 어떻게 작용하는지 많은 측면을 볼 수 있는 기회를 제공해 준다.

3. 가족개입과 기법

1) 첫 가족상담과 관련된 준비 사항

초기 불안의 완화, 가족 단위 개입 필요성 여부 판단, 개입 가능성 여부 판단, 가족원 모두의 참여 유도, 문제에 대한 대처상황의 파악, 문제상황에 대한 잠정적 가설을 설정, 기타 행정적인 측면으로서 상담료, 상담횟수, 1회 상담시간의 길이, 상담약속의 방법, 약속의 준수 및 취소에 대한 원칙을 언급한다. 이러한 사항에 대한 언급은 초기 접촉의 적절한 시점에서 늦어도 가족 단위와의 첫 면담 전에 이루어지도록 노력해야 한다.

물리적인 공간의 준비와 더불어 가족 영접준비로서 일단 가족이 정해진 상담실로 들어오면 각자 편안하게 자리를 잡고 앉도록 권유한다. 가족들이 상담실에 들어오는 순간부터 자리에 앉을 때까지 가족원 모두에게 관심을 갖고 최대한의 배려를 한다. 즉, 사회복지사가 가족원 모두를 개별적으로 존중한다는 것이 가족원 각자에게 충분히 전달될 수 있도록 해야 한다. 그래야 모든 가족원이 상담과정에 적극적으로 참여하게 되며 소외감을 느끼지 않는다. 가족이 자리에 앉으면 먼저 사회복지사가 자신과 자신의 가족상담 관련 기능에 대해 간략한 소개를 한다. 아울러 전 가족을 대상으로 가족상담의 진행 절차, 횟수, 사회복지사가 하게 될 역할, 사회복지사가 가족에 대해 갖고 있는 기대 등을 간략하게 설명한다.

가족과 본격적인 대화를 시작하기 전의 준비가 어느 정도 되었으면, 이제 가족과 마주 대하고 앉아 무슨 이야기를 먼저 시작해야 할 것인가를 생각해봐야 한다. 앞서 세운 잠정적 가설을 중심으로 이야기는 이어져 나가야 할 것이다.

둘째, 많은 가족은 자신의 어려움에 대해 이야기를 하라고 하면, 그 어려움과 관련된 과거의 사건까지 끝없이 거슬러 올라가 문제의 발생, 전개과정, 그 인과관계까지를 자세하게 설명하려는 경향이 있다. 일반적인 사회복지실천은 문제의 사정과 개입에 있어 '지금 여기'에 초점을 두고 있다. 따라서 가족과의 실천에서도 가족의 과거의 사건이나 상황으로 회귀하는 경향을 최대한 통제하는 것이 좋다.

셋째, 지금까지 가족이 문제를 어떻게 다루어 왔는가를 가족 전체의 시각에서 다시 파악한다. 지금까지 가족이 자신의 문제해결을 위해 노력해 온 과정을 살펴봄으로써 가족이 갖고 있는 가족문제의 원인에 대한 관점, 가족이 동원한 자원, 가족이 치룬 희생의 내용, 문제해결 노력과정에서 나타난 가족의 장점 및 단점, 지금까지의 문제해결 시도가 실패한 이유 등을 파악할 수 있다. 또한 파악된 내용을 바탕으로 지금까지 가족이 시도해 온 것과는 다른 내용의 해결 방법을 모색해 보는 계기를 마련할 수 있다.

2) 상담의 과정

(1) 상담의 구조화

가족에 대한 사정을 마치면, 사회복지사는 앞으로 이끌어 갈 상담과정을 어떻게 운영할 것인가에 대한 나름대로의 지침을 세워야 한다. 이를 상담과정의 구조화라고 한다. 사회복지사가 상담과정을 구조화시킨다면, 상담을 하면서 느낄 수 있는 사회복지사의 불안이 감소되어 바람직한 사회복지사와 가족의 관계를 형성할 수 있을 것이다.

(2) 초기 가족면담

초기 가족면담에서는 다음과 같은 사항들이 다루어져야 한다. 전화에 의한 접수면담, 문제의 명료화, 가족과 관계 형성, 상담목표의 설정, 면담을 통한 가족이해, 초기면담의 종료 등이다.

(3) 가족상담의 종결

상담면담의 종결은 상담관계 전체의 종결과 마찬가지로 상담을 받는 가족에게는 특별한 의미를 갖는다. 사회복지사는 가족이 상담에 의존한 것에서 벗어나 사회의 네트워크 속으로 상호의존관계를 향하도록 유도한다. 종결에 대한 사회복지사의 세심한 치료적 배려가 필요하다.

4. 가족치료

1) 보웬(M. Bowen, 1978)의 체계적 접근

보웬 가족치료의 개입목표는 다세대에 걸친 삼각관계에서 해방시켜 탈삼각관계를 꾀하는 것이다. 또한, 불안을 감소시키고, 자아분화를 증가시키는 것이다. 분화되지 않는 가족자아집합체(undifferentiated family ego mass)에서 자신을 분리 독립시켜 정체감을 형성하고, 자기 충동적, 정서적 사고와 행동에서 자유를 획득해 나갈 수 있도록 돕는 것이 치료의 목표이다.

(1) 치료적 삼각관계(therapeutic triangle)

삼각관계를 해결하기 위해서 사회복지사는 가족이 가지고 있는 삼각관계와 다른 종류의 삼각관계를 만든다. 아버지와 어머니 그리고 아들이 삼각관계를 가지고 있다면 사회복지사는 치료적 삼각관계(therapeutic triangle)를 만든다. 아버지와 어머니는 아들이 말을 하지 않을 때마다 불안하고 따라서 아버지와 어머니는 아들을 재촉하면서 말을 하도록 한다. 반면 사회복지사는 아들이 말을 하지 않는 경우에 조용하고 부드러운 말로 아버지와 어머니가 어떤 느낌이 드는지 알아본다. 즉, 아버지와 어머니의 불안을 탐색함으로써 사회복지사는 아들에게 향하는 부모의 투사를 돌리게 된다. 사회복지사는 부모가 자신에게 초점을 맞추도록 돕는 데 역할을 한다. 아들이 말을 하지 않는 측면에 초점을 맞추게 되면 부모는 불안해지고 불안해지면, 자신이 가지고 있는 오래된 삼각관계의 형태가 나오게 된다. 사회복지사는 부모의 불안이 어디에서 오는가 하는 점을 질문하여 스스로 자신의 불안에 초점을 맞추도록 하는 역할을 한다.

(2) 관계경험(relationship experience)

관계경험은 핵심적인 삼각관계를 구조적으로 변화시키기 위한 것이고 궁극적인 목적은 가족원이 체계과정을 알도록 하며, 체계과정에서 자신의 역할을 인식하도록 돕는 것이다. 이러한 관계경험 기법은 정서적으로 가까워지기를 추구하는 사람과 냉담한 사람을 치료하기 위해 만든 것이다. 관계경험은 타인의 요구에 대하여 회피하거나 항복하는 것에서 변화될 수 있는 방법을 찾도록 하는 것이다.

(3) 코치하기(coaching)

코치란 사회복지사의 역할을 나타내는 개념으로 사회복지사가 마치 운동경기를 하는 선수를 돌보는 감독과 같은 역할을 한다는 데서 나온 말이다. 사회복지사는 몇 가지 기본이 되는 원리를 가르치고 이를 통해서 가족이 스스로 행동하게 한다. 코치하기 기술에는 여러 가지가 있다.

㉠ 가족이 가족정서과정과 그 안에서 자신의 역할을 명확하게 알도록 질문하는 것, ㉡ 서비스이용자에게 개방적이고 직접적으로 접근하도록 하는 기법, ㉢ 서비스이용자가 문제를 이해하도록 하고, 자신을 바로 알게 하며, 가족 성원 간에 좀 더 기능적인 애정관계를 맺거나 발전시키게끔 하는 기술 등이 있다. 이런 코치하기의 목표는 이해를 증진시키고, 자신에게 초점을 맞추고, 주요 가족원에게 보다 기능적으로 애착하도록 돕는 것이다.

(4) 자기 입장을 취하도록 함

타인이 행동하는 것에 관하여 말하는 것 대신에 자신이 느끼는 것을 말하므로 자기 유형을 취하는 것은 정서적인 반응의 악순환을 깨는 것으로 가장 직접적인 방법이다. 대화를 통해 화가 나고 속상한 상태에서 그 원인을 추적하거나 상대방에게 책임을 추궁하는 것이 아니고, 자신의 현재 감정 상태를 표현하는 것이다. 따라서 상대방이 말하는 사람의 상태를 이해하게 하며, 반응적이며 악순환적인 대화에서 벗어나서 무엇인가 해결 방법을 찾는 생각을 시작하게 할 수 있다.

(5) 질문

질문은 보웬의 가족치료에서 가장 중요한 치료 방법의 하나이다. 질문을 통해서 사회복지사는 가족원으로 하여금 생각을 하도록 만든다. 분화수준은 지적 활동을 통해서 높아진다. 보웬의 가족치료이론에서는 타인의 행동에 의한 불안보다는 분화수준이 낮기 때문에 불안이 생긴다고 본다. 따라서 불안의 감정은 자신의 분화수준과 관련이 있고 질문을 통해서 자신의 분화수준을 바라보도록 한다. 불안한 마음이 들 때, 자신의 불안이 어디에서 생기는가 하는 점을 지적으로 이해할 수 있도록 돕는 활동이 질문이다.

2) 미누친(S. Minuchin, 1974)의 구조적 접근

미누친은 문제가 역기능적 가족구조에 의해 유지된다고 보았다. 치료는 가족구조를 변화시켜서 가족의 문제를 해결할 수 있도록 하는 것이다. 치료목표는 구조의 변화이며, 문제해결은 체계적 목표의 부산물이다. 문제행동의 변화와 향상된 가족기능은 서로 연관된 목표이다. 문제행동을 변화시키는 가장 효율적인 방법은 그와 같은 문제행동을 유지할 수밖에 없는 가족유형을 변화시키는 것이다. 구조적 가족치료의 목표는 가족이 서로 지지하면서 개인이 문제행동을 해결하고 성장하도록 촉진하는 것이다. 이것은 결국 가족체계의 성장으로 이어지게 될 것이다. 가족 재구조화의 결과로서 또다시 문제행동이 나타날 가능성은 줄어들고, 가족 전체가 그들의 성장잠재력을 증가시킬 수 있는 가능성은 커지는 것이다.

(1) 합류화(joining)

합류화는 사회복지사가 가족의 현실상황에서 함께 경험하는 과정이다. 합류(joining)는 가족의 구조를 관찰하고 존중해 줌으로써 이루어진다. 가족의 상호교류패턴에 사회복지사가 합류하는 것은 사회복지사의 역할을 활성화하고, 가족원 간의 상호교류를 다루는 기술이다.

가족체계에 합류하기 위하여 사회복지사는 다음의 조건을 인지하고 수행해야 한다.

- 가족의 조직과 유형이 역기능일지라도 먼저 받아들인다.

- 가족의 상호교류 양식패턴의 장점을 경험한다.
- 가족 가운데 누가 소외당하거나 희생양이 된 가족원의 고통을 사회복지사는 느낄 수 있어야 하고 공감해 주어야 한다.
- 가족원이 가장 중요시하는 가치나 자아존중감 정도를 알아야 한다.
- 가족원과 함께 문제 탐색과정에 참여하여야 한다.
- 가족의 의사소통의 속도, 언어스타일, 행동방식을 알고 따라야 한다.

(2) 실연화(enactment)

사회복지사가 구상하고 있는 상호작용의 방법을 가족으로 하여금 실제로 행동을 통해서 연기하도록 만드는 방법이 실연화의 기술이다. 실연화의 기법은 여러 가지 치료의 효과가 있다. 미누친과 피시맨의 실연화 기법 치료의 4가지 효과는 다음과 같다.

- 사회복지사의 가족 사이에 치료 동맹을 촉진시키는 효과
- 사회복지사는 실연화를 통해서 가족의 믿음에 도전할 수 있는 것
- 가족은 새로운 상호작용과 구조를 실험할 수 있는 장을 가지는 것
- 사회복지사를 가족의 삼각관계나 안정된 연합으로부터 피할 수 있도록 하는 효과

실연화는 3가지 상호작용을 통해서 일어난다. 3가지 상호작용은 서로 연속된 행동과정 속에 있다. 첫째, 사회복지사는 가족의 자발적 상호작용을 관찰한다. 둘째, 가족의 역기능 상호작용을 어떻게 실연시킬지에 대해서 구상한다. 셋째, 사회복지사가 역기능의 상호작용을 대체할 수 있는 대안을 제시한다.

(3) 경계선(boundary) 만들기

부부, 부모, 형제, 부모-자녀의 하위체계가 각기 경계선을 명확히 할 때 가족 구조 내에서 새로운 상호작용 유형이 생기고 체계의 기능이 증가하게 된다. 하위체계의 경계가 부적절하게 경직되어 있거나 혼돈되어 있을 때 일반적으로 역기능적인 상호교류 유형의 문제가 발생한다. 특히 부모와 한 자녀가 경직된 삼각관계

를 형성한 경우 역기능적인 상호작용 유형이 발생하게 된다. 경계선이 밀착된 가족에서는 가족원의 개별화를 촉진시키기 위하여 경계선을 강화시키고 명확히 하여야 한다. 분리된 가족에서는 가족원 간의 지지적이고 서로를 통제하는 기능을 강화하여 하위체계 간의 교류를 촉진시키고 경직된 경계선을 완화시켜야 한다. 사회복지사는 어느 한 하위체계를 집중적으로 접촉한다고 하여도 마음속에는 전체 가족에 대한 체계를 가지고 치료하며, 사회복지사의 최종 목표는 가족 전체를 재구조화하는 것이다.

(4) 재조직화(reconstruction)

가족원이 가족 내의 문제를 다른 관점에서 보도록 돕는 것이다. 가족 재조직화 기법은 서비스이용자 원가족의 심리적·상황적·역사적 맥락을 재현시켜서 서비스이용자가 과거에 구성했던 지각과 감정, 이루지 못한 기대와 열망을 다루어 준다. 이 과정에서 자신과 부모를 새로운 눈으로, 현재와 미래를 새로운 전망에서 볼 수 있게 하면서 가족을 재조직화시킨다. 가족 재조직화를 통하여 사람은 더 많은 가능성과 자유를 갖게 될 뿐 아니라 책임감 있는 인간이 되도록 도움을 받게 된다.

(5) 재명명화(relabeling)

가족이 통상 개인의 증상으로 간주하고 있는 것을 대인관계적으로 정의하는 것을 말한다. 일반적으로 증상이나 행동에 관한 이해 방식을 바꾸는 과정이기도 한다. 재명명화는 구조적 가족치료에 있어서 주요 기법의 하나이다. 이것은 증상의 재명명화(relabeling the symptom)라고 불리는 경우가 많다. 재명명화에서는 가족 증상에 대하여 별도의 의미를 갖는 것으로 이해시키고 문제에 새롭게 대처하는 길을 여는 것이 목표가 된다. 이 기법에서는 문제행동에 관한 새로운 의미 부여가 중요하며, 문제와 유사한 구조적인 기반 위에 서면서도 가족이 확실히 이해할 수 있는 차이가 보여야 할 것이다.

(6) 긴장고조(intensification)

긴장을 고조시킴으로써 가족구조를 재구조화하는 기술은 첫째, 상호교류 유형을 차단시키는 것으로서 사회복지사가 긴장을 조성하는 가장 간단한 전략은 의사통로를 차단시키는 것이다. 둘째, 가족원 간의 의견 차이를 강조하는 것이다. 셋째, 은폐하려는 갈등을 조장하는 것이다. 넷째는 가족구조 내의 제휴나 결탁에 합류하는 것이다. 일시적으로 한 가족원이나 한 하위체계와만 합류하는 것이다. 즉, 사회복지사는 한 가족원과 합류하고 그 편에 서서 상대방과 대치한다. 그리고는 다른 가족과 합류한다. 치료의 궁극적인 목표는 전체 가족에 이익을 가져오는 점이라는 것을 모두가 알고 느끼게 하여야 한다. 이 방법은 특히 갈등을 부인하거나 가족 전체가 문제라는 사실을 받아들이지 않는 가족에게 효과적인 기술이다.

(7) 증상 활용

사회복지사는 개인의 증상이나 문제를 가족의 역기능적인 가족구조 안에서 하나의 선택의 방법으로 본다. 그러므로 역기능적인 가족을 가장 빠르게 변화시키는 길은 현재 환자의 증상을 다루는 동시에 가족의 구조 변화를 시도하는 것이다. 증상을 활용하는 방법으로는 첫째, 증상을 강화하는 것이다. 둘째, 증상을 의도적으로 등한시하는 것이다. 셋째, 증상에 새로운 명칭을 붙이는 것이다.

(8) 과제 부여

사회복지사는 가족 상호교류에서 자연스럽게 발전될 수 없는 행위를 실연해 보도록 하며, 가족이 행할 필요가 있는 분야를 개발시키기 위하여 과제를 주는 것이다. 과제를 주는 것은 가족의 상호교류를 증진시키고 변화를 제시하기 위하여 사용되는 기술이다.

3) 사티어(V. Satir, 1972)의 경험적 접근

경험적 가족사회복지사의 목표를 한마디로 정의하면, 가족을 안정된 상황에 머무르게 하는 것이 아니라 성장시키려는 것이다. 감수성, 느낌의 표현, 자발성과 창조성, 확실성의 성장이 치료의 전형적 목표이다. 사티어는 자신의 자아존중감을 높이고 자기 인생에 대한 선택권을 스스로 갖도록 돕는 개인의 성장을 최대의 목표로 삼았다.

(1) 재정의(reframing)

재정의는 서비스이용자나 가족의 세상에 대한 내면의 준거틀을 변화시키는 데 효과가 있는 치료적 전략이다. 이 기법은 행동, 감정, 사고에 어떠한 긍정적 개념을 제시하는 것으로 볼 수 있는데, 서비스이용자는 사물에 대한 새로운 정보를 수집하고 현상적인 사건에 대한 긍정적인 의미를 만들어 내는 것이다. 재정의는 부정적인 의미를 긍정적으로 변화시키기 위하여 사용하는 기법으로, 사실은 변하지 않은 상황에서 이미 경험한 사실에 대한 관념, 정서적 감정과 태도를 좀 더 구체화하고 긍정적으로 규정함으로써 변화가 발생하는 것이다.

〈표11-1〉 사티어의 의사소통 유형

	회유형	비난형	초이성형	산만형
단어	동의하는 단어 사용 : "나의 잘못이다.", "네가 없으면 난 아무 것도 아니다.", "나는 너를 행복하게 하기 위해 존재한다."	반대하는 단어 사용 : "너는 아무것도 제대로 못한다.", "문제가 무엇이냐?", "모든 것은 네 탓이다."	· 극히 객관적인 규칙과 옳은 것에 관한 자료 사용, 추상적인 단어와 긴 설명 · 모든 것이 허구적이다. 사람은 지적이어야 한다.	· 관계 없는 단어 사용 · 뜻이 통하지 않고 요점이 없음 · 계속해서 그대로 두라고 함
정서	구걸하는 마음 : "나는 힘이 없다.", 변명하는 표현과 목소리, 약한 신체적 자세	· 비난적 · "나는 여기서 우두머리이다." · 힘이 있어 보이는 입장 · 융통성이 없음	· 완고, 냉담, 경직된 굳은 감정, 고자세, 침착함 · "사람은 어떤 희생이 있어도 냉정하고, 조용하고, 침착해야 한다."	· 혼돈스러운 감정, 계속해서 움직임, 비스듬히 앉음 · "나는 실제 여기에 있는 것이 아니다."
행동	의존적 순종적임 : 너무 착한 행동, 너무 좋게 처리함, 사죄하고, 변명하고, 우는 소리를 하고 모든 것을 제공한다.	· 공격적 · 심판, 명령, 약점 발견	권위주의자 행동 : 강직, 원칙론적 행위, 행동의 합리화, 조작적 · 의도적 · 강제적 행동	산만한 행동, 지나치게 활동적 · 방해적 행동, 부적절한 행동
내적 경험	아무것도 아닌 것같이 느낀다.	· 소외됨 · "나는 외롭다", "나는 실패자다"	· "나는 상처받기 쉽고 고립된 느낌이다." · "어떤 감정도 표현할 수 없다."	· "아무도 상관하지 않는다." · "거기는 내게 적절한 곳이 아니다."

	회유형	비난형	초이성형	산만형
심리적 영향	신경과민, 우울증, 자살적 성향, 자멸적 성향	· 과대망상, 이탈행동 · 살인할 수 있는 성향	· 강박적, 강제적, 사회적으로 위축, 반사회적, 지나치게 긴장	혼돈됨, 부적절한 느낌, 정신이상적 느낌
신체적 영향	소화기관의 고통, 위장애, 당뇨, 편두통, 변비	근육긴장과 등의 통증, 관절염, 변비, 혈액순환의 문제와 고혈압, 천식	건조성 질병, 임파조직에 질병, 암, 심장마비 등의 통증	중앙신경계통 장애, 위장애, 변비, 당뇨병, 편두통

(2) 가족조각(family sculpture)

가족조각을 할 때, 사회복지사는 먼저 자신들이 어떤 대화의 유형을 가지고 있는지 알아보도록 한다. 회유형, 비난형, 초이성형, 산만형 4가지 대화유형이 가지고 있는 자세를 취하도록 한다. 어떤 종류의 자세는 편안하고 어떤 종류의 자세는 불편하거나 안 맞는 느낌이 든다. 어떤 경우에는 몇 가지 자세가 들어맞는 경우도 있다. 자신에게 가장 편안하고 맞는 느낌이 드는 자세가 곧 자신이 평상시에 하고 있는 방식이다. 두 번째로 가족원이 모두 자신에게 맞는 방식으로 자세를 취해 본다. 여러 종류의 대화 유형의 배합이 가능해진다. 이렇게 자세를 온 가족이 취해 본 다음 다른 가족원의 자세를 취해 본다. 사회복지사는 적극적으로 가족의 자세를 조정하고 실제로 해 보도록 함으로써 가족이 서로에 대한 이해와 느낌을 갖도록 만든다. 사회복지사는 대화의 진행자로서 그리고 조정자로서 역할을 한다.

(3) 원가족 삼인군 치료(primary triad therapy)

사티어는 출생 가족의 성장과정과 생활 경험을 중요시하였으며, 현재의 자아존중 감정, 자기가치, 신념, 생존 유형, 일치적인 의사소통 등을 성장과정에서의 생활 경험과 연결시켜 이해하려고 노력하였다. 이것은 현재의 문제나 증상의 원인을 파악하기 위한 것이기보다는 부모와 자신과의 관계를 중심으로 전체 가족구조, 전체적인 가족생활 역사, 가족관계를 이해하고 평가하도록 하는 것에 관심을 두고 있다.

원가족 삼인군 치료의 궁극적인 목적은 서비스이용자가 원가족 삼인군에서 학습한 역기능적 대처 방법에 집착하는 것에서 벗어나고, 가족규칙과 부모의 규제에서 벗어나 독자적인 개별성을 갖도록 돕는 데 있다. 의식적 선택을 통하여 서비스이용자가 자신의 행동에 책임을 지고, 자신의 감정을 잘 관리할 수 있도록 도우며, 자신의 내적·외적 자원을 인정하고 개발하며, 일치된 의사소통을 할 수 있도록 하여 결과적으로 자존심을 높이는 데 있다. 원가족 삼인군 치료는 원가족 도표를 사용하며, 가족원이 공동으로 원가족 도표를 작성하는 과정과 완성한 원가족 도표를 설명하고 재구조화하며, 조각이나 역할극을 병행하면서 치료과정을 진행하게 된다.

(4) 개인의 빙산(iceberg)

치료는 경험의 다양한 수준에서 이루어지게 되는데, 이를 개인의 빙산에 비유해 보면, 수면 위에 보이는 것이 사람의 행동이고 수면 밑에 있는 것이 사람의 감정, 기대, 지각, 열망이다. 개인의 내적 과정을 이끌어 내는 은유적인 방법으로 사티어는 빙산 기법을 활용한다. 빙산 기법을 통해 전달하고자 하는 주요 개념은 우리 경험의 대부분이 '수면 아래'에서 경험된다는 것이다. 그러므로 변화가 일어나기 위해서 사회복지사는 서비스이용자의 외적 과정, 즉 표면적 경험의 수준에서뿐만 아니라 잠재의식 수준인 내적 과정과 작업하여 역동을 변형시켜야 하는데, 이를 위해서는 고도의 기술이 필요하다.

일반적으로 서비스이용자를 대할 때 개인의 빙산 차원에서 보면 빙산의 극히 일부분인 행동만을 보기 쉽다. 일반적인 모델에서는 여러 행동의 변화에 초점을 둠으로써 1차 수준의 변화치료가 있다. 사티어 치료모델에서는 빙산의 수면 아래를 탐색하여 부적응적 서비스이용자의 경험을 표면화하고 변형하도록 함으로써 2차 수준 변화의 3차 수준의 변화를 목표로 한다. 개인의 빙상을 탐색하는 과정에서 서비스이용자의 심리 및 감정과 접촉하여 이들을 연결하고 변화시키기 위해 여러 가지 과정 질문을 하는데, 다음과 같은 질문이 유용하게 사용될 수 있다.

① 행동에 대한 탐색

서비스이용자가 해 온 행동 또는 지금의 행동에 대해 알아본다.

"무엇을 해 보셨나요?", "어떻게 하시죠?"

② 감정에 대한 탐색

무력감, 무가치감, 가책, 우울, 예민함, 두려움, 아픔, 분노, 격정 등의 부정적인 감정을 표면화하여 변형시킨다.

③ 지각에 대한 탐색

자신이나 타인에 대한 무가치감, 거부감, 배신감, 패배자 같은 느낌, 마땅치 않은 느낌, 소외되는 느낌, 그리고 충분히 잘하고 있다는 느낌의 부재나 완벽해야만 될 것 같은 느낌 등을 표면화하여 변형시킨다. "어떻게 보시나요?", "어떻게 생각하세요?", "어떤 그림이 그려지세요?"

④ 기대에 대한 탐색

서비스이용자의 채워지지 않은 기대, 수용되고, 인정받으며 존중받고, 포함되고 싶어 했던 기대들을 경청하는 자세로 탐색한다.

"원하는 것이 무엇인가요?", "기대하는 것이 무엇인가요?"

⑤ 열망에 대한 탐색

사랑받고 사랑하고 싶은 열망, 소속되고 싶고, 수용되며, 인정받는, 그리고 서로 연결되면서도 성장을 향해 자유로울 수 있는 열망에 대해 다룬다.

"필요한 것이 무엇인가요?", "그런 욕구에 대해 어떻게 생각하시죠?", "열망에 대해서는 어떤 기대를 갖고 있으세요?"

⑥ 자기에 대한 탐색

마음의 평화와 높은 책임감, 존중감과 삶의 의미를 지니고 본연의 자신과 더불어 타인들과 조화와 연결성을 가지도록 한다. "당신은 그럴 만한 가치가 있나요?"

(5) 영향력 바퀴(wheel of influence)

영향력 바퀴(wheel of influence)란 사티어의 아동기와 사춘기를 통하여 지적, 정서적, 신체적, 사회적으로 영향을 준 사람이나 사건을 그림으로 만든 것이다. 영향을 준 사람과 사건과의 관계는 선의 두께와 모양으로 표시하여 관계의 친밀도와 갈등 정도를 나타낸다.

4) 드세이저(De Shazer, 1985)의 해결중심적 접근

해결중심적 가족치료의 목표는 도움을 받으러 온 가족으로 하여금 그들 자신의 생활을 보다 만족스럽게 하기 위해서 현재 하고 있는 것과는 다른 것을 하거나 생각해 내도록 하여 현재 가족이 가지고 있는 문제를 해결하고자 하는 데 있다. 가족과 사회복지사는 첫 면담에서 목표를 분명히 함으로써 치료의 종결을 결정할 수 있는 범주를 설정해야 한다. 해결중심적 가족치료는 목적지향적 모델이라고 불릴 정도로 목적을 매우 강조하고 있다.

(1) 사회복지사-서비스이용자의 관계유형

해결중심적 가족사회복지사는 첫 면담에서 가족을 만나면, 각 가족원의 유형을 구분하려고 노력한다. 그들은 가족이 치료에 오게 된 동기와 상황 등과 관련하여 각 가족과 사회복지사와의 관계를 고객형, 불평형, 방문형의 3가지로 구분한다.

① 고객형

고객형의 서비스이용자는 문제를 분명히 인식하고 있고 변화를 위해 자발적인 동기와 적극성을 표현한다. 준비된 서비스이용자로 구체적인 치료목표와 해결책을 찾는 유형으로 자기 자신이 문제해결의 주인임도 잘 알고 있는 사람이다. 따라서 고객형의 서비스이용자는 사회복지사와 협력적인 치료관계로 쉽게 발전할 수 있고 사회복지사가 원하는 이상적인 서비스이용자다.

② 불평형

불평형의 서비스이용자는 문제의 내용은 잘 알지만 문제를 자기 책임이 아니라 남의 책임으로 돌리는 유형이다. 문제의 해결을 위해서는 자신보다는 타인이 변해야 한다는 입장이다. 이런 유형의 서비스이용자에게는 문제상황을 좀 더 다른 관점에서 관찰하고 깊게 생각할 수 있는 과제가 더 효과적이다.

③ 방문형

방문형의 서비스이용자는 거의 타인에 의해서 치료에 보내진 경우이다. 서비스이용자 자신이 문제에 대한 의식이 없으므로 변화하고자 하는 동기가 매우 약한

편이다. 사회복지사가 서비스이용자를 배려하고 인간적으로 인정해 주고 서비스이용자와 한 팀이라는 것을 보여줄 때, 서비스이용자는 다음 치료모임에서 불평형, 또는 고객형으로 변할 수 있다. 중요한 것은 서비스이용자의 동기와 문제에 대한 인식을 스스로 할 수 있도록 도와주는 태도이다.

(2) 목표설정하기

해결중심적 가족치료에서는 해결방안과 관련된 치료목표를 가족 스스로가 설정하도록 돕는 것이 중요하다고 보았다. 그들은 바람직한 치료목표를 설정하는 데 필요한 몇 가지 원칙을 가지고 있다.

- 가족에게 중요한 것을 목표로 삼는다.
- 가족이 설정하는 치료목표는 작고 성취할 수 있는 것이어야 한다.
- 구체적이며 명확하고 행동적인 것을 목표로 한다.
- 목표를 설정할 때는 없는 것보다 있는 것에 관심을 가진다.
- 목표는 끝이 아니라 무언가를 시작하는 첫 단계라는 인식을 가족에게 준다.
- 가족의 생활에서 현실적이고 성취 가능한 것을 목표로 삼는 것은 중요하다.
- 목표를 수행하는 것은 힘든 일이라고 인식시킨다.

(3) 해결 지향적 5개 질문

처음 치료면담 이전의 변화에 관한 질문, 예외질문, 기적질문, 대처·극복질문, 척도질문 등이 있다.

① 처음 치료면담 이전의 변화에 관한 질문

많은 서비스이용자가 전화로 또는 주변사람에게 도움을 요청하는 시기가 문제의 심각 정도가 가장 높은 경향이 있다. 따라서 1주 후 또는 며칠 후에 약속한 시간에 치료받으러 왔을 때는 긴장이나 불안이 감소되었거나 문제의 심각 정도가 완화된 것을 발견할 수 있다. 사회복지사는 어떻게 문제의 심각한 정도가 완화되었는지를 서비스이용자가 파악할 수 있도록 질문을 하며, 의식·무의식적으로 실시한 방법에 관하여 인정하고 칭찬을 해 준다. 그리고 누구의 도움 없이 스스로 노력한 것과 해결능력을 인정하고, 그러한 사실을 강화하고 확대할 수 있도록 격려한다.

② 예외질문

예외질문의 목적은 문제해결을 위해 우연적이며, 성공적으로 실시한 방법을 발견하여 의도적으로 실시하도록 하는 것이다. 예외적인 것은 사람이 일반적으로 문제가 있고 스트레스를 받는 상황에서는 정상적인 것을 예외적인 것으로 본다는 개념이다. 따라서 정상적인 것이며 예외적인 상황을 찾아내어 밝히고, 서비스이용자가 가지고 있는 자원을 활용하여 서비스이용자의 자아존중감을 강화하는 것이다. 문제에 관한 부정적인 생각과 문제를 제거하고 감소시키는 것에 몰두하는 사고방식으로부터 해결방안을 모색하는 것에 관심을 집중하도록 하는 질문을 예외질문이라고 한다. 또한 중요한 것은 일상생활에서 성공적으로 잘 하고 있으면서도 의식하지 못하거나 가치를 두지 못하는 것이 있고, 우연하게 효과적인 행동을 하는 경우가 많다는 것이다. 여기서는 그러한 것을 발견하고, 의식적이고 의도적으로 성공하였던 행동을 하도록 강화시키는 전략 또는 기법이라고 할 수 있다.

예로서는 "문제가 발생하지 않는 때는 언제인가?" 등이다.

③ 기적질문

기적질문은 문제가 해결된 상태를 상상해 보고, 해결하기 원하는 것을 구체화·명료화하는 데 도움이 되며, 치료목표를 설정하는 데 도움이 된다. 그리고 기적질문과정에서 자기문제를 재인식하고, 해결된 상태에 대한 그림을 작은 것에서 점차로 확대해 나가도록 하는 것이다. 기적질문은 문제를 제거시키거나 감소시키지 않고, 문제와 분리하여 해결을 상상하도록 하는 것이다. 이것은 치료를 통하여 변화하기 원하는 것을 설명하게 하며, 문제에 대한 집착으로부터 벗어나게 한다. 이러한 경험은 서비스이용자에게는 강력하고 새로운 경험이 되고, 희망과 가능성을 주는 꿈을 갖게 한다.

실제적으로 기적질문은 "밤에 자는 동안에 기적이 일어나 염려하였던 문제가 해결되었다고 합시다. 그러나 잠자는 동안에 기적이 발생하였기 때문에 무슨 일이 생겼는지 아무도 모르지요. 그러나 아침에 가족이 당신의 어떤 행동을 보면 지난 밤에 기적이 일어나 문제가 해결된 것을 알 수 있을까요?" 등이 있다.

④ 대처·극복질문

대처질문은 서비스이용자에게 경험을 활용하도록 하고 새로운 힘을 갖게 하며, 서비스이용자가 자신의 자원과 강점을 발견하도록 하는 데 도움이 된다. 그리고 어려운 상황에서 견뎌내고 더 나빠지지 않은 것을 강조하고, 위기에서 살아남기 위해 노력하여 온 것을 발견하고, 그것을 인식, 강화, 확대하기 위한 근거로 이용하는 것이다. 구체적인 예는 "전혀 희망이 없을 때 어떻게 아침에 일어나서 하루를 보내는가?" 등의 질문이다.

⑤ 척도질문

척도질문은 서비스이용자에게 문제의 우선순위, 성공 가능성, 자아존중감, 문제해결 가능성에 대한 확신, 변화를 위해 투자할 수 있는 노력, 변화를 위한 동기, 진행에 관한 평가 등의 수준을 수치로 표현하도록 하는 질문이다. 수치화할 때 좀 더 구체적으로 표현하게 되고 변화의 정도를 사실적으로 설명하는 데 도움이 된다. 척도질문 역시 서비스이용자가 해결방안 구축과 관련된 정보를 좀 더 제공하고, 변화에 대한 동기를 강화하고, 다음 단계로 발전하기 위해 무엇을 해야 할지 탐색하는 것을 목적으로 만들어진 질문이다. 척도 질문은 문제의 심각한 정도를 사정하고, 치료목표 성취 정도를 측정하고, 결과를 구체적으로 평가하는 데 매우 유용한 질문이다. 척도질문을 주로 사용하는 측면은 문제해결에 대한 기대와 관련된 척도질문, 동기에 관련된 척도질문, 자아존중감에 관련된 질문, 진전 상태를 평가하는 척도질문, 관계를 평가하는 척도질문이 있다. 예로서는 "1부터 10까지 척도에서 10은 문제가 해결되었다고 확신하는 것을 말하고, 1은 문제가 가장 심각할 때를 말한다. 오늘은 몇 점에 해당하는가?" 등이다.

(4) 피드백 메시지 작성과 전달

해결중심치료는 치료시간을 구조화하여 사용한다. 보통 전체 치료시간은 50~60분으로 하며, 40분 정도 치료한 후에 사회복지사는 5분 내지 10분 동안 치료실을 떠나 팀과 논의하고 메시지를 만드는 시간을 갖고, 나머지 시간에 메시지를 전달하고 과제를 주게 된다. 이 시간 동안 사회복지사는 치료에 관해 검토하고, 서비스이용자에게 제시할 메시지와 과제를 만든다. 자문 시간은 짧지만 사회복지사가 서비스이용자에게 즉각적으로 반응해야 하는 것에서 벗어나고, 서비스이용자가 즉각적인 상호작용의 영향에서 벗어나 객관적인 사고를 하고 사회복지사의 메시지를 수용할 수 있는 준비를 하는 데 도움이 된다.

(5) 과제 부여

서비스이용자 가족과 매회 면담이 끝나면 사회복지사는 서비스이용자 가족에게 해결중심적인 관점과 긍정적인 자원을 더욱 촉진시킬 수 있는 과제를 부여한다. 과제는 서비스이용자 가족이 구성한 목표와 부합되도록 해야 하고 과제를 주기 위해서는 사회복지사와 서비스이용자 간의 신뢰와 믿음의 관계가 이루어져야 한다.

5. 역할극을 통한 가족개입기술 및 기법 연습

트럭운전을 하는 남편이 가정폭력을 하여 상담을 요청한 한 부인이 남편과 함께 상담에 참여했다. 결혼 초부터 폭력을 일삼아 왔고 17세의 딸 하나를 두었는데 딸은 이러한 가정환경이 싫어서 조기 가출하여 남자친구와 동거하고 있고, 임신한 상태이다.

이 가족을 대상으로 도움을 주는 역할극을 전개하면서 위에서 언급한 가족개입 기법 및 기술을 적용해 보도록 한다.

연습문제

1. 다음은 가족대상 사회복지실천기술의 기본개념을 설명한 것이다. (　　)에 해당되는 개념은?

> 가족은 구성원이 이미 익숙한 방식의 한정된 범위에서 서로 상호작용하도록 내용과 수준을 규제하며, 이러한 평형이 위협받을 때마다 이를 복구하는 방식으로 구조를 발달시키는데 이에 따라 (　　　)이 형성된다.

① 가족구조　　② 삼각관계
③ 가족규칙　　④ 가족신화
⑤ 가족항상성

[해설] ⑤ 항상성은 원래 살아 있는 생물체가 균형 또는 안정을 유지하려는 노력을 의미하는 생물학적 용어이다. 하나의 체계로서의 가족 또한 그 구조나 운영에 있어 균형을 지켜나가려는 메커니즘을 구축하게 된다.

2. 가족대상 사회복지실천기술에 관한 설명으로 옳지 않은 것은?

① 삼각관계란 부부와 사이에 다른 이성의 존재가 발생할 때를 일컫는다.
② 가족구조란 가족원이 세대를 형성하여 자녀를 낳고 양육하며 상호작용하는 가운데 형성되는 조직적인 측면을 말한다.
③ 가족규칙은 표면화되기보다는 내재적이고 은연중에 정해진 불문율의 성격을 갖는 경우가 많다.
④ 가족성원이 아무런 의심 없이 공유하는 믿음과 기대 등의 인지적 양성을 가족신화라고 부르고 있다.
⑤ 하위체계는 가족규칙에 의거해서 서로의 경계선을 가지고 상호작용하게 된다.

[해설] ① 가족 삼각관계의 전형적 유형은 부모세대와 다른 세대에 속하는 자녀가 만들어내는 것이 보편적이다. 예를 들어, 부부사이가 좋지 않은 부모가 자녀를 자기편으로 만들려고 하는 것이다.

3. 해결중심모델에 관한 설명으로 옳은 것을 모두 고른 것은?

ㄱ. 이론적이고 규범적이다.
ㄴ. 문제가 발생되지 않았던 예외적인 상황을 중요시한다.
ㄷ. 해결과제를 수립할 때 클라이언트보다 사회복지사의 견해를 우선시한다.
ㄹ. 클라이언트의 자원과 과거의 성공경험을 중요시한다.

① ㄱ, ㄴ, ㄷ ② ㄱ, ㄷ ③ ㄴ, ㄹ ④ ㄹ ⑤ ㄱ, ㄴ, ㄷ, ㄹ

[해설] ③ 해결중심모델은 이론적이기보다는 실용적이며 비규범적이다. 또한 사회복지사보다 클라이언트의 견해를 우선시한다.

4. 가족사정방법에 관한 설명으로 틀린 것은?

① 생태도로 가족과 환경과의 접촉에서 발생하는 정보를 수집하고 정리한다.
② 가계도로 세대 간 반복되는 유형을 파악한다.
③ PIE 척도로 횡단적 생활사건을 한 눈에 파악한다.
④ 가족지도로 가족생활주기를 파악한다.
⑤ 사회적 관계망표로 사회적 관계에서의 지지 유형과 정도를 파악한다.

[해설] ④ 가족생활주기는 가족력을 통해서 파악한다.

5. 사티어(V. Satir)의 의사소통 가족치료 모델에 관한 설명으로 옳지 않은 것은?

① 자아존중감 향상을 목적으로 한다.
② 회유형 의사소통은 기능적 의사소통이다.
③ 효과적인 의사소통을 위해 솔직하게 표현하고 타인의 생각과 감정을 수용한다.
④ 개인의 내적 과정을 이끌어내기 위해 빙산기법을 활용한다.
⑤ 정서적 경험과 가족체계에 대한 이중적 초점을 강조한다.

[해설] ② 회유형 의사소통은 역기능적 의사소통이다.

[정 답]
1. ⑤ 2. ① 3. ③ 4. ④ 5. ②

Chapter 12

집단 대상 사회복지실천기술

1. 집단 사회복지실천의 이해
2. 집단역학 및 발달 단계
3. 집단 대상 사회복지실천의 개념과 이론적 근거
4. 집단 대상 사회복지실천의 과정 및 주요기술

1. 집단 사회복지실천의 이해

1) 집단의 개념

사회복지실천에 있어서 집단은 사회복지사의 관여에 참여하고자 하는 구성원들로 이루어진 모임으로 집단지도자는 전문가로서의 책임과 의무를 가지고 그 집단의 목적을 달성할 수 있도록 돕는 역할을 하게 된다.

사람은 사회적 동물로 가족이라는 소집단에서 태어나서 성장하며 나이가 들수록 더 큰 다양한 집단에 소속되어 살아가게 된다. 그러므로 집단 활동은 사회생활의 자연스러운 현상이며 벗어날 수 없는 부분이다. 그러나 사회복지적 개입으로서의 집단 활동은 일상적인 활동의 형태로 나타나는 집단과는 차이가 있다. 즉, 사람들이 모여서 집단으로 서로에 대해서 크게 의식하지 않고 특별한 의도적인 상호작용 없이 일상적으로 살아가는 것과는 달리 사회복지적 개입은 의도적인 상호작용을 나누며 개입이 지향하는 바가 있다(최선화, 2006).

집단은 일반적으로 그 구성원 사이에 ① 공통적인 관심의 대상이 있고, ② 어느 정도 안정된 지속적 상호작용이 있으며, ③ 그 결과 일정한 역할 분화에 의한 조직성이 있고, ④ 구성원이 공통적인 집단 활동에 여러 가지 형태로 참가하며, ⑤ 표준화된 행동양식으로서의 규범이 형성되어 구성원의 행동을 규제하고, ⑥ 일정한 공동 소속이 있는 단체다(박영숙 외, 2008).

집단은 적어도 두 사람 이상의 공통된 목표나 비슷한 인지적·정서적·사회적 흥미나 관심을 갖고 반복적으로 모여 서로에게 영향을 주고 함께 기능할 수 있는 규범을 만들고 집단적 활동을 하기 위한 목표와 응집력을 발달시키는 모임이라고 할 수 있다.

2) 집단의 유형

사회복지사는 현장에서 다양한 집단을 만나게 된다. 학자에 따라 그 목적과 운영 방법에 따라 다양하다. 여기서는 과업집단, 치료집단, 성장집단, 교육집단, 사회화집단, 자조집단, 지지집단 등으로 나누어 설명한다.

(1) 과업집단

조직이나 기관의 문제에 대한 해결책 모색, 효과적인 원조전략 수립, 새로운 아이디어 개발 등의 과업 수행을 목적으로 구성된다. 따라서 과업집단은 집단과 함께 일하는 주제에 대해 관심이 있는 사람이나 재능이 많은 사람들로 구성된다.

과업집단의 구체적인 예로 운영위원회, 팀, 협의체, 협의회, 테스크 포스(task force)[2) 등을 들 수 있다. 이러한 과업집단은 과제가 수행되고 나면 해체되는 집단도 있다.

(2) 치료집단

치료집단은 다소 정신적·개인적 문제를 가진 성원들로 구성된다. 치료자는 인간행동에 대한 지식, 인지기술 등을 가지고 있어야 하며 집단역동, 집단상담능력과 행동변화를 가져올 수 있도록 집단을 활용할 수 있는 능력, 인지능력과 통찰능력, 집단 내 건설적 분위기 유지 및 발달능력 등이 요구된다. 집단치료자는 태도와 행동을 변화시키는 안내자의 역할을 하게 되며 치료적 접근 방법으로는 정신분석학을 비롯하여 현실치료, 학습이론, 인지치료, 클라이언트 중심치료 등의 방법들을 활용한다.

(3) 교육집단

교육집단은 직접적인 교육 활동을 통해 기술을 가르치고 정보를 제공하여 지식을 습득할 수 있도록 한다. 지도자는 특정분야의 전문가이거나 훈련을 많이 쌓은 전문가이다. 이 집단을 이끌어 가는 데 가장 중요한 것은 어떻게 가르치는 것인가에 대한 방법과 관련된 사항이다. 효과적인 학습은 정형화된 교사–학생 구조보다는 성원들이 자신의 어려움을 실제적으로 느끼고 이를 해결하기 위해 학습에 참여하고자 할 때 이루어지기 쉽다. 예를 들면, 아동양육의 실습, 양부모가 되기

2) 테스크 포스(task force)는 어떤 업무 및 과제 등을 성취하기 위해서 만들어졌으며, 기한이 정해진 임시조직을 말한다. 쉽게 말해서 프로젝트 팀이다.

위한 준비집단, 효과적인 부모가 되는 훈련 등이다.

(4) 사회화집단

사회화집단은 성원들이 사회적 기술을 습득하고 사회적으로 수용되는 행동유형을 학습함으로서 지역사회 생활에 효과적으로 기능할 수 있도록 원조하는 데 목적을 두고 있다. 예를 들면, 퇴원한 정신질환자를 위한 사교집단, 독신자를 대상으로 하는 사회 활동 집단, 비행청소년을 대상으로 한 비행 완화 활동 집단 등이 있다.

(5) 자조집단

자조집단의 구성원들은 문제에 대한 내적 이해를 가지고 있어서 그들이 다른 사람을 돕는 데 도움이 된다. 문제의 결과와 불행을 경험하였기 때문에 이들은 고도로 동기화되어 있고 같은 고통을 겪고 있는 동료나 다른 사람들을 도울 수 있는 방법을 발견하는 데 헌신할 수 있다. 반면에 이러한 참여자는 다른 사람을 도와줌으로써 자신은 심리적 보상을 얻을 수 있을 뿐만 아니라 자신의 문제에 대한 관점을 더욱 명확히 할 수 있는 장점이 있다.

자조집단 중에는 집단 내부에 초점을 두고 서로에게 상호 지지를 제공하는 경우가 있다. 이들은 중독(Alcoholics Anonymouse: AA), 비만(익명의 비만인 모임), 또는 한부모 역할과 같은 이슈들을 다룬다. 반면 전국여성조직이나 성인정신질환자 가족모임과 같이 좀 더 외부에 초점을 두거나 정치적인 집단들도 있다.

(6) 지지집단

지지집단은 일종의 자조집단으로 고려될 수도 있지만 자조집단에 비해 보통 사회복지 전문가가 이끌게 된다. 지지집단의 목적은 아이디어나 제안, 조언을 공유하고 지지를 제공하기 위한 것이다. 지지집단은 종종 사회적 어려움이나 비극에 관한 문제로 구성되는 경우가 많다. 집단은 성원들이 자신의 경험을 표출하도록 도와 다른 동료 성원들과의 관계 속에서 자신의 경험을 보게 함으로써 그 경험을 객관화할 수 있도록 돕는다. 성원들은 자신의 죄의식이나 자기비난이 부정확했다는 것을 곧 의식적으로 인식하게 된다. 예를 들면, 성폭행 희생자나 알코올 중독 부모 모임 등은 자신들의 경험을 공유하고 공통된 반응을 논의하고 반영하면서 커다란 도움을 받는다.

〈표12-1〉 집단의 유형

목표	집단의 예	사회복지사의 역할
조직이나 기관의 문제에 대해 해결책 모색, 새로운 아이디어 개발, 효과적인 원조 수립	위원회, 행정집단, 협의책, 치료회의	클라이언트의 관심사에 대한 처리, 클라이언트의 서비스 질 제고
성원들의 문제를 행동으로 변화시킴, 상실된 기능 회복을 원조	본드 흡입 청소년 집단, 금연 집단, 약물중독 치료 집단	치료자 역할, 변화 매개자 역할
교육을 통해 집단토론, 기회 제공	성교육 집단, 예비 부모 교육 집단	교육자 역할
사회적 기술, 사회적 행동형태 습득을 위한 집단	여가 집단, 참만남 집단	조력자 역할, 시범적 역할, 교육자 역할
소규모로 구성되어 상호지지를 제공하는 유형	단주 모임, 편부모 모임	지지와 상담
스트레스 대처 방법을 알리는 집단	한부모 집단, 미혼자녀 집단, 암환자나 가족이 질병 대처 방법을 논의하는 집단	지지적 역할, 대처기술을 향상시키도록 동기화

3) 집단 규범

규범은 기대되는 행위의 기준이다. 규범은 규칙보다는 덜 구체적이지만 좀 더 집단에 자연스럽게 스며들어 있다. 규칙이 분명히 기술될 수 있어서 그 위반도 명백한 반면 규범은 따르거나 안 따르거나 이를 관찰하기가 쉽지 않다.

다음 6가지 규범 중 몇 가지는 가랜드, 존스와 콜로드니(Garland, Jones & Kolodny, 1965; 배태순 외, 2007 재인용)에게서 나온 것인데 이들은 최근의 집단에도 충분히 적용될 수 있다. 사회복지사는 구성원들에게 이러한 규범을 시범 보이고 이를 촉진하며 설명할 필요가 있다.

(1) 집단은 하나의 단위이다

진행자는 집단의 반응이나 아이디어를 요구하고 각 개인에게 초점을 두기보다 우리는, 우리를, 우리와 같은 용어를 자주 사용함으로써 집단의 응집력과 치료적 힘을 강화시킨다. 이 규범은 집단이 성원들끼리 서로 지지하고 보살피는 단일한 하나의 체계로서 한 단위라는 의미를 제시해 준다. 또한 사회복지사가 리더나 전문가라는 점에 무게를 두지 않고 집단역동이 강조될 수 있도록 정교하게 접근한다.

이 규범은 특히 집단이 편안하게 출발하여 그 첫 단계를 지나서 제3단계인 합의의 단계에 이른 후에 잘 드러난다. 이 시기에는 의식적으로 그리고 정교한 방식으로 서로 결속하고 뭉쳐서 함께 하고자 하는 욕구와 헌신이 존재한다.

(2) 집단은 중요하다

이 규범은 겉으로 보기에는 명확하지만 의외로 평가절하되곤 한다. 치료현장에서는 집단 시간에 다른 스케줄을 잡거나 방해하거나 집단에 대한 훈련을 받지 못한 리더가 집단을 구성하고 이끄는 방식으로 집단의 가치를 교묘하게 깎아내릴 때가 있다. 편리한 시간과 장소를 정하는 것은 클라이언트에게 그 기관이나 진행자가 정말 집단을 원하고 있는지 여부를 말해 주는 것이다.

개인치료 시간을 방해하는 일은 절대 있을 수 없는 일로 생각하면서 가끔 집단을 방해하는 것은 괜찮다고 생각하는 기관들도 있다. 집단을 구성하는 방식이 비효율적인 기관도 있다. 예를 들어, 어떤 기관에서는 집단을 클라이언트들에게 개인치료를 대기하는 용도로 활용한다. 또한 덜 흥미롭거나 덜 성찰적이거나 덜 동기화된 클라이언트를 집단에 투입하고 여기서 가장 성과가 있는 성원들을 개인치료에 보내도록 하는 부적절한 기준을 갖고 있는 경우도 있다. 집단의 중요성은 집단 역동에 대해 잘 훈련 받은 사회복지사를 활용하고 집단을 효과적인 치료도구로 인식하는 기관에서 제대로 강화될 수 있다. 이러한 기관의 직원들은 자신의 열정과 헌신을 통해 집단에 대한 모델을 보이며 집단과 그 구성원 그리고 치료적 가능성에 대한 관심을 분명히 전달할 수 있다.

(3) 각 구성원은 중요하다

집단 구성원들은 일반적으로 방향, 조언, 상담에 대해서는 사회복지사에게 초점을 둔다. 동료들은 자신과 유사한 문제를 갖고 있기 때문에 이들이 별로 도움이 되지 않을 것이라고 생각하는 경우가 많은 것이다. 이러한 태도는 진행자가 구성원들이 서로 자신의 경험을 말하고 공유하며 상대방으로부터 새로운 통찰이나 행동을 습득하도록 격려함으로써 신속히 변화될 수 있다. 집단진행자는 중요하며 그 중요성의 기반은 모델을 제시하고 촉진하는 역할을 하는 데 있다. 이런 측면에서 사회복지사는 모든 구성원의 의견과 언어적 표현에 대해 열성적이고 진심어린 지지를 보내야 한다. 그러나 진행자는 일차적 초점을 자기 자신에게 두지 말고 구성원에게 맞춰야 한다. 이를 위해서 각 구성원에게 관심을 표현하고 그들이 소중한 아이디어와 생각을 갖고 있음을 보여주어야 한다. 집단을 구성하는 각 개인에 대한 존중과 관심을 표현하도록 강조하는 것은 그 자체로서 치료적 가치가 있다. 거기에는 지지, 보살핌 그리고 각 사람의 가치에 대한 인식이라는 덕목이 포함되기 때문이다.

(4) 비심판적이고 개방적인 태도

이 규범은 타인의 사고, 태도 및 과거와 현재의 행동에 대한 개방성과 진정한 수용을 격려하는 것이다. 여기서 수용은 어떤 행동도 다 지지하거나 묵과하자는 것이 아니다. 예를 들어, 어떤 집단은 강간, 아동성폭행, 성추행과 같은 사회적 일탈 행위의 피해자들을 위한 치료적 선택으로 이루어지는 경우가 있다. 비심판적인 태도가 분명한 규범으로 전해진다면 집단 구성원들은 그들이 당했던 끔찍한 행위에 대해 어쩌면 살아오는 동안 처음으로 마음을 열고 자유롭게 이야기할 수 있을 것이다. 이런 피해자들도 비심판적인 태도를 접하면 그 동안 가족이나 친한 친구들과도 함께 할 수 없었던 자기 회의와 부적절한 자책에 대해 이야기할 수 있다. 강간범, 아동 성추행범, 근친상간의 가해자는 사회적으로 비난받는 것이 마땅하다. 그러나 순수하게 치료적인 관점에서 볼 때 이런 비난은 반치료적이다. 비난은 그 행동의 원인과 배경을 노출하거나 이에 대해 충분히 토의하는 것을 가로 막는다. 그렇게 되면 그 행동의 원인을 더 억압하게 되어 치료하기가 더 힘들어지는 것이다. 공격적 가해자들로 구성된 동질적인 집단은 일탈적인 것과 상반된 정상적인 것에 다가가려는 이들에게 토론의 장을 제공해 준다. 이것이 그들의 문제를 해결하거나 치료하기 위한 가장 중요한 첫걸음이 될 수 있다.

(5) 집단은 위기와 신뢰를 요구한다

성공적인 집단에서는 대부분 그 구성원들이 과감하게 마음을 열고 그 동안 다른 사람에게 말하지 못했던 생각, 느낌, 행동에 대해 이야기한다. 그러나 사회복지사들의 촉진을 필요로 하는 집단 구성원들 중 상당수는 타인을 신뢰하는 것에 익숙하지 못하다. 그 결과 이들은 말을 해서 자기 자신을 취약한 상태에 빠뜨림으로써 또 다른 상처를 받거나 고통을 당하려 하지 않는다. 이것은 집단이 왜 취약성에 민감한 사람들에게 막대한 잠재력을 갖고 있는지를 말해 준다.

집단상황에서 위기를 감수하고 말하는 행위는 치료적이다. 왜냐하면 위기를 감수하려는 사람이 타인에 대한 경계를 늦추고 신뢰를 가짐으로써 다른 사람들이 자신의 개인적인 고통, 상처, 자기비난의 세계에 들어오도록 의식적인 결정을 내린 것이기 때문이다. 단 효과적인 집단에서 관찰되는 강력한 치료적 역동이라 할지라도 이런 도전과 복잡한 문제를 마무리하는 데에는 어려움이 있기 마련이다. 그러나 만약 집단사회복지사가 집단 구성원들이 위기를 감수하고 타인을 신뢰하는 방향으로 나가도록 할 수 있다면 그 치료과정에서 수많은 기회가 생길 수 있을 것이다.

(6) 집단은 융통성이 있으며 자발적이다

집단은 너무 구조화되어도 너무 구조화되지 않아도 안 된다. 사실 두 극단 사이에는 균형과 긴장에 대한 욕구가 존재한다. 교육적 요소가 강한 단기 집단(예를 들어, 당뇨환자나 치매 부모를 모시는 보호자를 위한 집단)에는 매주 화제와 교육적인 강의가 필요하다. 반면 장기적인 치료집단은 그때마다 집단의 관심과 관련된 지금-여기의 이슈를 다룰 수 있도록 비교적 덜 구조화되어 있는 것이 일반적이다.

그렇다고 해서 이것은 치료집단이 분명한 방향성도 없이 매주 모여도 된다는 것을 의미하는 것은 아니다. 실제로는 이와 정반대이다. 사회복지사는 각 회기마다 다루어야 할 관심사 및 이슈의 목록을 갖고 들어가야 하지만 융통성을 가져야 한다는 것이다. 진행자는 그 시점에서 꼭 다루어야 할 3~4가지 이슈와 관련된 아이디어를 가지고 회기에 참석한다.

물론 여전히 자발성과 융통성은 유지되어야 한다. 그러므로 어떤 구성원이 집단에서 중요한 이슈를 나누길 원하고 이것이 집단의 개방성을 높이려는 사회복지사의 목적에 부합되는 것이라면 이 자발적인 토론은 지지되어야 한다. 그리고 집단의 규칙에 대해서는 토의를 거쳐야 한다. 비록 규칙이라는 용어가 딱딱하게 느껴진다고 해도 매우 중요하므로 부작용을 일으키는 규칙이 아니라면 깨뜨려서는 안 된다. 이런 규칙을 어떻게 의사소통하는지는 집단에 따라서 다를 것이다. 규칙을 너무 지나치게 엄격히 적용할 수는 없겠지만 예를 들어, 어떤 맹세를 했다고 해서 구성원이 사용하는 단어까지 심하게 제한할 수는 없다. 이런 규칙들은 집단을 준비하는 것에 도움이 되며 시작 단계부터 집단의 방향성을 제공해 준다.

집단 초반에 구성원들이 서로에게 어떤 말을 해야 하는지를 설명해 주는 상황에서 명칭을 사용하지 않기로 하나의 규칙으로 제안할 수 있다. 즉 집단 구성원들이 다른 구성원들에게 모호하거나 위협감을 주는 명칭을 사용하거나 모욕을 주지 않아야 하며 대신 성원들에 대한 행동이나 느낌을 설명해야 한다는 것을 일러두는 것이다. 이 외에 모든 회기에 출석하도록 노력해야 한다는 것이나 심각한 응급 사태를 제외하고는 정해진 시간에 모임을 시작하는 것 그리고 개방적이고 정직하며 융통성 있는 태도를 가질 것 등은 전형적인 규칙의 예이다.

2. 집단역학 및 발달 단계

1) 집단역학

집단역학을 잘 이해하고 활용하면 전체 집단과 팀원 모두에게 긍정적 결과를 가져올 수 있다. 따라서 이장에서는 학자에 따라 다양하게 분류하는 집단역학의 구성요소를 사회적 상호작용, 대인관계, 지위와 역할, 집단응집력을 중심으로 살펴보고자 한다(Northen & Kurland, 노홍래 역: 신성자 외, 2012 재인용).

(1) 사회적 상호작용

사회적 상호작용이란 사람 간의 접촉이 참여자의 태도와 행동의 변화를 초래하는 역동적 힘의 상호작용을 의미하는 용어이다. 이때 의사소통은 사회적 상호작용의 가장 핵심 부분이다. 이것은 정보, 태도, 감정 그리고 다른 메시지가 전달되고 받아들여지며 해석되고 반응하게 되는 복잡한 사회적 과정이다.

사람들은 의사소통을 함에 있어 언어적으로 명확하게 그리고 의도를 가지고 메시지를 전달하기도 하지만 비언어적으로 메시지가 전달되어 타인에게 영향을 미치기도 한다. 생각은 주로 언어적 수단을 통해 교환되지만 정서적 내용은 비언어적 수단, 즉 얼굴 표정, 자세, 몸짓, 침묵, 행동으로 표현되기도 한다. 집단 성원의 솔직하고 신중하며 의미 있는 상호작용은 그들의 긍정적 변화를 촉진하게 된다. 따라서 집단 성원은 자신의 정보와 태도를 다른 성원과 어느 정도 공유해야 한다. 집단과정에 진심으로 관여할 때 새로운 생각과 경험, 관점이나 정서적 반응이 각 성원의 성격에 통합된다. 사회복지사는 가급적 통합된 상호작용이 일어날 수 있도록 이끌어야 한다.

의사소통과정에 대한 이해와 더불어 집단사회복지사는 집단 내에서 발달하는 상호작용 유형에 대해서도 고려해야 한다.

미들만(Middleman, 1990)은 네 가지 상호작용 유형을 제시하고 있는데 ① 기둥형, 즉 지도자가 중심적 인물이고 성원과 지도자 양자 간에만 의사소통이 이루어지는 상호작용 유형, ② 순번형, 즉 각 성원이 돌아가면서 얘기하는 상호작용 유형,

③ 뜨거운 자리형, 즉 다른 성원들이 지켜보는 가운데서 지도자와 한 성원만 의사소통하는 유형, ④ 자유부동형, 즉 집단에서 얘기되는 것 또는 얘기되지 않은 것이든 간에 모든 성원이 의사소통할 책임을 지는 유형이다.

기둥형, 순번형, 뜨거운 자리형은 지도자 중심의 유형이며 자유부동형은 집단 중심의 유형이다.

집단 중심의 상호작용 유형에서는 성원 간에 자유롭게 상호작용한다. 지도자 중심의 유형에서는 집단사회복지사에서 성원으로 성원에서 사회복지사로 상호작용이 이루어지므로 성원들의 상호 의사소통 기회는 제한된다. 집단 중심 상호작용 유형에서는 성원 간의 사회적 상호작용이 증가하고 집단 사기가 높고 성원들의 목표 성취를 위한 노력이 증진된다.

그러나 집단 중심 유형은 의사소통의 내용이 피상적일 수 있으며 효과적 의사소통을 정착시키기 위해서는 많은 시간이 소요된다. 시간의 제약이나 집단의 목적, 특성에 따라 상호작용 유형을 선택하여야 한다.

적절한 상호작용 유형을 정립하고 유지하기 위해서 집단사회복지사는 상호작용 유형에 영향을 미치는 요인을 고려해야 한다. 상호작용 유형에 영향을 미치는 요인은 ① 성원들의 특정한 상호작용을 했을 때 받게 되는 강화물이나 실마리, ② 집단 성원 간의 정서적 결속 정도, ③ 집단 내의 하위집단, ④ 집단의 크기와 물리적 환경, ⑤ 집단 내의 권력과 지위와 같은 요소들이다. 이러한 상호작용에 영향을 미칠 수 있는 요인들을 변화시킴으로써 집단의 상호작용 유형을 변화시킬 수 있다.

(2) 대인관계

집단 내의 의사소통 행위는 의견과 사실뿐만 아니라 긍정적이거나 부정적인 감정의 표현도 전달하게 된다. 집단 성원에게는 서로 도움을 주고받으며 다른 성원에게 관심을 가질 것을 요구한다. 대부분의 경우에 집단 성원은 다른 성원을 하나의 독특한 성격을 가진 사람으로 인식하고 그 사람에 대해 관심을 갖는 능력이 결여되어 있다. 그러나 개개인이 모여 집단을 이루거나 현존하는 집단이 생존하기 위해서는 긍정적이면서 집단을 단합시킬 수 있는 힘이 부정적이면서 집단을 분열시키는 힘보다 강하게 지배하고 있어야 한다. 사회복지사는 집단이 성장·발달하기 위해서는 개별 성원이 자기중심적이기 보다는 집단중심적이고 집단에 통합된 행동과 생각을 보일 수 있도록 도울 필요가 있다.

(3) 지위와 역할

지위란 주어진 집단 내의 위계질서에서 한 사람이 다른 사람에 비해 상대적으로 차지하고 있는 위치를 의미한다. 역할은 사회에서 특정한 지위에 있는 개인에게 기대되는 활동, 특정상황에서 행동해야 하는 방식 등을 말한다. 사람들은 자신이 속한 각각의 집단에서 상이한 지위를 갖게 되는데 때로는 같은 집단 내에서도 시간에 따라 상이한 지위를 가질 수 있다. 집단 성원이 지역사회 내에서 갖게 되는 지위는 교육, 소득, 능력과 같은 수단을 통해 주로 얻게 된다.

또한 어떤 지위는 성취적인 것이기 보다는 주어진 것인데 이러한 지위에는 인종, 민족성, 신체적 조건, 생활습관 등이 있다. 집단 성원은 이러한 지위를 가지고 집단에 들어오게 되며 집단 내에서 자신의 지위를 찾고자 한다. 지위는 집단 성원 간에 상호작용을 하게 되면서 사회 정서적 역할과 과업 역할이 발생하게 됨에 따라 변하게 된다. 집단 내에서 집단 성원의 위치는 자신에게 주어진 혹은 자신들이 성취한 역할에 의해 영향을 주고받는다. 주위와 역할에 대한 지식뿐만 아니라 이러한 역할이 집단목표달성의 방향으로 발휘되도록 역할에 영향을 미칠 수 있는 기술을 갖추고 있어야 한다.

(4) 집단응집력

집단응집력은 개별 성원이 집단에 대해 갖는 소속감과 매력을 표현한 집단의 특성이다. 이 개념은 집단 성원이 다른 성원에 대해 갖는 매력과 집단 전체에 대해 갖는 매력을 의미한다. 집단이 성원들에게 매우 매력적이라는 것은 성원들의 태도나 의견, 행동에 변화를 일으킬 수 있는 능력이 있음을 의미한다.

집단응집력이 높다는 것은 집단에 대한 만족도와 사기가 높고 내적 갈등이 적으며 집단 성원이 중도에 탈락하여도 집단이 생존할 능력이 강하다는 것을 의미한다. 응집력이 높은 집단에서는 그렇지 않은 집단에 비해 집단의 목표를 성취하는 것이 더욱 효과적이다. 집단응집력이 안정적으로 형성되면 집단 성원의 시간 엄수와 집단 출석이 규칙적이 되고 이러한 것들이 자발적으로 이루어진다. 또한 집단에 대한 소속감이 강하게 되어 '우리'라는 의식이 향상되며 성원 간의 친밀감도 증대된다.

한편, 집단응집력이 강하면 집단 성원에게 긍정적인 결과뿐만 아니라 부정적인 결과도 초래할 수 있다. 집단에 지나치게 의존적이 되어 지역사회 활동에 제한을 받기도 하며 자아정체감을 상실하게 될 수도 있으며 집단이 외부 환경으로부터 새로운 정보를 유입하는 데 반대함으로써 폐쇄적이 될 수도 있다. 결국 집단 성원의 자아정체감이 상실되지 않으면서 모든 성원들에게 유익한 집단응집력이 발달하여 집단이 종결되어도 성원들이 효과적으로 기능할 수 있어야 한다.

2) 집단의 발달 단계

집단은 시간이 지남에 따라 집단의 내부구조, 의사소통과 상호작용의 형태, 응집력, 사회적 통제, 문화 등이 형성되며 발전·변화되어 간다. 이러한 변화를 집단발달이라고 한다. 집단의 발달과정에서 서로 구분되는 기간 또는 구분되는 정도를 집단발달 단계라고 한다. 집단발달 단계에 대해서 여러 학자가 구분하고 그 특성을 달리하고 있지만 공통적 부분도 있다(〈표12-2〉).

가랜드(Garland)와 존스(Jones), 그리고 콜로드니(Kolodny)는 3년 동안 아동기관에서 수행한 집단과정 기록을 분석하여 집단발달 단계를 다섯 단계로 규명하였다(Zastrow, 1999: 147~149). 이 모델은 집단이 시작되어 계속적으로 발달하면서 흔히 일어나기 쉬운 문제들을 서술하고 있다. 이러한 문제를 이해함으로써 지도자가 집단 성원에게 좀 더 효과적으로 반응할 수 있도록 돕는다.

이 모델은 집단 성원들이 서로 간에 정서적으로 얼마나 가깝게 지낼 수 있는지를 의미하는 친밀성에 초점을 두고 있다. 친밀성에 대한 문제는 집단발달의 매 단계에서 일어나는 성원 간의 투쟁에 반영된다.

〈표 12-2〉 여러 학자의 집단발달 모형

모델 단계	가랜드, 존스, 콜로드니 (1976)	Hartford (1971)	Sarri & Galinsky (1985)	Yalom (1985)	트렉커 (Trecker, 1972)	Toseland & Rivas (1995)
초기	친밀 전 단계 권력과 통제의 단계	전 집단 계획 단계 소집 단계 -최초 대면 접촉 집단형 단계	시초 단계 형성 단계	오리엔테이션	초기 단계 집단 감정의 출현	계획 단계 초기 단계 사정 단계
중기	친밀 단계 개별화 단계	와해 및 갈등 단계 집단 기능 유지 단계 (재통합 1, 재통합 2)	중기 1단계 중기 2단계 중기 3단계	갈등, 지배, 저항 단계 응집력 발달 단계 친근과 소원 단계 성숙 단계	유대, 목적 등 응집력의 단계 강한 집단 의식 생성 단계 집단의식 감소 단계	작업 단계 평가 단계
말기	이별 단계	전 종결 단계 종결 단계	종결 단계	종결 단계	종결 단계	종결 단계

출처: Toseland & Rivas(1995:86-87) 재구성

(1) 친밀 전 단계

이 단계에서 성원들은 집단에 참여하는 것에 대한 양가감정을 갖는다. 그러므로 다른 성원들과 상호작용도 조심스럽게 한다. 이 기간 동안 집단사회복지사는 성원에게 집단이 매력적이 될 수 있도록 하기 위해 허용적이고 지지적인 태도를 취하고 신뢰를 갖게 하고 물리적·심리적 환경의 참석을 허용하는 활동을 제공하고 집단 구조를 주도한다. 이 단계는 성원이 집단에서 어느 정도의 안정감과 편안함을 느끼고 집단에 소속되어 활동함으로써 받게 되는 보상을 전망하면서 끝난다.

(2) 권력과 통제 단계

이 단계에서 집단의 특징이 나타나기 시작한다. 의사소통 유형, 동맥, 하위집단 등이 발달하고 성원들은 역할과 책임을 맡게 된다. 또한 집단규범이 수립되고 과업을 수행하기 위한 방법론이 만들어지며 성원들은 질문을 하기 시작한다. 이 시

기에는 성원들을 통제하기 위한 권력 투쟁도 일어난다. 이 단계는 과도기로 집단이나 지도자의 일차적 통제가 있다. 권력의 한계는 권력 사용의 범위 등과 같은 기본 문제가 해결되어야 한다. 성원이 반항하기도 하며 집단을 탈퇴하기도 한다. 이 기간 동안 지도자는 첫째, 성원이 권력 투쟁의 성격을 이해하도록 돕고 둘째, 성원이 불확실성 때문에 갖게 되는 불안감에 대해 정서적으로 지지하고 셋째, 이러한 것들을 해결하기 위한 규범의 수립을 도와야 한다. 그러면 지도자를 신뢰하게 되면서 성원들도 집단에 기여하게 된다.

(3) 친밀 단계

이 단계에서 집단 성원은 인간적 관계가 강화되어 형제 간의 경쟁관계와 같은 성향이 나타나며 지도자는 부모처럼 된다. 성원들은 좀 더 개방적으로 감정을 표현하며 토론한다. 집단은 성장과 변화가 일어나는 장소로 드러난다. 개인은 자신들의 태도, 생각, 문제를 바꾸려 노력하며 집단과업이 시작된다. 이런 가운데 집단 내의 응집력이나 하나됨의 감정이 발생한다. 성원은 집단 경험의 중요성을 인식하고 자신의 생활에서 집단의 의미를 탐색하고 자신의 변화를 이루고자 한다.

(4) 개별화 단계

이 단계에서 집단 성원 상호 간이 개인적 차이를 수용하게 되고 집단 사회복지사를 전문가로 인식하게 된다. 그리고 성원들이 독특한 경험을 제공하는 대상으로 집단을 인식할 수 있게 되어 효과적으로 의사소통을 할 수 있다. 집단은 지도자의 역할을 함께 나누어 기능적이 되며 효과적으로 조직된다. 이때 집단 지도자는 집단이 스스로 운영되도록 돕고 다른 집단 혹은 지역사회와 통합되도록 권유하고 집단의 활동과 성원의 감정 그리고 행동에 대한 평가를 해야 한다.

(5) 이별 단계

집단의 목표가 성취되고 성원은 다른 사회적 상황에 적용하게 될 새로운 행동

유형을 배웠다. 종결은 쉽게 이루어지지 않는다. 성원은 종결을 꺼려해 퇴행적 행동이나 분노를 보이거나 종결을 심리적으로 거부하기도 한다. 집단 지도자는 이별을 촉진시키기 위해 성원들로 하여금 종결에 대한 양가감정을 표현하고 변화된 점을 인식하도록 도우며 지속적 지지와 원조의 자원을 안내함으로써 종결을 수용하게 한다.

요약하면 사회복지사는 집단을 이끄는 데 있어 다음과 같은 명제에 유념해야 한다.

- 집단 성원 간에 공유된 목적이 있어야 한다.
- 집단 성원의 역할은 협력적인 것으로 규정되어야 한다.
- 집단 성원 간의 관계는 상호의존성 및 긍정적 유대감을 우선적으로 고려한 것이어야 한다.
- 집단의 의사소통은 표현의 자유 및 개방성 그리고 상호 원조에 기반을 둔 것이어야 한다.
- 집단의 규범과 가치는 적응적 행동을 위해 건전한 성장에 지원해야 한다.
- 갈등을 인정하고 적절한 의사결정과정을 통해 대처해야 한다. 응집력이 있는 집단은 변화를 위한 역동적인 힘이 쉽게 적용될 수 있으며 결과적으로 그러한 집단에서 성원들이 긍정적 결과를 얻을 수 있다.
- 집단발달 단계를 잘 이해함으로써 단계별 개입 전략과 기술을 적용해야 한다.

3. 집단 대상 사회복지실천의 개념과 이론적 근거

1) 집단 대상 사회복지실천의 개념

(1) 트레커(Tracker, 1972)의 정의

집단사회사업은 사회복지의 한 방법론으로서 집단에 속한 개인이 프로그램 활동을 통하여 상호작용하는 전문가의 도움을 받아 그들의 욕구와 능력에 따라 타인과의 관계나 성장의 기회를 경험하며 나아가 개인, 집단, 사회의 발전을 도모하고자 하는 것이다.

(2) 코노프카(Konopka, 1983)의 정의

집단사회사업은 의도적인 집단 경험을 통하여 개인의 사회적 기능을 향상케 하며 개인, 집단 또는 지역사회의 당면한 문제들에 대하여 보다 효과적으로 대처해 나갈 수 있도록 원조하는 사회복지의 한 방법이다.

(3) 코일(Coyle, 1980)의 정의

집단사회사업은 집단을 통하여 개인의 성장과 발전뿐 아니라 집단 내에서 경험하는 사회적 관계를 활용하는 사회복지방법론 중의 하나이며 사회적 책임감을 키우고 민주 사회의 책임감 있는 시민을 양성하는 데 관심을 가진다.

(4) 빈터(Vinter, 1974)의 정의

집단사회사업은 내담자 사이에 바람직한 변화를 유도해 내기 위하여 소규모의 대인집단 내에서 집단을 통하여 개인에게 서비스를 제공하는 실천 방법이다. 그리고 집단사회사업의 기본적 특징은 면접보다는 여러 사람이 참여한 집단치료회합을 개인 또는 서비스의 수단으로 삼는다는 점이다.

위의 여러 학자들의 정의를 종합해 보면 집단사회사업이란 집단을 통하여 개인이 가진 문제를 해결하거나 개인의 강점을 더욱 강화시키고 집단이나 지역사회의 당면한 문제에 대해 효과적으로 대처해 나가도록 돕는 사회복지의 한 실천 방법론이다.

2) 집단 대상 사회복지실천의 이론적 근거

현재 잘 알려진 소집단에 대한 연구 방법은 1930년대부터 발달해 온 것이다. 여기에는 장이론, 소시오메트리, 상호작용 분석이 대표적이다(Northen & Kurland, 1988,

노충래 역, 2006).

(1) 장이론

소집단에 대한 이론적 접근 방법으로 가장 잘 알려진 것은 레윈(Lewin)과 그의 동료들이 연구한 장이론이다. 장이론(field theory)의 기본 전제는 인간의 행동은 생활공간 혹은 장의 기능으로서, 생활공간은 주어진 시간에 상호의존적 요인들의 총합체로 여겨지는 인간과 환경으로 구성되어 있다. 이 이론의 초점은 주어진 상황 속에서 상호 연결된 요인들의 총합체인 형태에 있다.

행동은 한 개인의 성격과 환경 간의 상호작용의 기능이다. 여기서 성격은 심리적, 신체적 체계를 나타내며 환경은 주변 사회집단, 가족, 개인의 민족성과 인종, 종교, 그리고 타 준거 집단의 전통과 규범으로 구성된 문화체계를 포함한다. 레윈에 따르면 행동을 이해하거나 예측하기 위해서는 개인과 환경의 상호의존적 요인들을 총체적으로 고려해야 한다. 하나의 체계로서 집단은 성원 간의 역동적 상호작용이라고 불리는 지속적 적응의 과정에 있다.

(2) 소시오메트리

각각의 개인이 집단에 함께 모이게 되면 복잡한 대인관계망이 점차 발달하게 되는 데 소시오메트리(sociomatry)는 집단 내 대인 간의 관계에 대한 매력을 기술하고 측정하는 방법으로 모레노(Moreno)와 제닝스(Jennings)에 의해 개발되었다. 인간관계나 집단의 분석을 위한 주요 방법으로서 모레노는 ① 면식테스트(acquaintance test), ② 소시오메트릭 테스트(sociomatric test), ③ 자발성 테스트(spontaneity test), ④ 상황테스트(situational test), ⑤ 역할연기 테스트(role-playing test) 등의 5가지를 제안하였다.

이 중에서 소시오메트릭 테스트가 인간관계와 집단 구조의 분석법으로서 많이 사용되고 있다. 이것은 특정한 상호작용상황에 관해서, 개인의 다른 성원에 대한 선택과 거부의 행동(정서관계에서 좋아함과 싫어함)을 테스트에 의해 타진하는 방법이며 데이터는 일정한 약속(즉 선택 관계는 실선, 거부 관계는 점선)에 따라 공간적으로 도표화된다. 이를 소시오그램(sociogram)이라고 하며 개인의 행동 특성과 집단의 구조적 특성이 시가적으로 명시된다.

소시오메트리는 집단 내의 정서적 관계망을 특히 강조하는데 이러한 정서적 관계는 주어진 환경 속에서 성원들이 누구와 함께 어울리고 싶은지를 선택하는 것으로 파악할 수 있으며 학급, 직장, 커뮤니티 등 다방면에 걸쳐 집단 분석법으로 활용된다.

(3) 집단 상호작용

집단 상호작용은 베일스(Bales)와 그의 동료들에 의해 개발되었다. 여기서 집단은 집단 성원이 특정 문제를 해결할 목적으로 상호작용하는 하나의 체계로 간주된다. 이 과정에서 성원 간의 대화 양상과 순서에 초점을 둔다. 집단 성원은 집단의 과업을 성취하기 위해 특정 문제를 해결해야 하는데 이때 정보와 제안, 의견을 주고받는다. 집단 성원은 또한 긴장감을 해소하고 통합된 집단을 유지하기 위해 사회정서적 문제를 다룬다. 이러한 집단의 문제해결과정은 순차적 발달 단계를 거치게 되는데 각 단계는 이전 단계의 영향을 받으면서 다음 단계에 영향을 주는 상당히 규칙적 방법을 가지게 된다는 것이다.

장이론, 소시오메트리, 집단 상호작용의 개념들은 상당히 중첩된다. 집단의 역동성 분석을 위한 개념적 틀로 활용되며 이를 통해 하나의 사회체계로서의 집단에 대한 이해를 향상시킨다. 결국 집단은 각 구성요소와 전체 간에 상호의존성이 있으면서 주위 환경과 지속적으로 상호작용하는 체계인 것이다.

4. 집단 대상 사회복지실천의 과정 및 주요기술

본 장에서는 집단 대상의 사회복지실천기술이 어떻게 적용되는가를 살펴볼 것이다. 여기서 집단실천기술은 집단실천과정을 계획 단계, 사정 단계, 중간 단계,

종결 단계로 나누어 살펴보기로 한다(이영실 외, 2011).

1) 사전 준비 단계

(1) 사전 준비의 개념

집단이 형성되기 이전에 사회복지사가 집단에 대해 계획하고 구성하는 단계이며 집단 구성원의 문제해결에 효과적으로 활용하기 위해 예비적 개입이 이루어진다. 집단의 형성과 탐색이 이루어지는 단계이다.

(2) 사전 준비 단계의 과업

집단의 목적과 목표설정하기, 잠재적 구성원 확인 및 정보수집, 구성원 모집, 집단구성, 오리엔테이션, 계약, 집단 환경 준비하기 등이 있다.

① 집단의 목적과 목표 설정

집단의 목적과 목표는 클라이언트 개개인의 욕구를 고려해 집단 지도자 또는 기관 직원에 의하여 결정한다. 집단의 목적은 집단과 집단 구성원에게 방향과 지침을 제공하며 집단 구성원이 비생산적 경험을 하거나 좌절을 느끼지 않도록 한다.

② 잠재적 구성원 확인 및 정보 수집

집단 구성원을 모집하기 전에 집단의 목적과 목표에 적합하여 집단 구성원이 될 수 있는 잠재적 구성원을 확인하고 정보를 수집한다.

③ 구성원 모집

잠재적 구성원에 대한 정보를 수집하고 집단에 적합한 구성원을 결정한다. 결정된 구성원을 대상으로 모집 계획을 세운다. 모집 방법에는 구성원과의 직접적 접촉, 안내문 게시, 홍보, 인쇄물 배포 등이 있고 동시에 게시판이나 기관지에 광고를 내거나 지역사회 사람들이 많이 모이는 장소에 팸플릿 등을 만들어 배포하고 홍보하는 방법도 있다. 광고 내용에는 집단의 목적과 구성원의 선택기준을 기술한다.

④ 집단구성

집단구성에서 고려해야 할 원칙을 살펴보면 동질성과 이질성, 집단의 크기, 모임의 빈도와 존속기간 등이 있다.

㉠ 동질성과 이질성

집단은 안정적으로 기능할 만큼 동질적이어야 하며 활발한 상호작용이 촉진될 수 있을 만큼 이질적이어야 한다. 집단 구성원의 목적의 유사성 및 개인적 특성의 공통점을 공유하고 의사소통의 촉진, 구성원 간 관심과 문제 및 과업의 규명을 위해 구성원의 인성적 특성이나 목표의 유사성이 있어야 하고 구성원의 대처기술, 인생경험, 전문성의 수준 등 다양성으로 인해 구성원의 선택과 대안에 대한 열린 시각을 구성원 서로를 통해 배울 수 있고 너무 동질적이거나 너무 이질적인 것은 좋지 않으며 균형을 이루어야 한다. 집단 구성원의 동질성은 구성원 간의 관계증진과 집단의 결속력을 높이는 반면 너무 동질적인 경우 구성원이 서로를 잘 이해하고 있다고 생각하므로 서로를 자극하거나 서로에 대하여 반론을 제기하지 않아 침체되고 현실검증의 기회가 적을 수 있다. 너무 이질적인 집단에서 구성원은 그들의 문제를 표출하고 유대 형성에 시간이 오래 걸리며 초기에 많은 방어와 저항이 있을 수 있으며 이로 인해 탈락이 발생할 수 있다.

㉡ 집단의 크기

정해진 집단의 크기는 없다. 이상적 집단의 규모는 5~12인이 선호되지만 학자마다 의견이 다르다. 집단 구성원이 적을수록 구성원의 참여 및 친밀성에 대한 요구는 더 많아진다. 치료집단의 규모는 5~7명 정도로 구성되는 것이 적절하다. 매우 작은 집단은 다양성, 활력, 동료와의 친교를 위한 자원을 충분히 제공할 수 없고, 참여와 친밀성에 대해 압박감을 줄 수 있다. 집단이 클수록 구성원은 개별적 관심을 더 적게 받으며 구성원 간의 상호작용은 더 적어지고 집단의 구조는 공식적이 되며 공식적 지도 유형에 대한 요구가 높아진다.

㉢ 모임의 빈도와 존속기간

기간의 종결일시는 정해질 수도 있고 정해지지 않을 수도 있다. 집단의 존속기간은 집단의 유형이나 목적, 구성원에 따라 달라질 수 있고 집단의 목적이 달성될 때까지 집단의 존속기간이 유지되어야 하지만 너무 길어지는 것도 바람직하지 않다. 일반적으로 사회복지실천에서는 주 1회 정도의 모임을 갖는 것이 좋다. 모임 시간이 너무 길면 지루하고 집중력이 떨어지며 너무 짧으면 의미 있는 상호작용이 이루어지기에 어려움이 있다. 따라서 집단회합의 빈도와 길이를 정할 때 구성원의 집중력을 고려해야 한다.

⑤ 오리엔테이션

집단의 목적을 설명하고 집단절차에 대해 적응하며 적절한 구성원을 선별하기 위한 것이다. 오리엔테이션 방법으로는 이전 집단에 대한 내용을 오디오테이프 등으로 청취하는 것, 집단역학에 대한 강의, 효과적 의사소통 방법 등 집단기술에 대한 연습 등이 있다.

⑥ 계약

계약은 초기 단계에서도 이루어지고 사전 단계에서도 이루어진다. 일반적으로 계약은 초기 단계에서 사회복지사와 집단 구성원의 상호작용을 통해 이루어지지만 실제 집단이 시작하기 전인 사전 단계에서 이루어진다. 사전 단계에서 이루어지는 계약의 형태에는 목표에 대한 계약, 집단절차에 대한 계약, 개별 구성원들이 기대하는 것에 대한 계약 등이 있으며 계약 방법은 서면이나 구두로 이루어진다. 집단절차에 대한 계약으로는 회합의 빈도와 기간, 비밀보장, 시간과 장소, 비용 등에 대한 계약이 있다.

⑦ 집단환경 준비하기

집단환경은 구성원에게 비밀보장, 친밀성, 편안함, 집중도에 상당한 영향을 미치므로 집단사회복지사는 주어진 여건에 내에서 최상의 조건을 만들어 내기 위하여 노력해야 한다.

2) 사정 단계

(1) 사정의 개념

사정은 원조과정에서 절차와 결과라는 두 가지 측면을 포함하며 과정으로서의 사정은 정보를 수집하고 조직화하며 판단하는 것을 말하며 결과로서의 사정은 집단과 구성원의 기능에 대해 언어 또는 문서로 진술하는 것이다. 집단에 따라 사정의 초점이나 내용이 달라진다. 예를 들면, 치료집단에서는 개별 구성원이 경험하는 문제가 사정의 초점이 되며 과업집단에서는 집단의 생산성이 초점이 된다.

(2) 집단 발달 단계 별 사정의 특징

집단사회복지실천에서의 사정은 초기의 사정 단계에서만 이루어지는 것이 아니라 집단을 시작하면서 종결할 때까지 지속적 사정을 함으로써 그때 그때 집단과 구성원의 필요를 알아 대처하는 것이 중요하며 동시에 사정의 지침에 근거하여 사정해야 한다.

사정의 지침을 살펴보면 첫째, 적절한 정보를 빠르고 효율적으로 획득할 수 있도록 자료 수집을 조직화해야 하며, 둘째, 몇 가지 원천으로부터 적절한 정보 샘플을 획득해야 하며, 셋째, 편협적 자료는 피하며 정보 제공자에게 지나친 요구를 하지 않아야 한다. 넷째, 가능한 곳이면 어디서나 한 가지 이상의 자료수집 양식을 사용하며, 다섯째, 정보의 원천과 문제, 관심, 과업 등은 구분해야 한다(Pincus & Minahan, 1973).

각 발달 단계마다 기대되는 집단과 구성원의 특성, 집단의 발달과정에 따라 사정은 달라진다. 초기 단계에는 집단 및 구성원의 기능수행에 대한 체계적 사정이 이루어지고 중기 단계에는 초기 사정 내용에 대한 타당성을 검토하여 그 성공 여부를 기반으로 하여 개입 계획을 수정한다. 종결 단계에는 집단 및 구성원의 기능달성 정도를 사정, 추가적 개입이 필요한 영역에 주목한다.

(3) 집단사정의 방법

집단사정의 방법에는 구성원의 관찰과 집단사회복지사의 관찰, 외부전문가의 보고, 표준화된 사정도구 등이 있다.

① 집단 구성원의 자기 관찰

자기모니터, 도표, 기록지나 일지 등 자기관찰을 통해 집단 구성원이 집단사정을 할 수 있다.

② 집단사회복지사의 관찰

집단사회복지사는 자연스럽고 일상적인 상황관찰 및 역할극, 소시오드라마, 사이코드라마 그리고 모의검증 등을 통해 집단사정을 한다. 특히 모의검증은 특수한 역할극을 수행하는 상황에서 구성원의 기능을 사정하는 방법으로 구성원에게 실제상황을 가상하여 실생활과 같은 역할을 하게 함으로써 그 구성원의 기능을 사정하는 방법이다.

③ 외부 전문가의 보고

집단사정을 위해 집단 외부의 사람들에 의한 보고서나 정보 등을 활용하는 방법이다.

④ 표준화된 사정도구

우울증 진단 척도, 자존감 척도, 부모-자식관계 측정척도, 스트레스 척도 등 표준화된 척도를 사용하여 구성원의 기능을 사정한다.

(4) 집단사회복지실천의 사정 영역

집단사회복지실천의 사정 영역에는 개별 구성원 사정, 집단 사정, 집단환경 사정 등이 있다.

① 개별 구성원 사정

집단사회복지사는 개별 구성원이 자신의 행동패턴을 인식하고 행동을 변화시키도록 도와야 한다. 또한 집단사회복지사는 각 집단 회기에서 나타난 개별 구성원의 행동과 인식상의 특성을 기록하여 개인별 프로파일을 만든다. 이를 통해 개인별 장점과 단점을 한 눈에 파악할 수 있고 얼마나 긍정적으로 변화 또는 성장하고 있는지 쉽게 확인할 수 있다.

② 집단사정

집단사회복지사가 집단에 대해 사정하고자 할 때 집단역동(group dynamics)에 대한 지식과 실천기술을 활용하면 많은 도움을 얻을 수 있다. 많은 집단사회복지사들이 집단역동에 대한 지식과 기술에 의존하여 자신의 개입 및 역할을 계획하는 경향이 있기 때문이다. 집단은 집단과정을 통해 개별 구성원뿐 아니라 전체로서의 집단에 영향을 미치는 독특한 힘을 만들어 낸다. 집단과정에서 만들어진 이러한 힘을 집단역동이라 한다. 집단역동을 활용하는 것은 집단지도자인 사회복지사의 중요한 과업 중 하나이다.

③ 집단환경 사정

집단환경은 집단사회복지사가 소속된 기관이나 시설을 비롯하여 이들 시설 간 환경 및 지역사회 환경이며 집단 대상 사회복지실천이 주로 이루어지는 환경은 사회복지기관이다. 사회복지기관의 인적·물적 환경과 기관이 위치한 지역사회 환경, 유사한 기관의 인접성 여부 등은 집단운영에 영향을 미친다. 집단환경에 대한 사정은 집단목표의 달성 가능성과 목표 도달에 효율적인 방법의 탐색 그리고 필요한 자원의 유무 및 동원 가능성 등을 탐색하는 작업과 연계하여 이루어진다.

(5) 집단기능에 대한 사정

집단기능에 대한 사정에는 의사소통과 상호작용 유형, 집단응집력, 사회통제와 집단문화의 사정 등이 있다(사회복지교육연구센터 편저, 2010 ; 한국임상사회사업학회, 2008).

① 의사소통과 상호작용 유형

의사소통과 상호작용 유형은 주로 집단 초기 단계의 사정에 속하는데 집단사회복지사는 잠재적 문제를 예측하고 구성원 간 의사소통을 촉진시킨다. 그리고 사회복지사는 집단목표나 개별 구성원의 목표 성취를 도와주는 중요한 정보를 알게 된다.

② 집단응집력

집단 초기 단계에서 구성원은 다양한 이유로 집단이나 구성원 상호 간에 매력이나 끌리는 감정을 느끼는데 이를 집단응집력이라 한다. 집단응집력이나 집단매력을 측정하는 도구로는 소시오그램이 있는데 소시오그램을 활용하면 하위집단이 형성되어 있는지도 알 수 있다.

③ 사회통제와 집단문화

사회통제는 일반적으로 규범이나 역할, 지위, 위계 등과 관련되는데 집단규범은 집단에서 수용되는 행동과 수용될 수 없는 행동을 규정하며 구성원의 집단 활동에 대한 만족도에 영향을 미친다. 사회복지사는 구성원의 역할이 적절한지 사정하여 집단의 기능과 구성원 개인의 기능을 향상시킬 수 있는 역할을 개발해야 한다.

그리고 집단문화는 집단 구성원이 공통적으로 가지고 있는 신념이나 가치 혹은 감정으로 이루어진다.

(6) 사회복지사의 개입기술

집단사회복지실천에서의 사회복지사 개입기술 중 주된 기술은 집단 구성원에 대한 민감성, 말하는 기술, 집단응집력을 촉진하는 기술이 있다.

① 민감성

전체로서의 집단의 움직임을 민감하게 알아채는 기술로서 집단에 대한 지식이 필요하다. 집단지식은 집단의 역할, 규범, 구성, 상호관계, 지도력, 응집력, 발달단계, 집단의 크기, 개방집단, 폐쇄집단 등에 대한 지식이다.

② 집단 구성원을 대상으로 한 말하는 기술

집단 구성원을 대상으로 한 말하는 기술은 집단사회복지사가 한 구성원이나 두

명의 구성원에게만 집중하여 이야기하는 것이 아니라 전 구성원을 대상으로 자연스럽게 눈과 눈을 마주보면서 이야기하는 기술이다. 전 구성원을 차별하지 않고 관심을 가지며 주의를 기울이는 사람이라는 것을 강하게 느끼게 하는 이 기술은 구성원과의 신뢰관계를 구축하는 데 도움이 된다.

③ 집단응집력을 촉진하는 기술

집단사회복지사 자신이 사용할 언어에 대한 신중한 고려를 통해 응집력을 증진시킨다. 가능한 한 '나'라는 말 대신 '우리'라는 표현을 쓰는 등의 연구 및 배려가 필요하다. 또한 집단 구성원의 공통관심사를 가지고 한 주 동안에 서로 경험을 나누는 상호원조의 중요성을 강조한다.

집단응집력의 촉진을 위해 집단사회복지사는 프로그램을 활용한다. 프로그램이란 집단 활동을 진행할 때 이용하는 소재인데 집단초기에 구성원을 기쁘게 맞이하기 위해 조용한 배경음악을 듣는다거나 각자 자기소개를 할 때 게임방식을 활용하는 등 프로그램을 자연스럽게 활용하면 분위기도 좋아지고 구성원 사이에 말문을 트게 하는 데도 도움이 된다.

3) 중간 단계

중간 단계에서는 목표달성의 장애요소를 극복할 수 있도록 원조하고 구성원의 노력을 지지하는 집단역동을 촉진하고 조직과 지역사회가 구성원의 노력에 부응할 수 있도록 원조한다.

(1) 중간 단계의 특징

① 구성원의 투쟁과 집단에 대한 저항의 존속

중간 단계가 끝날 무렵 볼 수 있는 구성원의 불신감, 사회복지사나 다른 구성원에 대한 저항이나 적대감 및 구성원 사이의 투쟁 등 부정적 감정은 구성원이 너무 친밀해질 것을 두려워하거나 자기노출에 대한 불안과 방어적 저항일 수 있다. 집단목적을 관념적으로 이해하면서도, 집단을 자기 생각대로 통제하려고 다른 구성원과 투쟁할 수도 있다. 이때 구성원이 집단에 속한 동기가 낮을수록 저항은 강하게 나타난다.

② 집단의 신뢰감과 응집력의 강화

집단의 신뢰감과 응집력은 사전 단계 말에 나타난 구성원끼리의 부정적 감정에 관해 집단 전체가 서로 신중히 생각하고 각 구성원의 문제 등에 대한 공통점을 찾아냄으로써 유대가 강화되고 신뢰감이 증대되며 집단목표를 향해 함께 전진할 용기를 갖게 한다.

③ 집단과 개별 문제의 관련

집단 구성원이 개별적 문제를 집단에서 말하게 되고 다른 구성원에 대해서도 알고 싶어 하게 된다. 이것은 집단 구성원이 집단지도자와 구성원을 신뢰하고 있다는 증거이기도 하다.

④ 상호원조

각 구성원은 서로를 수용하게 되고 사회복지사나 지도자의 도움 없이도 구성원끼리 서로 원조하며 원조 받을 수 있게 된다.

(2) 중간 단계의 과업

사전 단계의 과업으로는 집단모임 준비하기, 집단 구조화하기, 구성원의 참여 유도와 능력 고취, 구성원의 목표달성 원조, 저항하는 집단 구성원 다루기, 집단 진행과정의 점검과 평가 등이 있다.

① 집단모임 준비하기

- 화합을 위한 과제, 의제를 준비한다.
- 구성원의 토론을 자극하고 흥미를 유발할 수 있는 재료를 준비한다.
- 적절한 시간을 배분한다.
- 역할극 개발이나 프로그램 활동을 준비한다.
- 다음 회합에 대한 일정 제시 및 사전 연습을 한다.

② 집단 구조화하기

- 각 회합이 정시에 시작하고 끝난다는 사실을 구성원이 알게 한다.
- 회합에서 다룰 사항을 명확히 한다.
- 모든 구성원이 참여할 수 있는 기회를 부여하도록 토론과정을 구조화한다.
- 집단의 초점을 유지하는 활동, 지금까지의 일을 요약하는 활동을 한다.
- 목적 성취, 구성원 간의 토론과 지지 등을 촉진한다.
- 집단사회복지사가 계획적, 체계적으로 개입할 수 있고 자원을 활용할 수 있도록 한다.

③ 구성원의 참여 유도와 능력 고취

- 집단의 활동에 완전히 참여하게 하고 집단 내외에서 자신의 삶에 책임을 질 수 있도록 권한을 부여한다.
- 구성원의 투입과 피드백을 진지하게 고려한다.
- 집단사회복지사의 역할은 구성원의 강점에 대한 믿음을 보여주고 목적달성을 위해 노력하는 과정에서 부딪힐 수 있는 장애물과 어려움을 인식하도록 하며 집단의 내용과 집단의 방향이 구성원에게 달려있다는 것을 알게 한다.

④ 구성원의 목표달성 원조

- 구성원이 자신의 목적을 인식한다.
- 구체적 치료 계획을 발전시킨다.
- 직면 문제를 극복하고 치료 계획을 실행에 옮기려는 의지를 증진시킨다.
- 치료 계획을 실행에 옮길 수 있도록 원조한다.

⑤ 저항하는 집단 구성원 다루기

- 구성원 간에 건설적 직면을 하도록 해서 동기를 촉진시킨다.
- 신념체계 변화와 외부환경을 이용한다.

⑥ 집단 진행과정의 점검과 평가(모니터링)

- 각 회합이 끝났을 때 혹은 2~3회의 회합 후에 평가의 시간을 마련해서 평가서를

작성하거나 구성원이 그 회합에 대한 평가, 피드백을 한다.

- 서면, 구두 보고의 방법으로 집단의 전 과정에 대해 점검하고 평가한다.
- 집단 진행과정을 점검함으로써 집단 구성원과 사회복지사가 피드백을 주고받을 수 있다.

(3) 집단사회복지사의 역할 및 기술

집단사회복지사는 융통성 있는 자세를 취하며 구성원에게 책임지게 한다. 또한 집단 계획이나 내용을 구성원과 함께 재검토하며 구성원이 감정을 표현할 수 있도록 장려한다.

사회복지실천에서의 집단사회복지사의 기술은 집단통제, 관리 및 충고, 조언, 상담하는 기술 및 지지기술이 있다. 그리고 집단유지에 도움이 되는 프로그램 사용기술 등이 있다.

(4) 중간 단계의 개입 방법

중간 단계의 개입 방법에는 개인 내적 수준, 대인관계 변화, 집단 전체에 개입하기 등의 방법이 있다.

① 개인 내적 수준의 개입 방법

- 개별 구성원 수준의 개입 방법
- 사고와 감정과 행동 사이의 연관성 파악
- 사고와 신념의 비합리성 분석
- 사고, 신념, 감정상태의 변화: 인지적 재구조화, 인지적 자기지시, 사고중단, 재정의, 인지적 심상 기법, 점진적 이완 기법, 체계적 둔감화 등 이용

② 대인관계 변화를 일으키게 하는 개입 방법

- 모델관찰을 통한 학습
- 역할극을 통한 연습

③ 집단 전체에 개입하기

- 의사소통과 상호작용에 개입하기: 집단 구성원이 고르게 집단에 참여하게 하고 의사소통 내용이 초점에서 벗어나지 않도록 명료화하고 초점 잡아 주기
- 집단응집력 향상시키기: 흥미있는 프로그램을 실시하고 집단 구성원이 인간적으로 만날 수 있는 기회 부여하기
- 집단의 규범, 역할, 지위, 위계구조에 대한 사회적 통제: 너무 제한하여 억압당한다는 느낌을 받지 않도록 하고 통제가 너무 약해서 집단이 혼란스럽지 않게 하기

④ 환경수준의 개입 방법

- 구성원이 필요로 하는 특별한 자원 연결하기
- 구성원의 사회적 관계망 확대하기
- 효과 유지하기
- 물리적 환경 변화시키기
- 집단을 후원하는 기관의 지원 확대하기
- 기관 간 연계망 형성하기
- 지역사회의 인식 증대하기

4) 종결 단계

(1) 종결 단계의 특징

집단의 목적을 달성하고 끝을 맺는 단계이다. 그러나 집단 구성원이 중도 탈락하거나 집단이나 구성원의 목적을 달성하지 못한 채 종결하기도 한다. 집단의 목적에 따라 그 성과는 다르지만 문제에 대한 대처 방식을 배우고 자신감을 얻고 시야를 넓히는 등의 목적을 성취한다. 집단이 성공하면 할수록 사회복지사와 집단 구성원은 헤어지는 것에 대해 강렬한 감정을 갖는다. 집단사회복지사와 구성원 사이의 집단역동이 고조되기 때문에 종결 단계에서의 집단지도자의 역할은 매우 어렵다. 집단과정을 통해서 획득된 변화나 기술, 기법 등이 집단이 종결된 이후에도 유지될 수 있도록 계획을 수립한다.

(2) 계획되지 않는 종결

① 집단 구성원의 중도 탈락에 의한 종결

집단이 계속되고 있는데 집단 구성원이 중도 탈락하면 종결이 이루어진다. 집단 구성원의 중도 탈락에 대한 정보나 이유를 알지 못할 때 집단지도자는 종결 이유를 알기 위해 집단 구성원과 만나야 한다. 다른 구성원과의 갈등 때문이라면 이 갈등이 풀리면 다시 돌아올 수 있을 것이며 다른 이유에서라면 어떤 행동이 그 구성원을 돌아오게 할 수도 있기 때문이다.

치료집단, 감수성 훈련집단, 교육집단 등에서 집단 구성원이 중도 탈락할 경우 다른 집단이나 전문가에게 의뢰하는 것이 바람직하다. 집단 구성원이 중도 탈락할 때마다 집단지도자는 그 구성원의 집단에 대한 긍정적 기여를 집단 구성원에게 알려 줄 필요가 있다.

② 사회복지사 사정에 의한 종결

집단사회복지사에 의한 종결은 사회복지사의 이직, 직무의 변화, 일신상의 이유, 가족과의 문제, 질병 등으로 발생할 수 있다. 이때의 종결은 집단지도자와 구성원 모두에게 어려운 과정이다. 종결을 둘러싸고 정서적 반응이 강렬해질 수 있고 이러한 반응으로 인하여 프로그램 운영상 어려움을 초래할 수도 있다.

집단사회복지사는 집단지도자가 다른 곳으로 직장을 찾아 집단을 떠날 경우 집단 구성원이 자연스럽게 새로운 지도자를 맞이할 수 있도록 도와주어야 한다.

③ 다른 기관이나 전문가에 의뢰

집단사회복지사는 집단 구성원을 다른 집단이나 지도자에게 의뢰해야 할 경우가 있다. 첫째, 집단 구성원이 공감할 수 없다고 느끼는 경우, 둘째, 집단 구성원이 지도자가 진력날 정도의 대안만을 선택함으로써 이를 받아들이기가 극도로 어려운 경우, 셋째, 지도자가 치료적 도움을 제공할 수 없다고 느끼는 성격적 문제를 가진 경우, 넷째, 좋은 관계가 수립되기 어려운 경우, 다섯째, 집단 구성원이 문제를 건설적으로 해결하는 것을 막는 집단 내 파괴적 힘을 가진 구성원이 있는 경우가 해당 된다.

(3) 계획된 종결

① 계획된 종결의 특징

계획된 종결은 집단의 목적을 달성하고 끝을 맺는 단계로 계획에 따라 집단이 종결되는 경우이다.

마지막 모임 전 모임에서부터 시작하는 것이 필수적이다. 최후 모임은 미리 구성원에게 알려서 동의되고 토론되어야 하며 집단을 끝마치기 위해 충분한 시간이 할당되어야 한다.

계획된 종결은 집단과정을 통해서 획득된 변화나 기술, 기법 등 집단이 종결 이후에도 유지될 수 있도록 계획을 수립한다. 종결은 때로 슬픈 반면 집단 구성원이 주고받은 것, 성장한 방식, 학습한 기술, 집단의 성취를 강조함으로써 부정적 감정이 전환될 수 있다.

② 성공적 종결과 성공적이지 않은 종결

성공적 종결인 경우 집단과 구성원이 목표를 성취하는 동시에 성취감에 만족을 느끼며 자존감이 향상되기도 한다. 성공적이지 않은 종결은 집단과 집단 구성원 목표의 대부분 또는 모두를 이루지 못한 경우거나 집단종결 결과에 대한 집단 구성원의 분노, 좌절, 실망, 우울, 절망, 죄책감, 책임전가, 비난 등이 나타나는 경우이다.

(4) 사회복지실천기술

① 불만족스러운 종결의 사유에 대한 이해 기술

계획되지 않은 종결에서 사회복지사는 원인을 확인하고 집단 구성원의 탈락을 방지하고 자신의 기술을 증진시키도록 하여야 한다. 탈락한 구성원을 새로운 구성원으로 대체하지 못하고 사회복지사가 더 이상 지도를 못하는 사유발생, 후원

기관의 자원 제공 중단 등에 의해 종결된다. 집단의 내적 역기능 때문에 조기종결은 배타적 하위집단 형성, 희생양 만들기, 소수 구성원에 의한 집단 지배, 심각한 갈등 등에 의해 이루어진다.

② 변화노력의 유지 및 일반화에 대한 기술

집단 구성원의 일상생활과 밀접한 관련이 있는 현실사례를 집단에서 다룬다. 구성원의 문제에만 초점을 두지 말고 자신의 능력을 확인하고 자신감을 발전시키도록 한다. 또한 변화유지능력을 방해하는 어려운 상황에 대비할 수 있도록 다양한 상황과 환경을 활용하며 변화를 통해 일어나는 긍정적 결과에 초점을 맞춘다.

공식적 집단을 마치고 난 후 추후모임을 할 수 있는 기회를 제공하여 변화유지를 위한 자신의 노력을 재검토할 수 있게 하며 구성원이 집단 외부에서 부딪힐 수 있는 비우호적 환경에 대해 어떻게 대응해야 할지 미리 준비시킨다. 그리고 구성원에게 그 동안 배운 것 요약, 대처기술 이용의 자신감을 북돋아 주어 스스로 자신의 문제를 해결하도록 한다.

집단에서 학습한 주된 내용을 분명히 한다. 집단종결 이후에도 계속해서 각 구성원의 노력이 필요하다는 것을 분명히 한다. 그리고 새로운 경험과 지지체계로 이행할 수 있도록 원조한다. 집단 구성원이 다른 집단을 계속할 수 있도록 한다. 필요로 할 경우 집단사회복지사는 새로운 집단으로 원활히 이행할 수 있도록 원조해야 한다.

③ 개별 구성원의 독립적 기능촉진과 집단에 대한 의존성 감소기술

집단 구성원이 집단외부의 지지와 구성원 자신의 기술 및 자원을 활용하도록 원조하면서 종결 전부터 종결에 대해 논의한다. 또한 집단의 매력을 감소시키기 위해 구성원이 집단에 성취한 것을 요약한다. 더 이상 집단이 필요하지 않음을 토론하게 한다. 회합의 간격은 길게, 회합 시간은 짧게 구성한다. 구성원의 외부 활동에의 참여를 격려한다.

④ 종결에 대한 감정 처리 기술

집단종결에 대한 개인적 반응이 긍정적 감정이든 부정적 감정이든 친숙한 관계를 종결할 때에는 서로 정직하게 개인이 가진 감정을 나누는 것이 중요하다.

대개의 개별 구성원은 집단을 떠날 때 이 집단에서 무엇을 배웠는가, 앞으로 어떻게 할 것인가 등의 의문을 갖게 된다. 집단사회복지사는 종결에 따른 감정을 구성원과 공유하며 구성원의 양가감정을 토론하도록 격려한다. 그리고 종결 이후의 사회복지사와 기관이 제공할 수 있는 역할에 대해 밝힌다.

⑤ 미래에 대한 계획 기술

집단종결 후 자조집단을 형성하도록 도와준다. 자조집단을 원활하게 운영할 수 있도록 물질적 자원과 자문 등을 제공한다. 또한 구성원의 욕구가 충족되지 않거나 성취하고 싶은 다른 목적이 있는 경우 부가적 서비스를 제공한다. 그리고 재계약, 자조집단 등 다양한 형태의 부가서비스 제공이 가능하다.

⑥ 의뢰기술

추가적 서비스나 자원이 필요한 경우 사회복지사는 구성원의 동의 하에 그 기관의 다른 서비스 혹은 다른 기관에 의뢰할 수 있다. 또한 기관 내부 혹은 외부로 의뢰될 수 있으며 의뢰되는 곳에 관한 기본정보를 공유하고 직접적 동행의뢰, 의뢰 후 서비스에 대해 점검한다.

⑦ 평가기술

평가기술에는 목표달성 정도, 단일사례설계[3], 과업성취척도, 만족도 조사 등을 평가하는 과정평가, 결과 평가, 총괄 평가 그리고 형성 평가가 있는데 집단과정 중 클라이언트의 원조과정 이해 정도를 평가한다.

(5) 종결 단계의 과제

집단사회복지사는 종결 단계의 과제를 잘 수행하여 집단 구성원이 종결을 성공적으로 끝낼 수 있도록 해야 한다(이팔환 외 역, 2001 ; 사회복지교육연구센터 편저, 2010).

3) 단일사례설계는 클라이언트 한 명을 대상으로 실시하며 독립변수(개입)와 종독변수(결과) 사이의 인과관계를 설정하기 위해서 통제된 환경 하에서 한 명의 클라이언트에 대해서 개입하기 전과 후의 변화를 반복해서 측정하는 평가이다.

- 집단 구성원의 성취된 변화를 유지하고 일반화한다.
- 개별 구성원의 독립적 기능을 촉진하고 집단에 대한 의존성을 감소시킨다.
- 종결에 대한 집단 구성원의 감정을 다룬다. 즉, 상호존중, 자존감 등 긍정적 감정도 경험하지만 분노와 슬픔, 거부, 적개심 등 양가감정을 가지게 되며 집단의 마지막 모임을 갖기 전에 종결과정을 가지면서 집단사회복지사와 구성원이 경험하는 갈등과 양가감정에 대해 토론하도록 격려해야 한다.
- 집단종결 이후 자조집단을 형성하도록 도와주며, 자조집단이 원활하게 운영될 수 있도록 물리적 자원과 자문 등을 제공하여 집단의 개별 구성원의 미래에 대한 계획을 세워야 한다.
- 추가적 서비스나 자원이 필요한 경우 집단 사회복지사는 그 기관의 다른 서비스 혹은 다른 기관에 구성원을 의뢰한다.
- 집단사회복지사는 집단진행에 대한 과정평가, 집단이 시작되기 전에 세웠던 목표가 성취된 정도에 대한 결과 평가, 집단 개입이 종결되었을 때 그 효과를 분석하는 총괄 평가 그리고 집단과정을 검토하고 필요한 경우에 개입 계획을 수정할 수 있는 형성 평가를 시행해야 한다.

연습문제

1. 집단유형별 특성에 관한 설명으로 옳지 않은 것은? 〈15회 기출〉

① 치료집단은 자기노출정도가 높아서 비밀보장이 중요하다.
② 과업집단은 구성원의 발달과업 완수를 위해 조직 구조의 영향을 최소화한다.
③ 자발적 형성집단은 구성원들이 설정한 목적을 보호하는 것이 중요하다.
④ 자조집단에서 사회복지사의 역할은 공유된 문제에 대한 지지를 하는 것이다.
⑤ 비자발적 집단에서는 협상불가능 영역이 있음을 분명히 한다.

[해설] 과업집단은 조직의 과업을 달성하기 위한 목적으로 구성원들에게 각자의 역할을 할당하기 때문에 조직구조의 영향을 많이 받게 된다. 과업을 수행하고 결과물을 산출해 내기 위해 구성되기 때문에 전문성이나 자원 등에 따라 구성원이 선정된다.

2. 집단과정을 촉진하기 위한 사회복지사의 실천 활동으로 옳은 것은? 〈16회 기출〉

① 원만한 관계 유지를 위해 추상적이고 우회적인 피드백 제공
② 집단 성원이 전달하는 메시지 사이에 불일치가 있을 경우, 이를 확인
③ 집단성원의 긍정적 변화를 위해 그의 단점을 중심으로 피드백 제공
④ 자신의 경험, 감정, 생각 등을 집단 성원에게 지속적으로 상세하게 노출
⑤ 다차원적인 내용의 여러 가지 피드백을 한번에 제공

[해설] ① 피드백은 집단성원들에게 그들의 역할 수행이나 또는 서로를 어떻게 바라보는지에 대해 명확한 정보를 제공하는 것이다. 따라서 피드백은 구체적으로 제공해야 한다.
③ 단점을 중심으로 피드백을 제공할 경우 해당 성원은 정서적으로 위축되어 집단활동에 소극적이 될 수 있다. 따라서 긍정적 변화를 유도하기 위해서는 집단 성원의 장점을 중심으로 피드백을 제공하는 것이 바람직하다.
④ 사회복지사가 집단과정을 촉진하기 위해서는 자신의 경험, 감정, 생각 등을 집단 성원에게 노출하는 자기노출 혹은 자기개방을 할 수 있지만 경우에 따라 선택적으로 실시하는 것이 좋다.

⑤ 다차원적인 내용의 여러 가지 피드백을 한 번에 제공할 경우 피드백의 초점이 흐려지거나 혼란을 줄 수 있으므로 한 번에 한두 가지 정도를 제공하는 것이 좋다.

3. 집단응집력 향상을 위한 방안으로 옳지 않은 것은? 〈12회 기출〉

① 집단성원으로서의 책임감을 강조한다.
② 집단토의와 프로그램 활동을 활용한다.
③ 집단성원 간 경쟁적 관계를 형성하도록 돕는다.
④ 집단성원의 기대와 집단의 목적을 일치시킨다.
⑤ 집단에 참여함으로써 얻을 수 있는 보상을 제공한다.

[해설] 집단성원 간 경쟁적 관계를 형성할 경우, 집단응집력 형성에 저해될 수 있다. 집단성원들은 경쟁적이지 않은 관계를 형성하고 상호협조적이고 지지적인 분위기에서 집단응집력이 높아진다.

4. 다음 사례에 해당하는 집단의 유형은? 〈10회 기출〉

알코올중독 치료를 받은 후 퇴원한 A씨는 지역 알코올 상담기관에서 매주 운영하는 알코올 중독 회복자 자조모임에서 만나게 된 동료들의 도움으로 단주를 유지하며 회복에 대한 희망을 갖게 되었다.

① 과업집단
② 지지집단
③ 교육집단
④ 사회화집단
⑤ 감수성 훈련집단

[해설] 보기에 주어진 지시문은 자조집단에 해당한다. 자조집단을 지지집단, 과업집단과 구별되는 제3의 집단이라고 보기도 하지만 지지집단의 한 유형으로 보기도 한다.

5. 집단 대상 사회복지실천에 관한 설명으로 옳지 않은 것은? 〈11회 기출〉

① 목표지향적 활동이다.
② 의도적인 집단경험을 강조한다.
③ 집단의 영향력을 서비스의 매개물로 간주한다.
④ 집단응집력이 강할수록 자기노출에 대한 저항감이 증가한다.
⑤ 집단을 구성할 때는 동질성과 이질성을 함께 고려해야 한다.

[해설] 집단응집력은 집단성원이 다른 성원과 전체로서의 집단에 대해 갖는 매력을 의미한다. 집단응집력이 강하다는 것은 집단에 대한 소속감이 생기고 우리라는 공동체 의식이 형성되어 친밀감이 형성된다는 것을 의미한다. 따라서 집단응집력이 강할수록 자연스럽게 자기노출을 하고 이에 대한 저항감이 감소한다.

[정 답]
1. ② 2. ② 3. ③ 4. ② 5. ④

Ⅳ

사회복지실천의 기록과 평가

기록은 언제나 사회복지실천에서 매우 중요한 부분이다. 그러나 대부분의 사회복지학 전공학생들과 실무자들은 기록을 싫어한다. 그 이유는 쓴다는 것 차체를 단순히 싫어할 수도 있고, 과중한 업무 때문에 시간을 내기가 어려울 수도 있으며, 기록하는 방법에 대한 기법이 부족하기 때문일 수도 있다. 또한 사회복지기관에서 구체적인 지침이 부재하기 때문일 수도 있다. 사회복지실천 현장에서의 효과적인 면담과 기록을 통하여 보다나은 서비스가 제공될 수 있으며, 기록은 사회복지사에게나 클라이언트에게 성장의 도구가 될 수 있다. 만약 기록을 보다 잘 이해하고 구체적인 기법과 지침을 알게 되면, 사회복지사들의 기록에 대한 부정적 태도는 변화될 것이다.

사회복지 전반에서 평가가 중시되면서 사회복지실천에서도 평가는 필수적인 부분으로 인식되고, 사회적 책임성이라는 측면에서 평가는 중시되고 있다. 사회복지사로서 효과적인 실천을 수행하려면 자신이 개입하고 있는 대상별 문제해결 노력이 소기의 성과를 거두고 있는지 반드시 파악해야 한다. 이는 단순해 보일 수도 있지만 실제로 실천의 성과를 효과적으로 평가하기 위한 전략을 발전시키는 것은 쉬운 일이 아니다. 사회복지실천의 평가로 프로그램을 계획하고 운영하는 데 필요한 정보를 얻을 수 있고, 프로그램이 어느 정도 효과적·효율적으로 운영되는가를 알아볼 수 있고, 프로그램 운영에 영향을 미치는 여러 가지 요인들 간의 관계를 파악할 수 있다.

Chapter 13

사회복지실천기록

1. 기록의 중요성 및 필요성
2. 기록의 내용 및 종류
3. 기록의 실제 양식

사회복지실천은 일종의 서비스이며 소멸성을 가지고 있다.

소멸되고 잊혀지는 사회복지실천 서비스의 과정과 기억을 유지시키는 일련의 노력을 기록이라 할 수 있다. 기록으로 남기지 않은 서비스들은 차후 서비스의 효과성을 검증하기 쉽지 않으며 체계적인 관리가 이루어질 수 없기 때문에 정확하고 철저한 기록은 서비스의 효과성과 효율성을 검증하고 개입과정을 모니터링할 수 있는 유용한 자료로 활용된다.

1. 기록의 중요성 및 필요성

1) 기록의 중요성

사회복지사들은 클라이언트에 대한 기록, 서비스의 목적, 과정, 영향에 대해 기록을 해야 한다. 즉, 대상 클라이언트에게 기관이 수행한 업무에 관한 정확한 문서기록을 해야 한다.

기록은 정보를 보존하고 서비스 전달을 촉진하며 기관 내외의 전문가들과 의사소통을 가능케 한다. 또한 실천가들은 기록을 통해 교육 및 감독하고, 서비스 질을 높이며 조사연구를 돕는 데 사용한다. 무엇보다도 기록의 목적은 책임성이다. 사회복지사들은 자신의 서비스를 기록하고 설명하고 평가함으로써 클라이언트, 기관, 지역사회에 대한 법적, 윤리적 책임을 져야 한다(Kagle, 1995).

미국사회복지협회(NASW) 윤리강령에서는 기록의 체계성과 정확성은 물론, 적시성과 충분성의 책임을 명시, 클라이언트 권리의 측면에서 사생활 보장과 기록의 보관에 대한 의무를 제시하고 있다. 기록은 서비스과정에서 전반적으로 수행되어야 하는 과업이자 윤리적 책임이다.

기록은 충분한 정보를 확보하고 이를 바탕으로 체계적인 의사소통, 사고를 조직화하여 제한된 자원으로 최적의 효과를 거두기 위한 결정을 하고 이를 입증할 도구가 된다.

기록의 중요성을 구체적으로 살펴보면 다음과 같다(양정남 외, 2007)

① 클라이언트의 욕구 파악

기록은 관심의 초점이 되는 문제에 대한 서비스 내용뿐만 아니라 클라이언트의 상황에 관한 기술과 사정 그리고 사회, 심리적 판단을 포함한다. 이런 내용들은 서비스 교류가 이루어지는 동안 수정되고 최신 정보로 대치될 수 있다.

② 사회복지실천 증빙자료

클라이언트의 상황이나 서비스과정에 영향을 주는 주요 사건들에 대해 보고한다.

③ 서비스의 계속성

사례가 다른 사회복지사나 기관으로 의뢰될 때, 클라이언트와 마지막 접촉 후 상당히 시간이 흐른 경우, 또는 클라이언트의 상황이 복잡하고 서비스가 광범위할 때 특히 유용하다.

④ 다른 전문가들과 의사소통의 원활화

타 분야의 전문가와 함께 일하는 장소에서 기록은 전문적 공조체제를 원활하게 해준다. 팀 구성원들에게 집단결정과 행동을 강화시켜 주는 자원을 제공하며 전문가들의 개별적 노력을 조정할 수 있도록 돕고 팀의 모든 구성원들이 접할 수 있는 새로운 정보를 만들어 낸다.

⑤ 지도감독 및 자문, 그리고 교육과 훈련의 자료

초보 사회복지사들이 상담기술을 향상시키고 개입의 질을 높이기 위해서는 지도감독을 받거나 자문을 구하게 된다. 이럴 경우 기록을 보면서 개입이 적절했는지 아닌지를 구체적으로 교육 받을 수 있다. 실습생들의 경우에도 실습일지나 기록을 통해서 실천에 대한 교육과 자문을 받게 된다.

⑥ 조사연구의 자료 및 통계보고서로 활용

사회복지실천 현장에서의 기록은 현장에서 어떤 일들이 일어나고 있으며 어떤 어려움이 있는지를 생생하게 보여주는 자료가 된다. 또한 새롭게 요구되는 기술이 무엇이며 실천의 기술과 이론들이 어떻게 적용되는지를 검증할 수 있는 연구자료로 활용되고 있다.

⑦ 클라이언트와 정보를 공유하고 서비스의 과정과 결과 평가

기록을 통해서 클라이언트에 관한 정보를 공유하고 서비스가 어떻게 진행되었으며 어떤 결과를 가져왔는지 평가할 수 있다. 이런 측면에서 기록은 사회복지사가 바뀌는 경우, 타 부서와의 연계, 서비스의 적절성 등을 파악하고 평가하는 자료가 된다.

기록이 잘 되어 있지 않은 사례를 인계받은 경우 발생할 수 있는 문제들

1. 실천과정 중 각 클라이언트에게 제공된 서비스 내용과 양 그리고 범위에 대한 정보가 없다.
- 실천과정 중 제공된 서비스 내용을 확인하기 위해 클라이언트와 면담과정에서 일일이 확인해야 하는 번거로움이 발생한다.
- 사실과 다른 정보가 기록될 가능성, 정보가 타당치 않거나 신뢰할 수 없을 가능성도 있으며 무엇보다 클라이언트로부터 신뢰가 실추될 수 있다.
2. 사례관리 실천과정에서 중요한 서비스 제공 내용에 대한 정보가 없게 된다.
- 실천과정 중 개입효과는 물론이고 개입기간에 발생한 성과를 전혀 확인할 수 없게 된다.
3. 클라이언트가 그 동안의 서비스 내용에 대해 정확한 정보를 제공해 줄 상황이 아닐 경우 적절한 개입의 방향을 설정할 수 없는 문제를 야기하게 된다.
4. 새롭게 처음부터 개입하고 기록해야 하는 문제가 발생할 수 있다.
- 외부에 의뢰하거나 연결하는 과정에서 대외기관으로부터 신뢰를 잃게 될 수 있고 클라이언트에 대해 그 동안 개입했던 것에 대한 효과나 변화 사항에 대해 알 수 없기 때문에 클라이언트에 대한 앞으로의 질적인 개입에 제한을 초래하게 된다.
- 클라이언트의 변화와 관련된 중요한 사항을 알 수 없게 된다.
- 결과적으로 클라이언트에 대해 지속적이고 체계적인 접근이 어렵게 된다.

출처: 한국사회복지사협회 보수교육센터(2014)

2) 기록의 필요성

기록의 필요성에 대해 맥과이어(Maguire, 2002)는 다음과 같이 설명하고 있다(배태순 외 역, 2007).

(1) 효과성(Effectiveness)

기록은 사회복지실천에서 효과성을 파악하는 데 있어 중요한 기초자료로 활용된다.

기록이 분명하고 논리적이며 철저하게 치료과정을 묘사하고 표출된 문제와 강점, 단기 및 장기목표, 기대되는 측정 가능한 목표에 대해 구체적으로 진술할 때 임상의 효과성을 향상시킨다. 명확한 기록은 사회복지사와 클라이언트가 동의한 목표, 과업, 궁극적인 목적에 초점을 유지하도록 도와준다. 기록은 도표를 활용해서 향상된 것과 향상되지 않은 것, 관련이 없거나 목표에서 벗어난 이슈들이 나타나는 상황을 설명한다.

(2) 효율성(Efficiency)

효율성은 임상실천에서 문서기록이 분명하고 정밀하며 정확한 경우에 나타나는 결과이다.

부정확하고 체계가 없고 불충분하거나 결함이 있는 기록들을 재수정하고 재검토하는 데는 행정적 시간이 소비된다. 정확한 기록은 상환을 위한 필수조건이 되기 때문에 주의 깊은 사례기록은 한 기관의 존속 여부에도 영향을 미친다.

임상적 비효율성은 문제, 강점, 목표, 과정, 결과, 개입기술에 대한 부정확하고 애매한 형식 때문에 발생한다. 실천가들이 클라이언트의 행동을 불충분하거가 부정확하게 묘사한다면 클라이언트를 신속하고 긍정적으로 원조할 수 없게 된다.

(3) 모니터링(Monitoring)

기록은 실질적인 개입과정을 모니터링하는 데 중요한 수단이 된다. 개입과정에 대한 모니터링은 모든 실천 분야와 기관에서 실질적으로 실시되는 사례기록의 개요와 검토를 의미한다. 동료 사회복지사들은 기록을 통해 개입의 적절성을 평가하기도 하고 사례관리자들은 적절하고 효과적인 임상실천이 제공되었는가를 확인하기 위해서 사례기록을 검토한다. 이런 평가들은 일반적으로 문서화된 기록을 토대로 행해진다. 사회복지사가 아무리 훌륭하고 유능한 실무자라고 하더라도 기록을 제대로 하지 않았다면 개입과정에 대해 부정적인 평가를 받게 된다.

좋은 기록의 특징

- 서비스의 결정과 행동에 초점을 맞춘다.
- 사정, 개입, 평가의 기초가 되는 클라이언트의 상황에 관한 정보가 들어 있다.
- 각 단계에 목적, 목표, 계획, 가정과 진행을 포함하여 서비스 전달에 관한 정보가 들어 있다.
- 상황묘사와 사회복지사의 견해가 명확하게 분리되어 별도의 제목 하에 기록되어 있어 읽는 사람들이 사회복지사의 관찰 사항과 해석을 구분하여 이해할 수 있다.
- 구조화되어 있어서 정보를 효과적으로 문서화할 수 있고, 쉽게 검색해 낼 수 있다.
- 서비스 전달이 잘 묘사되고 모든 문서가 정확하여 유용하다.
- 기록이 간결하고 구체적이며 타당하고 명확하며 논리적이고 시기적절하고 의미 있고 사실에 근거한다.
- 전문가 윤리를 바탕으로 한다.
- 수용된 이론에 기초하고 있다.
- 전문가의 견해를 담으면서도 클라이언트의 관점을 무시하지 않는다.

출처: 한국사회복지사협회 보수교육센터(2014).

2. 기록의 내용 및 종류

1) 기록의 내용

사회복지기관마다 서비스의 강조점이 다르고 서비스 전달방식, 기록하는 방법 등이 다양한 것처럼 기록의 유형이나 내용도 다양하다. 그러나 실천의 과정에서 단계마다 무슨 내용이 기록에 포함되어야 하는가에 대한 공통된 지침은 필요하다.

사회복지실천과정에서 기록에 기본적으로 포함되어야 할 내용은 다음과 같다 (Kirst-Ashman, Jr., 1999; 최선화, 2007 재인용).

- 서비스 의뢰와 방문 이유
- 문제의 본질
- 기관에 대한 클라이언트의 기대
- 클라이언트의 동기 및 기관의 서비스를 활용할 능력
- 클라이언트의 사회적 자료(생년월일, 종교, 직업, 주소, 연락처, 발달 단계, 교육과 직업력, 건강, 가족력 등)
- 클라이언트 상황에 대한 사정
- 개입목표
- 계약
- 개입전략
- 클라이언트와 사회복지사의 상호작용 정도, 사례 진전 상황, 목표달성의 잠재적 혹은 실제적 장애
- 사후관리 계획

기록의 실천 단계별 요소와 관련서식은 다음 〈표 13-1〉과 같다.

〈표 13-1〉 기록의 실천 단계별 요소와 관련서식

실천 단계	기록할 요소	관련 서식
서비스 탐색 단계	· 클라이언트 특성: 이름, 주소, 생년월일, 성별 교육수준, 가족구성, 직업, 수입, 종교, 결혼 상태 등에 대해 기록 · 서비스 개시 이유: 본인 직접 의뢰?, 타기관 의뢰?, 의뢰 이유?에 대해 기록한다. · 클라이언트에 대한 사회력 정보: 클라이언트의 문제(욕구)를 역사적, 생태학적 맥락에서 이해하기 위해 기록 · 클라이언트가 갖고 있는 자원과 제약요소: 이용 가능한 공식, 비공식적 자원은?, 자원 활용의 제약은?, 자원 활용으로 인한 구체적인 도움 내용을 기록 · 사회복지사의 사정과 의견: 클라이언트의 주관적 정보와 객관적 정보를 토대로 문제의 원인과 해결을 위해 목표와 계획을 진술한 내용을 기록	· intake기록지 · 클라이언트 기초조사서 · 사례노트(진행일지) · 사정기록지 · 가계도, 생태도, 사회력
서비스 형성 단계	· 서비스에 영향을 미치는 결정: 클라이언트에게 전달되는 서비스의 종류, 양에 영향을 미치는 중요한 결정의 성격과 정당성을 기록, 클라이언트와의 결정은 계약을 통해 이루어지고 문서로 보관 · 서비스의 목적: 무엇을 달성할 것인지를 기술. 목적은 모호한 용어를 피하고 구체적으로 기록 · 서비스의 계획: 어떻게 목표를 달성할 것인지 목적성취를 위해 취해질 행위를 서술. 탐색과 개입을 위한 쟁점을 제시하고 사회복지사와 클라이언트, 다른 사람들이 취할 일련의 조치를 개략적으로 기록 · 서비스의 특징: 서비스 특성은 행정적 처리나 조사연구를 위해 구조화된 기록을 말한다. 기관용으로 만들어진 기록양식을 활용	· 사례회의자료 · 서비스 계약서 · 서비스 동의서 · 서비스 계획서 · 사례노트(진행일지) · 서비스 의뢰 공문 · 후원 결과 보고서 · 사례노트(진행일지)
서비스 실행 단계	· 중간 노트(서비스과정 기록): 일단 계획된 서비스가 시작되면 클라이언트의 상황과 서비스 교류에 대해 정기적으로 기록하고 사정하는데 내용으로는 첫째, 지난 번 기록 이후 클라이언트 및 상황의 상태와 변화에 대한 서술 및 사정. 둘째, 지난 번 기록 이후의 서비스 활동과 서비스과정에 대해 기록. 셋째, 중요한 사건 기록. 넷째, 서비스의 목적이나 계획에 대한 사정 및 변화를 기록 · 서비스 재점검: 서비스 결정과 서비스 활동에 대한 공식적인 재평가에 대한 기록으로서 사례회의를 통해 대부분 이루어진다. 재점검 기록은 구조적 양식을 따르는데 사례진행과정에 대한 중간 노트 기록을 구체적 틀에 맞추어 요약·정리하는 경우가 많다.	· 중간 점검 보고서 · 재사정 보고서 · 계약서(필요시) · 서비스 동의(필요시) · 사례노트(진행일지)
서비스 종결 단계	· 서비스 종결 방법과 이유: 서비스 종결의 이유와 방법은 서비스 개시의 이유와 방법에 관한 부분에서 설명한 방법에 따라 간략하게 기록 · 서비스 활동과 결과에 대한 요약: 종결요약으로서 그 내용으로는 첫째, 서비스 개시 이유, 서비스과정에서의 클라이언트와 그 상황, 서비스 목적과 계획, 과정, 서비스와 클라이언트상황에서의 중요한 사건들에 대한 요약. 둘째, 종결 시의 내담자 및 상황의 위치, 서비스에 대한 평가, 향후 서비스와 사후 검토를 위한 제안을 기록 · 사후지도(follow-up): 이 과정은 서비스의 효과를 평가하는 데 유용하며 사후 지도에 관한 기록은 클라이언트와 그 상황에 대한 현재의 상태와 향후의 서비스에 관한 제안 등을 기록	· 사례노트(진행일지)

2) 기록의 종류

사회복지실천의 기록 유형은 클라이언트의 욕구와 문제에 대한 개입형태에 따라 달라질 수 있다. 사회복지사는 클라이언트의 원조과정을 문서화함에 있어서 클라이언트의 상황과 문제에 따라 적합한 기록형태를 잘 활용하고 기록할 줄 알아야 하며 또한 자신이 소속되어 있는 기관에서 요구하는 기록의 형태를 제대로 습득할 필요가 있다. 사회복지기관에서 흔히 사용되는 기록의 종류는 다음과 같다.

(1) 이야기체 기록(narrative recording)

클라이언트의 개별적 상황에 맞춰 개방적인 형식으로 기록해 나가는 것으로 기록 내용이 이야기체 형식을 취하고 있어서 이야기체 기록이라고 한다.

많은 사회복지기관에서 사용하는 기록으로 기록의 내용과 구조 등이 사회복지사의 재량에 맡겨지기 때문에 사회복지사들은 조직적이고 내용이 적합하고 문장력 있는 이야기체 기록을 할 수 있는 능력을 갖추고 있어야 한다. 이야기체 기록은 사회복지사의 말이나 느낌보다는 클라이언트의 상황과 서비스 실시에 초점이 맞추어져 기록해야 하며 사회복지사는 자기가 기록해야 할 중요한 내용을 선택하고 시간의 순서에 따라 주제별, 제목별로 구분하여 기록한다. 이야기체 기록은 사례가 진행되는 동안 과정의 진행을 보고하는 형식이기 때문에 장기간에 걸쳐 진행되는 사례에서 유용하게 활용된다.

이야기체 기록의 장점으로는 중요하다고 간주되는 것은 모두 기록할 수 있는 융통성이 있다는 것이고 단점으로는 기록하는 데 시간이 많이 소요되기 때문에 기록을 미루게 되어 시기의 부적절성과 부정확성의 우려가 있으며 복합적이고 개별화된 서비스가 실시된 사례의 경우 내용의 특성상 장기간에 걸친 사례의 기록에서 원하는 정보를 쉽게 찾을 수 없다.

이야기체 기록에서는 사례노트를 활용할 수 있는데 사례노트는 서비스과정의 흐름을 살펴볼 수 있으며 단순한 형식의 틀로서 쉽게 활용될 수 있다는 장점이 있다.

다음은 이야기체 기록을 위한 사례노트의 예시이다.

〈표 13-2〉 이야기체 기록과 이를 위한 사례노트 예시 (거동이 불편한 어르신)

<table>
<tr><th rowspan="3">일자</th><th rowspan="3">소요
시간
(분)</th><th colspan="3">대상자</th><th colspan="4">면접 방법</th><th rowspan="3">기 록</th><th rowspan="3">비 고</th></tr>
<tr><th rowspan="2">ct</th><th rowspan="2">ct
가
족</th><th rowspan="2">기
타</th><th colspan="2">대면</th><th rowspan="2">전
화</th><th rowspan="2">기
타</th></tr>
<tr><th>가
정</th><th>기
관</th></tr>
<tr><td>1/
22</td><td>15</td><td>V</td><td></td><td></td><td></td><td></td><td>V</td><td></td><td>명절음식 지원, 김치 지원 관련 정보 제공위해 연락함. 현재 살고 있는 집이 재건축 들어가는 것 때문에 이사를 해야 한다고 함. 이사할 수 있도록 도움을 요청하였으나 의존적인 성향이 강화되는 것이 우려됨. 본인 스스로 할 수 있는 사항이라 생각되어 지지하여 주었음.</td><td></td></tr>
<tr><td rowspan="3">2/
18</td><td rowspan="2">40</td><td>V</td><td></td><td></td><td></td><td></td><td>V</td><td></td><td>이사를 해야 하는데 도와달라고 지원 요청하였음. 주변에 도와줄 사람이 있지 않느냐고 여러 차례 이야기하였으나 주변에 도와줄 사람이 없다고 알아봐 달라고 부탁을 하였음. 이사를 위하여 이삿짐센터와 자원봉사자 확보를 요청함. 확인해 보고 연락주기로 함.</td><td rowspan="3">클라이언트 스스로 해결할 수 있는 사항이었는데 주변 자원의 유무를 먼저 확인하도록 주문하는 것을 간과하였음.</td></tr>
<tr><td></td><td></td><td>V</td><td></td><td></td><td>V</td><td>V</td><td>이삿짐센터(000-0000)와 00대학교 봉사동아리에 의뢰하였으나 상황이 어려워서 불가능하다고 하였음. 00구 자원봉사센터에 문의하였더니 관련된 봉사 희망자가 없어서 조치가 어렵다고 하였음.</td></tr>
<tr><td></td><td>V</td><td></td><td></td><td></td><td></td><td>V</td><td></td><td>도와줄 곳이 마땅치 않다고 연락하였더니 클라이언트가 자신도 알아보았다고 하면서 이전에 이사를 할 때 저렴한 가격에 도와주었던 화물차 아저씨에게 연락을 하겠다고 하였음.</td></tr>
</table>

출처: 한국사회복지사협회, 보수교육센터, 2014

(2) 문제중심기록(problem-oriented recording: POR)

문제중심기록은 문제를 목록화하고 진행기록을 정리하는 특징이 있는 기록 방법으로 원래 병원에서 의료기록을 표준화하고 이에 대한 일치 정도를 점검하기 위한 방법에서 유래되었다.

문제중심기록은 진행 초기에 확인된 문제를 나열하고 사례를 진행하면서 새로운 문제가 표면화될 때마다 이를 추가시키고 문제가 해결될 때마다 이를 표시하면서 진행과 계획, 완수를 한 눈으로 볼 수 있도록 하는 형식이다.

문제중심기록 방법은 첫째, 자료수집을 통한 데이터베이스를 구축한다. 데이터베이스는 클라이언트가 제시하는 문제, 클라이언트의 일상에 대한 서술, 사회심리적 정보, 현재 질병 및 과거력, 주변환경에 대한 검토, 신체검사 및 각종 검사결과 보고 등의 내용을 포함한다.

둘째, 문제목록을 작성한다. 문제목록은 각 문제마다 번호를 붙이고 나중에 새로운 문제를 추가한다. 사례 계획과 개입의 초점을 제공하고 서비스 종결 시 서비스의 효과를 검토하는 근거가 된다.

셋째, 초기 계획을 세운다. 서비스 제공자들은 독립적으로 혹은 개별적으로 문제목록의 각 문제에 대해서 계획을 세운다.

넷째, 진행노트를 작성한다. 사례가 진행되면 서비스 진행과 변화 내용을 문제목록이 기재된 번호에 따라 SOAP방식으로 기록한다.

- S(subjective information)란 주관적 정보로서 클라이언트가 상황을 어떻게 느끼고 인지하는가를 말한다. 이는 클라이언트의 자기 보고를 통해 도출된다.
- O(objective information)는 객관적 정보로서 전문가의 관찰, 임상적 검사, 체계적 자료수집 같은 방식으로 얻어진 정보를 말하는 것인데 클라이언트의 행동이나 외모에 대한 사회복지사의 관찰과 사실적 자료를 근거한 정보이다.
- A(assessment)은 사정, 견해, 해석, 분석을 기술하는 것으로서 주관적 및 객관적 정보로부터 얻어진 정보를 검토하여 이끌어 낸 전문가의 결론을 말한다.
- P(plan)은 전문가가 어떻게 구체적 문제를 해결할 것인가에 대한 계획을 기술한다.

문제중심기록의 장점은 문제에 대한 해결 정도를 즉각적으로 확인할 수 있으며 사후 감사나 평가 시 사례의 구체적인 증거가 될 수 있다. 단점으로는 문제를 목록화하여 사정이 부분적이거나 지나치게 단순화될 수 있으며 문제를 강조함으로써 클라이언트의 장점과 자원에 대한 사정이 빠져 있을 수 있다. 또한 서비스 전달의 복잡성, 각 단계를 간과하는 경향이 있다.

SOAP기록의 예시

· 등록번호: 123456
· 이름: 김00
· 성별/나이: F/14
· 입원일: 0000/00/00
· 진단명: 양극성 기분장애
· 의뢰사유: 아버지와의 갈등, 갑자기 들떴다가 가라앉는 등의 기분변화, 폭력행동을 하는 친구와 어울리며 등교하지 않는 문제

S: 외박을 다녀왔는데 절반은 성공이고 절반은 실패인 것 같다. 동생에 대해 이전보다 잘 해준 것은 성공이고 어울리던 친구와 다시 전화를 한 것은 실패이다. 내가 성격이 많이 변한 것 같다고 부모님이 이야기하셨다. 친구에게 전화한 것은 참아야 했었는데 그러지 못했다. 오랜만에 집에 가서 그런지 흥분이 되어 밤에 잠이 잘 오지 않았다. 흥분해서 그렇게 행동했다고 아버지께 이야기하고 싶었는데 그러지 못했다. 대신 어머니가 이야기해 주셨다.

O: 시선접촉이 잘되고 차분한 태도.

A: 아버지와의 관계에서 아직까지 의사표현이 어려움. 동생 및 가족에 대해 배려하고 노력하고 있으며 대인관계상의 어려움에 대해 통찰력을 갖고 있음.

P: 가족치료적 접근 필요, 사회기술훈련 시 의사표현 부분 강화

출처: 한인영 외(2006).

(3) 과정 기록(process recording)

과정기록은 면접내용과 면접의 연속적인 과정에 대해 자세하게 기록하는 것으로 사회복지전공 학생이나 신입 사회복지사의 기본적인 기술 학습을 돕기 위한

유용한 도구가 될 수 있다. 과정기록의 내용에는 클라이언트가 나타내는 감정에 대한 사회복지사의 평가, 클라이언트의 일반적 행동양식과 외모, 사회복지사의 면접에 대한 반응 등이 포함되어야 한다.

과정기록을 위한 자료 수집 방법들로 비디오, 테이프, 녹음기 등을 활용하는데 활용 시 클라이언트에게 고지된 동의를 얻어야 한다.

과정기록의 장점으로는 전체 인터뷰를 철저히 분석할 수 있으며 정확한 피드백을 얻을 수 있기 때문에 학생이나 수습직원의 사정기술이나 면접기술 등의 훈련에 많이 활용되며 사회복지사가 자신의 실천행동과 결정을 분석하도록 하는 좋은 교육용 도구가 될 수 있다. 따라서 경험 많은 사회복지사라 하더라도 사례 중 적어도 하나는 과정기록을 하도록 권장한다. 단점으로는 시간이 많이 소요되기 때문에 비용에 비해 효과적이지 않을 수 있다.

〈표 13-3〉 과정기록 방법

면담 내용	사회복지사의 느낌	분석	슈퍼바이저 코멘트
클라이언트의 언어적, 비언어적 의사소통을 포함하여 면접 중에 일어난 일을 있는 그대로 기록한다.	대화가 진행되는 동안 사회복지사의 느낌을 솔직하고 개방적으로 기록한다.	사회복지사의 느낌의 근원, 면접 기법에 대한 분석, 다른 대안적 접근 등을 기록한다.	면접 내용과 사회복지사의 느낌, 분석에 대하여 슈퍼바이저가 추후에 코멘트한다.

출처: 전남련 외(2007).

요즈음 사회복지관 평가 시 전산시스템에 등록된 기록만 실적으로 인정하는 경향 속에 사회복지 기록의 전산화가 가속화되고 있다.

그러나 이런 이유가 아니더라도 기록은 사회적 책무성을 달성하기 위한 수단이므로 반드시 업무처리 후 전산시스템에 입력을 하는 것을 권장하고 있다. 전산시스템을 활용한 기록 방법은 전산화를 통하여 기록 자료를 검색하고 서비스 이력을 한 눈에 볼 수 있도록 기반을 제공할 수 있으나 아직까지 사회복지 실무에 활용하기 좋은 기록형식을 충분히 제공하지 못하고 있는 실정이다.

기록에 관련된 윤리적 쟁점

· 정보를 숨기거나 왜곡시키는 행위–만약 우리가 내담자의 욕구, 상황, 제안된 치료에 관해 명확하게 사고할 수 있다면 기록은 쉬워지고 간단해질 것이다.
· 기록은 전문가의 가치판단이 반영됨–어떤 서비스를 제공할 것인지, 서비스 자격을 제공할 것인지 등 윤리적 이슈의 발생 가능성이 있다.
· 기록에서 누락된 정보가 없는지, 맥락상 어색한 부분은 없는지를 슈퍼바이저는 확인해야 한다.
· 부주의로 공개하는 문제–사례관리 클라이언트의 기록들은 노출되지 않도록 항상 관심을 가져야 한다. 예) 클라이언트의 사례파일을 개방된 공간에 방치하는 경우, 사례기록을 전산상으로 작성하던 중 화면을 그대로 띄어 놓고 다른 일을 하러 가는 경우, 사례관련 기록을 많은 이들에게 노출되기 쉬운 공공기관의 팩스로 전달하는 경우
· 기록 보관 소홀의 문제
· 기록물에 대한 활용문제
· 기록물의 저작권 초상권 등의 문제

3. 기록의 실제 양식

다음은 서울시 사회복지사협회의 위기개입 매뉴얼 양식이다(한국사회복지사협회 보수교육센터(2014).

1) 대상자 기초서

<table>
<tr><th>최초 접수일</th><td colspan="3"></td><th colspan="2">사정일자</th><td colspan="2"></td></tr>
<tr><th>정보원</th><td colspan="3"></td><th colspan="2">접수경위</th><td colspan="2"></td></tr>
<tr><th>대상자</th><td colspan="3"></td><th colspan="2">생년월일</th><td colspan="2"></td></tr>
<tr><th>주소</th><td colspan="3"></td><th colspan="2">전화번호</th><td colspan="2"></td></tr>
<tr><th colspan="8">분류 및 가족 사항</th></tr>
<tr><th rowspan="3">대상자 분류</th><td colspan="7">아동 · 청소년( ), 노인( ), 장애인( ), 가족구성형태( )</td></tr>
<tr><td colspan="7">일반수급( ), 조건부수급( ), 자활특례( ), 차상위( ), 저소득( ), 일반( )</td></tr>
<tr><td colspan="7">의료보장:의료보호1종( ), 의료보호2종( ), 직장의료보험, 지역의료보험</td></tr>
<tr><th rowspan="5">가족 사항</th><th>관계</th><th>성별</th><th>생년월일</th><th>직업</th><th>종교</th><th>동거 여부</th><th>비고</th></tr>
<tr><td></td><td></td><td></td><td></td><td></td><td></td><td></td></tr>
<tr><td></td><td></td><td></td><td></td><td></td><td></td><td></td></tr>
<tr><td></td><td></td><td></td><td></td><td></td><td></td><td></td></tr>
<tr><td></td><td></td><td></td><td></td><td></td><td></td><td></td></tr>
<tr><th colspan="8">가계도/생태도</th></tr>
<tr><th colspan="4">가계도</th><th colspan="4">생태도</th></tr>
<tr><td colspan="4"></td><td colspan="4"></td></tr>
</table>

<table>
<tr><th colspan="6">사회경제적 사항</th></tr>
<tr><td rowspan="5">경제
상황</td><td rowspan="3">월
가구
소득</td><td rowspan="2">근로 소득</td><td rowspan="2">(정기적/비정기적)
원</td><td>재산/부동산</td><td></td></tr>
<tr><td>차량 소유</td><td></td></tr>
<tr><td>정부 보조금</td><td>원</td><td>부채</td><td>원</td></tr>
<tr><td colspan="2">지출액</td><td></td><td>지출 내역</td><td></td></tr>
<tr><td colspan="5">기타: 체납 및 기타 경제적 사항기술

ㅁ 자가 (만원: ㅁ 공시지가 ㅁ 시가) ㅁ전세(보증금 _____만원)
ㅁ 월세 (보증금 _____만원 월 _____원)
*임대차 확정일자 서류 원본 혹은 전·월세 계약서 참조
ㅁ 무료임대 (소유자 관계) ㅁ임대아파트</td></tr>
<tr><td rowspan="2">주거형태</td><td colspan="5">ㅁ 지상 ㅁ 지하 / 방: 개 평 / 개별화장실 ㅁ유 ㅁ 무</td></tr>
<tr><td colspan="5">난방종류: ㅁ연탄 ㅁ보일러 / 채광: ㅁ양호 ㅁ불량 / 환기: ㅁ양호 ㅁ불량</td></tr>
<tr><td>건강</td><td colspan="5">장애: ㅁ유 ㅁ 무
병력: ㅁ유 ㅁ 무 진단 및 치료 여부 등: ( )</td></tr>
<tr><td>사회심리적</td><td colspan="5">(생활 상태/ 사회적 관계망/ 심리 정서적인 상태/ 양육 상태 등)</td></tr>
</table>

<table>
<tr><th colspan="4">강점 및 한계점(장애) 사정</th></tr>
<tr><td colspan="2">구분</td><td>강점(자원)</td><td>한계점(장애)</td></tr>
<tr><td>내부자원</td><td>개인/가족</td><td></td><td></td></tr>
<tr><td rowspan="2">외부자원</td><td>비공식</td><td></td><td></td></tr>
<tr><td>공식</td><td></td><td></td></tr>
</table>

<table>
<tr><th colspan="2">사정을 통한 대상자의 기대와 사회복지사 의견</th></tr>
<tr><th>대상자의 선호(기대)</th><th>사회복지사 의견</th></tr>
<tr><td></td><td></td></tr>
<tr><th colspan="2">대상자 욕구 및 서비스 계획</th></tr>
<tr><th>문제 및 욕구</th><th>서비스 계획</th></tr>
<tr><td></td><td></td></tr>
<tr><th colspan="2">기관 사례회의 결과</th></tr>
<tr><td>사례회의 일시</td><td></td></tr>
<tr><td>사례회의 참석자</td><td></td></tr>
<tr><td>사례회의 결정 내용</td><td></td></tr>
<tr><td colspan="2">○○○○ 년 ○○ 월 ○○ 일

담당자 직책 , 성명: (서명)</td></tr>
</table>

(1) 최초 접수일, 사정일자

접수와 사정이 동시에 일어나는 경우도 있으나 그렇지 않은 경우 둘 사이의 기한이 너무 지체되지 않도록 하며 정보수집의 시기에 대한 정보를 제공한다.

(2) 접수경위

자발적 신청인지, 의뢰인지, 사례관리자의 발굴인지 등에 대한 정보를 담는다.

(3) 정보원

피면접인뿐 아니라 주요 정보를 제공한 사람들을 의미한다.

(4) 인적 사항

간혹 연령을 적는 경우도 있으나 생년월일을 적는 것이 보다 정확한 정보를 제공할 수 있다.

(5) 가족 사항/심리 사회경제적 부분

대부분의 사례관리와 관련된 사정용지에 대동소이하게 포함되어 있다.

(6) 가계도

가족구조만 기록하는 것이 아니라 가계도만을 보고서도 가족의 관계와 구조, 자원 등의 역동성을 파악할 수 있도록 작성을 해야 한다.

(7) 감정 및 한계사정

이 양식에서 강점뿐만 아니라 한계에 대한 사정도 내부, 외부의 측면으로 범주화하여 기록할 수 있도록 되어 있다.

(8) 사정을 통한 대상자의 기대와 사회복지사의 의견

클라이언트가 클라이언트의 언어를 통해 말하는 욕구의 우선순위와 사례관리자가 파악한 우선순위를 나열하며 그 두 가지 내용이 합치될 수도 있지만 그렇지 않을 경우도 있다.

2) 서비스 계획서

기관		사례관리자	
서비스 목적		제공기관	

클라이언트 및 가족체계의 욕구와 합의 내용	
클라이언트 및 가족의 요청 사항	클라이언트 및 가족의 강점 요약 (자원활용 정도)
합의된 욕구	합의를 요하는 욕구

목표	세부목표 (구체적 행동전략과 연결)	책임자	달성기한

이 서비스 계획서의 목적과 목표는 클라이언트와 함께 논의하여 계획하였습니다.

따라서 사례관리자인 ________와 서비스 클라이언트인 ________님은 서비스의 목적을 달성하기 위해 함께 협력함은 물론 사례관리자의 책임과 서비스이용자의 의무를 다할 것을 약속하며 위 내용을 확인 후 다음의 서비스 계획서에 서명합니다.

서명일: ㅇㅇㅇㅇ 년 ㅇㅇ 월 ㅇㅇ 일

클라이언트: (서명) 사회복지사: (서명)

(1) 대상자 욕구 및 서비스 계획

사례관리자가 조사한 것을 바탕으로 전반적으로 어떻게 사례관리의 방향을 설정할지에 대해 사정과정에서 파악된 욕구와 방향을 기초로 대략적인 계획의 방향을 설정한다.

(2) 기관 사례회의 결과

사례회의를 통해 타당성을 검증하여 기록하는 것인데 욕구에 따른 대략적인 계획의 방향설정과 사례회의 과정에 클라이언트가 함께 할 수 있도록 개방적인 것이 중요하며 사례회의 경우 클라이언트나 가족이 필요시 참석을 할 수도 있으며 참관을 할 수도 있도록 상황에 따라서 개방적일 수 있다.

각 욕구에 따른 사례관리와 목표와 관련하여 어떤 활동들을 언제까지 할 것인가 명시해야 한다.

3) 서비스 계약서

- 서비스계약을 위해서는 클라이언트에게 고지된 동의가 이뤄져야 하며 서비스에 대한 자기 결정이 전제되어야 한다.
- 첨부된 계약서의 경우 클라이언트의 권리와 의무가 동시에 제시되어 있으며 사례관리자(제공자, 관리자)의 의무도 기록하게 되어 있다.
- 서비스의 중단 및 조정 가능성에 대한 내용도 포함되어 있다.
- 계약의 경우 충분한 정보의 제공에 근거한 자발적 동의를 통한 계약이 되어야 한다.

<table>
<tr><td>성명</td><td></td><td>주민등록번호</td><td></td></tr>
<tr><td>주소</td><td></td><td>전화번호</td><td></td></tr>
<tr><td>제공자 의무</td><td colspan="3"></td></tr>
<tr><td>이용자
의무와 권리</td><td colspan="3">〈이용자의 권리〉
· 서비스가 계약과 다를 경우 이의를 제기할 수 있다.
· 서비스 제공과정의 사적인 정보는 비밀을 보장 받을 권리가 있다.
· 서비스와 관련된 기록은 필요시에 열람할 수 있다(열람권이 있으나 사례관리자에 의해 상황에 따라서 제한될 수도 있다).

〈이용자의 의무〉
· 서비스이용자는 경제적, 신체적인 사항을 비롯해 신상에 변화가 있을 경우 즉각 사례관리자에게 알려야 한다.
· 서비스이용자는 서비스 계획서상의 목표를 달성하기 위하여 사례관리자와 협력적인 관계를 유지해야 한다.
· 서비스이용자는 본 서비스에서 제공되는 지원 내용을 서비스 목적 이외에 다른 목적으로 사용해서는 안 된다.</td></tr>
<tr><td>계약변경사유</td><td colspan="3">· 위의 서비스는 0000년 00월 00일~0000년 00월 00일(개월) 동안 제공받게 된다.
· 위의 서비스기간일지라도 서비스 클라이언트의 상황의 개선 및 변화로 인해 서비스의 조정 및 변경, 종결이 행해질 수 있다.
· 서비스 조정 및 중단 사유
– 서비스이용자가 서비스 중단의 의사가 있을 경우
– 다른 지역으로 이주를 하였을 경우
– 3개월 이상 연락이 끊긴 경우
– 타 기관과 서비스가 중복되었을 경우
– 사망하였을 경우
– 상황이 호전되어 더 이상의 서비스 제공이 필요하지 않다고 판단될 경우
– 서비스 이용과 관련된 의무를 충실히 이행하지 않을 경우</td></tr>
<tr><td colspan="4">본인 ________은 사례관리자인 ________으로부터 ________기관을 통해서 제공받는 위기사례관리 사업에 대해 설명을 들었으며 서비스 목적과 기간, 서비스 종결사유와 나의 의무에 대해서 설명을 들었음을 확인하며 이 서비스를 이용할 것을 동의합니다.
서명일: ○○○○ 년 ○○ 월 ○○ 일

클라이언트: (서명)   사회복지사: (서명)</td></tr>
</table>

4) 사례관리 평가서

(1) 중간 평가서

클라이언트		중간 점검일	

서비스 제공 내용 및 목표달성 정도

진행내용						
결과목표 (기대성과)	하위목표	개입내용	기간/빈도	실적	클라이언트 만족정도	비고

중간 점검 및 향후 서비스 계획

클라이언트 및 가족의 요청 사항(변경 내용)	수정된 내용

강점 및 한계사정내용(변경 내용)	클라이언트체계와 조정이 요구되는 내용

협의 및 결정 사항

수정된 목표 설정 및 세부 계획

결과목표	하위목표	서비스 내용	기간/빈도/수행내용		제공자	비고

기타 사항

위와 같이 서비스 중간 평가 결과를 보고합니다

ㅇㅇㅇㅇ 년 ㅇㅇ 월 ㅇㅇ 일

거점기관: (직인)

전화번호: 팩스번호:

담당자 직책: 성명: (서명)

- 사례관리대상자에 대한 중간 점검의 시점이 모든 클라이언트에게 동일할 필요는 없다.
- 일반적인 사례관리대상자, 위급상황의 사례관리대상자, 그리고 만성적인 사례관리 대상자의 중간 점검의 시기는 다를 수 있다.
- 서비스 계획 시 중간 점검이 언제 수행될지 미리 계획하는 것을 권장한다.
- 기관에서 대부분의 경우 점검의 기간을 설정해 놓지만 특수한 상황의 사례에 대한 점검은 별도의 기준을 적용하는 것이 필요하다.

(2) 종결평가서

<table>
<tr><td>관리유형</td><td>위기사례관리</td><td>성별</td><td></td><td>생년월일</td><td></td></tr>
<tr><td>서비스기간</td><td colspan="5"></td></tr>
<tr><td rowspan="7">평가내용</td><td>서비스 내용
(설정목표)</td><td>계획의
적합성</td><td>결과
목적달성</td><td>효과성</td><td>만족도</td></tr>
<tr><td></td><td></td><td></td><td></td><td></td></tr>
<tr><td></td><td></td><td></td><td></td><td></td></tr>
<tr><td></td><td></td><td></td><td></td><td></td></tr>
<tr><td></td><td></td><td></td><td></td><td></td></tr>
<tr><td></td><td></td><td></td><td></td><td></td></tr>
<tr><td>종합</td><td colspan="4"></td></tr>
<tr><td>평가과정</td><td colspan="5"></td></tr>
<tr><td>평가결과</td><td colspan="5">( )종결, ( )재사정, ( )의뢰, ( )유지</td></tr>
<tr><td colspan="6">2000 년 00 월 00 일

사례관리 대상자: (서명)
사례관리자: (서명)

서울시 사회복지사 재난대응 네트워크 위기사례 통합관리위원장 귀하</td></tr>
</table>

- 사례관리 평가서의 경우 종결 평가일 수도 있고 일정기간의 평가서일 수도 있다.
- 산출평가뿐 아니라 실제 변화된 내용의 성과 평가와 클라이언트의 서비스과정에 대한 만족도도 포함된다.
- 사례관리의 평가는 모든 평가와 마찬가지로 사례관리자의 일방적인 평가보다는 사례관리 대상자의 참여적인 평가를 수행해야 한다.
- 클라이언트가 실제 자신의 삶에 있어 어떤 변화가 있었는지, 목표달성을 위해 얼마만큼 노력을 하였는지, 목표달성이 미진하였다면, 그 이유가 무엇이고, 앞으로 어떤 노력을 더 해야 하는지에 대해서 사례관리자의 일방적인 평가가 아닌 클라이언트와의 양방적인 평가가 수행되어야 한다.

연습문제

1. 사회복지실천기록에 대한 설명으로 옳지 않은 것은?

① 클라이언트의 욕구를 파악할 수 있다.
② 사회복지실천의 증빙자료로 활용된다.
③ 사회복지서비스의 계속성에 유용하다.
④ 타분야의 전문가들과 소통을 원활하게 한다.
⑤ 서비스의 과정평가에만 활용한다.

[해설] 기록을 통해 서비스 실행의 과정과 결과에 대해 모두 평가할 수 있다.

2. 과정기록에 관한 설명으로 옳은 것은?

① 우선적으로 자료수집을 통해 데이터를 구축하고 문제목록을 작성한다.
② 중요하다고 간주되는 모든 사실을 기록할 수 있는 융통성이 있다.
③ 면접내용과 면접의 연속적인 과정에 대해 자세히 기록하여 사회복지 전공자나 신입사회복지사의 기술습득에 유용하다.
④ 장기간 지속되는 사례에 유용하게 활용된다.
⑤ 최근에는 교육적 목적을 위해 부분적으로 활용된다.

[해설] ①은 문제중심기록의 설명　②는 이야기체기록의 설명
④는 요약기록의 설명　⑤는 요약기록의 설명

3. 기록 내용에 포함되는 것을 모두 고른 것은?

ㄱ. 서비스의뢰와 방문 이유
ㄴ. 기관에 대한 클라이언트의 기대
ㄷ. 클라이언트 상황에 대한 사정
ㄹ. 사후관리계획

① ㄱㄷㄹ
② ㄱㄷ
③ ㄱㄴㄷ
④ ㄴㄷㄹ
⑤ ㄱㄴㄷㄹ

4. 문제중심기록의 SOAP 기록 방법에 대한 설명으로 옳지 않은 것은?

① S-주관적 정보이며 클라이언트가 어떻게 인지하는가를 말한다.
② O-클라이언트 행동이나 외모에 대한 사회복지사의 관찰과 사실적 자료를 근거로 한 정보
③ A-주관적 정보와 객관적 정보를 검토하여 이끌어 낸 전문가의 결론이다.
④ S-사회복지사의 자기보고를 통해 도출된다.
⑤ P-전문가가 구체적으로 문제를 해결할 것인가에 대한 계획을 기술한다

[해설] S(Subjective information) 는 클라이언트 자기보고를 통해 도출된다.

5. 기록의 실천적 단계별 요소 중 서비스 초기 단계 서식이 아닌 것은?

① 사회력표
② 생태도
③ 가계도
④ 클라이언트 기초조사서
⑤ 사례노트(진행일지)

[해설] 사례노트(진행일지)는 서비스 형성단계 이후 작성한다.

[정 답]
1. ⑤ 2. ③ 3. ⑤ 4. ④ 5. ⑤

Chapter 14

사회복지실천의 평가

1. 평가의 개념 및 중요성
2. 사회복지실천 평가의 유형
3. 평가의 방법
4. 단일사례설계의 유형

사회복지실천의 평가로 프로그램을 계획하고 운영하는 데 필요한 정보를 얻을 수 있고, 프로그램이 어느 정도 효과적·효율적으로 운영되는가를 알아볼 수 있고, 프로그램 운영에 영향을 미치는 여러 가지 요인들 간의 관계를 파악할 수 있다.

사회복지실천의 평가과정은 개별 클라이언트에 대한 특정 개입의 효과성에 관한 정보를 통하여 클라이언트에게 최대한 도움이 되기 위한 것이며, 상이한 문제, 특성, 환경을 가진 클라이언트에게 상대적으로 효과적인 개입 방법이 어떤 것인가를 선정하기 위한 것이다. 그리고 기관, 클라이언트, 후원자, 전문가 집단 그리고 지역사회에 대한 책무성을 향상시키기 위한 것이기도 하다.

1. 평가의 개념 및 중요성

1) 평가의 개념

사회복지실천 평가는 클라이언트와 사회복지사가 정한 목적과 목표가 계획대로 수행되었는지 그리고 목표한 바가 실제로 이루어졌는지를 과학적인 방법으로 알아보는 것이다. 평가(evaluation)란 사회복지실천에서 사용되는 중재 또는 개입(intervention)의 결과를 사정하기 위한 기술이다(Zastrow, 1999). 사회복지실천 평가란 사회복지실천 활동이 효과적이었는지 그리고 효율적이었는지를 판단하는 것이다. 그리고 사회복지사의 개입 노력을 사정하는 것인데 개인이나 가족, 집단, 지역사회를 대상으로 실시한 개입이 변화를 일으켰는지, 어느 정도의 변화가 생겼는지를 사정하는 것이다(김경호, 2005).

평가는 변화가 일어났는지 일어나지 않았는지, 변화가 얼마나 일어났는지를 설명할 수 있는 측정도구나 측정절차를 선택하고 설계하는 것이 필요하다. 사회복지사는 사용할 절차를 결정할 때 타당성, 신뢰성, 적용의 용이성, 실천에 필요한 정보를 제공할 수 있는 유용성, 상대적으로 작은 변화와 차이를 알아낼 수 있는 민감성, 그리고 측정으로 인한 현상의 변화나 영향 없이 변화를 알아낼 수 있는 비반응성을 고려해야 한다.

일반적으로 측정도구들은 이러한 사항을 모두 만족시키지 못하며, 따라서 사회복지사는 평가의 한계를 인식하는 것이 중요하다. 평가는 종결과 관련된다. 변화를 위한 활동을 끝내는 시점에서 원만하고 만족스러운 원조과정을 종결할 수 있는 능력은 효과적인 실천의 핵심적인 요인이다(Sheafor, Horejsi, & Horejsi, 1997).

평가는 문제해결과정의 마지막 단계이다. 평가를 통해서 사회복지사와 클라이언트는 사회복지사가가 의도한 대로 서비스 계획을 수행하고 있는지, 그 목적들이 달성되고 있는지를 알 수 있다. 평가에 근거하여 사회복지사와 클라이언트는 다른 문제를 변화시키고, 목적을 바꿀 수 있으며, 서비스 계획을 바꾸거나 다른 방식으로 계획을 수행할 수도 있다.

평가를 통해 얻은 자료를 토대로 프로그램을 중단, 축소 또는 수정할 것이냐, 계속 또는 보완, 확대할 것이냐를 결정하는 중요한 행정적 결정을 내릴 수 있다. 프로그램이 당초 의도했던 효과를 내지 못한다든가 나타나는 효과에 비하여 비용이 더 큰 경우에는 이를 즉시 수정, 축소하거나 중단하여야 할 것이다.

2) 평가의 중요성

사회복지실천에서 평가는 프로그램을 계획하고 운영하는 데 필요한 정보를 얻고 프로그램의 효과적 운영을 알아볼 수 있다는 측면에서 필수적인 부분이며 사회복지실천가 역시 전문적 원조관계를 통해 개입이 얼마나 효과가 있었는지 클라이언트의 문제해결능력이 어느 정도 향상되었는지에 대해 평가해야 할 의무가 있다. 최근 사회복지서비스와 실천의 영역에서 평가가 중시되는 이유를 살펴보면 다음과 같다(윤현숙 외, 2001).

첫째, 사회복지서비스의 양적 팽창은 사회복지사업에 할당된 자원이 효과적으로 사용되고 있는지에 대한 신뢰성 검증을 요구하고 있다. 사회복지서비스는 그 성격상 서비스의 실천에 필요한 대부분의 자원을 외부 관련 기관에 의존하기 때문에 외부로부터 끊임없는 조직운영과 서비스의 효과성에 대한 증명을 요구받는다(정무성 외, 2001). 또한 사회복지공동모금회를 비롯한 여러 재정지원기관의 프로젝트 선정기준에서 평가의 중요성이 강조되는 추세여서 사회복지서비스의 질적 발전에 많은 영향을 미칠 것으로 예상된다.

둘째, 평가를 위한 법적 근거가 마련되었다. 1997년에 개정된 「사회복지사업법」에서는 3년마다 1회 이상 사회복지시설 종사자의 전문성, 시설환경, 서비스의 만족도 등에 대해 평가하도록 규정하고 있다. 이러한 법적 장치는 사회복지계의 평가를 도입할 수 있는 근거를 마련하였으며, 평가 이후 다양한 부가 급부로 이어지고 있다.

셋째, 사회복지 내부에서 성숙되어 온 평가의 필요성과 이해의 증대를 들 수 있다. 전문 사회복지사라면 클라이언트, 자기 자신, 그리고 다른 전문가들에게 자신이 실천한 방법과 기술이 효과가 있으며 믿을 수 있는 방법이라는 점을 증명할 수 있어야 한다. 특히 사회복지실천의 전문 영역에 대해 다양한 분야에서 도전해오고 있는 지금의 현실에서 사회복지실천이 그 전문성을 객관적으로 인정받을 수 있는 방법은 평가를 통하여 그 효과성과 효율성을 인정받는 것이다. 체계적 평가는 사회복지실천 방법과 기술에 대해 신뢰할 만한 정보를 제공하며 사회복지사가 자신의 업무효율성을 입증할 수 있는 결과를 얻게 하며, 더불어 다양한 부문에서 자원을 제공받을 수 있는 기회를 증진시켜 줄 것이다.

2. 사회복지실천 평가의 유형

평가를 효과적이고 효율적으로 계획하기 위해서 여러 가지 평가 방법과 평가과정을 수행하기 위한 수단을 이해하는 것은 많은 도움이 된다. 평가는 목적이 다양하며 여러 가지 형태를 취한다. 사회복지실천에서 평가는 자료의 속성, 평가 시점, 개입 대상, 평가 주체에 따라 다음과 같이 분류된다(구혜영, 2010).

1) 평가 자료의 속성에 따른 분류

(1) 양적 평가(quantitative evaluation)

획득하는 자료의 속성이 계량화가 가능한 측정을 말하며, 많은 사례를 대상으로 실시할 수 있다. 말 그대로 양적 평가는 숫자를 이용하여 사회복지실천의 과정이나 성과의 양적 측면을 평가하는 데 사용된다. 양적 평가는 보통 질문지나 심층면접을 통해 얻은 클라이언트의 응답을 숫자로 표기하고 숫자에 상응하여 미리 정해진 의미로 클라이언트의 특정 상태를 해석하여 파악한다. 양적 평가는 사실 발견과 반복성과 일반성뿐만 아니라, 측정의 신뢰성, 객관성, 정확성, 타당성을 강조하고 있다.

(2) 질적 평가(qualitative evaluation)

획득되는 자료의 속성이 계량화가 곤란하여, 나타나는 현상의 정도와 수준을 상황적, 맥락적, 해석적으로 이해하는 것을 말하며, 소수의 사례를 대상으로 한다. 질적 평가는 클라이언트의 변화와 관련된 숫자화하기 힘든 인간의 인지, 정서, 행동상의 경험과 거기서 생성된 의미를 파악하는 것을 돕는 방법이다. 질적 평가는 클라이언트가 사회복지사와 만나는 회기 중 경험과 클라이언트의 삶의 과정 중 의의를 두는 바에 대한 생각, 느낌 등에 관한 의견이나 클라이언트의 행동을 관찰한 서술 자료를 분석하고 다시 의미를 만들어내는 작업을 포함한다. 그러한 자료들이 사회복지사의 개입 활동 및 사회복지서비스와 어떻게 관련되는지를 물어 직접적으로 사회복지실천의 효과성을 평가할 수도 있다. 흔히 질적 평가를 위한 자료(예: 구술 내용의 기록과 분석, 녹취록 작성 등)를 풀어쓰고 이를 다시 분석하는 데 상대적으로 시간이 많이 걸리는 어려움이 있다.

2) 평가 시점에 따른 분류

(1) 형성 평가(formative evaluation)

사회복지실천 개입과정에 초점을 두고, 주기적으로 진전상황을 평가하며, 정책, 프로그램, 활동의 진행과정에서 그것을 부분적으로 수정, 개선, 보완, 향상시키기 위하여 필요한 정보를 얻으려고 실시하는 평가 활동이다. 좁은 의미의 형성 평가는 어떤 경로를 거쳐 효과가 발생되는지, 효과 미발생 시 어떤 경로에 문제가 있었는지, 효과에 보다 강한 영향을 미치는 경로는 없었는지 등을 평가하는 것이며, 운영과정 평가는 프로그램의 계획대로 운영되었는지, 운영절차와 자원, 서비스 전달, 대상 영역의 점검 등을 평가하는 것이다.

(2) 총괄 평가(summative evaluation)

사회복지실천에서 개입이나 프로그램, 정책이 종결되었을 때, 개입이 목표로 하는 바를 얼마나 잘 성취했는지를 평가하는 것으로 다양한 개입 방법의 성과, 효과성과 효율성, 공평성 등을 사정하는 것을 말한다. 총괄 평가의 단계에서는 사명, 프로그램의 목적, 프로그램의 목표, 프로그램 목표달성 여부결정 방법, 목표달성 여부, 평가자료 활용 방법 등이 고려되어야 한다.

총괄 평가의 방법에 따라 결과 평가(outcome evaluation)와 평가적 연구(evaluative research)로도 분류된다. 결과 평가는 의도된 결과의 성취 정도를 밝히는 것이다. 결과 평가는 대상에 대한 개입 결과를 평가하는 것으로 비교적 평가를 수행하기 쉽다. 여기에는 최소한의 방법론적 노하우가 필요하고, 엄격한 평가기준을 요구하지는 않는다. 그러나 결과 평가에서는 사회복지사의 개입이 결과에 영향을 주었는지를 판별할 수 있는 인과적 자료를 얻을 수가 없다.

한편, 평가적 연구는 사회복지사의 개입으로 결과가 성취된 것인가를 밝히기 위해 개입과 결과의 인과적 관계를 파악하고자 한다. 이는 평가의 전형적 방법인 실험통계연구와 유사하다고 볼 수 있다. 성취된 결과를 안다는 것은 비교적 쉬운 일이지만 그 결과가 개입의 결과로 이루어진 것인지를 안다는 것은 어려운 일이다. 만일 사회복지사의 개입이 기대한 결과를 낳게 했다면 사회복지사는 그 방법을 사용해야 한다.

3) 개입 대상에 따른 분류

(1) 실천 평가(practice evaluation)

실천 평가는 개인, 가족, 집단을 대상으로 사회복지사의 개입 노력을 사정하는 것으로 사회복지사의 노력이 클라이언트를 얼마나 변화시켰는지와 관련된다. 개입 과정 동안 사회복지사의 태도 등이 개입에 어떠한 영향을 주었는지 알아보기 위해 클라이언트로부터 피드백을 받는 것이다. 클라이언트의 긍정적 피드백은 사회복지사로 하여금 자기 강점을 더 잘 알게 하고 그것을 미래에 자주 활용하게 한다. 부정적인 피드백은 때로 고통스럽지만 사회복지사의 주의 산만, 반치료적 행위나 태도, 매너리즘을 알려준다는 점에서 역시 매우 도움이 된다.

(2) 프로그램 평가(program evaluation)

프로그램 평가는 사회복지서비스를 제공하는 기관에서 수행하는 프로그램의 효과를 조사하기 위한 목적으로 하는 것이다. 프로그램을 평가하는 목적은 사회복지기관 및 시설에서 클라이언트를 위해 마련한 프로그램을 수행하는 과정이 클라이언트의 목표를 달성하는 데 얼마나 도움이 되었고 어떻게 그러한 목표가 달성되는 성과를 가져왔는지를 효과성과 효율성의 차원에서 파악하는 것이다.

프로그램 평가가 필요한 이유는 첫째, 참여한 클라이언트에게 프로그램이 도움이 되었는지 경험적 근거를 마련하기 위해서이다. 예를 들어, 청소년센터에서 위기가정의 아동 및 청소년의 자립과 취업을 돕는 기획사업의 일환으로 청소년의 직업훈련과 교육, 경제자립, 의미 있는 대인관계 형성과 유지라는 세부 프로그램들을 제공할 수 있다. 프로그램의 취지와 참여하는 청소년들의 목적 및 목표가 부합하는지, 일관되게 개념화되었는지 평가하고 다시 각 개별 청소년이 처한 상황과의 적절성을 사정할 필요가 있다. 이러한 과정을 통해 클라이언트의 만족도를 주기적으로 파악하여 책임성 있는 사회복지실천의 프로그램으로 발전시키는 것이다.

둘째, 프로그램을 통해 참여자들에게 일어난 변화가 진정 프로그램의 내용에 의해 이루어진 것인지를 점검하기 위해 평가가 필요하다. 즉, 시설 아동 및 청소년이 사회에서 자립할 의지가 향상되고 실제 구직에 적극적으로 노력한다면 이러한 동기와 실행하는 행동의 변화가 직업교육과 훈련 및 경제자립 의지 고양에 관한 프로그램으로 인한 것인지를 파악해야 할 것이다.

끝으로, 평가는 그러한 기획사업과 프로그램에 재정적 지원을 하는 후원단체 및 전체 사회에 경험적 근거를 제공하는 방법이 된다. 프로그램 평가가 사회복지 분야뿐 아니라 사회적 의미를 갖게 되는 것은 첫째, 이러한 프로그램 수행 및 과정과 성과의 평가를 통해 사회복지실천가로서 사회에 대한 책무를 다하고, 둘째, 사회복지사의 실천능력을 점검하여 실천역량을 제고할 수 있는 기회가 되며, 셋째, 그러한 의미 있는 성과들이 이후 지속적으로 나타나도록 돕는 방법이 된다는 점 때문이다(이신영 외, 2012).

(3) 사례연구

사례연구는 클라이언트의 생활에서 현재 현상을 파악하기 위해 사용되는 경험적 방법이고, 현상과 맥락(context) 간의 경계가 꼭 명확하지 않으며, 다양한 원천으로부터 나오는 근거를 사용하여 이루어진다(Yin, 1985).

사례연구는 한 클라이언트체계의 사례에 초점을 두어 집중적으로 그 삶의 과정에서 일어나는 일에 대해 관찰하고 면접조사를 하여 목표와 관련된 변화를 분석하는 것이다. 여기서 주의할 사항은 하나의 사례는 하나의 경우를 의미하는 것이지 한 사람, 한 클라이언트 개인을 의미하지 않는다는 것이다. 따라서 유사한 상황에 처한 여러 사람의 사례를 하나의 사례연구로 삼을 수도 있고, 하나의 프로그램이나 조직이 한 사례가 될 수도 있다. 예를 들어, 가정폭력 피해 경험으로부터 여성들의 심리사회적 기능의 회복과 자립이라는 공통 경험을 한 2~3명의 여성에 대한 사례연구가 가능하다.

또 하나 유의할 바는 사례연구가 반드시 관찰이나 참여관찰, 심층면접자료 혹은 민속지학연구법(ethnography)과 같은 질적 연구 방법만이 아니라, 양적 연구 방법을 응용할 수 있다는 것이다(Rubin & Babbie, 1997). 예를 들어, 지역사회복지관에서 결혼이주여성들이 한글을 익히는 과정에 대해 사례연구를 한다면 활용할 수 있는 자료는 사회복지사가 이들 여성들의 언어사용 수준을 알기 위해 처음 면접을 한 자료, 출신국에서의 말하기와 글쓰기 수준, 현재 한글 수업 활동에서의 관찰, 쪽지시험 결과, 가정에서 남편이나 다른 가족원에 의한 가족들 간 한국어 사용 관찰일지 등 여러 양적·질적 자료를 포함할 수 있다.

이러한 사례연구의 목적은 그 연구결과를 다른 경우에 일반화시키거나 이론으로 발전시키기 위함이 아니다. 그 목적은 여러 자료를 통해 획득한 근거가 기존 이론과 얼마나 일관되게 나타나는지 혹은 차이가 있는지 등을 분석해 보는 데 있다(Rubin & Babbie, 1997). 물론 하나의 사례에 기존 이론을 대비해 보는 것은 의미가 약할 수 있지만 사회복지사가 맡는 여러 사례를 반복해 연구하면서 실제 클라이언트체계나 조직 운영과정을 관찰하고 관련 자료를 통해 이론을 점검한다면 의미 있는 평가가 될 수 있다.

(4) 평가 주체에 따른 분류

① 내부 평가

프로그램의 결정, 집행을 담당하는 사람 혹은 조직체 내 다른 구성원이 행하는 평가이다.

② 외부 평가

프로그램을 수행하는 조직체가 아닌 외부의 전문가, 연구기관 등 제3자가 행하는 평가이다.

3. 평가의 방법

사회복지실천에서 평가를 위한 설계는 크게 집단설계(group design)와 단일사례설계(single subject design)로 나누어 볼 수 있다. 여기서는 이 두 가지 설계 방법에 대하여 살펴보기로 한다.

1) 집단설계(Group Design)

집단설계는 개입 기법과 프로그램의 효과를 평가하는 데 적합한 방법으로, 실험집단설계(experimental group design)와 유사실험집단설계(quasi-experimental group design)가 주로 사용된다.

(1) 실험집단설계(Experimental Group Design)

실험집단설계는 전형적인 실험통제집단 연구설계로서 연구대상이 되는 두 집단을 무작위로 표집한 후에, 의도적인 개입을 한 실험집단과 그렇지 않은 비교집단, 즉 통제집단 간의 결과 차이를 비교함으로써 개입의 성과를 파악하는 것으로서 사회복지실천에서 주로 사용되는 유용한 조사이지만, 사회복지실천을 평가하는 실제적인 방법이라고 보기에는 몇 가지 어려움이 있다.

첫째, 사회복지실천 현장에서 사실상 양적 연구에 적합한 사례의 수를 확보한다는 것이 어려운 일이며, 둘째 연구기간 동안에 통제집단에 속한 클라이언트에게는 어떠한 개입도 시행하지 않아야 한다는 것이 사실상 윤리적으로 문제가 있다는 것이다.

그러므로 사회복지사가 평가를 위해 사용하고자 하는 설계가 실험집단설계이기 위해서는 다음과 같은 세 가지 조건을 만족해야만 한다(엄명용 외, 2005).

① 클라이언트를 무작위로 실험집단과 통제집단으로 할당한다. 여기서 클라이언트를 무작위로 할당한다는 의미는 사회복지사의 편견 없이 클라이언트를 두 집단으로 할당한다는 것이다.

② 독립변인을 실험집단에만 적용하고 통제집단에는 적용하지 않는다. 다시 말해서 실험집단에만 평가하고자 하는 프로그램(독립변인)을 제공하고, 통제집단에는 이를 제공하지 않는다. 그렇다고 통제집단에는 어떤 서비스를 제공하지 않는다는 의미는 아니며 기존에 제공되었던 서비스는 그대로 제공한다.

③ 종속변인의 변화를 측정한다. 종속변인은 연구마다 다르며 자존감 향상 프로그램인 경우 자존감이 종속변인이 된다.

실험집단: R O_1 X O_2

통제집단: R O_3 O_4

R: 무작위 표집
O: 조사 대상
X: 개입

〈그림 14-1〉 실험집단설계

(2) 유사실험집단설계(Quasi-Experimental Group Design)

실험설계의 대안으로 유사실험집단설계를 고려해 볼 수 있다. 유사실험설계가 실험집단설계와 다른 점은 평가의 대상을 무작위 표집하지 않고 의도적 표집을 통해 구한다는 점이다. 즉 클라이언트를 무작위로 실험집단과 통제집단으로 할당하는 대신, 실험집단과 유사한 비교집단을 구성하는 것이다.

구체적인 예를 들어보면 20명의 클라이언트를 10명은 실험집단에 나머지 10명은 통제집단에 무작위 할당한 후 두 집단을 대상으로 사전조사를 실시하는 경우이다. 사전조사를 실시한 후 실험집단에는 서비스를 제공하고 통제집단에는 서비스를 제공하지 않는다. 프로그램이 종결된 후 두 집단을 대상으로 사후조사를 실시하고 사전검사점수와 사후검사점수를 비교하는 방식이다. 검사를 위한 도구는 프로그램의 목표에 따라 달라지며 일반적으로 신뢰도와 타당도가 검증된 도구를 사용한다. 검사도구는 사회복지사들이 유용하게 활용할 수 있는 표준화된 척도들의 문항, 신뢰도 및 타당도, 적용 대상 등에 대한 정보와 학술논문이나 학위논문을 참조할 수도 있으며 특히 검사도구만을 모아놓은 문헌을 참고하는 것도 여러모로 도움이 될 것이다.

이러한 유사실험집단설계의 한계점은 ① 우선 개별적인 문제를 평균화함으로써 개인차를 무시할 수 있고, ② 다음으로 통계적 의미를 중시함으로써 임상적 의미가 상대적으로 약화될 수 있으며, ③ 많은 수의 사례, 즉 클라이언트의 확보가 용이하지 않다. 더불어 윤리적 문제의 소지가 다분하다는 것이다.

실험집단: O_1 X O_2	O: 조사 대상
- - - - - - - - - -	
통제집단: O_3 O_4	X: 개입

〈그림 14-2〉 유사실험집단설계

2) 단일사례설계(Single-Subject Design)

단일사례설계란 독립변수(개입)와 종속변수(결과) 사이의 인과관계를 설정하기 위해서, 통제된 환경 하에서 유기체에 개입하기 전과 후의 변화를 반복해서 측정하는 평가 방법이다. 1970년대 심리학자들이 고안한 이 설계는 사회복지실천에서 집단설계를 수행하는 데 생기는 한계를 극복하기 위해 도입된 방법으로, 임상실천에서 주로 사용되고 있다. 단일사례설계는 무작위로 표집된 두 집단을 비교하는 대신에, 단일 클라이언트를 대상으로 개입 전, 개입 동안, 개입 후를 반복적으로 관찰함으로써 그 변화를 평가하는 방법이다. 이 방법을 통해 결과의 성취 정도뿐만 아니라, 그 변화가 개입으로 인한 변화인지를 알 수 있다. 단일사례설계는 전통적인 통제집단설계와 같이 엄격한 방법론을 채택하지는 않지만 대부분의 사회복지실천에서 결과를 평가하고자 하는 경우에 잘 부합되는 방법이다(전남련 외, 2010).

(1) 평가의 절차

단일사례설계에서 평가의 절차로 ① 목표의 구체화, ② 적절한 측정도구의 선택, ③ 기초선 자료에 대한 기록, ④ 개입과 점검, ⑤ 변화의 사정, ⑥ 효과성의 추론이 중시된다(Zastrow, 1995).

① 목표의 구체화

단일사례설계에서 첫 단계는 달성하고자 하는 목표를 구체화하는 것이다. 즉, 개입의 결과로 무엇이 달라져야 하는가를 구체적인 용어로 기술해야 한다. 예를 들어, '사회적 기술 향상'이라는 추상적인 목표는 '친구와 사이좋게 지낸다.' '남의 말을 귀 기울여 듣는다.' 등의 구체적인 목표로 기술될 수 있다. 목표는 클라이언트의 기대를 반영해야 하며, 현실적으로 달성 가능해야 하며, 구체화되고, 측정할 수 있는 것이어야 바람직한 목표라고 할 수 있다.

② 적절한 측정도구의 선택

결과는 신뢰할 수 있는 방법으로 측정되어야 한다. 측정도구는 양자 결과를 측정함으로써 최소한 그 변화가 일어났는지의 유무를 알 수 있어야 하며, 척도나 다른 절차를 통하여 변화의 수준을 측정해 낼 수 있어야 한다. 측정 방법에는 직접 관찰(direct observation), 자기 보고서 평정 척도(self-anchored rating scales), 표준화된 측정(standardized measures)이 있다.

(2) 측정 방법

① 직접 관찰

클라이언트에 대한 개입 결과를 평가함에 있어 주요 대상은 행동변화에 대한 평가이다. 행동변화를 직접 관찰하기 위해서는 관찰대상이 되는 행동이 명백하고 객관적으로 규정되어야 한다. 직접 관찰이 가능한 사례로는 '놀이행동 관찰', '친사회적 행동 관찰' 등이 있다.

행동은 다양한 방법을 통하여 측정되고 관찰될 수 있다. 가장 보편적인 방법은 빈도(frequency)계산으로 특정기간 동안에 나타나는 행동을 기록하는 것이다. 예를 들어, 아동이 하루 동안 화를 내거나 공격적인 행동을 보이거나 우는 행동 등의 횟수를 기록하거나, 산수시간에 문제를 정확하게 푸는 개수를 세는 것이다. 빈도를 세는 것은 시작과 끝이 분명한 행동을 계산하는 데 적합하다.

직접 관찰법의 또 다른 방법은 시간표집법(time sampling)을 사용하는 것이다. 시간표집법은 제한된 시간 내에(5초, 10초, 15초, 20초 등) 발생하는 행동을 세는 것이다. 예를 들면, 유아들의 놀이를 5분 동안 15초 간격으로 나누어 놀이행동에서 친사회적인 행동이 몇 번 나타나는지를 세어 볼 수 있다.

② 자기 보고식 평정척도

모든 원하는 결과들이 행동적 용어로 진술될 수는 없다. 평가해야 할 결과는 '자신감이 더 생긴다든지', '덜 불안해 하거나 덜 우울해 하는 것'과 같은 내적인(생각, 사고, 신념) 변화가 된다. 만일 클라이언트의 문제가 내적인 것이라면 결과를 행동적인 용어로 규정하기 어렵다. 이때, 가장 직접적인 측정 방법은 자기 보고(self-report)이다.

내적 상태를 측정하는 최상의 방법 중 하나는 자기 보고식 평정척도이다. 자기 보고식 척도는 클라이언트의 결과를 측정하기 위해 개발한 사회복지사와 클라이언트의 평정척도이다. 자기 보고식 척도의 예로 5내지 7점 평정척도를 들 수 있다. 클라이언트가 가장 힘들 때는 척도의 제일 낮은 점수로 기재된다. 자기 보고식 척도가 주관적이기 때문에 방법론적으로 비판을 받기도 하지만, 자기 보고식 척도는 내적 상태를 가장 잘 측정할 수 있는 방법이라고 볼 수 있다.

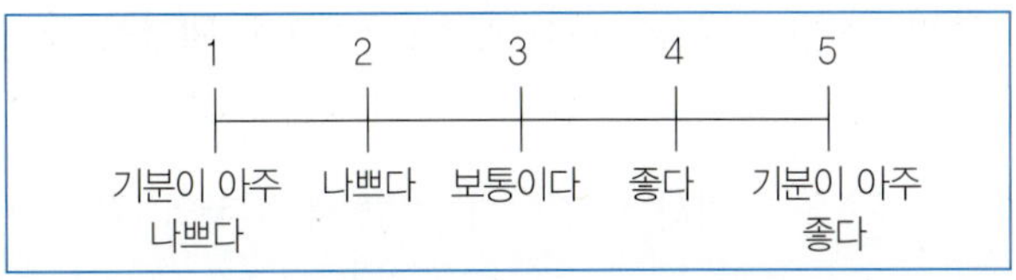

〈그림 14-3〉 자기 보고식 척도의 예

③ 표준화된 측정

표준화된 측정 방법에는 검사, 설문지, 평정척도, 도구(inventories), 체크리스트(check list) 등이 활용된다. 이러한 측정 방법은 세 가지 요건을 필요로 한다. 첫째, 누구나 같은 방법으로 일정한 점수와 기입의 절차를 갖는다. 둘째, 표준화된 측정은 방법론적인 적합성(신뢰도나 타당도 같은)을 충족시켜야 한다. 셋째, 표준화된 측정에는 규칙(norms)이 있어야 한다. 규칙이란 측정을 마친 집단의 검사 점수를 해석하는 데 활용하는 지침을 말한다.

표준화된 측정도구를 사용할 때 사회복지사는 다음과 같은 사항들을 고려해야 한다(Sheafor 외, 1997).

· 타당성(validity) : 절차가 측정하고자 하는 것을 실제로 측정하는가?
· 신뢰성(reliability) : 비슷한 여건에서 측정을 반복하였을 때 유사한 결과가 나오는가?
· 적용의 용이성(ease of application) : 측정절차는 간략하고, 이용하기 쉬우며 전문가가 아니더라도 이해할 수 있는가?
· 유용성(useful) : 절차가 사회복지실천에 관련된 것이고 사회복지사와 기관에서 흔히 사용되는 정보를 제공하여 주는가?
· 민감성(sensitive) : 측정절차가 상대적으로 적은 수준의 변화와 차이점도 알아낼 수 있는가?
· 비반응성(nonreactive) : 측정으로 인한 조사 대상의 변화나 영향 없이 개입으로 인하여 발생한 변화를 알 수 있는가?

(3) 기초선 자료의 기록

측정도구를 선택한 다음 단계는 개입 이전의 기초선 자료를 수집하는 것이다. 기초선 측정(baselining)은 개입 이전의 행동을 측정한 후 개입으로 인한 변화를 알 수 있는 기초율(base rate)을 설정하는 것이다. 기초선 설정의 주된 목적은 개입 이후나 중간에 수집된 자료와 기초선 자료를 비교하기 위한 것이다. 만약 개입 이후에 수집된 자료가 기초선 자료와 다른 패턴이나 수준을 보인다면 변화가 일어났다고 볼 수 있다.

기초선 측정기간의 설정에서 고려해야 할 점은 다음과 같다(Zastrow, 1995).

첫째, 문제의 수준, 경향, 자료의 안정성을 사정하는 데 있어서 적어도 3회 이상 기초선을 측정하는 것이 필요하다. 일반적으로 기초선은 일주일 이상 측정한다. 몇 가지 변화를 사정하는 데 있어 최저 10개의 기초선 관찰이 요구되기도 한다.

둘째, 자료가 안정된 유형을 보일 때까지 기초선 설정을 계속한다. 종종, 기초선에 어떤 경향이나 일관되지 않은 변동이 있을 수 있다. 예를 들어, 아동이 하루는 4~5번 공격적인 행동을 나타내다가도 다음날은 한 번도 공격적인 행동을 나타내지 않거나 공격성의 숫자가 감소하는 경우이다. 기초선을 충분히 측정하는 것은 행동유형이 분명하고 안정적이어야 하기 때문이다.

(4) 개입실행과 지속적인 점검

기초선이 확보되면 개입을 하게 된다. 평가작업이라는 관점에서 볼 때, 이 시점에서 중요하게 고려해야 할 사항은 개입의 구성요인이 무엇인지 명확히 기술하고 구체화하는 것이다. 개입기간 중에는 기초선을 설정하였을 때 시행하였던 측정 방법을 동일하게 실시해야 한다. 즉 처음에 설정되었던 규정, 측정시간, 측정절차 등이 변화 없이 시행되어야 한다. 왜냐하면 이러한 변화는 자료에 영향을 줄 수 있기 때문이다.

(5) 변화의 사정

기초선 설정과 개입과정 이후에는 변화를 사정한다. 여기서 쟁점이 되는 것은 통계적으로나 임상적으로 유의미한 변화가 생기는가 하는 점이다. 통계적 변화는 단계 내에서 실제 변화를 의미하고, 임상적 변화는 임상이나 실천적인 관점에서 볼 때 충분하고 바람직하며 의미 있는 변화를 말한다.

(6) 효과성의 추론

단일사례설계에서 개입이 효과적이었다는 것을 추정하기 위해서는 클라이언트의 변화된 결과가 사회복지사의 개입으로 인한 것임을 논리적으로 경험적으로 증명하여야 한다. 단일사례설계는 측정하고자 하는 모든 행동을 사전에 미리 결정하여 조작적 정의를 해야 하며, 실험결과가 대상자나 목표행동 또는 실험조건 등에서 반복적으로 제시될 수 있도록 사전에 체계적인 설계를 계획해야 한다. 또한 내적 타당도와 외적 타당도를 높이기 위해 최대한 변수통제가 이루어져야 한다. 내적 타당도는 목표행동의 변화가 단지 개입으로 나타난 효과인지를 묻는 것이고, 외적 타당도는 연구의 결과가 다른 대상이나 환경에서도 반복될 것이라고 일반화시킬 수 있는 것이다.

4. 단일사례설계의 유형

1) AB 설계

기초선(A)을 설정한 후, 개입(B)이 뒤따르는 것으로서, 즉 개입 전과 후를 비교하는 기본적인 연구 설계를 말한다. 먼저 A 단계에서는 기초선 자료를 수집하여 기록하게 되며, 기초선이 안정되게 수집되면, 다음의 개입 단계인 B 단계로 넘어가게 된다. 이 개입 단계에서도 표적행동자료를 수집, 기록하는데, 이러한 기초선 단계와 개입 단계를 비교해 봄으로써, 표적행동의 양과 비율, 그리고 백분율 혹은 지속기간의 증가나 감소를 알아볼 수 있다. 수집되고 기록되어진 표적행동자료의 결과를 가지고 개입의 효과를 추측하고 개입의 지속 여부와 변화 혹은 개입소거에 대한 결정을 할 수 있게 된다.

AB설계에 있어서 장점은 단순성이다. 특히 교수절차의 수행에 있어서 수행 전과 수행 후에 나타나는 아동의 행동비교와 같은 단순한 효과검증이 용이하다. 하지만, AB설계는 표적행동과 관련된 다양한 변수의 영향이 예상되거나, 동시에 일어날 수 있는 행동 등에는 사용이 적절하지 않은 단점이 있다. 그러므로, AB설계는 개입의 효과성이나 인과관계를 추정하는 것이 어렵다.

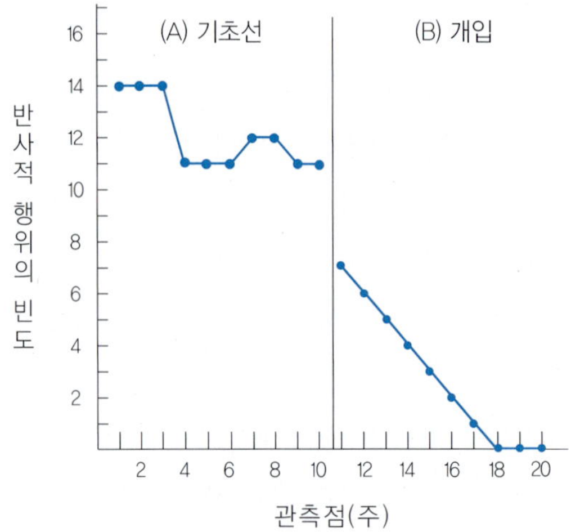

〈그림 14-4〉 AB설계의 예

2) 철회설계(ABAB설계)

이 설계는 외생변수를 보다 효과적으로 통제하기 위해 제2기초선(A)과 제2개입 단계(B)를 추가하는데, 철회설계(withdrawal) 및 반전(reversal)설계라고도 불린다.

철회설계(withdrawal design)는 일정한 개입이 이루어지고 난 후에 개입의 철회를 반복하는 것으로 이들 결과의 변화가 많아질수록 개입의 효과성이 높은 것으로 파악하는 것이다. 즉, 외부 사건을 보다 더 잘 통제하기 위해 두 번째 기초선 단계와 개입 단계를 도입하는 것이다. 첫 번째 개입으로 인한 변화에 개입을 철회하면, 두 번째 기초선 단계에 변화의 원인임이 입증되는 것이다. ABAB설계는 크게 두 가지의 문제가 대두되는데, 실천적 또는 윤리적 문제로 효과가 있는 것으로 보이는 개입을 중지하고 기초선상황으로 돌아가는 것은 클라이언트에게 해를 끼칠 수 있다는 것이다. 그리고 많은 상황에서 측정의 대상이 되는 문제는 기초선의 상태로 되돌릴 수 없다는 것, 즉 개입이 중단되었더라도 첫 번째 개입의 효과가 여전히 지속되는 잔여효과가 있을 수 있다는 것이다. 이것은 내적 타당도를 위협하는 하나의 요소가 된다.

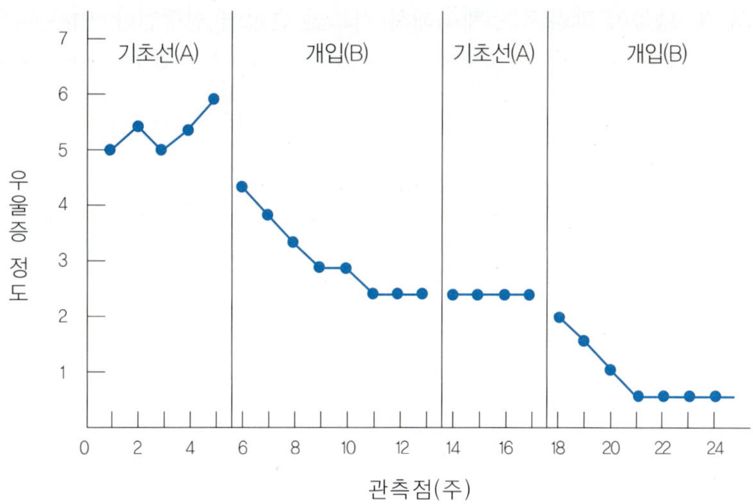

〈그림 14-5〉 ABAB설계의 예

3) 복수기초선설계

복수기초선설계(multiple baseline design)는 행동변화의 원인으로 예상되는 실험조건(행동수정 기법)을 ① 여러 행동, ② 여러 상황, ③ 여러 사람에게 적용하여 그 효과를 검증하는 방식을 취한다. 다시 말하면 한 시험조건을 한 아동(또는 한 집단)의 여러 가지 행동에 동시에 적용하는 경우, 한 아동(또는 한 집단)의 동일한 행동을 여러 가지 상황에 적용하는 경우, 그리고 한 실험조건을 동일한 행동을 하는 여러 아동에게 적용하는 경우의 세 가지 경우에 복수기초선설계의 방법이 활용되는 것이다.

사회복지사는 우선 한 아동 또는 한 학급 전체를 대상으로 몇 가지 문제행동을 선정한다. 예컨대, 철수는 자리를 이탈하는 횟수가 빈번하고 다른 아이를 괴롭히며, 제멋대로 떠드는 행동을 자주한다. 이때 철수의 문제행동 각각에 대한 기초선 관찰을 시작한다. 기초선 관찰은 반전설계법과 마찬가지로 평상시와 같은 조건하에서 철수의 행동을 측정하여 기록하는 것이다.

일정기간 동안 관찰을 실시하여 세 가지 표적행동에 대한 기초선 수준이 확인되면 우선 그 중에서 하나의 행동을 선정하여 실첨처치(예컨대, 소멸, 또는 반응대가)를 시작한다. 하나의 행동(자리이탈 행동)에 대하여 행동수정 기법이 적용되는 동안에 나머지 두 행동에 대해서는 계속해서 기초선 관찰이 진행된다. 이후 다시 일정한 기간이 지난 다음에 두 번째 행동(다른 아이를 괴롭히는 행동)에 대하여 똑같은 실험처치를 시작한다. 그리고 나서 일정기간이 지나면 마지막 행동(떠드는 행동)에 대해서도 실험처치를 적용하는 것이다. 마지막 행동에 대한 실첨처치가 적용되는 기간에도 앞의 두 가지 행동에 대한 실첨처치는 계속되어야 한다. 이같이 하여 각각의 행동에 대한 실험처치가 모두 끝나면 교사는 각각의 행동의 정도를 기초선과 비교한다. 모든 행동이 기초선 수준보다 개선되었다는 것이 확인되면 이 실험에서 사용한 행동수정 기법은 철수의 행동변화에 효과가 있다는 것이 입증되는 것이다.

복수기초선설계는 하나 이상의 종속변인을 동시에 분석하는 설계이다. 즉, 사회복지사가 한 명 이상의 아동, 한 가지 이상의 환경, 한 가지 이상의 행동을 중재하기 위한 절차에서 활용할 수 있는 설계이다. 그리고 중다기초선은 반전설계가 적합하지 않을 때 사용할 수 있으며 또한, 표적행동이 공격적인 행동일 때 혹은 학습과 관련된 것일 수도 있다(전남련 외, 2010).

복수기초설계의 장점으로는 중재의 철회 없이 중재와 표적행동 간의 기능적 관계를 확인할 수 있다. 이러한 기법은 교실의 수업장면에 쉽고 유용하게 적용될 수 있다. 복식기초설계는 두 번째와 연속되는 종속변인을 얻기 위하여 필요 이상의 기간 동안 기초자료의 수집을 요구한다. 연구자는 실제적인 것이 아닐지도 모르는 몇 명의 학생들, 행동, 환경에 중재를 적용하려는 무리를 범하기 쉽다. 또한 추가적인 기초선으로 접근하기 어려운 경우에도 매일 자료를 수집하는 것은 번거롭고 비효율적인 일이다.

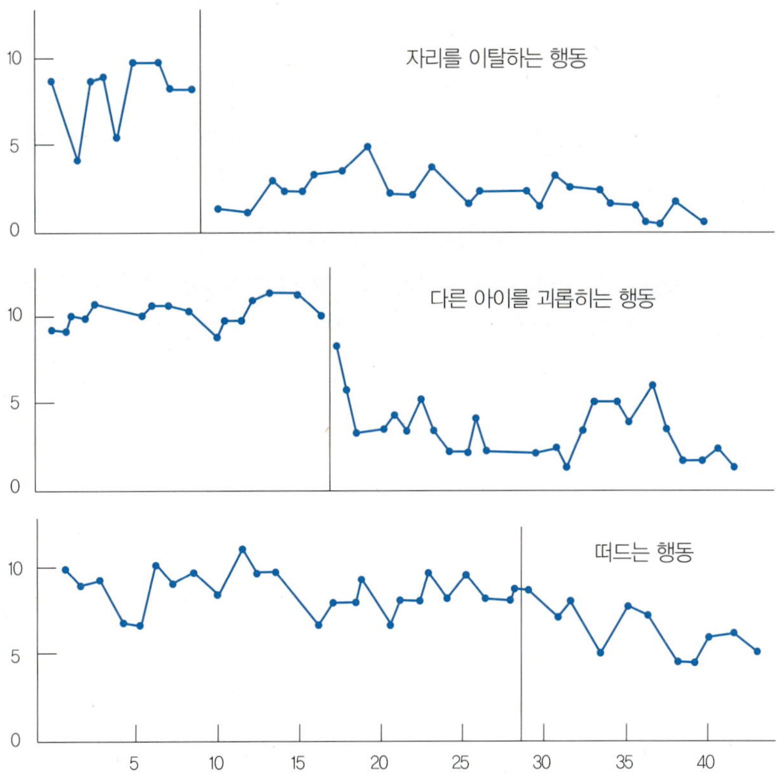

〈그림 14-6〉 복수기초선설계의 예

4) BAB설계

기초선의 측정 없이 바로 개입을 할 때 사용하는 설계이다. 클라이언트가 위기 상황에 처해 있어 즉각적인 개입이 필요한 경우가 있는데 이때 기초선 단계의 자료를 모으지 않고 바로 개입을 해야 한다. 문제가 어느 정도 극복되면 개입을 잠시 중단하고 A단계의 자료를 얻는 것이다. 첫 번째 B단계와 A단계 자료를 비교하고 또 A단계와 두 번째 B단계 자료를 비교하여 효과성을 판단한다.

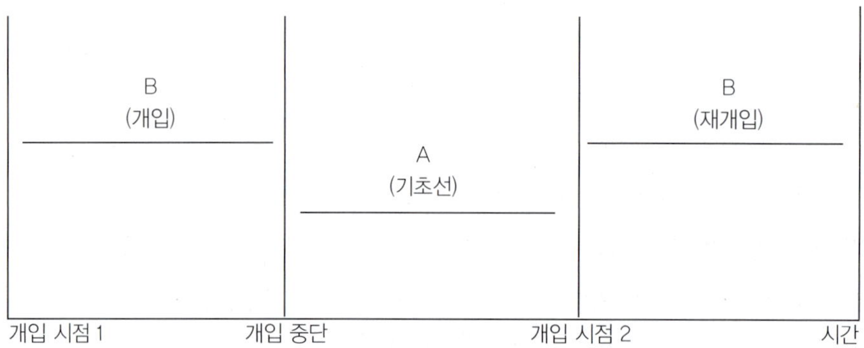

〈그림 14-7〉 BAB설계의 예

BAB설계는 개입이 이루어지기 전에 기초선을 측정하지 못했기 때문에 개입의 효과성을 알기 어렵고 개입 이후에 기초선을 측정하더라도 이미 개입이 이루어졌기 때문에 기초선에는 개입의 효과가 어느 정도 반영되어 있다.

5) ABA설계

AB설계에 개입 이후 또 하나의 기초선(A)를 추가한 설계이다. 일정 기간 개입하고 나서 개입 중단 후 표적행동을 관찰하는 설계이다. 한마디로 기초선(A)–개입(B)–기초선(A)의 형태이다. 제2기초선을 추가함으로써 AB설계의 낮은 신뢰도 문제를 극복할 수 있다. 즉, AB설계의 단점을 보완하기 위해 나온 유형으로 AB설계에 개입을 중단하는 제3의 국면 A를 추가, 변화의 개입 효과성을 확인할 수 있게 만든 설계이다. 이 설계의 가정은 개입이 클라이언트를 변화시켰다면 개입이 없어지면 클라이언트가 원래대로 되돌아갈 것이라는 것이다. 이 설계의 단점에는 변화가 일어난 클라이언트에게 개입을 중단함으로써 그를 다시 문제상황에 빠트릴 수 있다는 점에서 비윤리적인 문제를 일으킨다. 또한 제2기초선 동안에 문제가 악화되지 않으면 개입 이외의 다른 외생적인 요인들이 영향을 미친 결과인지 개입의 효과가 지속되고 있는지 알 수 없다.

6) 다중요소설계

ABA설계에서 개입을 해도 효과가 나타나지 않을 때 다시 개입을 철회하기 보다 새로운 방법을 적용하는 설계방법이다. 즉, A가 기초선이 되며 B, C, D는 각기 다른 개입 방법이 되는 것이다. 이 설계는 변화에 따른 영향을 분석하기 위해서 여러 설계를 사용하는 것으로 클라이언트에게 도움이 되지 않는 개입을 수정하거나 실제로 개입의 어떤 부분이 표적문제의 변화를 가져오는지 설명하고자 할 때 유용하다. ABC, ABCD 설계가 가능하다.

7) 단일사례설계의 유용성과 한계

단일사례설계는 실천가들이 간편하게 실천현장에 적용할 수 있고 자신의 책임감이나 효과성을 증명하는 데 유용하다. 이 설계는 반복측정을 통해 그 결과를 모니터링해 나가기 때문에 개입이 진전을 보이는지 점검할 수 있다는 것도 장점이다.

그러나 단점도 제기되고 있는데, 클라이언트의 문제를 행동상의 문제로만 한정하여 사정하고 구체적으로 명시할 수 없는 문제와 복잡한 양상을 사정하는 데에는 한계가 있다. 또한 기초선 설정을 위해 개입을 유보하거나 철회하는 것은 윤리적으로 문제가 되기도 한다.

개입과 결과를 하나의 독립변수와 종속변수로 단순화하여 제시하는 것은 복합적인 문제를 다루기 때문에 복합적인 서비스를 제공하는 사회복지실천 현장에 부적합하다는 지적도 있다.

연습문제

1. 실천 평가에 관한 설명으로 옳은 것을 모두 고른 것은? 〈11회 기출〉

ㄱ. 개입과 목표달성 간 상호 관련 정도를 알아보기 위해 실시한다.
ㄴ. 기관, 클라이언트, 전문가 집단 및 사회에 대한 책무성 향상에 도움이 된다.
ㄷ. 개입의 지속 또는 변경 여부 판단에 필요한 정보를 제공한다.
ㄹ. 서로 다른 문제나 특성을 가진 클라이언트에게 상대적으로 효과적인 개입방법을 선정하는 데 도움이 되는 정보를 제공한다.

① ㄱ, ㄴ, ㄷ
② ㄱ, ㄷ
③ ㄴ, ㄹ
④ ㄹ
⑤ ㄱ, ㄴ, ㄷ, ㄹ

[해설] 사회복지실천 평가는 사회복지실천 활동 과정에 대한 평가와 결과에 대해 평가한다. 이러한 평가를 통해 개입의 목표달성 여부와 달성 정도를 파악하고(ㄱ), 목표달성에 영향을 미친 요인 등을 확인할 수 있다. 또한 이러한 분석을 통해 개입을 지속해야 하는지 혹은 변경해야 하는지를 판단할 수 있다(ㄷ). 평가는 서로 다른 문제나 특성을 가진 클라이언트에게 상대적으로 효과적인 개입방법을 선정하는 데 도움이 되는 정보를 제공하며(ㄹ), 기관, 클라이언트, 전문가 집단 및 사회에 대한 책무성을 향상시키는데 기여한다(ㄴ).

2. 단일사례설계에 관한 설명으로 옳지 않은 것은? 〈14회 기출〉

① 개입 이후에 기초선 자료를 수집할 수 있다.
② 다수의 클라이언트의 변화를 점검할 수 있다.
③ 개입의 효과성을 알기 위해 반복측정을 해야 한다.
④ 측정지수에는 긍정적 지표와 부정적 지표가 있다.
⑤ 개입과정에서 개입의 강도나 방식을 바꿀 수 있다.

[해설] 단일사례설계에서 다중요소설계는 개입과정에서 개입의 강도나 방식을 바꿀 수 있다. 예를 들어, ABCD 설계는 개입에서 B 라는 방식을 적용하였으나 변화가 없거나 비효과적일 경우 개입의 강도를 바꾸어 C 형태로 개입하거나 다시 변화를 주어 D 형태로 개입하는 설계 유형이다.

3. 단일사례연구의 기초선 자료수집방법으로 적절하지 않은 것은? 〈11회 기출〉

① 형성평가척도
② 목표달성척도
③ 개별화된 척도
④ 표준화된 척도
⑤ 클라이언트의 주관적 감정 강도

[해설] 기초선 자료수집은 개입이 시작되기 전 문제의 수준을 평가하는 것이다. 형성평가척도는 계획된 목표대로 서비스가 이루어지고 있는지, 목표는 달성되었는지 개입 과정에서 실시한다. 따라서 개입 이전에 측정되어야 하는 기초선 자료수집 방법으로 적절하지 않다.

4. 다음 사례에 해당되는 단일사례설계 평가유형은? 〈17회 기출〉

대인관계 문제로 어려움을 겪던 재훈이와 수지는 사회성 측정 후 사회기술훈련에 의뢰되었다. 재훈이는 곧바로 사회기술훈련을 시작하여 사회성의 변화추이를 측정해 오고 있으며, 수지는 3주간 시간차를 두고 사회기술훈련을 시작하면서 변화추이를 관찰하였다.

① AB 설계
② ABAB 설계
③ BAB 설계
④ 다중(복수)기초선 설계
⑤ 다중(복수)요소 설계

[해설] 다중(복수)기초설계(multiple baseline design)는 서로 다른 문제, 서로 다른 상황이나 대상자에 대해 AB 설계를 반복하여 외부 사건을 통제하는 설계이다. 2개 이상의 기초선을 설정하기 위해 개입을 중단하는 대신에 2개 이상의 기초선을 동시에 시작하고 개입은 각 기초선의 다른 시점에서 시작된다. 재훈이와 수지는 대인관계라는 공통된 문제를 겪고 있지만 각각 다른 시점에 개입을 시작함으로써 기초선이 두 개가 설정되므로 다중기초선 설계로 볼 수 있다.

5. 도벽습관이 있는 아동에 대한 행동치료 평가 시 활용한 단일사례설계의 유형은?

〈10회 기출〉

- 아동의 도벽행동에 대한 치료를 먼저 시행한 후, 문제 행동 변화를 측정한다.
- 개입효과를 확인하기 위해 치료를 잠시 중단한다.
- 다시 치료를 시행하면서 아동의 행동 변화를 관찰한다.

① AB
② ABA
③ BAB
④ ABC
⑤ ABAB

[해설] BAB설계는 기초선을 측정하지 않고 바로 개입으로 들어간 후 개입을 중단, 다시 개입을 재개하는 것이다. 문제의 사례에서 아동의 도벽행동에 대한 치료를 먼저 시행한 것은 개입에 해당되는 B, 치료를 잠시 중단한 것은 A, 다시 치료를 시행하면서 아동의 변화를 관찰한 것은 B에 해당된다. BAB설계를 사용할 때는 클라이언트가 위기에 처해 있거나 기초선을 측정할 수 없는 상황인 경우이다.

[정 답]
1. ⑤ 2. ⑤ 3. ① 4. ④ 5. ③

참고문헌

강선경·최원석(2012). 사회복지실천론. 경기: 양서원.

강이화(2002). 주의산만 아동을 위한 해결중심 단기상담 프로그램의 구성과 적용. 인천교육대학교 교육대학원 석사학위논문.

구혜영(2010). 사회복지실천기술론. 서울: 도서출판 신정.

권구영, 고은숙, 김용민, 박봉정, 진혜경(2011). 사회복지실천론. 서울: 창지사.

권정혜(2001). 우울증의 인지행동치료. 한국인지행동치료, 1(1), 1-22.

김경호(2005). 사회복지실천기술론. 서울: 청목출판사.

김기태(1998). 위기개입론. 경기: 대왕사.

김기태 외(2006). 사회복지실천론. 경기: 양서원.

김기태·김수환·김영호·박지영(2007). 사회복지실천론. 경기: 공동체.

김동배·권중돈(1998). 인간행동이론과 사회복지실천. 서울: 학지사.

김용환·김승돈·안외자·오정옥·이현선(2013). 사회복지실천론, 서울: 동문사.

김유숙(2000). 가족상담. 서울: 학지사.

김융일 외(1995), 사회복지실천론. 서울: 나남.

김형태(2009). 상담의 이론과 실제. 서울: 동문사.

김혜란·홍선미·공재순(2006). 사회복지실천기술론. 경기: 나남출판.

김혜숙·나임숙·김현경(2013). 사회복지실천기술론. 서울: 학지사.

노혁(2014). 사회복지실천론. 서울: 학지사.

박영숙·김주연·황희숙·김수정(2008). 사회복지실천기술론. 서울: 대왕사.

배태순 외(2007). 사회복지실천기술론. 서울: 시그마프로세스.

변경희(2008). 장애인복지관 사례관리. 한국전문대학사회복지협의회 자료.

설진화(2013). 사회복지실천기술의 이해. 경기: 양서원.

설진화(2012). 사회복지실천기술론. 양서원

신성자(2007). 사회복지실천기술론. 경기: 양서원.

신성자(2013). 사회복지실천기술론. 경기: 양서원.

엄명용·노충래·김용석(2005). 사회복지실천기술론의 이해. 서울: 학지사.

엄명용·노충래·김용석(2013). 사회복지실천기술론의 이해. 서울: 학지사.

윤현숙 외(2001). 사회복지실천기술론. 서울: 동인.

이무석(2008). 정신분석에로의 초대. 서울: 도서출판 이유.

이신영·박선영(2012). 사회복지실천기술론. 경기: 양서원.

이영실·윤순이·신준옥·오현숙·노길희(2011). 사회복지실천기술론. 경기: 양서원.

이영호(2010). 사회복지실천기술론. 경기: 공동체.

이영호 외(2012). 사회복지실천기술론. 경기: 양서원.

이윤로(2007). 사회복지실천기술론. 서울: 학지사.

이인정·최해경(2005). 인간행동과 사회환경. 경기: 나남출판.

임은희(2007). 사회복지실천기술론. 서울: 학지사.

장인협(2005). 사회복지실천방법론 (下). 서울: 서울대학교출판사.

전남련·신재명·이건일·김상조(2007). 사회복지실천기술론. 경기: 학현사.

전남련·신재명·이권일·김상조(2010). 사회복지실천기술론. 경기: 학현사.

최선화(2007). 풀어쓴 사회복지실천기술. 고양: 공동체.

최혜지·김경미·정순둘·박선영·장수미(2014). 사회복지실천론. 서울: 학지사.

한국사회복지사협회 보수교육센터(2014). http://edu.welfare.net(사례관리3 사례관리기록과 평가)

한국청소년개발원(1997). 프로그램의 개발과 운영. 서울 : 인간과복지.

한인영·최현미·장수미(2006). 의료사회복지실천론. 서울: 학지사.

허남순·노혜련 역(2004). 해결을 위한 면접. 서울: 학문사.

Aguilra, D. C.(1998). *Crisis intervention : Theory and methodology*(8th ed.). Mosby.

Baer, B. I., & Federico, R.(1998). *Education of the bacclaureate social worker*. Cambridge, Mass: Ballinger Publishing.

Beck, A. T.(1964). Thinking and depression: Ⅱ. Theory and therapy. *Archives of General Psychiatry, 10*.

Berg, I. K.(1994). *Family based services: A solution-focused approach*. New York: Norton & Company.

Berg, I. K., & Dolan, Y. M.(2001). *Tales of solutions*. New York: Norton & Company.

Berg, I. K., & Miller, S. D.(1992). *Working with the problem drinker: A solution-focused approach*. New York: Norton & Company.

Berg, I. K., & Szabo′, P.(2013). 해결중심 단기코칭(김윤주·노혜련·최인숙 역). 서울: 시그마프레스.

Biestek, E. P.(1973). *The casework relationship*. London: Unwin University Books.

Bowen, M.(1978). *Family therapy in clinical practice*. New York: Jason Aronson.

Brill, N. I.(1997). *Working with people: the helping process*(6th ed.). New York: Longman.

Brown, L. N.(1991). *Group for growth and change*. New York: Longman.

Collins, D., Jordan, C., & Coleman, H.(1999). *An introduction to family social work*. Itasca, Illinois: Peacock.

Compton, B. R., & Galaway, B.(1999). *Social work process*(6th ed.). Pacific Grove, California: Brooks/Cole Publishing Company.

Cournoyer, B.(2002). 사회복지실천기술연습. (김인숙·김용석 공역. 원제: *The Social Work Skills Workbook*, 3rd ed.). 경기: 나남출판. (원저 2000년 출판).

De Jong, P., & Berg, I. K.(1998). *Interviewing for solutions*. California: Brooks/Cole.

De Jong, P., & Berg, I. K.(2004). 해결을 위한 면접(노혜련·허남순 역). 서울: 시그마프레스.

De Jong, P., & Miller, S. D.(1995). How to interview for client strengths. *Social Work, 40*, 729–736.

De Shazer, S.(1985). *Keys to solution in brief therapy*. New York: W.W. Norton & Company.

De Shazer, S., Berg, I. K., Lipchik, E., Nunnally, E., Molnar, A., Gingerich, W., & Weiner–Davis, M.(1986). Brief therapy: Focused solution development. *Family process, 25(2)*, 207–221.

Eron, J., & Lund, T.(1996). *Narrative solutions in brief therapy*. New York: The Guilford Press.

Evans, D. R.(2000). 상담의 필수기술: 효과적인 의사소통을 위한 사례중심 접근법. (성숙진 역. 원제: *Essential Interviewing: A Programmed Approach to Effective Communication*, 5th ed.). 경기: 나남출판. (원저 1998년 출판).

Feltham, C., & Dryden, W.(1993). *Dictionary of counselling*. London: Whurr.

Garland, J., Jones, H., & Kolody, R.(1965). *A Model for Stages of Development, in Social Work Groups*. In S. Bemstein(Ed.), Exploration in groups work. Boston: University of Boston School of Social Work.

Gilliland, E. B., & James, K. R.(1997). *Crisis intervention strategies*. California: Brooks/Cole.

Hartford, M.(1971). *Groups in social work*. New York: Columbia University Press.

Hartman, A.(1978). Diagramatic assessment of family relationship. *Social casework, 59*, 464–476.

Hepworth, D. H., & Larsen, J.(1993), *Direct social wrk practice, pacific grove*. CA: Brooks/Cole Publishing Company.

Johnson, L. C., & Yanca, S. J.(2001). *Social work practice: A generalist approach*(7th ed.). Boston: Allyn and Bacon.

Kadushin, A.(1990). *The social work interview*(3rd ed.). New York: Columbia University Press.

Kadushin, A., & Kadushin, G.(1997). *The social work interview* (4th ed.). New York: Columbia University Press.

Kagle, J. D.(1995). Recording. In NASW(Ed.), *Encyclopedia of social work*. Washington, DC : NASW Press.

Konopka, G.(1963). *Social group work*. Englewood Cliffs, New Jersey: Prentice Hall.

Lantz, J.(1996). Cognitive theory and social work practice. In F. Turner(Ed.), *Social work treatment*. New York: The Free Press.

Lishman, J.(1994). *Communication in social work*. Basingstoke: Macmillan/BASW.

Loewenberg, F. M., & Dolgoff, R.(1971). *Ethical decisions for social work Practice*(5th ed.). Itasca, Illinois: Peacock.

Maguire, L.(2007). 전문사회복지실천기술. (배태순·최영민·김영미 역. 원제: Clinical social work). 서울: 시그마프레스. (원저 2002년 출판).

McGolddrick, M., & Gerson, R.(1985). *Genograms in family assesment* (p. 154). New York: Norton & Company.확인필요.

Middleman, R. R., & Wood, G. G.(1990). *Skills for direct practice in social work*. New York: Columbia University Press.

Miller, J. B.(1976). *Toward a new psychology of women*. Harmondsworth: Penguin.

Minuchin, S.(1974). *Families and family therapy*. Cambridge, MA: Havard University Press.

Northen, H.(1988). *Social work with group*(3rd ed.). New York: Columbia University Press.

Payne, M. S.(1997). *Modern social work theory*. New York: Macmaillan Press.

Pincus, A., & Minahan.(1973), *Social work practice : Model and method*, Itasea, IL : Peacock.

Reid, K. E.(1997). *Social work practice with groups: A clinical perspective*(2nd ed.). Pacific Grove, California: Brooks/Cole.

Rubin, A., & Babbie, E.(1997). *Research mthods for social work*(3rd ed.). Pacific Grove, California: Brooks/Cole Publishing Company.

Satir, V.(1972). *Peoplemaking*. Palo Alto, California: Science and Behavior Books.

Seden, J.(1999). *Counselling skills in social work*. Buckingham: Open University Press.

Sheafor, B. W., Horejsi, C. R., & Horejsi, G. A.(1997). *Techniques and guidelines for social work practice*(4th ed.). Boston: Allyn & Bacon.

Sheafor, B. W., Horejsi, C. R., & Horejsi, G. A.(1998). 사회복지실천기법과 지침. (서울대사회복지실천연구회 역. 원제: *Techniques and Guidelines for social work practice*, 4th ed.). 경기: 나남출판. (원저 1997년 출판).

Shulman, L.(1984). *The skills of helping: Individuals, family, and groups*(3rd ed.). Itasca, Illinois: Peacock.

Strean, H.(1996). Psychoanalytic theory and social work treatment. In F. Turner(Ed.), *Social work treatment*. New York: The Free Press.

Thyer, B. A., & Myers, L.(1997). Behavior and cognitive theories. In J. R. Brandell(Eds.), *Theory and practice in clinical social work*. New York: The Free Press.

Timberlake, E. M., & Cutler, M. M.(2001). *Developmental play therapy in clinical social work*. Boston, MA : Allyn and Bacon.

Toseland, R. W., & Rivas, R. F.(1995). *An introduction to group work practice*(2nd ed.). New York: Macmillan.

Trevithick, P.(2000). *Social work skills: A practice handbook*. Philadelphia, PA: Open University Press.

Woods, M. E., & Robinson, H.(1996). Psychosocial Theory and Social Work Treatment. In F. Turner(Eds.), *Social work treatment*. New York: The Free Press.

Yin, R. K.(1985). *Case study research: Design and methods*. Beverly Hills, California: SAGE.

Zastrow, C. H.(1995). *The practice of social work*(5th ed.). Pacific Grove, California: Brooks/Cole Publishing Company.

Zastrow, C. H.(1999). *The practice of social work*(6th ed.). Pacific Grove, California: Brooks/Cole Publishing Company.

저자소개

김준환 충청대학교 사회복지과 교수
김녹현 안동가톨릭상지대학교 사회복지과 교수
승금희 동서울대학교 사회복지학과 교수
이은영 숭실대학교 글로벌미래교육원 사회복지학과 교수
임원선 신한대학교 사회복지학과 교수
전영록 제주관광대학교 사회복지과 교수
허정철 광주여자대학교 사회복지학과 교수

제2판
사회복지실천기술론

초 판 1쇄 발행 2016년 2월 29일
초 판 2쇄 발행 2018년 2월 27일
제2판 1쇄 발행 2020년 8월 14일

지 은 이 | 김준환 · 김녹현 · 승금희 · 이은영 · 임원선 · 전영록 · 허정철
펴 낸 이 | 김기섭
책임편집 | 구자성 이윤미
펴 낸 곳 | 창지사 www.changjisa.com
08589 서울시 금천구 가산디지털 1로 83 파트너스타워1차 9층
전화 (02) 719-2211~3
팩스 (02) 701-9386
등 록 | 1977년 4월 28일 · 제1-421호

ISBN 978-89-426-1358-8 (93330)

값 23,000원

이 도서의 국립중앙도서관 출판예정도서목록(CIP)은 서지정보유통지원시스템 홈페이지(http://seoji.nl.go.kr)와 국가자료공동목록시스템(http://www.nl.go.kr/kolisnet)에서 이용하실 수 있습니다.(CIP제어번호: CIP2020033882)